U0519888

谢保成 著

龙虎斗
与
马牛风

论中国现代史学与史家

增订本

图书在版编目（CIP）数据

龙虎斗与马牛风：论中国现代史学与史家 / 谢保成著. — 增订本. — 北京：商务印书馆，2023
ISBN 978-7-100-21534-3

Ⅰ. ①龙… Ⅱ. ①谢… Ⅲ. ①中国历史－现代史－研究－ Ⅳ. ①K260.7

中国版本图书馆CIP数据核字（2022）第143443号

权利保留，侵权必究。

龙虎斗与马牛风
论中国现代史学与史家
增订本
谢保成 著

商 务 印 书 馆 出 版
（北京王府井大街36号 邮政编码 100710）
商 务 印 书 馆 发 行
北京富诚彩色印刷有限公司印刷
ISBN 978-7-100-21534-3

2023年2月第1版 开本 880×1230 1/32
2023年2月第1次印刷 印张 16 1/4

定价：88.00元

目 录

第一编 史学篇

谈20世纪前半纪史学的几个问题 / 2

20世纪前期两次关于"国学"与"国粹""国故"的论辩 / 35

关于古史"层累说"的几点认识 / 58

学术史视野下的社会史论战 / 64

历史语言研究所与"科学的东方学之正统在中国" / 90

民国年间的几种"历史哲学"与历史观 / 109

第二编 史家篇

梁启超的学术史与历史研究法 / 140

王国维的杰出贡献与学术影响 / 162

援庵先生学术三题 / 195

陈垣、陈寅恪学术比较 / 208

从"神交"到"握手言欢":郭沫若与历史语言研究所二十年
  附:署名"鼎堂"的遗闻趣事 / 233

郭沫若与胡适:由认识东西文化的差异,到走那条道路的敌对 / 252

郭沫若与陈寅恪:"龙虎斗"与"马牛风" / 267
郭沫若与容庚:从"未知友"到"文字交" / 302
郭沫若与田中庆太郎:"亲若一家人" / 326
尹达学术评传
　附:从尹达致傅斯年的一封信说起 / 335

第三编　论辩篇

"李杜并称"与"扬杜抑李"
　　——兼论郭沫若的李杜研究 / 446
郭沫若写《李白与杜甫》的"苦心孤诣" / 474
《李白出生于中亚碎叶》文中的资料并非从冯家昇那里得来 / 485
对"兰亭论辩"的认识与思考 / 490

附　录　另一个版本的郭沫若(饶淑荣)/ 511

后　记 / 514

◎ 第一编　史学篇

综述20世纪前半纪史学、『国学』与『国粹』『国故』之争、古史之辩、两大史学主干的形成及成就、『引进』的几种历史观。

谈20世纪前半纪史学的几个问题
20世纪前期两次关于"国学"与"国粹""国故"的论辩
关于古史"层累说"的几点认识
学术史视野下的社会史论战
历史语言研究所与"科学的东方学之正统在中国"
民国年间的几种"历史哲学"与历史观

谈20世纪前半纪史学的几个问题

世纪之交以来，以20世纪史学为题的著论内容多为20世纪前半纪，大多分门别类，或侧重思潮、派别，或偏重人物、名著，或为专题研究、趋势分析等，尚未形成综合著述。这里试就尘封的史学书刊和纷争的史学问题进行一次清理和条贯，以期对20世纪前半纪史学作一综合述论，如实反映这一时段史学的基本面貌。

一、史学发展线索

20世纪前半纪的史学发展，基本走势是由古及近、由内向外，以如何认识历代史学为发端，逐渐迈向如何认识中国历史。先是如何认识中国传统史学与古代社会，进而为如何认识新史学与近代社会，再进一步则开始认识中国与世界。

世纪初兴起的"新史学"，呼唤"史界革命"，主要围绕如何认识中国史学提出，一面揭露传统史学的"弊""病"，一面对史学重新定义，包括史学对象与任务、自身特质、价值与功用、与相关学科的关系等基本内容，初步确立起新史学体系，涉及历史进化、地理环境、英雄与时势、英雄与群众、历史研究法以及编写民史、编写新史等诸多方面。

与此同步，一股强劲的新潮涌入中华大地，对认识中国历史起着巨大的推动作用，这就是近代考古学的传入与本土文化遗存的被发见。

英、法、德、日、俄等在中国新疆、甘肃的挖宝式"考古"，使得古"丝绸之路"沿线的历史文化遗存，特别是敦煌文化艺术品遭到多次劫掠，迫使中国学者开始接受西方近代考古学思想，把考古学作为"新史学"必不可少的内容。梁启超《中国史叙论》"有史以前之时代"一节，介绍欧洲考古学，以"石刀期""铜刀期""铁刀期"为"史前三期"，来对照中国的史前社会。1907 年《国粹学报》第 2 号刊出刘师培《中国古用石器考》，从历史进化角度介绍欧洲考古学成就，引证《尚书》《礼记》《越绝书》《述异记》《说文解字》等，论说中国古代曾经经历过石器时代、铜器时代。

至 20 年代末，史前遗址的主要发现有直立人化石、旧石器时代遗址、新石器时代遗址。旧石器时代文化为周口店中国猿人文化、无定河与水洞沟河套文化、海拉尔达赉文化，新石器时代文化为昂昂溪文化、仰韶文化、龙山文化。30 年代，旧石器时代文化又发现周口店山顶洞人文化。裴文中以仰韶彩陶文化、河套旧石器文化、中国猿人以及山顶洞人的发见为"四个大发见"：

> 有了以上四个发见，中国史前人类之历史，已大体可以完成——即由旧石器时代初期起，至新石器时代末期止，我们可以划分为四个大时期，每时期皆有代表者；中间虽有一部分尚未能联结，但中国史前学的基础算是已经奠定了。

同时指明，"研究中国上古史者，亦可追溯上古文化之来源"[1]。史前遗址之外的新发见，则如王国维所说：

> 古来新学问起，大都由于新发见。……今之殷虚甲骨文字，敦煌塞上及西域各处之汉晋木简，敦煌千佛洞之六朝及唐人写本书卷，内阁大库之元明以来书籍档册。……故

---

[1] 裴文中：《中国史前时期之研究》，商务印书馆，1948 年，第 4、6 页。

今日之时代可谓之发见时代，自来未有能比者也。[1]

甲骨卜辞、汉晋简牍、敦煌文物、明清档案，再加"中国境内外之古外族遗文"（突厥、回鹘、梵文、西夏文等），此五项发见成为推动20世纪中国史学发展不可或缺的前提和基础，在相当大的程度上决定着中国史研究的路向。

王国维"不以学术为手段，而视学术为目的"，所作甲骨文字、殷周金文、汉晋简牍研究的"划时代的工作"，关于西北地理、蒙古史研究的"惊人的成绩"，深受信仰完全不同的学界代表人物的极高推崇。陈寅恪谓之"皆足以转移一时之风气，而示来者以轨则"，以《王国维遗书》"为吾国近代学术界最重要之产物"，"别有超越时间地域之理性存焉"。[2]郭沫若将王国维与鲁迅相提并论，王国维为"新史学的开山"、鲁迅为"新文艺的开山"，以《王国维遗书全集》和《鲁迅全集》为"'虽与日月争光可也'的一对现代文化史上的金字塔"。[3]

与此同时，孔德、李凯尔特、柏格森、杜里舒、杜威、朗普勒西特、鲁滨逊等的思想观点被引进，马克思、恩格斯创立的思想学说开始传播。这些引进和传入的思想观念，对于国人学术思想都程度不同地起到过一定的影响。整个20年代，差不多年年都有这方面的译著和论著推出。[4]对此，何炳松有过一段形象的概括：

> 对于西洋史学原理的接受，正与一般政治学家、经济学

---

[1] 王国维：《最近二三十年中中国新发见之学问》，《学衡》第45期（1925年9月）。

[2] 陈寅恪：《王静安先生遗书序》，《王静安先生遗书》第1册，商务印书馆，1940年，序一。

[3] 郭沫若：《鲁迅与王国维》，《历史人物》，海燕书店，1947年，第166、173页。

[4] 参见中国社会科学院历史研究所：《八十年来史学书目》，中国社会科学出版社，1984年。

家、新文学家同,一时顿呈饥不择食、活剥生吞之现象。[1]

这种取其皮毛的生搬硬套,由于缺乏融会贯通,使人颇有"学说纷纭,莫衷一是"之感。在"生吞活剥"的盲目过后,留下了作为时代标志的论著——李守常《史学要论》、何炳松《通史新义》《历史研究法》、梁启超《中国历史研究法》《中国历史研究法补编》等。

新思想、新史料的大量涌现,引起旧思想、旧史学的激烈反对,出现"国学"与"国粹""国故"之争。辛亥革命前,"国粹"和"国学"两个从日本舶来的词汇并行,反映社会变革当中学术与政治的某种复杂关系:"用国粹激动种性",称"国学"进行学术研究。民国年间,"国故"与"国学"两种说法并行,出现"赛先生之'国学'""冬烘先生之'国学'"和"神怪先生之'国学'",造成"人莫解国学之实质,而皆以国学鸣其高,势之所趋"的"致命伤"。[2] 然而,不论章太炎提倡的"国粹",还是胡适主张的"整理国故",也不论是"爱惜汉种的历史",抑或"用历史的眼光来扩大国学研究的范围",所谓"国粹""国故"都与历史、历史学紧密地联系在了一起。

新观念与新材料一经结合,便遇到如何认识中国历史源头的问题。先是对已有历史文献表现为"疑古"态度,出现"古史辨",胡适、顾颉刚、钱玄同、丁文江、柳诒徵、魏建功、容庚、王国维、傅斯年、张荫麟、马衡、缪凤林、姚名达、周予同、梅思平、冯友兰、郭绍虞、王伯祥、陆懋德、曹养吾、钱穆、李镜池、容肇祖、郑振铎、俞平伯、周作人、刘大白、董作宾、钟敬文、朱自清、罗根泽、梁启超、刘盼遂、游国恩、余嘉锡、张西堂、张尔田、朱希祖、唐兰、高亨、马叙伦、蔡元培、刘汝霖、吕思勉、刘节、范文澜、童

---

[1] 何炳松:《通史新义·序》,《通史新义》,商务印书馆,1930年,第13页。

[2] 曹聚仁:《春雷初动中之国故学》,《国故学讨论集》第1集,群学社,1927年,第84—85、88页。

书业、谭戒甫、金德建、方国瑜、郭沫若、杨宽、杨向奎、翁独健、蒙文通、齐思和、陈梦家、吴其昌等一大批名家参与讨论，成为20世纪影响广泛、久远的一场学术论辩。继而以新发现的地下遗存考证中国古史，使古史得以新证。王国华总结王国维的"治学之方"，谓"其疑古也，不仅抉其理之所难符，而必寻其伪之所自出。其创新也，不仅罗其证之所应有，而必通其类例之所在"[1]。胡适以"层累地造成的中国古史"是顾颉刚"讨论古史的根本见解，也就是他的根本方法"，"要研究那一层一层的皮是怎样堆砌起来的"。[2]陈寅恪发现《蒙古源流》是在《蒙古秘史》"所追加之史层上，更增建天竺吐蕃二重新建筑"，是"糅合数民族之神话，以为一民族之历史"，强调"吾人今日治史者之职责，在逐层剥除此种后加之虚伪材料"。[3]历史考据从理论到方法得到一次提升，成为辨识后人"层累"古史或"逐层向上增建"古史的一种观念和方法。

新旧体史书编著并驾齐驱，反映直至20年代末史学依然新旧杂陈的实际。旧体史书编纂，主要是延续纪传系列、典志系列，有列入"正史"的《新元史》、接续二十四史的《清史稿》以及新修蒙元史《蒙兀儿史记》和列入"十通"的《清朝续文献通考》，这都是迄今研究蒙元史、清史的基本史籍。吕思勉《白话本国史》、王桐龄《中国史》、萧一山《清代通史》、胡适《中国哲学史大纲》、柳诒徵《中国文化史》、张星烺《中西交通史料汇编》，分别为新体通史、断代史、专门史的代表，预示着史书编著的某种新趋势。

1927年、1929年，王国维、梁启超先后谢世，标志着20世纪初兴起的"新史学"告一段落。他二人所代表的"新史学"两大基本路向，以更新的方式取得长足发展，深深地影响着其后的史学。

---

［1］ 王国华：《王静安先生遗书序》，《王静安先生遗书》第1册，序三。

［2］ 胡适：《古史讨论的读后感》，《古史辨》第1册，北京朴社，1926年，第192页。

［3］ 陈寅恪：《彰所知论与蒙古源流》（蒙古源流研究之三），《中央研究院历史语言研究所集刊》第二本第三分，1931年。

王国维侧重史学与史料的关系，以史料新发见带动史学发展。梁启超侧重史学与社会的关系，以社会新需求推动史学发展。史料新发见与社会新需求，都是史学发展不可或缺的基本要素。由于每位学人有各自不同的社会经历、学术渊源、思维方式，因而形成不同的研究路向和研究特点，不应厚此非彼或厚彼非此，而应当"见其异同"，既要指出其观念、方法、取材等的差异，更应见其相互吸收、彼此趋同。任何学术研究，都是在彼此吸收、取长补短的过程中逐渐得到发展的。因种种原因只见其"异"而忽视其"同"及相互间的交流与吸收，必然造成偏颇，不利于学术发展，甚或造成对于学术发展的危害。

王国维去世一年，中央研究院历史语言研究所创立；梁启超去世一年，马克思主义历史学"开辟草径"之作——郭沫若《中国古代社会研究》出版，非常巧合地成为中国史学出现重大转折的标志。自此而后，形成民国年间史学的两大主干：以保存史料、研究史料为宗旨的历史语言研究所团队，以唯物史观指导研究中国历史的马克思主义历史学群体。

王国维所代表的路向，以史学与新史料相结合，从世纪初的盗掘和零星研究发展为30年代的科学发掘、整理与系统研究，历史语言研究所集中体现了这一路向的实际，推动着中国史的基础研究向纵深发展。面对西洋史学原理"或偏而不全，或似而非是，几无一足当义例"以及中国境内语言学和历史学的材料"毁坏亡失"的实际，为避免"乌烟瘴气"充斥而遭"妄自生事之讥诮"，历史语言研究所在"中央研究院设置之意义，本为发达近代科学"的总原则之下，利用自然科学提供的工具"整理一切可逢着的史料"，把"材料与时增加，工具与时扩充，观点与时推进"作为"此虽旧域，其命维新"的旨趣。在"歧路彷徨，莫知所止"的情况下，"不以空论为学问，乃纯就史料以探史实"，保存下一块避免"乌烟瘴气"的学术"净土"，经过20年的努力，使得有关新石器时代、甲骨学、简牍学、敦煌学、西夏学、清史的众多史料不再"坐失毁亡"，取得诸多重大学术成果,证明"科学的东方学"之仰韶文化、甲骨学之"正统"已在中国,敦煌学之"正统"正在回归中国。"以甲骨文金文为研究上古史的对象;以敦煌材料及其他中央亚细亚近年出现之材料,为研究中古史的对象;以明清档案为研究近代史的对象"[1],这一以材料定研究的原则,迄今仍然为研究中国史的学人们遵循着。

梁启超所代表的路向,以史学与现实紧密结合,从世纪初的史界革命进而为 30 年代的社会革命,社会史论战体现着这一路向的实际,推动着中国史学观念的转变、部分分支学科的形成。社会史论战对史学的影响,主要表现在两大基本方面:一是唯物史观被广泛接受,极大地推动了中国经济史的研究,形成两支骨干力量:以陶希圣和围绕《食货》的学人为"一支重要力量",研究成果有多种经济通史和近代经济史,断代经济史有西汉、三国、南北朝、唐代、宋元等,专题经济史包括土地制度、田赋、农业经济、民食、粮政、救荒、蚕业、渔业、水利、新工业、矿业、商业、交通、财政、货币、盐政、盐业等;另一支力量以汤象龙、梁方仲、谷霁光等为代表,成为中华人民共和国从事中国社会经济史研究的骨干。二是经过社会史论战,在"草径"已经开辟后的 10 年间,郭沫若、吕振羽、翦伯赞、侯外庐、范文澜等,运用唯物史观研究中国古代的社会、政治、思想,为中国马克思主义历史学"建筑"通往未来的"铁路"铺下坚实的路基,中国马克思主义历史学骨干队伍形成。

由于论战者党派不同、意识形态不同、认识不同,引用理论依据、引用国外论著不同,必然造成国外有什么时髦的"名词,中国便就有"的盲目性,这几乎成为 20 世纪中国思想文化领域带"普遍性"的一种弊病,最值得跟风者和谈思潮者深思。同时,暴露出中国马克思主义历史学骨干队伍的重大缺失:一是对社会经济的关注基本集中在对生产方式的研究上,而对现代经济、古代经济则很少问津,

---

[1] 傅斯年:《中央研究院历史语言研究所十七年度报告》,《傅斯年全集》第 6 卷,湖南教育出版社,2003 年,第 17 页。

社会史论战在他们的研究成果里差不多成了社会发展史或社会发展形态的论战，马克思主义历史学骨干队伍在中国经济史研究领域出现空缺；二是以摩尔根、恩格斯为"向导"的关于文明起源的研究，继郭沫若之后，仅侯外庐《中国古代社会史论》从理论与史实结合上探讨过"中国进入文明社会的方式"，随后这一问题即被长期搁置。仅此两大缺失，就直接影响中国马克思主义历史学科学体系的建立，严重影响20世纪后半纪中国主流史学的深入发展。

与两大史学主干同时并存，偏重史学与史料关系者，陈寅恪之外，顾颉刚、陈垣为代表人物。他们在古史、古代文献、历史地理、民俗学、宗教史、校勘学、年历学、避讳学、史源学、目录学、多种语言文字翻译与研究、唐史、敦煌学、西夏研究、蒙元史、佛教史，以诗证史和以治史方法研治诗词等诸多方面，最大限度地"扩张研究材料"、"扩张研究范围"，极大地丰富了历史学学科的领域，而且成就卓著，影响久远，在海内外享有极高的声誉，被视为"现在中国学者中，尤为有价值之学者"。偏重历史哲学者，以"文化"或"生命"观念发挥其主体意识，"创造过去"、服务现实，朱谦之、常乃悳、林同济与雷海宗是其代表，基本特点是既反对历史语言研究所旨趣，又反对以唯物史观指导研究历史，试图"另谋开辟一条新途径"。

1930—1949年的20年间，史书撰著层出，既有作为某"潮"某"派"的代表作，更有不属于某"潮"某"派"的众多撰著。通史撰述，以范文澜《中国通史简编》、钱穆《国史大纲》为两大代表。断代史研究，形成各具影响的代表人物。先秦史，有蒙文通《古史甄微》、徐旭生《中国古史的传说时代》、童书业《春秋史》等。秦汉史，劳榦、杨树达、孙毓棠等为代表。魏晋南北朝史，陈寅恪、周一良影响最著。隋唐五代史，陈寅恪、岑仲勉成就与贡献尤为突出。宋史，邓广铭有"筚路蓝缕之功"，张孟伦、张家驹、陈乐素各展所长。陈述的辽金史，冯家昇、陈汉章的辽史、王静如的西夏研究，王国维、陈垣、陈寅恪的蒙元史，均有重要影响。吴晗以朱元璋研究奠定在明史领域的学术地位，王崇武、李晋华关于《明史》的研究，谢国桢《晚明史籍考》《明清之际党社运动考》，均为无可企及的成果。清史研究，继萧一山之后，孟森贡献最大，为民国年间清史学的"里程碑"式人物。近代史研究，出现两家代表作，蒋廷黻《中国近代史》以"近代化"观念贯穿全书，范文澜《中国近代史》（上编第一分册）以唯物史观贯穿全书。近百年政治史研究、太平天国研究均已形成名家，尤以罗尔纲的太平天国史研究最受中外学界推崇。专门史著述门类繁多，包括政治、经济、思想、社会、民族、中外关系等方方面面，被纳入广义的"文化史"，如商务印书馆自 1936 年开始印行《中国文化史丛书》，其中多属拓荒之作，在开拓视野、扩展研究方法等方面产生一定的影响。

在中外不断碰撞下，国人视野逐渐从周边拓展到中亚、东南亚、西亚、东非乃至整个世界。中外关系史、世界史研究的兴起，从一个侧面反映国人认识世界所迈出的步履。向达《唐代长安与西域文明》、冯承钧《中国南洋交通史》，是中外关系史领域无可替代的撰著。国人编写世界史，以 1908 年晏彪、廖宇春《世界历史》为最早，但以西洋史数量为多。国人所写世界断代史、近代史、各洲史、各国史以及专门史、国际关系史，数量不等，以东洋史、东亚史数量为多。国际关系方面，以近代欧洲外交关系史数量为多。周谷城三卷本《世界通史》，为 20 世纪前半纪世界通史的一项带总结性的成果。

史学史学科，古代史学以金毓黻《中国史学史》为代表，近百年史学以顾颉刚《当代中国史学》为代表。历史文献整理，三大丛书系列——《四部丛刊》《四部备要》《丛书集成》，提供了诸多足以补《四库全书》之阙、纠《四库全书》之谬的更好版本。历史文献工具书编纂，以洪煨莲和哈佛燕京学社所编引得成绩最为卓著。

20 世纪前半纪的史学是在新史料、新方法、新观念、新理论以及国外某些导向等诸多因素综合推动下全面发展起来并取得巨大成就的，绝非某单一因素或某几种因素所能促成。

二、"最纠纷"之古史

古史问题是研究中国历史"最纠纷之问题",古老而常新,既是史料问题、方法问题,又是认识问题、观念问题,还包含理论问题。

不同时代有不同的历史观念,不同时代对于历史的认识不完全相同。由于历史观念的差异,记述历史的载体必然带上各个时代的不同色彩。文字出现以前,对于往事只能通过口耳相传的形式流传。数千年无文字的往事,流传下来的只是很少的一部分。而这一小部分,每经过一次口耳相传,便有意无意地掺进一次转述者所在时代的观念。

春秋战国时期,诸子为了宣扬各自的政治主张和伦理观念,往往从神话传说中选取各自需要的内容,或以寓言寄托其思想,或以古事寄托其理想。神话传说在这种流传过程中被传诵者、各家各派不断改造,以至失去本来面目。而中国最早的一批历史文献,都是经春秋战国至汉初最后写定的,不知掺入了多少转述者、传写者的主观意识。所以,孔孟时代就有"尽信书不如无书"的感叹。

战国纷争数百年,北方民族不断融合,需要树立一个在血缘上有连带关系的共同先祖。《礼记·祭法》规定:"有虞氏禘黄帝而郊喾,祖颛顼而宗尧;夏后氏亦禘黄帝而郊鲧,祖颛顼而宗禹;殷人禘喾而郊冥,祖契而宗汤;周人禘喾而郊稷,祖文王而宗武王。"就是说,祭拜祖先,夏要祭拜黄帝和黄帝的曾孙鲧以及鲧的儿子禹,殷要祭拜黄帝的曾孙喾和喾的儿子契以及契的后代成汤,周要祭拜黄帝的曾孙喾和喾的儿子后稷以及稷的后代文王和武王。一项祭拜规定就把夏、商、周三代的祖先都划定为黄帝和黄帝之后,甚至连"秦之先"也成了"帝颛顼之苗裔",全社会一下子都变成了以黄帝为共同祖先的血缘亲戚。不仅于此,黄帝还被当作"人神"(天子和诸侯共同崇拜的祖先神)来崇拜,各种被神化了的社会力量便统统加载到黄帝名下。《易·系辞下》把黄帝、尧、舜神化为人类生活万物的发明者:刳木为舟、剡木为楫、服牛乘马、断木为杵、掘地为臼,以利天下;弦木为弧、剡木为矢，以威天下，因此"垂衣裳而天下治"。《管子》更赋予黄帝用火的发明权，赋予黄帝王者的权威。其《轻重戊》篇以"黄帝作，钻燧生火，以熟荤臊，民食之无兹胃之病，而天下化之"，《五行》篇称"黄帝得蚩尤而明于天道，得大常而察于地利，得奢龙而辩于东方，得祝融而辩于南方，得大封而辩于西方，得后土而辩于北方。黄帝得六相而天地治，神明至"。

从秦"焚书坑儒"到汉初"独尊儒术"，被奉为儒家经典的《易》《诗》《尚书》《礼》《春秋》都存在着不同的承传系统。《尚书》有今文、古文之争，《礼》有大戴（戴德）、小戴（戴圣）之别，《春秋》分左氏、公羊、穀梁三传，等等。《尚书》有禹而无黄帝，《古文尚书序》也没有黄帝，却以少昊、颛顼、喾、尧、舜为"五帝"。《易·系辞下》以庖牺、神农、黄帝、尧、舜为"五帝"，《大戴礼记》以黄帝、颛顼、帝喾、帝尧、帝舜为"五帝"。造成这种有别的根本原因，就在于转述者、传写者都是根据各自的理解或需要在进行转述、传写。

魏晋时期发现汲冢书，被称为《竹书纪年》。当竹书不复存在之后便又有了古本、今本之别：古本起自夏，今本起自黄帝。汉魏以来，古史再次被上推，出现了"盘古开天地"。

自唐至清，对于古史形成这样一种趋势：就观念、认识而言，存在疑古、惑经的情况。就修史而言，重史实者多以东周或春秋战国为起始，司马光《资治通鉴》为代表；偏重义理者不断上溯，出现"起帝尧元载"的《通鉴前编》、"起伏羲"的《通鉴外纪》、"始于盘古"的《皇王大纪》等。就方法而言，考异、辨伪是比对文献、发现问题的基本方法。

当人们以新的观念对古史进行再探讨时，顾颉刚提出"层累地造成的中国古史"的认识和"打破民族出于一元""打破地域向来一统""打破古史人化""打破古代为黄金世界"的观念。其间，鲁迅、王国维、陈寅恪的相关论述最值得注意。

1924年7月,鲁迅讲《中国小说的历史的变迁》,有一则论述:

> 从神话演进,故事渐进于人性,出现的大抵是"半神",如说古来建大功的英雄,其才能在凡人以上,由于天授的就是。例如简狄吞燕卵而生商,尧时"十日并出",尧使羿射之的话,都是和凡人不同的。这些口传,今人谓之"传说"。由此再演进,则正事归为史,逸史即变为小说了。[1]

神话传说演变为论说古事,是中国古代神话传说政治化、历史化的主要形式,也是中国古代神话传说最突出的特点。"正事归为史",就是"古来建大功的英雄"被人为地政治化,"归为"中国古史的主体。没有被"归为史"的便不成其为历史,只能算作"逸史"或小说家言。这一论述,道出了中国神话传说与历史记载的关系,以及历史记载是如何被当成历史事实的。

1925年2月—8月,王国维讲《古史新证》,指出"研究中国古史为最纠纷之问题":

> 上古之事,传说与史实混而不分:史实之中固不免有所缘饰,与传说无异,而传说之中亦往往有史实为之素地,二者不易区别。[2]

这一对上古史的认识,指出其既有传说成分,更有"与传说无异"的"有所缘饰"成分,也有史实成分。古史新证,就是要将"传说与史实混而不分,史实之中固不免有所缘饰"者区分开来,剔除

---

[1] 鲁迅:《中国小说的历史的变迁》,《鲁迅全集》第9卷,人民文学出版社,2005年,第312页。

[2] 王国维:《古史新证》,清华大学出版社,1994年,第1页。

"有所缘饰"，肯定"得证明者"。弄清传说与史实，弄清"缘饰"与史实，首先面对的是现存各种史料，考辨史料真伪便成为研究上古之事的先决条件。

1929年冬，陈寅恪在故宫博物院发现《蒙古源流》蒙文本刊本、写本及满文译本，与文津阁本、坊间汉译刊本以及施密德校译本等互校，一连写出四篇"蒙古源流研究"，与顾颉刚"层累地造成的中国古史"相呼应，不仅论证北边蒙古族的古史也是在"逐层向上增建"的，而且指出这是一个带普遍性的问题：

> 夫逐层向上增建之历史，其例自不限于蒙古史。其他民族相传之上古史，何独不然。……蒙古民族实从此传受一历史之新观念及方法。《蒙古源流》即依此观念，以此方法，采集材料，而成书者。[1]

鲁迅、王国维、陈寅恪的论述表明，古史中存在着传说、史实以及后人的不断追加，要加以区分就必须从观念、认识、史料、方法等诸多方面进行综合考察。

随着全球人类学、考古学、民族学等学科的发展，古史逐渐成为历史研究中最受关注的一个领域，不但成为历史理论问题，而且成为马克思主义历史观的重要内容。

19世纪60年代以来的数十年间，欧美学者围绕人类原始历史和文明起源出现研讨热。1861年瑞士历史学家、法学家约·雅·巴霍芬《母权论：根据古代世界的宗教和法权本质对古代世界的妇女统治的研究》论证"由'杂婚'到一夫一妻制的发展，以及由母权制到父权制的发展"，1865年苏格兰历史学家约·弗·麦克伦南《原始婚姻：关于婚礼中抢劫仪式的起源的研究》、英国民族志学进化论学派

---

[1] 陈寅恪：《彰所知论与蒙古源流》(蒙古源流研究之三)，《中央研究院历史语言研究所集刊》第二本第三分，1931年。

创始人爱·伯·泰罗《人类原始历史和文明的产生的研究》问世。美国民族志学家、历史学家路·亨·摩尔根1871年《人类家庭的血亲和姻亲制度》、1877年《古代社会，或人类从蒙昧时代经过野蛮时代到文明时代的发展过程的研究》发现"原始的母权制氏族是一切文明民族的父权制氏族以前的阶段"，"为全部原始历史找到了一个新的基础"，预示着"开辟了一条新的研究途径及进一步窥探人类史前史的可能"。

上述研究，引起经典作家极大的关注。马克思1881年5月至1882年6月研读摩尔根《古代社会》、爱·伯·泰罗《人类原始历史和文明的产生的研究》，1882年10月—11月阅读英国学者约翰·拉伯克《文明的起源和人的原始状态：蒙昧民族精神状态和社会状态》，均作有详细摘要和批语。马克思逝世后，恩格斯发现这些读书摘要，并"执行"马克思"遗言"，于1884年6月写成《家庭、私有制和国家的起源》，副题为"就路易斯·亨·摩尔根的研究成果而作"，序言明确指出：

> 摩尔根在美国，以他自己的方式，重新发现了四十年前马克思所发现的唯物主义历史观，并且以此为指导，在把野蛮时代和文明时代加以对比的时候，在主要点上得出了与马克思相同的结果。[1]

1891年6月恩格斯写成《关于原始家庭的历史（巴霍芬、麦克伦南、摩尔根）》一文发表，并作为序言编入当年年底出版的《家庭、私有制和国家的起源》，是为第四版序言，进一步强调：

> 确定原始的母权制氏族是一切文明民族的父权制氏族以前的阶段的这个重新发现，对于原始历史所具有的意义，正

---

[1]《马克思恩格斯选集》第4卷，人民出版社，1972年，第1页。

如达尔文的进化理论对于生物学和马克思的剩余价值理论对于政治经济学的意义一样。……在原始历史的研究方面开辟了一个新时代。……自从它被发现以后,人们才知道,应该朝着什么方向研究和研究什么,以及应该如何去整理所得的结果。[1]

从这个时候起,原始历史研究、古代社会研究便与唯物主义历史观紧紧地联系在一起了。

再从经典作家对原始历史的考察以及所揭示的欧洲史学对原始史的认识过程来看,其与中国传统史学对古史的认识,确实有着某些惊人的相似之处。

其一,恩格斯明确指出,19世纪60年代开始以前,欧洲的"历史科学在这一方面还是完全处在摩西五经的影响之下。人们不仅毫无保留地认为那里比任何地方都描写得更为详尽的这种家长制的家庭形式是最古的形式"[2]。"摩西五经",希腊文Pentáteuxos的意译,即《旧约圣经》的前五卷——《创世记》《出埃及记》《历未记》《民数记》《申命记》。这是在说,欧洲在19世纪60年代以前,对于原始历史的认识,深受"摩西五经"即《圣经》前五卷影响,深信那里面描述的家长制的家庭形式,即父系家长制的家庭为最古老的形式。中国在20世纪初以前,对于原始历史的认识,深受《易》《诗》《书》《礼》《春秋》"五经"影响,同样深信不疑关于"三皇五帝"等反映父系家长制的传说是"最古的形式"。

其二,巴霍芬《母权论》"非常认真地从古代经典著作中搜集来的许多段落",揭出"现实生活条件"是如何在希腊人头脑中形成"宗教反映"的:

---

[1]《马克思恩格斯选集》第4卷,第14页。

[2]《家庭、私有制和国家的起源·第四版序言》,《马克思恩格斯选集》第4卷,第5页。

特别是在希腊人中间——是由于宗教观念的进一步发展，由于代表新观念的新神侵入体现旧观念的传统神；因此，旧神就越来越被新神排挤到后边去了。[1]

顾颉刚《古史辨自序》说"在我的意想中觉得禹是西周时就有的，尧舜是到春秋末年才起来的。越是起得后，越是排在前面。等到有了伏羲神农之后，尧舜又成了晚辈，更不必说禹了。我就建立了一个假设：古史是层累地造成的，发生的次序和排列的系统恰是一个反背"，不也是在说代表新观念的新神伏羲、神农、尧、舜，渐次侵入体现旧观念的传统神，而后禹、尧、舜、伏羲、神农等逐渐成为旧神，渐次"被新神排挤到后边去了"吗？虽然顾颉刚提出问题比巴霍芬晚60多年，但在中国却是第一次。正因为此，中国以恩格斯《家庭、私有制和国家的起源》为"向导"的第一人郭沫若，看到顾颉刚与巴霍芬在认识上有某些相似之处，才这样认为：

顾颉刚的"层累地造成的古史"，的确是个卓识。……在旧史料中凡作伪之点大体是被他道破了。[2]

关于"四个打破"的提出，更赋予古史研究理论意义。对于"民族出于一元的观念"，经典作家在考察希腊、罗马文明起源时有着非常明确的论述。恩格斯谈希腊人氏族时说：

氏族起源于共同祖先，成了"庸人学者"（马克思语）[3]绞尽脑汁而不能解决的难题。既然他们很自然地认为这种祖

---

[1]《家庭、私有制和国家的起源·第四版序言》，《马克思恩格斯选集》第4卷，第6页。
[2] 郭沫若：《中国古代社会研究》，上海联合书店，1930年，第3版，第292页。
[3] 马克思：《摩尔根〈古代社会〉一书摘要》，人民出版社，1965年，第171页。

先纯粹是神话人物,他们便根本没有可能解释氏族是怎样从许多彼此相邻的、甚至起初没有亲属关系的家庭中产生出来的,然而单是为了解释氏族的存在,他们还非这样做不可。这样他们就陷入了说空话的圈子,不能超出这样一个论题:系谱的确是一种虚构,但氏族是一个现实。[1]

马克思在《摩尔根〈古代社会〉一书摘要》中这样写道:

> 与原始形态的氏族——希腊人象其他凡人一样也曾有过这种形式的氏族——相适应的血缘亲属制度,使氏族一切成员得以知道相互的亲属关系。……随着一夫一妻制家庭的产生,这种事物就湮没无闻了。氏族名称创造了一个系谱,……但是氏族系谱已经十分湮远,以致氏族的成员,除了有较近的共同祖先的少数场合以外,已经不能证明他们相互之间有事实上的亲属关系了。……由于血族的联系(尤其是一夫一妻制发生后)已经湮远,而过去的现实看来是反映在神话的幻想中,于是老实的庸人们便作出了而且还在继续作着一种结论,即幻想的系谱创造了现实的氏族。[2]

对照《古史辨》中关于"打破民族出于一元的观念"的论述——"自从春秋以来,大国攻灭小国多了,疆界日益大,民族日益并合,种族观念渐淡而一统观念渐强,于是许多民族的始祖的传说亦渐渐归到一条线上,有了先后君臣的关系,《尧典》《五帝德》《世本》诸书就因此出来"[3],简直就像是结合中国古史,引用经典作家的

---

[1] 《家庭、私有制和国家的起源·第四版序言》,《马克思恩格斯选集》第4卷,第98页。

[2] 马克思:《摩尔根〈古代社会〉一书摘要》,第172—173页。

[3] 顾颉刚:《答刘胡两先生书》,《古史辨》第1册,第99页。

论述写成似的。希腊的"老实的庸人"以"幻想的系谱创造了现实的氏族",中国的《尧典》《五帝德》《世本》不也是"学者"们"幻想"的系谱,不也是想用来说明"现实"的族系吗?此后关于"民族多元一体"的提出、50年代关于"汉民族形成"的讨论,都证明"打破民族出于一元"的观念,既是历史理论问题,又是民族理论问题。

上述某些符合唯物主义历史观的认识,足以解释顾颉刚在《古史辨》第四册序为什么明确表示"我自己决不反对唯物史观"了。然而,古史辨止步于"古史年代、人物事迹、书籍真伪",局限在"打好根柢"、为别人"准备初步工作的坚实基础"的"下学"范围内,使其在提出具有理论意义的历史问题面前留下诸多缺憾。

在古史辨止步的地方,出现了社会史论战。尽管论战者标榜在观点上"是唯物的内部的斗争",在方法上"以唯物的辩证法做武器"[1],却无一人从原始婚姻、原始家庭以及氏族、私有财产发展演变、国家起源等"唯物主义历史观"的重要问题入手。没有参加论战的郭沫若以《中国古代社会研究》为恩格斯《家庭、私有制和国家的起源》的"续篇",试图填写"世界文化史上的白页",写出恩格斯、摩尔根"未曾提及一字的中国的古代"。但多数论战者不是像恩格斯肯定摩尔根那样是"具有专门知识"的人,所以他们对郭沫若从《易》《诗》《书》以及从甲骨卜辞研究中国古代的实际内容视而不见。继郭沫若之后,侯外庐1943年出版《中国古典社会史论》(1948年改版为《中国古代社会史》),是研究中国文明起源最具理论意义的论著。以中国古代文明起源的具体路径、古文献中最初所表现的文明人类、中国古代氏族专政与统治阶级之起源(包括古代文明路径与先王的起源、古代统治者权利的起源)、古文献中最初所表现的道德起源、中国古代社会里秦国文明源流考等五个专章展开

---

[1] 王礼锡:《中国社会史论战序幕》,第6页,《中国社会史的论战》第1辑,神州国光社,1932年。按:《中国社会史的论战》没有统一编页,每篇文章各自编页,这里所注均为各篇文章页码。

论证,在最有"心得"的第五章——中国古代"城市国家"的起源及其发展,"弄清楚邦和封,城和国的意义",认为古代的城、国二字同义,筑城即是营国,城市＝国家。

然而,这样的理论探讨却没有在以唯物主义历史观为指导的历史研究中继续深入。经典作家投入那么大精力探讨的事关"唯物主义历史观"的文明起源问题,竟然被从事马克思主义历史理论的研究者们长期冷落。20世纪50—60年代关于文明起源研究的停滞,80年代以来仅限于考古学、古人类学的文明起源探讨,都表明对于古史和史前史研究作为一个理论问题,在认识上还很不到位。古史研究、史前史研究,原本是一项综合性极强的科学研究。考古学、古人类学的研究可以像摩尔根等人那样不问历史理论,但历史理论研究尤其是马克思主义历史理论研究,岂能背离经典作家从历史学、考古学、古人类学、民族学等多学科吸收最新成果,丰富和发展唯物主义历史观的科学做法,致使历史理论因缺乏历史基础而成为空论呢!

三、关于"历史哲学"

"历史哲学"作为书名,以黑格尔《历史哲学讲演录》最为著名,是一个哲学家对历史的哲学思考。后来,逐渐把从哲学层面认识历史泛称为"历史哲学",或与历史观相提并论,但并无一严谨、科学的定义,而且归属也不明确。在历史学家则认为,即令史学与哲学有着极密切的关系,"历史哲学"一词也不宜滥用,尤其不应与历史学混淆。

马克思主义唯物史观创立以来,与之并存的各种历史观或"历史哲学"名目繁多。李大钊在《史学思想史》讲义中专题讲述了鲍丹、孟德斯鸠、韦柯、孔道西、圣西门的历史思想和马克思、李凯尔特(H. Rickert)的历史哲学,认为"韦柯是社会学的先驱者,是历史哲的建设者，是唯物史观的提倡者"。[1] 常乃悳《生物史观与社会》专用一节评述"历史科学上的几种观点"，批评历来的历史家和哲学家努力想拿出一种或数种原则来说明历史的现象，但"多数不根据于事实的归纳，仅凭一己冥想独断而成，所以不免陷于玄学的窠臼"，自斯宾诺莎至黑格尔，"所有历史哲学的结构都是玄学的，而非科学的"。[2]

在名目繁多的历史哲学或历史观中，马克思主义历史哲学或历史观是建立在对于具体历史事实分析基础上的，有着厚重的历史学基础，如前所叙关于原始历史、文明起源的研究。而其他很多种历史哲学或历史观，则未见有多少历史学的基础，如王国维所说："哲学之历史，空想居其半焉。"[3]

对于在国外较有影响、引进后被冠以"历史哲学"者，郭沫若曾颇具讽刺的批评说："学艺本无国族的疆域。在东西诸邦每每交换教授，交换讲演，以粜籴彼此的文化；这在文化的进展与传布上，本也是极可采法的事。我们中国近年来也采法的惟恐不逮了。杜威去了罗素来，罗素去了杜里舒来，来的时候哄动一时，就好象乡下人办神会，抬起神像走街的一样热闹。但是神像回宫去了，它们留给我们的是些甚么呢？——啊，可怜！可怜只有几张诳鬼的符箓！然而抬神的人倒因而得了不少的利益。"[4]

"历史哲学"这一说法引进后，从事历史研究者弄不明白，从事哲学研究者也未说清楚，差不多都是在用"哲学"二字"弄玄"。

最早对"历史哲学"有明确、科学认识的是李大钊。《史学要论》分论什么是历史、什么是历史学、历史学的系统、史学在科学中的位置、史学与其相关学问的关系、现代史学的研究及于人生态度的影响

---

[1] 李大钊：《史学思想史》，上海图书馆藏（1962年影印本），第24页b。

[2] 常乃悳：《生物史观与社会》，大陆书局，1933年，第1—2页。

[3] 王国维：《国学丛刊序》，《观堂别集》卷4，《王静安先生遗书》第4册。

[4] 郭沫若：《太戈尔来华之我见》，《创造周报》第23号（1923年10月14日），《郭沫若全集·文学编》第15卷，人民文学出版社，1990年，第266—267页。

等六题，第三、五两题都论及"历史哲学"。

第三题历史学的系统，将历史学（最广义的历史学）列成一图表：

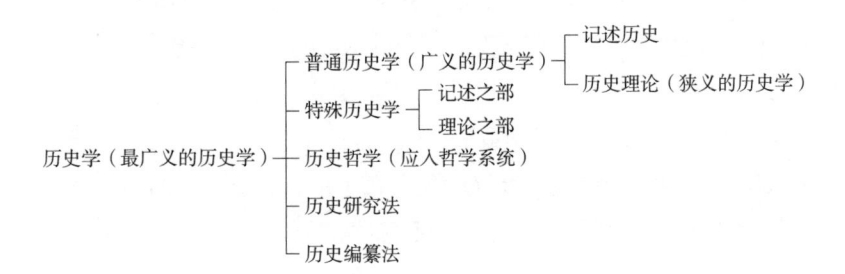

```
                    ┌─ 普通历史学（广义的历史学）┬─ 记述历史
                    │                              └─ 历史理论（狭义的历史学）
                    ├─ 特殊历史学 ┬─ 记述之部
历史学（最广义的历史学）┤            └─ 理论之部
                    ├─ 历史哲学（应入哲学系统）
                    ├─ 历史研究法
                    └─ 历史编纂法
```

图表清楚地表明：与普通历史学（广义的历史学）、特殊历史学并列的"历史哲学"，是"应入哲学系统"的。[1]

第五题史学与其相关学问的关系，认为文学、哲学、社会学"与史学的关系尤为密切"，以论"史学与哲学"最详。从"以史学为主对于哲学的关系"以及"以哲学为主对于史学的关系"两个方面"分别以为观察"，强调"在严密意义上的历史哲学，不当视为属于一个特殊科学的史学，当视为构成哲学的一部分者。于科学的考察与哲学的考察间，当立区别，而防二者混同"，并一再明确：

> 历史哲学一语，若于严正的意义用之，则为哲学组织的一部分，非能离于哲学系统而别自存在者，即非可属于一个特殊科学的史学范围内者；然于严正意义的历史科学（即历史理论），亦非能为哲学组织的一部分，非可存于哲学系统中，而当与记述历史等共包括于广义的史学内。[2]

科学地区分历史学与历史哲学、历史理论与历史哲学，具有重要

---

[1] 李守常（李大钊）：《史学要论》，商务印书馆，1924年，第47页。

[2] 李守常（李大钊）：《史学要论》，第73页。

的理论意义与学术意义。

但在这之后不断出现将"二者混同"的情况，甚至有以历史哲学或历史理论替代历史学之势，民国年间出现过这样的"历史哲学"。

朱谦之自谓其《历史哲学》一书是"中国人第一次对于'历史哲学'的贡献"[1]，但其本人却又在不断变换其"哲学"，先是鼓吹"革命哲学"，有《革命哲学》一书。继而转为"历史哲学"，以《历史哲学》《历史哲学大纲》为代表，"在历史哲学上将黑格尔与孔德结合""在生命哲学上将黑格尔与柏格森、克罗采（按：即克罗齐）结合"，即以杜里舒"新生机主义"、柏格森"生命哲学"、孔德"三阶段法则"构筑"综合的生命的历史哲学"。不到两年，又易以"文化史观"，以《文化哲学》为代表，强调"当代的哲学趋势，已经不为观念论，不为唯物论，而为倾向于有较大的涵盖性的文化论，即文化哲学"[2]。而这一"文化哲学"同样是拼凑，除"Comte 之'三阶段法则'"外，"文化地理分布说"来自黑格尔（Hegel），再加上德国文化社会学者雪雷（Max Scheler）关于"人类的知识，可分三种：（一）解脱的知识，（二）教养的知识，（三）实用的知识"[3]的说法。作为个人研究西方哲学的三部曲无可非议，但硬要说对中国史学产生了多么重要的影响，就未免夸大其词了。首先，所谓生命哲学、历史哲学、文化哲学，是在以哲学认识生命、认识历史、认识文化，讲的是"哲学趋势"，即李大钊所说，是"以哲学为主对于史学的关系"，而不是"以史学为主对于哲学的关系""当视为构成哲学的一部分者"。其次，从生命哲学而历史哲学再到文化哲学的变化，反映其接受国外"哲学"尚且游移不定，怎么会对中国史学有多少实际影响。即便有所谓影响，首先应当看其在哲学史、思想史领域影响如何，只说对史

---

[1] 朱谦之：《历史哲学·自序》，《历史哲学》，泰东图书局，1926年，第1页。

[2] 朱谦之：《文化哲学·序》，《文化哲学》，商务印书馆，1935年，第3页。

[3] 朱谦之：《文化哲学》，第262—263页。

学影响,恰恰是没有弄清楚"历史哲学"属性的一种表现。

另一位"要建立一个系统整然的历史哲学"者常乃悳,代表作有《生物史观与社会》《生物史观研究》《历史哲学论丛》等。所谓"系统整然的历史哲学",如其本人所说,"从生物史观进展到哲学的有机论,从历史相对论进展到历史认识论"。源自赫伯特·斯宾塞《综合哲学体系》《社会学原理》中社会演化与生物演化相提并论的"生物史观""特别注重在人类社会的有机组织上",强调这一有机组织的特性"是支配人类历史的主要原因"。把"由简单组织趋向复杂组织"的生物演化的根本趋势"应用到人类的社会生活上",将社会演化路线与生物演化类比,分作四个阶段:以血统关系为中心的血族社会,比作海绵动物及腔肠动物的时代;部落社会成立了酋长制,集团自觉意识逐渐发生,相当于无脊椎动物的较高形式,即节足动物的时代;民族社会,社会分工趋于细致,民族意识日益鲜明,大略相当于脊椎动物的初期,即鱼类、爬虫类的时代;第四阶段,近代式的国家社会,具备极复杂的组织结构,国家意识及国民性成熟,颇类似于高等脊椎动物,如鸟类及哺乳类的阶段;认为中国尚停留在第三阶段。[1] 对于生物史观,李大钊《史学要论》在谈到海尔革(Hellwald)与席克(Seeck)的进化论时说:"海氏著有《自然的发展上的文化史》(一八七五年),席氏著有《古代世界衰亡史》(今已出至五卷,一八九四年——一九一三年),都以生物学上的根本法则解释历史。"[2] 这至少说明,国外主张"生物史观"者并非一家,而有多家存在。

虽然认为"生命之有少壮衰老的有机生长过程,乃是生命的本质之一",强调"文化之所以有少壮衰老现象,其根源当从集体生命的少壮衰老现象中求之"[3],但常乃悳并没有对历史或历史文化作出具体

---

[1] 常乃悳:《生物史观与社会》,第29—31页。

[2] 李守常(李大钊):《史学要论》,第59—60页。

[3] 常乃悳:《生产力与生命力》,《大公报》(重庆)1942年2月25日《战国》副刊3期。

解释。而30年代郭沫若在日本却运用过这一观念,并取得举世瞩目的成就,即"以岁时喻之当于春夏秋冬,以人生喻之当于幼壮老死,整个青铜时代之进化亦复如是"[1],将青铜器进化分作四期,为中外学界公认不疑。时至40年代,再将此类说法当成国外新观念自然显得陈旧,所以郭沫若把当年所写《周代彝铭进化观》作为《青铜时代》一书附录再次发表,就是想告诉读者:这在10多年前已经采用过,不是什么新观念。

朱谦之《历史哲学大纲》列入"新理想的生命的历史哲学"的"文化形态观",源自斯宾格勒,以《西方的没落》一书为代表。雷海宗在《中国文化与中国的兵》中的《断代问题与中国史的分期》一文[注二十]提到斯宾格勒著《西方的没落》英译本和汤因比著《历史研究》,是因为斯宾格勒认为一切文化只有一个周期,雷海宗则提出"中国文化两周"乃至三周的说法,表达出不认同斯宾格勒的意向。而林同济把雷海宗捧为"中国学界第一位形态历史家"[2],一是抓住《中国文化与中国的兵》注文提到斯宾格勒《西方的没落》,二是以雷海宗在《战国策》半月刊、重庆《大公报·战国副刊》发表《历史的形态与例证》《中外的春秋时代》《历史警觉性的时限》《外交:春秋与战国》等文章为据。在这些文章中,雷海宗对"中国文化的两周"(即《断代问题与中国史的分期》)中一些"讲不通"和"碰壁"的观点作了新的解释,以先前批评过的做法,"把几个独立的线索,用年代先后的死办法,硬编成一个线索",使所谓文化形态观、中国文化二周三周等"烘托"民族情绪的说法得以"创造"出来。但这种以文化和文化形态分析历史的做法,并不像林同济所说,是新提出来的"第三期学术思潮"。早在1923年郭沫若发表《论中德文化书》,就对中国文化与西方文化作出过划分:"如容许我们在便宜上或一般

---

[1] 郭沫若:《周代彝铭进化观》,《古代铭刻汇考》附录,日本文求堂书店,1933年,《青铜时代》,文治出版社,1945年,第271页。

[2] 林同济:《战国》第2期按语,《大公报》(重庆)1941年12月10日。

常习上把世界旧有的文化粗略划分时,我们可以得四种派别:(一)中国,(二)印度,(三)希伯来,(四)希腊。中国文化与印度文化之不能混同,犹之乎希伯来思想与希腊思想之不能混同一样。"[1]

整个 40 年代,历史研究者大都十分关注文化形态,但均非外来。《隋唐制度渊源略论稿》作为陈寅恪的代表作之一,对中国文化系统的关注迄今尚未引起足够的重视。其书叙论、礼仪两章反复论证下述观点:

> 秦凉诸州西北一隅之地,其文化上续汉魏西晋之学风,下开(北)魏(北)齐隋唐之制度,承前启后,继绝扶衰,五百年间延绵一脉,然后始知北朝文化系统之中,其由江左发展变迁输入者之外,尚别有汉魏西晋之河西遗传。但其本身性质及后来影响,昔贤多未措念,寅恪不自揣谫陋,草此短篇,藉以唤起今世学者之注意也。[2]

一再强调"西北一隅之地"保存"中原文化之学术","继前启后","实吾国文化史之一大业",这是最值得"今世学者"深思的地方。差不多同一年代,陈垣有"宗教三书",《明季滇黔佛教考》关注"实为畿辅"的滇黔,《南宋初河北新道教考》关注沦陷的河北,《清初僧诤记》关注"东南各省"。朱谦之讲"文化哲学",表示"贡献一生来从事南方文化之建设运动"[3]。雷海宗《中国文化与中国的兵》以"抗战的重心在南方",将抗战比作是第二周末的淝水之战。对比一下,不讲"历史哲学"、偏重考据的陈寅恪的认识,比起讲"历史哲学"、讲"文化形态"、讲"为现实"的种种说法,被证明更

---

[1] 郭沫若:《论中德文化书》,《创造周报》5 号(1923 年 6 月 10 日),《郭沫若全集·文学编》第 15 卷,第 149 页。

[2] 陈寅恪:《隋唐制度渊源略论稿》,商务印书馆,1946 年,第 1、14、29 页。

[3] 朱谦之:《南方文化运动》,《文化哲学》,第 261—264 页。

具历史的预见性。

上述"历史哲学"，有三个共同点：

其一，既反对历史语言研究所的治史旨趣，又反对用唯物史观指导研究历史，要"设法在'五四'以来二十年间所承受自西欧的'经验事实'与'辩证革命'的两派圈套外，另辟一条新途径"[1]。前面已叙，自30年代初史学基本格局已经确定。历史语言研究所"不以空论为学问，亦不以'史观'为急图"[2]，扎扎实实地从事历史学方方面面的基础研究。马克思主义历史学已经显示出旺盛的生命力，并预示着中国史学的趋势。面对既已形成的这一基本格局，游离于两大主干之外、设法"另辟途径"者，只能在国外寻找依据，将一些已陈旧却可迎合"形势"的说法"引进"，掺以"己意"，冠以"哲学"，进行"转手"。社会史论战中"只要国外文献中有着历史发展阶段的名词，中国便就有"的弊病也掺合进来。陶希圣所说"断定中国社会的过程，当从中国社会历史的及现存的各种材料入手。如果把史料抛开，即使把欧洲人的史学争一个落花流水，于中国史毫没用处"，所批评的"把欧洲的史学当作中国史的自身"[3]的做法，显然应当包括上述"历史哲学"在内。

其二，既没有深层次的哲学分析和论述，也没有对历史事实的基本考察或谓"无意于支离破碎的考据之学"，只有一个关于历史分期的列表，加以种种"哲学"或"文化"的名目，试图用以解释世界各国历史发展的基本线索。而其关于历史分期的基本依据，多与孔德的"三阶段法则"相关联，再揉进生命周期说、文化形态说。马克思主义历史学也讲历史分期，但经典作家都是既有深邃的理论论证，又有

---

[1] 林同济：《形态历史观》，林同济、雷海宗编：《文化形态史观》，大东书局，1946年，第6页。

[2] 傅斯年：《〈史料与史学〉发刊词》，《中央研究院历史语言研究所集刊》外编第二种《史料与史学》(1945年11月)。

[3] 陶希圣：《中国社会史丛书刊行缘起》，刘道元：《两宋田赋制度》，新生命书局，1933年，卷首"附言"。

深厚的历史研究为基础的,尚且还有争论,更不要说这些既缺乏理论又缺乏史实的所谓"哲学"了。只知构建"体系"而不具有"专门知识"的人,看不懂具有"专门知识"的内容,只能空泛地说分期,最明显的一例就是毫无"专门知识"者只对郭沫若《中国古代社会研究》书前"原无心作导论"的那篇关于"社会发展阶段"的论述进行批评、指责,而不知书中其他各篇的价值。极具"专门知识"的董作宾,尽管"不甚赞同"唯物史观的"新古史系统",不同意"殷代为奴隶社会",却有如下认识:

> 唯物史观派是郭沫若的《中国古代社会研究》领导起来的,……他把《诗》《书》《易》里面的纸上史料,把甲骨卜辞、周金文里面的地下材料,熔冶于一炉,制造出来一个唯物史观的中国古代文化体系,……郭书所用的旧史料与新史料,材料都是极可信任的。[1]

这非常清楚地说明马克思主义历史学与上述"历史哲学"的根本区别:中国马克思主义历史学是把唯物史观与中国地下地上的新旧史料"熔冶于一炉"的,而且这些新旧史料在当时"都是极可信任的"。如果批评"公式主义"毛病,首先应该批评上述"无意于支离破碎的考据之学"的"历史哲学"。

其三,赋予历史学过高的社会职能,混淆"历史哲学"与历史学的界限。把历史学拔高为"阐天地造化,握人生国家社会枢纽的全体之学",甚至将世界各国"立国指导原理"的坚固与否"全系于其历史和哲学的根据正确与否"。[2]在这一点上,历史语言研究所有着自己明确的态度:"历史学和语言学之发达,自然于教育上也有相当的

---

[1] 董作宾:《中国古代文化的认识》,《大陆杂志》1951年12月,第3卷第12期。

[2] 常乃悳:《历史哲学论丛》,民主政治社,1948年,第3—4页。

关系，但这都不见得即是什么经国之大业不朽之盛事，只要有十几个书院的学究肯把他们的一生消耗到这些不生利的事物上，也就是以点缀国家之崇尚学术了——这一行的学术。"[1] 这必然成为"历史哲学""伟大历史学家"批评的对象。然而，混淆"历史哲学"与历史学的结果是，从事哲学的人不研究历史哲学，从事历史研究的一部分人舍弃历史学基础研究去从事属于哲学的"历史哲学"，以致造成对历史学的误解，误以为从事历史理论研究才是历史学，进行基础研究不是历史学，最终导致少有人愿意"把他们的一生消耗到这些不生利的事物上"，改而去从事所谓"经国之大业、不朽之盛事"。陈寅恪有一段关于"清代经学发展过甚，所以转致史学之不振"原因的分析，简直就像是针对此种现象而发：

> 以夸诞之人，而治经学，则不甘以片段之论述为满足。因其材料残阙寡少及解释无定之故，转可利用一二细微疑似之单证，以附会其广泛难征之结论。其论既出之后，故不能犁然有当于人心，而人亦不易标举反证以相诘难。譬诸图画鬼物，苟形态略具，则能事已毕，其真状之果肖似与否，画者与观者两皆不知也。往昔经学盛时，为其学者，可不读唐以后书，以求速效。声誉既易致，而利禄亦随之。于是一世才智之士，能为考据之学者，群舍史学而趋于经学之一途。其谨愿者，既止于解释文句，而不能讨论问题。其夸诞者，又流于奇诡悠谬，而不可究诘。虽有研治史学之人，大抵于宦成以后休退之时，始以余力肆及，殆视为文儒老病销愁送日之具。当时史学地位之卑下若此，由今思之，诚可哀矣。此清代经学发展过甚，所以转致史学之不振也。[2]

---

[1] 傅斯年：《历史语言研究所工作之旨趣》，《中央研究院历史语言研究所集刊》第一本第一分，1928年。

[2] 陈寅恪：《重刻元西域人华化考序》，《励耘书屋丛刻》第1集，励耘书屋锓版，1934年，第5—7页。

"夸诞之人"或"主观过于我们的人",不仅可能造成史学领域的"乌烟瘴气",还会导致史学研究的"不振"或衰微,这样的教训非常值得警惕!

归结起来,王国维说"哲学之历史,空想居其半焉";郭沫若讽刺为"哄动一时"的"诳鬼的符箓";陈寅恪谓之"图画鬼物","画者与观者两皆不知也";陶希圣指责是"把欧洲的史学当作中国史的自身";常乃惪批评其"不根据于事实的归纳,仅凭一己冥想独断而成";林同济以"一知半解的'专论'写作者",皆"鹦鹉式地跟着王公大人们的后面大喊"。[1] 凡此种种,不论是出于政治立场的互相指责,还是源于学术研究的论证,却有着一个极为一致的认识:民国年间的"历史哲学",并非李大钊所论"严正意义上的历史哲学",既非哲学,又无历史,或"空想居其半",或为"鹦鹉学舌",说者与听者"两皆不知"为何物。

四、应注意的问题

在阅读有关20世纪史学著论的过程中发现一些带普遍性的问题,提出来供研究者、有爱好的读者参考。

其一,只看序、跋,忽视实际内容。

序、跋固然反映撰著者的基本思想和旨趣,但仅凭序、跋论述某人、某"派"学术,难免有所欠缺。特别是谈"潮"谈"派",更不能仅看其某一代表人物的这类文字。

《历史语言研究所之旨趣》集中体现傅斯年在中央研究院办院总则指导之下创办历史语言研究所的宗旨,较为完整地反映傅斯年的史学思想。但仅凭这一办所宣言来分析其学术成就和功绩就显得空泛。唯有深入到历史语言研究所三个组的具体学术实践中,才能看清这

---

[1] 林同济:《中饱——官僚传统的一面》,林同济、雷海宗编:《文化形态史观》,第158页。

一旨趣是如何实现的。"上穷碧落下黄泉,动手动脚找东西"的考古组,以殷墟发掘成就最为瞩目。关于新石器时代的考古发掘与研究,关于推进甲骨学由草创迈向成熟,是其两项最大的功绩。"以甲骨文金文为研究上古史的对象;以敦煌材料及其他中央亚细亚近年出现之材料,为研究中古史的对象;以明清档案为研究近代史的对象"的历史组,由此确定了中国史研究的基本路向,成绩卓著。语言组,以1929—1933年的西夏研究成绩最为突出。"要科学的东方学之正统在中国"的旨趣,是经历史语言研究所三个组20年的努力逐渐实现的,这不是傅斯年个人所能办到,但又是在其《旨趣》指导下取得的。

钱穆《国史大纲》具有"将以记诵、考订之工夫,而达宣传之目的"的特点,因而不能仅凭《引论》来看待其书,应当区分其发挥"记诵、考订之工夫"的内容和为"达宣传之目的"的说法。如第七编元明之部第三十六、三十七章写明代"传统政治复兴下之君主独裁上、下",说"自秦以来,辅佐天子处理国政的相位,至是废去,遂成绝对君主独裁的局面",廷杖"残酷无理,殆为有史以来所未见","独裁的皇帝不问政事,最著者自推神宗",第八编清代之部第四十三章清代政制叙清"沿明代不设宰相,以大学士理国政,以便君主独裁","用人行政,事事系仰君主一人之独断,务求柄不下移,实中国有史以来之创局也","虽无明代厂卫廷杖之惨,而文字狱之深刻,则过于明犹远",等等,与《引论》(八)"中国自秦以来,立国规模,广土众民,乃非一姓一家之力所能专制"的说法前后矛盾。诸如此类的情况,应当仔细区分清楚。

其二,忽略写作时间,不注意版本变化。

在分析学术背景时,往往出现本末倒置的情况,将写作或出版之后发生的事作为其产生的背景来进行阐述。陈寅恪强调要究明"今典","须考知此事发生必在作此文之前,始可引之以为解释。否则虽似相合,而是不可能。"某论20世纪考据学者,一面强调陈寅恪究明"今典"方法的重要,一面又出现类似的毛病:先引陈寅恪《论李栖筠自赵徙卫事》一文内容,紧接着说"由上述思路的发展,便形成陈氏在《唐代政治史述论稿》的基本观点"。这显然是忽略了《唐代政治史述论稿》1943年出版,《论李栖筠自赵徙卫事》1956年发表,才把后发表的文章的"思路的发展"当作"形成"先前出版的专著的"基本观点",造成"硬伤"。

只看修订本,不注意版本变化,有时也难免失误。考察某史家的学术成就和学术贡献,以其最后修订的著作为依据,在通常情况下无可非议。但在对史家学术思想进行分析考察时,就不能只看修订本,还须看其不同时期的不同版本,以见其学术思想的演变。

读金毓黻《中国史学史》,若只看1957年"存九章"的重印本,不注意1944年版共有十章,第十章之后有一个三页的"结论",便会误以为金毓黻对中国史学史的分期认识"不明确"。金毓黻1938年日记中曾有分六期(萌芽期、成立期、发展期、中衰期、复兴期、革新期)的设想,在1944年版《中国史学史》则去掉清中叶迄民国初的"复兴期",确定为五期——创造期、成立期、发展期、蜕变期、革新期,并在书的"结论"部分强调:"愚所述之各章,亦略与之相当,第一第二两章所述,则创造期之史学也,第三章所述,则成立期之史学也,第四章所述,则发展期之史学也,第五章以下迄于第九章所述,则蜕变期之史学也,第十章所述,则革新期之史学也。"[1]这一论述清楚地表明:其书章节结构与其史学分期是紧密结合在一起的,认识十分明确。1957年重印说明表示,"近代史学内容复杂,必须更端另述,将最后一章删去,只存九章,迄于清代而止"。书后的三页"结论"也随之删去,并改写了"导言",调整了前九章标题。以1957年版与1944年版比对,确切的说法应该是:40年代书中"结论"部分对中国史学史分期的认识十分明确,而且将分期认识与全书结构融为一体;1957年重印时虽然"删去"第十章及后面的"结

---

[1] 金毓黻:《中国史学史》,商务印书馆,1944年,第328页。

论",但反映其古代史学分期的基本结构与内容并未改变,只是不再提"蜕变期",删去"革新期"而已。

再如对"古史辨"的认识,引文物出版社1985年出版的徐旭生《中国古史的传说时代》第一章关于"西欧直到十九世纪中叶以后,评判史料的风气才大为展开,……自辛亥革命以后,这个潮流才逐渐扩大到中国。……对于古史才逐渐有所谓疑古学派出现。……这一次参加的人数很多,工作的成绩也很丰富,一大部分由顾颉刚先生及他的朋友们搜集到《古史辨》里面。……由于疑古学派(广义的)历史工作人员及考古工作人员双方的努力,才能把传说时代和狭义历史时代分开"的论述,以为是作者的一贯认识。然而1946年版《中国古史的传说时代》第一章并无此段论述,标题为"信古",认为疑古的路"走不通",应该"走信古的路",与上引文字所表达的观念颇有差异。这是作者后来修改全书时重新改写的,表示对"古史辨"认识的变化。

只看全集文字,不注意收入全集时所作修改,也会带来问题。郭沫若1943年发表《论曹植》,1959年收《沫若文集》第12卷时有两处重要删改,其中之一是在"同时代的政治家如诸葛武侯,那就比他高明得多"一段末尾"司马氏的篡夺未必便能够实现的吧"句后补写了一段文字:"假使曹家的天下更长久得一些,我看魏武帝和魏文帝会被歌颂为中古的圣王,决不会被斥为'篡贼',为'奸臣'。曹操在舞台上会表现为红脸,而不是粉脸。这场历史公案,今天应该彻底翻它一下了。"后来又收入《郭沫若全集·历史编》第4卷。近年来不少文章以《沫若文集》第12卷或《郭沫若全集·历史编》第4卷所收《论曹植》为据,以为郭沫若在1943年就有了"替曹操翻案"的想法,显然是将后来的认识提前了16年。

出版全集者,若能出注注明作者的重要文字修改,对于学术研究将是一件功德无量的大好事。《马克思恩格斯全集》对不同版本的文字均加注说明,非常值得编辑全集者效法。《郭沫若全集·文学编》某些卷有所尝试,但未能贯彻到全书,是为憾事。

此外，在重印名著的流风中，有些情况需加注意。一是将名著和名著作者的相关文章编印在一起，仍用名著原名，造成误解，包括为新印名著所写解题、提要，也将名著以外的文章说成是名著的内容。二是将作者曾经设想但未完成的著作当成名著，把相关的文章集在一起印行，使读者，包括写解题、提要者，都将设想的未完之作当成作者已成的代表作。三是把作者的代表作与作者跟他人合编的论集合印在一起，仍用作者代表作原名，致使一些研究者误将论集中他人文章的观点当成代表作作者的重要观点。四是把作者所写各断代专史合印在一起，冠以新名"中国××史"，甚至写成"史学名著介绍"，更有误导读者之嫌。把一些难找的书、文合印在一起，出发点或许是为方便读者，但从造成的种种误读来看，重印名著应注意原著版本，对于新增篇章须加详细说明。

2011 年 2 月 27 日

《民国史学述论稿》一书"叙论"，上海人民出版社，2011 年，文字稍有改动。

20 世纪前期两次关于"国学"与"国粹""国故"的论辩

80 多年前,群学社将当时关于"国学"与"国故"的论辩编辑为《国故学讨论集》出版。其中,曹聚仁《春雷初动中之国故学》形象地概括了讨论中出现的种种不同之"国学":

> "国学"之为物,名虽为一,实则为三,北京国学研究所之国学,赛先生之"国学"也;无锡之国学专修馆,冬烘先生之"国学"也;上海之国学专修馆,神怪先生之"国学"也。

时下谈"国学"的文章不少,不能说没有"赛先生之'国学'",也不敢说没有"神怪先生之'国学'",但仅就所见,大都"冬烘先生之'国学'"。因其一不知"国学""国粹"二词是舶来品,二不知清朝末年、民国年间有过两次关于"国学"与"国粹""国故"的论辩,没有形成一致的认识,三是互相传抄这样几句话,"国故"包含中国固有历史与文化之全部,其中之精华(什么是精华一概语焉不详)称"国粹",以"国故"为研究对象的学问称"国故学",简称"国学","国故"与"国学"有相同之处,却不知这是率意捏合两次论辩中的不同观点,甚至不知"国粹"一词辛亥(1911)年后逐渐被废弃。有此"三不知",难怪听到一些日本学者哂笑中国时下说"国学"者的"国学"知识浅薄,最让人家嗤笑的是某些讲"国学"者竟然不知"冬烘"指什么。为此,将两次论辩的情况作一清理,以供热衷于"国学"（包括"国粹""国故"）者参阅。

两次论辩，清朝末年主要表现为"国粹"与"国学"的论辩，民国年间主要表现为"国故"与"国学"的论辩。两次论辩，对于学术文化产生的影响和推动作用显现出很大的差异，留下不少值得思考的启示。

一、清朝末年："国学"与"国粹"的论辩

"国学"一词，在西学和"欧化主义"刺激下，由日本学界最先提出来。戊戌变法前夕，屠仁守驳《时务报》所载严复《辟韩》一文，提到《东华杂志·汉学再兴论》中日本学界有"国学勃兴，将压倒西学"的说法。[1]

"国粹"的舶来，几乎与此同时。1901年9月，梁启超《中国史叙论》有"中国民族固守国粹之性质，欲强使改用耶稣纪年，终属空言耳"句，为国人20世纪初在报刊上使用"国粹"一词。1902年4月，梁启超致函康有为，说"日本当明治初元，亦以破坏为事，至近年然后保存国粹之议起。国粹说在今日固大善，然使二十年前昌之，则民智终不可开而已。"[2] 7月，《译书汇编》第5期刊载佚名《日本国粹主义与欧化主义之消长》，传递日本两种"主义"的对垒情况：

> 一为国粹主义。国粹云者谓保存己国固有之精神，不肯与他国强同，如就国家而论，必言天皇万世一系；就社会而论，必言和服倭屋不可废，男女不可平权等类。一为欧化主义。欧化云者，谓文明创自欧洲，欲己国进于文明，必先去

---

[1] 屠仁守：《屠梅君侍御致时务报馆辨〈辟韩〉书》，《翼教丛编》，上海书店，2002年，第64页。

[2] 丁文江、赵丰田编：《梁启超年谱长编》，上海人民出版社，1983年，第278页。

其国界，纯然以欧洲为师。极端之论，至谓人种之强，必与
欧洲互相通种，至于制度文物等类无论矣。

同年秋，梁启超与黄遵宪商议在日本创办《国学报》，"当以保
国粹为主义，取旧学磨洗而光大之"，黄遵宪建议"当以此作一《国
学史》"[1]。梁启超《论中国学术思想变迁之大势》，将"国学"与外学
相提并论："今日欲使外学之真精神普及于祖国，则当转输之任者，
必遂于国学，然后能收其效。"

1903年，《新民丛报·学界时评》发表梁启超《游学生与国学》，
认为"国学与爱国心相通倚者也"，"真爱国者必使吾国之历史、之
现状、之特质日出于吾心目中，然后其爱乃发于自然"，"非深通国
学不能为力"，主张在日本铃木町会馆设立国学图书馆。年初，章
太炎致函刘师培，深信"他日保存国粹，较诸东方神道，必当差胜
也"[2]。6月，《浙江潮》刊载"社说"《国魂篇》，以"国粹主义"与
"世界主义"同为一国进化之"两大主义"。章太炎因"苏报案"入
狱，作《癸卯口中漫笔》，自谓"上天以国粹付余"[3]。

1904年3月，黄节在《政艺通报》第1号发表《国粹学社发起
辞》，称"海上学社林立，顾未有言国粹者"，"岁甲辰，同人创为国
粹学社"，声明："国粹，日本之名辞也。吾言之，其名辞已非国
粹也。"发布乙巳（1905）年广告，表示"于保存国粹之一面，务欲
发挥而光大之，以为吾祖国生色"。4月，梁启超在《时报缘起》再
提"于祖国国粹，固所尊重也"[4]。5月，邓实在《政艺通报》第3号
发表《国学保存论》，提出一国有一国之学。12月30日，黄节在

---

[1] 丁文江、赵丰田编：《梁启超年谱长编》，第292页。

[2] 《章太炎与刘申叔书》，《国粹学报》1905年第1号。按："东方神道"，指日本国学。
又按：当时出刊，多用甲子纪年，为方便、统一，这里均换算为公元纪年。

[3] 章太炎：《癸卯口中漫笔》，《国粹学报》1905年第8号。

[4] 据《梁启超年谱长编》第338页引。

《政艺通报》第 11 号发表《国粹保存主义》,介绍日本的国粹主义:

> 夫国粹者,国家特别之精神也。昔者日本维新,欧化主义浩浩滔天,乃于万流澎湃之中,忽焉而生一大反动力焉,则国粹保存主义是也。当是时入日本国民思想而主之者,纯乎泰西思想也,如同议一事焉,主行者以泰西学理主行之,反对者亦以泰西学理反对之,未有酌本邦之国体民情为根据而立论者也。文部大臣井上馨特倡此义,大呼国民,三宅雄次郎、志贺重昂等和之。其说以为宜取彼之长,补我之短;不宜醉心外国之文物,并其所短而亦取之,并我所长而亦弃之。

并进一步解释说:

> 本我国之所有而适宜焉者,国粹也;取外国之宜于我国而吾足以行焉者,亦国粹也。

朝廷方面,光绪二十九年(1903)11 月颁布《学务政纲》,以"外国学堂最重保存国粹,此即保存国粹之一大端"。随后,大臣奏议多有"国粹"的说法,如光绪三十一年(1905)8 月袁世凯、赵尔巽、张之洞等会衔奏请废科举广学校章程,认为学堂"首以经学根柢为重","益于保存国粹,尤为竞竞"[1]。

20 世纪最初几年,谈"国粹"成为一种时髦,如当时报刊所说:

> 近数年来,中国之号称识者,动则称国粹。环海内外,新刊之报章书籍,或曰保存国粹,或曰发挥国粹,甚者则曰

---

[1]《光绪朝东华录》(五),第 5390 页。

国粹之不讲则中国其真不可救药。[1]

"国粹"或"国学"二词最初出现，基本是转述日本的说法。1905年1—2月间，国学保存会成立，把"研究国学，保存国粹"确定为办会宗旨，将"国学"与"国粹"捏合在一起，创办了《国粹学报》。但不论国学保存会成立之前还是成立之后，黄节、邓实、章太炎、刘师培等所谓"国粹派"对于"国粹"或"国学"始终存在着不尽相同的理解和说法。

黄节以"名从主人，物从中国，吾有取于其义云尔"[2]，表示与日本所说"国粹"不同。所谓的"吾有取于其义"者，意在"粹"而不在"国"，即认为"发现于国体，输入于国界，蕴藏于国民之原质，具一种独立之思想者，国粹也；有优美而无粗犷，有壮旺而无稚弱，有开通而无锢蔽，为人群进化之脑髓者，国粹也"，只要适当今中国之用，均为"国粹"。[3]

章太炎发表《印度人之论国粹》，就像是在针对黄节的"吾有取于其义云尔"，认为"义有是非，取是舍非者，主观之分；事有细大，举大而不遗细者，客观之分"，明确表示："国粹诚未必皆是。"[4] 1906年出狱到日本，在东京留学生欢迎会上发表演讲，"用国粹激动种姓，增进爱国的热肠"，提出"为甚提倡国粹？不是要人尊信孔教，只是要人爱惜我们汉种的历史。这个历史，是就广义说的，其中可以分为三项：一是语言文字，二是典章制度，三是人物事迹"[5]。这一说法，显然与黄节的"国粹"说有着不同。

---

[1]《国粹之处分》，《新世纪》第44号。

[2] 黄节：《国粹学社发起辞》，《政艺通报》1904年第1号。

[3] 黄节：《国粹保存主义》，《壬寅政艺丛书》政学文篇卷5。

[4] 章太炎：《印度人之论国粹》，《章太炎全集》第4册，上海人民出版社，1985年，第356页。

[5] 章太炎：《东京留学生欢迎会演说辞》，《章太炎政论选集》上册，中华书局，1977年，第276页。

邓实虽然强调"一国之立必有其所以自立之精神焉,以为一国之粹,精神不灭,则其国亦不灭"[1],但他更强调"国学",1904年发表《国学保存论》针对"异国异学",将"国学"视为本国之学。1906年发表《国学讲习记》,进一步为"国学"定义:

> 国学者何?一国所有之学也。有地而人生其上,因以成国焉,有其国者有其学。学者也,学其一国之学以为国用,而自治其一国也。国学者,与有国而俱来,因乎地理,根之民性,而不可须臾离也。君子生是国,则通是学,知爱其国,无不知爱其学也。

章太炎在《民报》第7号发表《国学讲习会序》,讲的还是先前"就广义说的"历史的三项内容,使用的却是"国学"一词,并解释说:

> 吾闻处竞争之世,徒恃国学固不足立国矣,而吾未闻国学不兴而国能自立者也。吾闻有国亡而国学不亡者矣,而吾未闻国学先亡而国仍立者也。故今日国学之无人兴起,即将影响于国家之存灭,是不亦视前世为尤岌岌乎!

1907年邓实在《国粹学报》第2号发表《国学真论》,引入西方政治学及其先前论"君史""民史"的理念,说"近人于政治之界说,既知国家与朝廷之分矣,而言学术则不知有国学、君学之辨,以故混国学于君学之内,以事君即为爱国,以功名利禄之学,即为国学,其乌知乎国学自有其真哉!"两者的区分在于:"以人君之是非为是非者"为"君学","遥遥二千年神州之天下,一君学之天下而已";

---

[1] 邓实:《鸡鸣风雨楼独立书·语言文字独立》,《政艺通报》1903年第24号。

"不以人君之是非为是非者"为"国学",仅赖一二在野君子著书立说,"本其爱国之忱",得保不绝如缕。所谓的"不以人君之是非为是非者",在中国历史上大多是通过字里行间表述出来、却实现不了的"空想"或"学说",主要反映在诸子学说和部分文集中。

正是在这前后,《国粹学报》刊载论著的内容开始发生变化。1906 年第 11、12 号发表章太炎《某君与某论朴学报书》《与某书》,俱是论"学"而不说"粹",强调"鄙意提倡国学,在朴说而不在华辞"。同时,使用"国故"的说法:"群言殽乱,国故日衰,得《朴学报》振起之,忻慰无量!" 1907 年第 12 号发表章太炎《某君与人论国粹学书》,针对"国粹"研究偏于经世的状况指出:"学名国粹,当研精覃思,钩发沈伏,字字征实,不蹈空言,语语心得,不因陈说,斯乃形名相称。若徒摭旧言,或张大其说以自文,盈词满幅,又何贵哉!实事求是之学,虑非可临时足辨","若尔抄撮成言,加以论议,万言之文,謦欬可了,然欲提倡国粹,不应尔也"。1909 年第 10 号发表章太炎《致国粹学报社书》,要求"贵报宜力图增进,以为光大国学之原,延此一线,弗以自沮"。1910 年第 1 号发表章太炎《与王鹤鸣书》,明确表示不以有用无用作为衡量学术的标准:"仆谓学者将以实事求是,有用与否,故不暇计求","学在辨名实,知情伪,虽致用不足尚,虽无用不足卑"。1911 年第 9—13 号(《国粹学报》最后一期)发表章太炎《与简竹居》,有这样一段文字:

>《尚书》《春秋》,左右史所记录,学者治之,宜与《史记》《汉书》等视,稽其典礼,明其行事,令后生得以讨类知原,无忘国故,斯其要也!古今异变,宜弗可以同概,通经致用之说,则汉儒所以求利禄者,以之哗世取宠,非也。

接受上述影响,1908 年孟春刘师培在《国粹学报》三周年之际所写祝辞提出"不以学术为适时之具,斯能自成一言",认为"学古为入官之阶梯，变通乃趋时之捷径"是造成"道衰学敝"的原因。《国粹学报》1909年第13号总结办刊大旨，发布《明年之特色》：

> 力避浮华而趋于朴学，务使文有其质，博而寡要，非关学术源流、有资考证者不录，庶几韩子所云惟陈言之务去者。至于保存古物，不遗故闻，训释周秦诸子之书，使尽可读，引申乾嘉诸儒之学，不绝其绪，诠明小学，以为求学之门径，谨守古谊，以毋越先民之训，五年于兹。

此时的《国粹学报》已非创刊时的《国粹学报》，此时所说"国粹"更非"激动种姓"或"适当今中国之用"的"国粹"！

"国学"与"国粹"两个舶来词并行，反映近代社会变革当中，学术与政治的某种复杂关系。黄节在《国粹学社发起辞》中已经点明："日本之言国粹也，与争政论；吾国之言国粹也，与争科学。"日本谈"国粹"完全出于政治需要，中国谈"国粹"既是学术，又需要借助外来观念做政治宣传。为"激动种姓"，以学术作为革命舆论工具，往往使用"国粹"的说法。但学者的习性注定他们不可能"以学殉时"，让学术沦为政治的奴婢，因而在从事学术研究时，往往使用"国学"的说法。章太炎刚出狱在东京留学生欢迎会上说，要"用国粹激动种姓"，而在随后的《国学讲习会序》中却改用"国学"一词，即是一明显例证。刘师培自称"为《国粹学报》撰稿，率意为文"，而"民元以还"关于三礼的著述"堪称信心之作"[1]，可谓又一例证。只有把握住近代社会变革中学术与政治的这一层关系，讨论"国学"与"国粹"才不至于因名词概念而被弄得含混不清。辛亥革命完成"反清"历史使命，"国粹"这一带有政治色彩的词语逐渐被弃用，《国粹学报》即便"力避浮华而趋于朴学"，也难免停

---

[1] 陈钟凡：《周礼古注集疏跋》，《刘申叔先生遗书》第6册，宁武南氏1936年刊本。

刊的命运。

二、民国年间："国故"与"国学"的论辩

辛亥革命推翻帝制的成果被袁世凯窃据之后，出现一股尊孔复旧的逆流，新旧思想的碰撞、中外文化的交锋更加激烈起来。由北京大学著名教授轮流主持编辑的《新青年》杂志，以"科学"与"民主"为旗帜，掀起影响久远的新文化运动。

1919年1月，北京大学学生傅斯年、罗家伦等创办《新潮》杂志，以"唤起国人对于本国学术之自觉心"。国学保存会成员、北京大学教师刘师培、黄侃与学生张煊、罗常培等，沿章太炎所用"国故"一词成立国故社，"慨然于国学沦夷，欲发起学报，以图挽救"，3月创办《国故》月刊，"以昌明中国固有之学术为宗旨"，所刊文章全为文言，不用新式标点。

同年5月，毛子水针对《国故》的宗旨，在《新潮》1卷5号发表《国故和科学的精神》，论述什么是国故、国故在今日世界学术上的位置、国故是应当研究的么、研究国故的人所应当知道的事情以及我对于国故和国故学的感想等五个问题。《新潮》主编傅斯年在文章结尾处写了一段"附识"，认为"研究国故有两种手段，一，整理国故；二，追摹国故"。"整理国故"一词，在这里第一次被提出，指"把我中国以往的学术、政治、社会等等做材料研究出些有系统的事物来，不特有益于中国学问界，或者有补于'世界的'科学"。明确指出："国故的研究是学术上的事"，"不是主义"，"必须用科学的主义和方法"。随即，张煊在《国故》第3期发表《驳新潮国故和科学的精神篇》，对毛子水所论问题进行驳论。8月中旬胡适写信给毛子水，10月毛子水在《新潮》2卷1号发表《〈驳新潮国故和科学的精神篇〉订误》，将胡适来信附在后面。胡适提出"当存一个'为真理而求真理'的态度"，"应该尽力指导'国故家'用科学的研究方法

去做国故的研究,不当先存一个'有用无用'的成见,致生出许多无谓的意见"。12月,胡适在《新青年》7卷1号发表《新思潮的意义》,提出"研究问题,输入学理,整理国故,再造文明"。"整理国故"被赋予新的意义,成为新文化运动的重要组成部分。在谈"新思潮的运动对于中国旧有的学术思想持什么态度"时,胡适表示反对盲从、反对调和两种态度,说"若要知道什么是国粹,什么是国渣,先须要用评判的态度,科学的精神,去做一番整理国故的功夫",并将"整理国故"的步骤分为四步:"第一步是条理系统的整理","第二步是要寻出每种学术思想怎样发生,发生之后有什么影响效果","第三步是要用科学的方法,作精确的考证,把古人的意义弄得明白清楚","第四步是综合前三步的研究,各家都还他一个本来真面目,各家都还他一个真价值"。

在随后的两年间,胡适先后在南京东南大学、北京高等师范学校演讲,内容都是"研究国故的方法"。首先对"国故"一词作出解释:"'国故'的名词,比'国粹'好得多。自从章太炎著了一本《国故论衡》之后,这'国故'的名词于是成立。如果讲'国粹',就有人讲'国渣'。'国故'(National Past)这个名词是中立的。"进而将先前的四个步骤提升为四种具体方法:历史的观念、疑古的态度、系统的研究、整理的形式。[1]

1923年1月,胡适"代表全体"为北京大学研究所国学门学术刊物《国学季刊》所作"发刊宣言"发表在创刊号。针对"以为西洋学术思想的输入是古学沦亡的原因","以为孔教可以完全代表中国的古文化","以为古文古诗的保存就是古学的保存"等观念,提出"现在和将来研究国学的方针":

---

[1] 胡适:《研究国故的方法》,《胡适文集》第3册,人民文学出版社,1998年,第356—359页。

国学的使命是使大家懂得中国过去的文化史；国学的方法是要用历史的眼光来整理一切过去文化的历史；国学的目的是要做成中国文化史。国学的系统的研究，要以此为归宿。一切国学的研究，无论时代古今，无论问题大小，都要朝着这一个大方向走。只有这个目的可以整统一切材料；只有这个任务可以容纳一切努力；只有这种眼光可以破除一切门户畛域。

同年同月，梁启超在南京东南大学作《治国学的两条大路》的演讲，认为"研究国学有两条应走的大路"：一是文献的学问，"应该用客观的科学方法去研究"；二是德行的学问，"应该用内省的和躬行的方法去研究"。明确指出，第一条路"便是近人所讲的'整理国故'这部分事业"。同时提出研究国学的三条标准：一是剔去伪书和伪事，修正前人的误解，谓之"求真"；二是"将同类或有关系的事情网罗起来贯串比较"，谓之"求博"；三是注意别门学问与本门学问的关系，注意本门学问中各方面的相互关系，谓之"求通"。[1]

随即，应清华学校《清华周刊》记者之请，胡适拟出《一个最低限度的国学书目》、梁启超拟出《国学入门书要目及其读法》，引发争议，带动起"青年必读书"的论辩。在这一系列论辩中，如何理解"国故""国故学""国学"，始终存在着不同意见。

1924年2月，吴文祺《重新估定国故学之价值》指出，"一二年来，整理国故的呼声，可算是甚嚣尘上了"，"近人往往把国故学省称为国学，于是便引起了许多可笑的误会"，呼吁"正名定义"，为国故学"下一个定义"："用分析综合比较种种方法，去整理中国的国故的学问，叫做国故学。"吴文祺对"国故学"的认识，突出之点在

---

[1] 梁启超：《治国学的两条大路》，《饮冰室合集》文集之三十九，第113—114页。

"国故学是一种科学","真正懂得科学的人,都承认国故学是科学的一种"。

曹聚仁《国故学之意义与价值》归纳当时存在的三种不同的"国故观"以及三种对应的态度,明确"'国故'乃研究之对象,'国故学'则研究此对象之科学",具体解释如下:

> 国故者,五千年间中华民族以文字表达之结晶思想也⋯⋯
>
> 国故学者以"国故"为研究之对象,而以科学方法处理之,使成为一种科学也。[1]

由于"整理国故"被作为新文化运动的一个组成部分,引起某种"杞忧",或认为"这是加于新文化运动的一种反动",或怀疑"究竟整理国故对于新文学运动有什么影响"? 1923年2月,《小说月报》专门辟出一个专栏讨论"整理国故与新文学运动"。随后,鲁迅、郭沫若、成仿吾等或在《小说月报》,或在其他刊物发表各自的观点。

1924年1月,鲁迅在北京师范大学附中校友会作《未有天才之前》的演讲,说"自从新思潮来到中国以后,其实何尝有力,而一群老头子,还有少年,却已丧魂失魄的来讲国故了。他们说,'中国自有许多好东西,都不整理保存,倒去求新,正如放弃祖宗遗产一样不肖'",认为"就现状而言,做事本来还随个人自便,⋯⋯但若拿了这面旗子来号召,那就是要中国永远与世界隔绝了。倘以为大家非此不可,那更是荒谬绝伦!"[2]

---

[1] 吴文祺、曹聚仁两文,均收《国故学讨论集》第1集,群学社,1927年,第30—41、60—64页。

[2] 鲁迅:《未有天才之前》,《鲁迅全集》第1卷,人民文学出版社,2005年,第171页。

同年同月，郭沫若在《创造周刊》36号发表《整理国故的评价》，指出"整理国故的流风，近来也几乎成为了一个时代的共同色彩了"，"这种现象，决不是可庆的消息"。表示不赞同胡适"四处向人宣传整理国故研究国学"和成仿吾、吴稚晖"本着良心的命令要研究科学或者要造机关枪"的倾向，认为"不能因为有不真挚的研究者遂因而否认国学研究的全部，更不能于自我的要求以外求出别项的实力来禁止别人"。针对胡适"发明一个字的古意，与发现一颗恒星，都是一大功绩"的说法，强调"国学究竟有没有研究的价值？这是要待研究之后才能解决的问题"，"研究的方法要合乎科学的精神，研究有了心得之后才能说到整理。这种整理事业的评价我们尤不可估之过高"。

自此而后，胡适等开始反思"整理国故"中出现的问题。

1926年6月，胡适在北京大学研究所国学门第四次恳亲会上对整理国故中出现偏差表示了"我大约总得负一点点责任，所以不得不忏悔"的态度，指出"流风所被，实在闹出多少弊病来了"，"他也研究国学，你也研究国学，国学变成了出风头的捷径"，"有许多人，方法上没有训练，思想上没有充分的参考材料，头脑里没有弄清楚，就钻进故纸堆里去，实在走进了死路！"[1] 1927年2月，胡适以《整理国故与"打鬼"》反思"整理国故"中出现的问题，认为整理国故"是用精密的方法，考出古文化的真相"，"重新估定一切价值"。1928年，他在《新月》1卷9号发表《治学的方法与材料》（1929年《小说月报》20卷1号转载），最后这样写道：

> 现在一班少年人跟着我们向故纸堆去乱钻，这是最可悲叹的现状。我们希望他们及早回头，多学一点自然科学的知

---

[1]《研究所国学门第四次恳亲会纪事》，《北京大学研究所国学门月刊》1卷1号，1926年10月20日。

识与技术:那条路是活路,这条故纸的路是死路。三百年的第一流的聪明才智消磨在这故纸堆里,还没有什么好成绩。我们应该换条路走走了。等你们在科学实验室里有了好成绩,然后拿出你们的余力,回来整理我们的国故,那时候,一拳打倒顾亭林,两脚踢翻钱竹汀,有何难哉![1]

最先提出"整理国故"的傅斯年,1928年10月在《历史语言研究所工作之旨趣》中明确表示"反对'国故'一个观念",并指出:

国故本来即是国粹,不过说来客气一点儿,而所谓国学院也恐怕是一个改良的存古学堂。

再来看对于"国学"的认识。

1922年,北京大学首创文科现代学术研究机构——研究所国学门,出版《国学季刊》《国学门周刊》(后改月刊)。一时之间,"整理国故"推动了南北新型大学成立专门的国学研究机构,如东南大学国学院(1923年)、清华国学研究院(1925年)、厦门大学国学研究院(1926年)、燕京大学国学研究所(1928年)、齐鲁大学国学研究所(1930年)等,并纷纷创办国学研究刊物。

据当时编印的《国学论文索引》,民国年间刊载国学论文的杂志83种,冠名"国学"或"国粹"者13种。[2] 1919年之前成立的国学社会团体8家、创办的国学刊物6种:

---

[1] 两文均收《胡适文存》3集2卷,亚东图书馆,1930年。

[2] 参见王重民:《国学论文索引》一书后记及所附"本书所收杂志卷数号数一览",中华图书馆协会丛书第二种,1929年。

团体名称	创办人	存在时间	创办刊物	地点
国学保存会	邓实、黄节	1905—1911 年	《国粹学报》	上海
国学讲习会	章太炎	1906 年		东京
南社	柳亚子、陈去病、姚光	1909—1936 年	《国学丛选》	
国学研究会	罗振玉、王国维	1911 年、1914 年	《国学丛刊》	东京、北京
国学会	马玉藻	1912 年		北京、杭州
国学扶危社	陈尔锡、吕学沅	1914 年	《国学》	北京、东京
国学昌明社	倪羲抱	1915—1916 年	《国学杂志》	上海
国故月刊社	刘师培、黄侃	1919 年	《国故》	北京大学

1920 年以后成立的国学社会团体 11 家，创办的国学刊物 12 种：

团体名称	创办人	存在时间	创办刊物	地点
无锡国学专修馆	唐文治	1920—1937 年	《国专月刊》	无锡
国学馆	宋育仁、谢无量、廖平	1923—？ 年	《国学月刊》	成都
国学研究会	东南大学、南京高师	1923—1925 年	《国学丛刊》	南京
国学研究社	叶楚伧、胡朴安	1924—1925 年	《国学周刊》《国学汇编》	上海
国学研究会	民国大学	1924—1926 年	《国学》	北京
上海国学研究会		1926 年	《国学辑林》	上海
《国学专刊》社	陈衍	1926—1927 年	《国学专刊》	厦门
清华述学社	陆侃如、林召伯、姚名达等	1927—1929 年	《国学月报》	北京
苏州国学会	李根源、陈衍、章太炎、金天翮、吴承仕等	1932—1935 年	《国学商兑》《国学论衡》	苏州
章氏国学讲习会	章太炎、潘承弼等	1934—1941 年	《制言》	苏州
天津国学研究社	李廷玉	1937 年	《国学月刊》	天津

论辩中多数倾向于使用"国学"一词，唯有陈独秀、何炳松明确表示反对。1924 年陈独秀在《前锋》发表《国学》短文，赞成"看

作历史的材料来研究"的"国故"或"中国学",认为"学问无国界,'国学'不但不成个名词,而且有两个流弊:一是格致古微之化身,一是东方文化圣人之徒的嫌疑犯"。[1] 1929年何炳松在《小说月报》20卷1号发表《论所谓"国学"》,认为"由国学两个字生出的流弊层出不穷,将来一定要使得我国的文化在混乱无望固步自封的境界里面",提出一个口号:"中国人一致起来推翻乌烟瘴气的国学。"他建议"对于中国学术的各流派如史学、文学、哲学、科学等等,都应该各加以三大步研究的功夫:第一步先研究某一科的特质怎样,第二步再用现代科学的眼光去估定他的价值,第三步再把他和世界学术中同一科作一个比较,来断定他对于世界的学术有何等程度的贡献"。[2]

使用"国学"一词者,认识和理解同样存在着很大的差异,篇前已引曹聚仁的概括性论述。他还指出,"国学"一词的滥用给国学研究造成的危害:

> 今则国学如麻,略识"之无",能连缀成篇,谓为精通"国学",咿唔诗赋,以推敲词句自豪者,谓为保存"国粹",他则大学设科研究中国文学,乃以国学名其系;开馆教授四书五经,乃以国学名其院,人莫解国学之实质,而皆以国学名其高,势之所趋,国学将为国故学之致命伤。[3]

一方面是"国学"概念的滥用,一方面各大学的国学研究逐渐纳入西方人文学科的分科理念,分设哲学、文学、历史学、考古学等。这样的分科理念,为取消"国学"一科埋下伏笔。从东洋舶来的"国粹""国学"等概念,经过30年左右的滥用之后,在近代人文学科分

---

[1] 陈独秀:《国学》,《前锋》1924年2月1日第三号,收入《陈独秀文章选编》(中),生活·读书·新知三联书店,1984年,第404页。

[2] 《何炳松论文集》,商务印书馆,1990年。

[3] 曹聚仁:《春雷初动中之国故学》,《国故学讨论集》第1集,第84—85、88页。

科的规范中渐渐淡出历史舞台。

三、两次论辩的差异与启示

两次论辩，对于学术文化的影响和推动作用显现出很大差异，留下不少值得思考的启示。

第一，背景、口号的差异。

清末的论辩，是在旧有政治体制之下进行的，提倡"国粹"或"国学"者大多是学者型的革命党人或倾向于革命党。国学保存会的口号是"研究国学，保存国粹"，他们接受社会学原理和进化论，主要用于政治革命宣传；强调"国粹""一国之精神"，主要为煽起民众的"排满革命"情绪。随着其成员政治立场或政治态度的变化，使其口号前后矛盾，难以自圆其说。于是，转而为"学"，强调"提倡国学，在朴说而不在华辞"，开始表示"致用不足尚，无用不足卑"，进而认为"不以学术为适时之具，斯能自成一言"，甚至批评"通经致用之说，则汉儒所以求利禄者，以之哗世取宠，非也"。从"用国粹激动种姓"的一个极端跳到认为"通经致用之说，非也"的另一个极端，从"率意为文"转变为狭小圈子内的"信心之作"，难以产生影响，无法形成推进学术文化的作用。

民国年间的论辩，是在新文化运动中开展起来的，提倡"国故"或"国学"的主要人物都是学者、教授。新文化运动的口号之一是"整理国故，再造文明"，他们接受"科学"与"民主"的思想，主要用于思想文化宣传；强调"国故""国学"，主要是为了"再造文明"或"还他一个本来真面目"。将国学研究的使命规定为"使大家懂得中国过去的文化史"，包括民族史、语言文字史、经济史、政治史、国际交通史、思想学术史、宗教史、文艺史、风俗史、制度史等十大方面，大大超出"保存国粹"的范围，其成就差不多影响着此后多半个世纪的学术走向。而且，"整理国故"作为新文化运动的一个组成部分，已融入青年学生之中，因而产生出久远的影响。

一个是用"保存国粹"来"激动种姓"，或由"率意为文"转而为"信心之作"，一个是用"整理国故"来"再造文明"，或"用历史的眼光来整理一切过去文化的历史"。"激动种姓""率意为文"的宣传可以"时髦"一时，却难以推动学术文化深入发展；"再造文明"、用历史的眼光来看待过去的历史文化，是要保持开放的胸襟，创造民族新文化，必然会起到推动学术文化发展的积极作用。

拾"国粹""国学"唾余者，多半是在新思想、新学说面前不知所措，又无力创造民族新文化的一种无奈之举。

第二，观念、方法的差异。

清末的论辩，随着说"国粹"、讲"国学"者历史观念的变化，都不再关注社会历史，只把难以实现的思想学说作为研究重点。

章太炎1906年出狱后"就广义说的"历史的三项内容，"语言文字制作之原"不属于史学范畴，而"典章制度所以设施之旨趣"与"古来人物事迹之可为法式者"并没有成为他谈"国粹"、讲"国学"的内容。而且，此时他已开始重新认识旧史，即所谓"方事改革，负绁东海，独抱持《春秋》，窥识前圣作史本意"[1]。这年9月发表《俱分进化论》，认为"进化之所以为进化者，非由一方直进，而必由双方并进"，"进化之实不可非，而进化之用无所取"。1908年发表《四惑论》，称"进化者，本由根识迷妄所成，而非实有此进"。不仅弃"进化"不用，而且一改先前"熔冶哲理"的观念，认为史学无需名理统括："诸学莫不始于期验，转求其原，视听所不能至，以名理刻之。独治史志者为异，始卒不逾期验之域，而名理却焉。"[2] 讲"国学"主要在"学说"，包括经学、诸子学以及佛学，不包括史学。由此可以明白，为什么1906年出版《国学讲习会略说》只收《论语言文字

---

[1] 章太炎：《检论》卷3《订孔》下，《章氏丛书》本。

[2] 《太炎文录初编》卷1《征信论》下，《章氏丛书》本。

之学》《论文学》《论诸子学》，1911年印就的《国故论衡》只包括小学10篇、文学7篇、诸子学9篇。

刘师培《国学发微》没有界定"国学"，但重点分析经学流变，分门研究诸子。论汉代学术，注意"东汉末年，诸子之术朋兴。治儒家者有徐幹，治阴阳家者有管辂，治医家者有华佗，治法家者有魏武、诸葛亮、王昶，然以法家学术为最昌"[1]。这与邓实所说"孔子之学固国学，而诸子之学亦国学"[2]基本一致。

在方法上，章太炎《致国粹学报社书》说得非常清楚：

> 弟近所与弟子讨论者，以音韵训诂为基，以周、秦诸子为极，外亦兼讲释典。盖学问以语言为本质，故音韵训诂，其管籥也；以真理为归宿，故周、秦诸子，其堂奥也。[3]

《国粹学报》逐渐放弃社会学原理、进化论思想，还怎么谈史？其基本倾向和方法大都因袭"以音韵训诂为管籥""以周秦诸子为堂奥"的"朴学"方法，自然难以与史相涉。

新文化运动前后，章太炎的思想进一步回归，改变早年孔不如老，中年孔、老不如佛的观念，基本回到"仍以儒术为佳"[4]的原地。论经史关系，以经为史的价值标准："但究史学而不明经学，不能知其情理之所在，但究经学而不明史学，亦太流于空论，不能明其源流也。"[5]认为"信神教之款言、疑五史之实录、贵不定之琦辞、贱可征之文献"，"横欲寻求鸟迹"，"以金石匡史传"，都是"空穴来风"，

---

[1]《刘申叔先生遗书》第13册，第1页。

[2] 邓实：《古学复兴论》，《国粹学报》1907年第9号。

[3]《国粹学报》1909年第10号。

[4] 章太炎：《与吴承仕书》(1918年12月6日)，收入《章炳麟论学集》，北京师范大学出版社，1982年。

[5]《章太炎十次讲学记》，《申报》1922年6月18日。

"只自罔耳"。[1] 1922年6月致书柳翼谋（诒徵），以"胡适所说《周礼》为伪作，本于汉世今文诸师；《尚书》非信史，取于日本人"，"此种议论，但可哗世，本无实证"，"则在抹杀历史"。[2] 对于"科学"也表异议，1933年10月在《适宜于今日之理学》一文中直言："科学者流，乃谓道德礼俗，皆须合于科学，此其流弊，使人玩物丧志，从（纵）欲而败度。"1934年2月9日致书邓之诚，不仅认为"三代彝器，作伪者众；更有乍得奇物，不知年月名号者，其器既非可信，而欲持是以考史之耑（专），盖见其愚诬也"，而且不满新型学校的历史教学，认为"史书宜于阅读，不宜于演讲也。然苟因是使学子得见崖略，所谓聊胜于无者。若诚欲昌明史学，非学校改制不可"。[3]

与章太炎思想回归相反，此时的"国故"、"国学"论辩从一开始就与"科学的精神"紧紧联系在一起。引发论辩的第一篇文章题目即为《国故和科学的精神》，明确提出：

> "科学的精神"这个名词，包括许多意义，大旨就是从前人所说的"求是"。

吴文祺《重新估定国故学之价值》将科学与国故学加以对比，点明二者的相通之处：

> 科学只是要求真，并不含什么浅狭的功利观念；而国故学的目的，也是要求真。科学用分析综合比较的方法，以求事物的秩序关系，国故学也是如此。科学家有"无信不征"的口号，国故学家也最重客观的证据。

---

[1] 章太炎：《信史》，《说林》1910年第1期。

[2] 《史地学报》第1卷第4期，1922年8月。

[3] 《制言》第51期，1939年4月25日。

虽然论辩中各家对于"国故"或"国学"的认识与理解很不一致，但几乎没有不把"国故"或"国学"与"科学的精神"联系在一起的。

对于"科学的精神"的认识与理解，可以归纳出最基本的一条，即"求真"，或叫作"还他一个本来真面目"。正是基于这一"科学的精神"，"整理国故"或研究国学从观念到方法被逐渐系统化。"整理国故"、研究国学在注入"科学的精神"之后，其范围逐渐出现史学化的趋势。

胡适"代表全体"所写《国学季刊发刊宣言》归纳国学研究三大方向的第一条就是"用历史的眼光来扩大国学研究的范围"，并说明"历史是多方面的"，"过去种种，上自思想学术之大，下至一个字、一支山歌之细，都是历史，都属于国学研究的范围"。

梁启超在东南大学作《治国学的两条大路》的演讲，说第一条路"便是近人所讲的'整理国故'这部分事业。这部分事业最浩博最繁杂而且最有趣的，便是历史"。

吴文祺《重新估定国故学之价值》也作如是说："中国枉为有数千年的文化，但是到现在还没有一部完全的历史。……研究国故，一方面他自身本来具备历史所有的优点，一方面又是完成这种历史的重要工作。"

1925年4月，清华国学研究院成立，"先设国学一科"，延聘王国维、梁启超、陈寅恪、赵元任为专任教授，李济为特约讲师。"五大导师"之中，王国维、梁启超、陈寅恪均以史学见长。日后，历史语言研究所以陈寅恪、赵元任、李济分别主持历史、语言、考古工作，正是延续着史学化的国学研究路径。

1925年底，顾颉刚为《北京大学研究所国学门周刊》作《一九二六年始刊词》，明确提出："研究国学，就是研究历史科学中的中国的一部分，也就是用了科学方法去研究中国历史的材料。"

这些演讲、言论，首先深入到学界，进而及于学生，产生出"整理国故"或研究国学史学化的久远影响,推动着20世纪学术文化的长足发展。

概括而言,"科学"的观念,使"整理国故"或国学研究范围史学化;"科学"的方法,赋予"整理国故"或国学研究史学方法。由此,"整理国故"或国学研究朝着史学化方向推进。以"科学"观念生出的疑古精神,引发古史论辩,推动着对中国上古社会的重新认识;以"科学"观念生出的缜密精神,形成"古史新证"的科学方法,为中国古代研究"另辟一新纪元"。

第三,留下的几点启示。

1. 两次论辩,正当社会变革、新旧交替之际。提倡"国粹"、"国学",是为保存,还是为创新,成为一个重要标志。凡遇到"国粹"或"国学"被滥用时,不妨先弄清楚是"赛先生之'国学'","冬烘先生之'国学'",抑或"神怪先生之'国学'",不要"莫解国学之实质,而皆以国学名其高",弄出一些懵懂浅陋、神怪迷信出来,使得研究不是研究,学术不是学术。

2. 考订学、文字学、校勘学、训诂学等,是国学研究的基本方法,从事国学研究、国故整理乃至历史研究,都离不开这些最基本的方法。但如果缺乏历史的眼光、疑古的态度、系统的条理等"科学的精神",难以取得更大的成绩。

3. "科学的精神"与20世纪学术文化的关系,以"国学"与"国故"论辩为契机,经疑古辨伪、古史新证,以及随后兴起的文化史热,成为20世纪学术文化发展的重要环节,需要进行认真细致、科学缜密的总结。

总之,谈"国故"要有"述往事,思来者"的历史观念,不只是从"国故"中寻找所谓的"精粹",而是要创造民族新文化;讲"国学"需要科学精神,不只是担心"国故"的沦丧,必须具有包容人类一切先进思想、科学文化的博大胸怀。不愿接受人类先进思想、科学文化,不以创造民族新文化、推动社会进步为旨归,谈"国故"、讲

"国学",已有上述说"国粹"、讲"国学"者的前车之鉴。

最后,说一下"冬烘"的出典。《唐摭言》卷八《误放》记述唐宣宗大中八年(854):"郑侍郎薰主文,误谓颜标乃鲁公之后。时徐方未宁,志在激劝忠烈,即以标为状元。谢恩日,从容问及庙院。颜标曰:'寒畯也,未尝有庙院。'薰始大悟,塞默而已。寻为无名子所嘲曰:'主司头脑太冬烘,错认颜标作鲁公。'"由此,"冬烘"即用来形容主观、懵懂。

2008年6月13日

《探索与争鸣》2008年第11期,《新华文摘》2009年第2期转载。此为原稿文字。

关于古史"层累说"的几点认识

我对古史"层累说"最初的认识来自郭沫若《中国古代社会研究》,逐渐形成现在这样的认识是从写《民国史学述论稿》一书开始的。

一、顾颉刚的"层累说"与崔述的《考信录》

1921年,顾颉刚为北京大学研究所国学门助教,兼图书馆事。胡适买到《崔东壁遗书》送来,认为《考信录提要》"为全书最精彩之部分","正合考伪史之用",但"太轻信,不彻底"[1],顾颉刚读后表示:

> 我弄了几时辨伪的工作,很有许多是自以为创获的,但他的书里已经辨证得明明白白了,我真想不到有这样一部规模弘大而议论精锐的辨伪的大著作已先我而存在!我高兴极了,立志把它标点印行。

同时指出崔述"信仰经书和孔孟的气味都太嫌重,杂糅了许多先入为主的成见"[2]。

下面,就来看看顾颉刚何以说出"自以为创获的,但他的书里已经辨证得明明白白了"的一个最直接的例证。

---

[1] 胡适:《告得〈东壁遗书〉》,《古史辨》第1册,北京朴社,1926年,第19页。

[2] 顾颉刚:《古史辨自序》,《古史辨》第1册,第45—46页。

崔述《考信录提要》卷下《补上古考信录》指出，《周官》的"外史掌三皇、五帝之书"，孔安国《尚书序》的"伏羲、神农、黄帝之书，谓之三坟，言大道也。少昊、颛顼、高辛、唐、虞之书，谓之五典，言常道也。孔子睹史籍之烦文，惧览者之不一，讨论坟、典，断自唐、虞以下"，后来"儒者皆尊"之，而其本人却非常明确地表示"余独以为不然"，并作有如下论述：

夫古帝王之书果传于后，孔子得之，当何如而表章之，其肯无故而删之乎？《论语》屡称尧、舜，无一言及于黄、炎者，孟子溯道统，亦始于尧、舜，然则尧、舜以前之无书也明矣。……典籍之兴，必有其渐。仓颉始制文字，至于大挠，然后作甲子以纪日，至于羲、和，然后以闰月定四时成岁以纪年。必无甫有文字即有史官之理。以情度之，亦当至唐、虞以降然后有史书也。自《易》《春秋》传始颇言羲、农、黄帝时事，盖皆得之传闻，或后人所追记。然但因事及之，未尝盛有所铺张也。及《国语》《大戴记》，遂以铺张上古为事，因缘附会，舛驳不可胜纪。加以杨、墨之徒欲绌唐、虞、三代之治，藉其荒远无征，乃妄造名号，伪撰事迹，以申其邪说。而阴阳神仙之徒亦因以托之。由是司马迁作《史记》，遂托始于黄帝。然犹颇删其不雅驯者，亦未敢上溯于羲、农也。逮谯周《古史考》、皇甫谧《帝王世纪》，所采益杂，又推而上之，及于燧人、包羲。至《河图》《三五历》《外纪》《皇王大纪》以降，且有始于天皇氏、盘古氏者矣。于是邪说诐词杂陈混列，世代族系紊乱庞杂，不可复问，而唐、虞、三代之事亦遂为其所淆。窃谓谈上古者，惟《易》《春秋》传为近古，而其事理以为近正。以此证百家之谬，或亦有不可废者。故余杂取《易》《春秋》传文，以补上古之事。[1]

孔、孟时代，屡称尧、舜，却"无一言及于黄、炎"。其后，《易》《春秋》出现伏羲、神农，但仅"因事及之，未尝盛有所铺张"，到了《国语》《大戴记》则"以铺张上古为事"。司马迁尽管"始托于黄帝"，却"颇删其不雅驯者，亦未敢上溯于羲、农"。逮至魏晋时期，谯周、皇甫谧等"推而上之"，推出燧人氏、包羲氏。再往后，才有天皇氏、盘古氏。崔述的这一论述，不正使顾颉刚感到"自以为创获的""层累说"在崔述的"书里已经辨证得明明白白了"吗！由此，我们也就真正明白顾颉刚为什么要花费那么长的时间和精力去精心整理《崔东壁遗书》了。[2]

如果仔细对照，还可以发见书中"许多"可以启发顾颉刚"层累说"的论述，不再一一举证。这里要说的是，崔述只是"以他自己的方式"发现了上古史是"层累"的客观现象，而顾颉刚将"层累"的这一客观现象提升到理性的高度，提出"层累说"的系列观念，包括"四个打破"，不仅极大地超越了崔述，而且极富时代特点，包括国际和国内两个方面的时代特点，请看下面两个部分。

二、"层累说"与唯物主义历史观

"层累说"符合唯物主义历史观的认识，本书《谈20世纪前半纪史学的几个问题》中"二、'最纠纷'之古史"已经详述，此处从略。

---

[1] 顾颉刚又以这一提要为《补上古考信录序》，在1983年版《崔东壁遗书》中两见：分别在正文第17—18、25页。

[2] 自1921年始，历经15年时间，编订《崔东壁遗书》，1936年由上海亚东图书馆出版初版本，1983年由上海古籍出版社出版增订本。

三、顾颉刚的"层累说"与陈寅恪的"逐层向上增建说"

进入 20 世纪 20 年代，当人们以新的观念对古史进行再探讨时，顾颉刚以外，鲁迅、王国维、陈寅恪的相关论述同样值得注意。

1924 年 7 月，鲁迅讲《中国小说的历史的变迁》，有一则论述：

> 从神话演进，故事渐进于人性，出现的大抵是"半神"，如说古来建大功的英雄，其才能在凡人以上，由于天授的就是。例如简狄吞燕卵而生商，尧时"十日并出"，尧使羿射之的话，都是和凡人不同的。这些口传，今人谓之"传说"。由此再演进，则正事归为史，逸史即变为小说了。[1]

神话传说演变为论说古事，是中国古代神话传说政治化、历史化的主要形式，也是中国古代神话传说最突出的特点。"正事归为史"，就是"古来建大功的英雄"被人为地政治化而"归为"中国古史的主体。没有被"归为史"的便不成其为历史，只能算作"逸史"或小说家言。这一论述，道出了中国神话传说与历史记载的关系，以及历史记载是如何被当成历史事实的。

1925 年 2 月—8 月，王国维讲《古史新证》，指出"研究中国古史为最纠纷之问题"：

> 上古之事，传说与史实混而不分：史实之中固不免有所缘饰，与传说无异，而传说之中亦往往有史实为之素地，二者不易区别。

---

[1] 鲁迅：《中国小说的历史的变迁》，《鲁迅全集》第 9 卷，人民文学出版社，2005 年，第 312 页。

这一对上古史的认识,指出其既有传说成分,更有"与传说无异"的"有所缘饰"成分,也有史实成分。古史新证,就是要将"传说与史实混而不分,史实之中固不免有所缘饰"者区分开来,剔除"有所缘饰"者,肯定"得证明者"。弄清传说与史实,弄清"缘饰"与史实,首先面对的是现存各种史料,考辨史料真伪便成为研究上古之事的先决条件。

1929年冬,陈寅恪在故宫博物院发现《蒙古源流》蒙文本刊本、写本及满文译本,与文津阁本、坊间汉译刊本以及施密德校译本等互校,一连写出四篇"蒙古源流研究",发现《蒙古源流》虽成于元亡之后近300年,而其基本观念和编制体裁均取自元帝师八思巴为忽必烈太子真金所造《彰所知论》,提出蒙古旧史关于蒙古族起源的观念有一个层累过程的认识:起初为蒙古族固有的,与扶余、鲜卑诸族相近的感生说;稍后采以突厥、高车诸族起源之神话;再后受阿拉伯波斯文化,附益天方教之言。以间接受之于西藏之故,掇采天竺、吐蕃之旧载,与本族之感生说及所受突厥、高车之神话"追加而混合之"。

> 蒙古源流于秘史所追加之史层上,更增建天竺吐蕃二重新建筑,采取并行独立之材料,列为直贯一系之事迹。换言之,即糅合数民族之神话,以为一民族之历史。故时代以愈推而愈久,事迹亦因愈演而愈繁。吾人今日治史者之职责,在逐层剥除此种后加之虚伪材料,庶几可略得一近似之真。

进而,得出一个具有普遍意义的结论:

> 夫逐层向上增建之历史,其例自不限于蒙古史。其他民族相传之上古史,何独不然。……后来蒙古民族实从此传受一历史之新观念及方法。蒙古源流即依据此观念,以此方

法，采集材料，而成书者。[1]

这一分析与结论，与顾颉刚的"层累地中国古史"相呼应，不仅中原地区的古史是"层累地造成"的，北边蒙古族的古史也是"逐层向上增建"的，这是一个带普遍性的问题。对于"层累地造成"或"逐层向上增建"，治史者的职责就是要"逐层剥除此种后加之虚伪材料"，绝不可再"层累"或再"向上增建"了！

鲁迅、王国维、陈寅恪的论述表明，古史中存在着传说、史实以及后人的不断追加，要加以区分就必须从观念、史料、方法等诸多方面进行综合考察。

四、简短的结语

1. 中外各族相传之上古史，大都有一个"层累"的过程，这是为中外历史不断证明了的事实。

2. 古史"层累说"和"逐层向上增建说"，将中外学者发现的这一历史现象提升到理性高度，成为符合唯物主义历史观的一个极为重要的卓识。

3. 治史者的重要职责之一，是要从观念、史料、方法等诸多方面入手，逐层剥除"后加之虚伪材料"，"略得一近似"之历史真相。

2013 年 12 月 30 日

《探索与争鸣》2014 年第 6 期，编辑改题名为《重新理解古史"层累说"的当代意义》。

---

[1] 陈寅恪：《彰所知论与蒙古源流》（蒙古源流研究之三），《中央研究院历史语言研究所集刊》第二本第三分，1931 年；《金明馆丛稿二编》，上海古籍出版社，1980 年，第 121—122 页。

学术史视野下的社会史论战

20世纪30年代的社会史论战,指大革命失败后中国知识界自1928年开始,对如何认识中国社会进行的长达10年之久的论战,包括中国社会性质、中国社会史和中国农村社会性质三方面的问题。本文从学术史的视野作一通盘考察,以澄清事实,认识意义,获取启示。

一、缘起与经过

早在1925—1927年大革命之前,共产国际、苏联共产党对中国社会性质、中国革命性质的认识就存在分歧。"两派的政见在苏联闹了好几年,尤其在国民革命时代,争论得特别起劲,特别严重。接着这些不同的见解,又传播到中国来。"[1] 1927年"四一二"政变,中国共产党党内分歧公开化,使中国社会问题进一步引起全社会的广泛关注。

(一)陶希圣的三本书

1928年8月19日,陶希圣提出"中国社会到底是什么社会"的问题,12月在《中国社会之史的分析》一书绪论开头说:"中国的革命,到了今日反成了不可解的谜了。革命的基础是全民还是农工和小市民?革命的对象是帝国主义和封建势力,还是几个列强和几个军阀?……要扫除论争上的疑难,必须把中国社会加以解剖;而解剖

---

[1] 何幹之:《中国社会性质问题论战》,生活书店,1937年,第39页。

中国社会，又必须把中国社会史作一决算。"[1]

1929年中秋节前夕，为《中国社会与中国革命》出版作绪论，副标题为"如何观察中国社会"，第一段提出："中国社会构造是中国目前要解决的一切问题的根源。不认识中国社会构造便不知中国的问题。不知道中国的问题，便无从提出解决中国问题的主张。"[2]第四部分《中国问题解决之基点》，在"中国社会构造之论争"一目下罗列了中国的社会构造是封建制度、资本主义社会、半封建社会三种认识之后，亮出自己的观点：

> 依社会史观察，则中国封建制度的崩坏，实开始于公元前五世纪，而直至今日，中国的主要生产方法还不是资本主义。……此二千五百年的中国，由封建制度言，是后封建制度时期；由资本主义言，是前资本主义社会。[3]

1930年5月，编辑出版《中国问题之回顾与展望》一书，选录"中国社会形式为何物"的代表性文论18篇，掀开"论战"帷幕：第一编"社会构造及其变迁"：封建半封建社会说（2篇）、封建势力支配说（1篇）、资本主义社会说（1篇）、商业资本社会说（2篇）、小农商阶级社会说（1篇）、亚细亚生产方法说（1篇）。第二编"农民与土地问题"，以资本为中心而成立，还是由于封建制度或封建势力的崩坏而造成（4篇）。第三编"资本问题"，"前途应当是资本主义，抑应当非资本主义"（3篇）。第四编"知识分子及过剩人口问题"（2篇）。第五编"家族问题"（1篇）。

---

[1] 陶希圣：《中国社会之史的分析》，新生命书局，1929年，第1页。

[2] 陶希圣：《中国社会与中国革命》，第1页。

[3] 陶希圣：《中国社会与中国革命》，第195页。

(二)郭沫若等三家的研究

在陶希圣所谓"中国革命的回顾与展望的时期",出现了三家不同意向的研究论著:

1. 郭沫若《中国古代社会研究》,上海联合书店1930年2月初版。

郭沫若开始写《诗书时代的社会变革与其思想上的反映》,正是陶希圣完成《中国社会到底是什么社会》时。引马克思"亚细亚的,古典的,封建的,和近代资产阶级的生产方法,大体上可以作为经济的社会形成之发展的阶段"之后,解释中国历史的进化:"大抵西周以前就是所谓的'亚细亚的'原始公社社会,西周是与希腊、罗马的奴隶制时代相当,东周以后,特别是秦以后,才真正进入了封建时代。"陶希圣推出《中国社会之史的分析》《中国社会与中国革命》之际,郭沫若正以恩格斯《家庭、私有制和国家的起源》和摩尔根《古代社会》为"必须知道的准备智识",发表《中国社会的历史的发展阶段》,归纳出"一个表式":西周以前,原始共产制,氏族社会;西周时代,奴隶制;春秋以后,封建制;最近百年,资本制。

从马克思《政治经济学批判·序言》的"大体说来,亚细亚的、古代的、封建的和现代资产阶级的生产方式可以看做是社会经济形态演进的几个时代"[1],到恩格斯《家庭、私有制和国家的起源》的"奴隶制是古代世界所固有的第一个剥削形式;继之而来的是中世纪的农奴制和近代的雇佣劳动制。这就是文明时代的三大时期所特有的三大奴役形式"[2],反映经典作家关于社会发展形态学说形成完整体系的历程。资本主义以前的社会形态,马克思生前没有完全确定,由恩格斯继续完成,把《家庭、私有制和国家的起源》看作"在某种程度上是执行(卡尔·马克思)遗言"[3]。马克思用"大体说来"表述,恩格斯

---

[1]《马克思恩格斯选集》第2卷,人民出版社,1972年,第83页。按:郭沫若译文与中共中央马恩列斯著作编译局译文不尽相同。

[2]《马克思恩格斯选集》第4卷,第172页。

[3]《〈家庭、私有制和国家的起源〉第一版序言》,《马克思恩格斯选集》第4卷,第1页。

只说"所特有的",都没有作为"规律"的意思。1919年7月列宁作《论国家》的讲演,强调说:

> 世界各国所有一切人类社会数千年来的发展,是这样向我们表明这种发展的一般规律性、常规和次序的:……
>
> 你们应当时刻注意到社会从奴隶制的原始形式过渡到农奴制、最后又过渡到资本主义这一基本事实,因为只有记住这一基本事实,只有把一切政治学说纳入这个基本范围,才能正确评价这些学说,认清它们的实质,因为人类史上的每一个大的时期(奴隶占有制时期、农奴制时期和资本主义时期)都长达几千年或几百年,……[1]

至此,"世界各国所有一切人类社会数千年来的发展"的"一般规律",才形成这样的公式:原始公社制——奴隶制——农奴制(封建制)——资本制。

郭沫若是否察觉到马克思、恩格斯关于社会发展形态学说形成完整体系的漫长历程,这里不敢断言,但从其先引马克思的论述,后以恩格斯著作为"向导",的确表明写《中国古代社会研究》的过程,正是逐渐认识马克思主义社会发展形态学说形成完整体系的过程。

不过,郭沫若发表批评陶希圣的《读〈中国封建社会史〉》,用的是后来他自己并不承认的"杜荃"之名。而《中国古代社会研究》丝毫没有针对陶希圣的意思,并自序其主张:其一,"欲清算中国的古代社会,我们不能不以罗、王二家之业绩为其出发点","要跳出了'国学'的范围,然后才能认清所谓国学的真相"。其二,清算中国的社会,"不是外人的能力所容易办到","事实是中国的史料,中国的文字,中国人的传统生活,只有中国人自身才能更贴切地接

---

[1]《列宁选集》第4卷,人民出版社,1995年,第45—47页。

近"。其三,"外国学者已经替我们把路径开辟了,我们接手过来,正好是事半功倍"。

总的来讲,《中国古代社会研究》虽然有意"认清楚过往的来程"以"决定我们未来的去向",却无心社会性质问题论战,主要是以马克思、恩格斯的研究为"向导",在他们所知道的美洲印第安人、欧洲的希腊、罗马之外,"提供出来了他们未提及一字的中国的古代","写满这半部世界文化史上的白页"。[1] 其中关于原始婚姻、家庭形式以及"私有财产制的成立,奴隶的使用,阶级的划分,帝王和国家的出现"的论述,是国内最早关于"文明起源"问题的探讨。

王礼锡编辑《中国社会史的论战》第一、三、四辑收有专评郭沫若的3篇文章,第一辑书后"编者的话"有郭沫若在日本的信息,书前有一整页郭沫若译马克思《政治经济学批判》的广告,说是"经郭沫若亲身校改",表明论战"高潮"期间郭沫若与王礼锡有密切的联系,知道论战的进展。然而,未见郭沫若对正在进行的论战直接表态[2],却见其对安阳殷墟发掘的浓厚兴致。1929年10月31日致容庚:"李济安阳发掘,是否即在小屯,发掘之结果如何?可有简单之报告书汇否?仆闻此消息,恨不能飞返国门也。"11月16日致容庚有这样一段文字:

> 安阳发掘时被人阻碍,甚可惜。然仆意小屯实一无上之

---

[1] 郭沫若:《中国古代社会研究》,上海联合书店,1930年,第4—6页。

[2] 虽然未见郭沫若对正在进行的论战直接表态,其间却对中国社会性质有所认识,只不过是在谈文学革命作为社会变革的"表征"时表达出来的:"中国的一大部分依然是封建社会,而封建社会却在外来的资本主义的羽翼之下庇护着。中国的薄弱的资产阶级势力,受着内外的夹攻,不能够遂行它的使命,而始终是萎缩避易以图其妥协的存在","中国的资产阶级是遇着了三重的敌人,国内的封建势力、国外的资本帝国主义、新兴的无产者集团","中国的资产阶级在未能遂行其完全打倒封建势力以前,它便不能不和不利害较近的封建势力妥协苟合,而向同阶级的帝国主义者投降。就这样中国的资产阶级革命便不能不成为一个畸形的革命。"题为《文学革命之回顾》,署名"麦克昂",1930年4月发表在神州国光社《文艺讲座》第一册。收入《文艺论集续编》,《沫若文集》第10卷。以上引文,见《郭沫若全集·文学编》第16卷,人民文学出版社,1989年,第95页。

宝藏，其地底所淹没者当不限于卜辞，其他古器物必当有所得，即古代建筑之遗址，亦必有可寻求。应集合多方面之学者，多数之资金，作大规模的科学发掘，方有良效。不然，恐反有所得不及所失之虞也。董君《新获卜辞写本》未见，京门可购否？亦急欲购置一部，以备观摩。

不仅知道何日章阻碍史语所考古组在殷墟的发掘，在肯定"小屯实一无上之宝藏"的同时还建议"集合多方面之学者，多数之资金，作大规模的科学发掘"。1930年2月1日致容庚，以"安阳第二次发掘复有所获，闻之雀跃，将来如有报告书汇出世，急欲早读。尺二大龟契字是否乃系卜辞，此等古物，弟意急以从速推广"。同日，据容庚来信说"李济之发掘殷虚，得商代石象，花纹与彝器同，可称创获"，在《中国古代社会研究》附录一《殷虚之发掘》中写有"李君之发掘据闻亦有董君同事，能得多种珍奇之物识诚可为发掘者贺，为考古学的前途贺"，希望较前"更有进境"。9月6日致容庚，问《安阳发掘报告》第二期不识已出否？甚为渴望"[1]。从这几封信中"恨不能飞返国门""急欲购置""闻之雀跃""急欲早读""急以从速推广""甚为渴望"等语，足见其对殷墟发掘的喜悦、急切、渴望之情！

至于1936年7月在《文物》第1卷第2期发表《社会发展阶段的新认识——主于论究所谓亚细亚的生产方式》，郭沫若认为"卡尔所说的'亚细亚生产方式'或'东洋的社会'是等于'家长制'或氏族财产形态"，"作为社会发展一阶段的所谓亚细亚的生产方式，是奴隶以前的一个阶段的命名，这是不能和泛论亚细亚的生产方法相混同的"。何幹之认为："这个结论，与日本史学家相川春喜和平野义太郎的，如同一辙，可以说是相川和平野的中国版。"[2]显然，郭沫若

---

[1] 曾宪通编注：《郭沫若书简（致容庚）》，广东人民出版社，1981年，第27、29、43—44、69页。

[2] 何幹之：《中国社会史问题论战》，生活书店，1937年，第65页。

在日本,其"新认识"是受日本四种主要说法中相川春喜和平野义太郎观点的影响。

2. 熊得山《中国社会史研究》,上海昆仑书店1929年3月初版。

第一章"绪论"第五节指出:"本来以地主豪绅们打出一个中华民国的幌子,算是再滑稽没有的事,既以封建势力相号召,封建势力又安得不从而附和之?……就是说封建基础没有打毁,封建势力决不会消灭的,光是一个民国的幌子要他作甚?"[1]

"绪论"之后六章:中国的土地制度研究、封建思想的根蒂、中国史上的重农轻商、中国史上的地主豪绅与目前、从未耕说到产业革命、从中国社会史上说到中国革命。神农以前的社会叫作原始共产社会,为渔猎,为畜牧,迁徙无恒,社会纽带完全为血缘。神农以后约至陶唐止叫作村落共产社会,土著的,农业的,社会纽带完全为地缘。"中国的封建社会,大概发轫于夏代,至周初算是繁荣到极端了,可是其命运已于周末衰歇。"秦汉以来"简直完全在停顿中似的",原因"大概还就是土地资本阶级当权的原故"。近代中国"还是封建社会",军阀割据、官僚主义、士绅权威、地方主义、个人主义、宗法主义。帝国主义侵入以后,"中国的社会——土地资本,就开始崩溃,中国的农业经济,就日趋破产"。个人资本主义虽然发生,却不能进展,"离开了帝国主义的怀抱,中国的工商业者便不能独立存在"。[2]

3. 周谷城《中国社会之结构》《中国社会之变化》《中国社会之现状》,新生命书局1930年、1931年、1933年出版。

《中国社会之结构》五章,"目的只是要把中国社会之阶级的结构,或不平等的结构暴露出来"[3]。第一章第二节《政治制度》末尾这样表示:"我们若多费气力去争:中国社会是某种某种社会,或不是

---

[1] 熊得山:《中国社会史研究》,上海昆仑书店,1929年,第22页。

[2] 熊得山:《中国社会史研究》,第227、231—233页。

[3] 周谷城:《中国社会之结构》,新生命书局,1930年,弁言第1页。

某种某种社会，都不值得。我们应当注意的是：中国如果没有压迫与被压迫，或剥削与被剥削的残酷事实，社会的形式任如何都要得。反之，中国如果有压迫与被压迫，或剥削与被剥削的残酷事实存在，社会的形式任如何都要不得。我写这本书的目的，只在把中国社会里面压迫与被压迫或剥削与被剥削的残酷事实找出来。他如：中国社会为封建社会？半封建社会？工业资本主义社会？商业资本主义社会？等问题，我都不置辩。"[1]

《中国社会之变化》四章，"只在说明中国社会全体怎样套在世界经济网里面去的。此外没有其它大得了不起的目的"[2]。

《中国社会之现状》六章，强调"近三十年之内，变化的速度更大"，与第二本书《中国社会之变化》相衔接。

"无暇理会"论战，却又看到中国被压迫民众的前途系于"根本推翻私有财产，废除资本主义的生产，彻底改造世界的经济系统"[3]任务的完全实现，是周谷城三本书的基本思想。

（三）《新思潮》与《动力》的论战

1930年4月，中国社会科学家联盟成立，创办《新思潮》。5月，出版《中国经济研究专号》，王学文《中国资本主义在中国经济中的地位、其发展及其前途》明确指出："中国经济是帝国主义侵略下的半殖民地的封建经济"，而"在中国经济中占优势，占主要地位的，是封建半封建"。6月，光华书局刊行《社会科学讲座》第1卷，潘东周在《中国国民经济的改造问题》中这样说："中国一方面是在国际帝国主义的统治下，使全国成为一个半殖民地的国家，已经开始了

---

[1] 周谷城：《中国社会之结构》，第46页。按：《弁言》声明：《政治制度》"因同陶希圣先生谈话，受了他的暗示，自己的见解改变了，很想再写过或修改一下"，"但都来不及了，且与标题之下，各注'附录'两字以志之"。

[2] 周谷城：《中国社会之变化》，弁言第1页。

[3] 周谷城：《中国社会之现状》，新生命书局，1933年，第431页。

资本主义方向的发展,但另一方面仍然保持强有力的封建关系。"对王学文、潘东周之论,何幹之称之为是"在中国思想界最先规定中国社会为半殖民地性与半封建性"的,是"中国社会性质问题论战的第一声,是非常可宝贵的"。[1]

与《新思潮》针锋相对的《动力》,1930年发表严灵峰《中国是资本主义经济还是封建制度的经济》一文,认为中国封建经济已被破坏,中国是一个资本主义国家。随后,严灵峰出版《中国经济问题研究》,任曙出版《中国经济研究》,认为中国是资本主义关系占统治地位。这两本书,在随后《读书杂志》的论战中,成为主要批判对象之一。

(四)以《读书杂志》为战场的论战

如果说陶希圣提出"中国社会到底是什么社会",论战的主题基本属于社会性质问题,那么《读书杂志》编辑出版《中国社会史的论战》,则是社会性质和社会史论战的并驾齐驱。

自1931年10月—1933年3月的两年多时间,王礼锡、陆晶清夫妇利用《读书杂志》编辑出版《中国社会史的论战》专辑四辑,将"论战"推向高潮。

四辑收文分别为13篇、10篇、15篇、11篇,总计49篇。除通信、连载、"口水仗"之外,实际收文41篇(四辑之外,《读书杂志》刊登文章未计),大致归为四类:

1. 综论社会史论战的5篇:王礼锡为第一、二辑所写两篇"序幕",王宜昌《中国社会史短论》(一辑)、《中国社会史论史》(二辑),李季《对于中国社会史论战的贡献与批评》(按:二、三、四辑连载,篇幅最长,论述问题广泛,故归入综论)。

2. 重点为理论与方法的6篇:田中忠夫《中国社会史研究上之若干理论问题》、张横《评陶希圣的历史方法论》(二辑)、王礼锡《中

---

[1] 何幹之:《中国社会性质问题论战》,第59—60页。

国社会形态发展史中之谜的时代》、胡秋原《亚细亚生产方式与专制主义》（三辑）、季雷《马克思的社会形式论》、刘苏华《唯物辩证法与严灵峰》（四辑）。

3. 重点为社会性质的 13 篇：以"中国经济"或"中国现代经济"为论题的 11 篇：孙倬章《中国经济的分析》、镜园（刘仁静）《评两本论中国经济的著作》、刘梦云（张闻天）《中国经济之性质问题的研究——评任曙〈中国经济研究〉》、朱伯康《现代中国经济的剖析》（一辑）、刘镜园《中国经济的分析及其前途之预测》、朱其华《动力派的中国社会观的批判——中国经济现状的估计》（二辑）、任曙《怎样切实开始研究中国经济问题的商榷》、钟恭《刘镜园的中国经济新论》、周谷城《现代中国经济变迁概论》、白英《中国经济问题之商榷》（三辑）、余沈《经验主义的、观念主义的和马克思主义的中国经济论》（四辑）。专题研究中国资本主义的 2 篇：熊得山《中国商业资本的发生之研究》、郑学稼《资本主义发展之中国农村》（三辑）。

4. 重点为社会史的 17 篇：

（1）侧重分期的 8 篇：戴行轺《中国官僚政治的殁落》（一辑）、杜畏之《古代中国研究批判引论》、胡秋原《略复孙倬章君并略论中国社会之性质——A Memorandum》（二辑）、陶希圣《中国社会形式发达过程的新估定》（三辑）、陈邦国《"关于社会发展分期"并评李季》（三、四辑连载）、梁园东《中国社会各阶段的讨论》（三辑）、王礼锡《古代的中国社会》、胡秋原《中国社会＝文化发展草书（上）》（四辑）。

（2）讨论封建社会的 4 篇：朱新繁（朱其华）《关于中国社会之封建性的讨论》、陈邦国《中国历史发展的道路》（按：重点在中国封建社会的发展道路）、王亚南《封建制度论》（一辑）、王宜昌《中国封建社会史》（四辑）。

（3）关于奴隶社会的 1 篇：王宜昌《中国奴隶社会史——附论》

（三辑）。

（4）农民问题之史的 1 篇：熊得山《中国农民问题之史的叙述》（一、四辑连载）。

（5）专评郭沫若的 3 篇：周绍溱《对于〈诗书时代的社会变革及其思想的反映〉的质疑》（一辑）、王伯平《中国古代社会研究之发轫》（三辑）、王伯平《易经时代中国社会的结构》（四辑）。

（五）《中国经济》和《中国农村》的论战

1933 年，《读书杂志》被查禁，正在高潮的论战中断。但论战留下的问题，1934 年又卷起风波：

> 论争的主题，特别侧重于金融资本与中国农村的关系。在论战史上，可名为"中国农村社会性质论战"。参加辩论的分子，以"中国经济"和"中国农村"这两个单位为对抗中心。[1]

所谓"中国经济"即指以《中国经济》为阵地的王宜昌、张志澄、王景波等，认定中国农业生产中是资本主义占着优势，中国农民沾了金融寡头的恩惠，已登上近代的殿堂。

所谓"中国农村"即指以《中国农村》为阵地的钱俊瑞、陶直夫、薛暮桥、孙冶方等，认定帝国主义只促进了农业生产的商品化，只通过交换市场，支配了中国农村经济，但农业仍然停留在过渡时期，停留在由封建到资本主义过渡时期，这是半封建的特点。

（六）论战的总结与落幕

自《读书杂志》停刊至抗战爆发，刊登社会性质或社会史文章的

---

[1] 何幹之：《中国社会性质问题论战》，第 123 页。

期刊多达80余种，包括一些大学学报，如《清华学报》《燕京学报》等。这一期间，发表文章近200篇。

大约自1935年起，不断出现总结论战的著作，以何幹之《中国社会性质问题论战》《中国社会史问题论战》两书为代表。《中国社会性质问题论战》八章，上海生活书店1937年1月出版，主要是"正面把几年来文化界对于这个问题所得的成果，用极压缩的形式写出来"，"指出现代中国社会是什么，我们应该怎样做"。《中国社会史问题论战》三编九章，上海生活书店1937年7月出版，作为"《中国社会性质问题论战》的续编"，"指出过去中国社会是什么，以加强我们对于怎样做的决心"[1]。

真正对论战作出总结的，是中国共产党领导的革命实践。论战初起之日，正是探寻中国革命道路之时。经过10年的革命实践，中国共产党走出一条通往胜利之路。1939年年底，找到中国革命自己的、正确之道路的毛泽东，在延安与部分历史学家合作完成《中国革命和中国共产党》一文。论述中华民族的发展和世界上许多民族一样，经历了原始公社、奴隶社会、封建社会，"直到现在"的历史。自奴隶制度进入封建制度，一直延续了三千年左右。总结封建社会四大主要特点，指出封建社会的主要矛盾、创造财富和创造文化的基本阶级，强调农民的阶级斗争、农民的起义、农民的战争是历史发展的真正动力。1840年鸦片战争以后，中国社会一步步变成半殖民地半封建社会。1931年以后，逐渐变成一个殖民地、半殖民地半封建的社会，归纳其六大特点，指出帝国主义和中华民族的矛盾、封建主义和人民大众的矛盾是近代中国社会的主要矛盾。[2] 既回答了论战之初提出的"中国社会到底是什么社会"的问题，又对"中国社会之史"作出系统总结，把"中国社会与中国革命""中国革命与中国共产党"三者

---

[1] 何幹之：《中国社会史问题论战·前记》，《中国社会性质问题论战》，第1页。

[2] 详见《毛泽东选集》第2卷，第585—594页。

紧紧联系在一起,从篇名到内容都显示其是对论战进行的理论总结,成为宣告论战终结的最重要标志。自此尔后,这一名篇成为中国马克思主义历史学长期遵循的"最高指示"。

当年8月王礼锡病逝,似乎也在示意:他"序幕"的社会史论战到1939年落下大幕。[1]

二、对史学的影响

论战对中国史学的影响,主要在以下两大方面。

(一)唯物史观被广泛接受,极大地推动了中国经济史的研究

王礼锡《中国社会史论战序幕》指出:论战在哲学观点上"是唯物的内部的斗争",在方法上"论战各方都是以唯物的辩证法做武器"。这反映以下基本事实:不管论战者政治态度、意识形态、思想信仰是否一致,唯物史观作为一种理论与方法,已经被普遍接受和运用。陶希圣为《中国社会与中国革命》出版作绪论,提出观察中国社会"应取三个观点",第三点便是"唯物的观点"。在《中国社会形态发达的新估定》一文中,也曾希望"把唯物史观的中国史在学术界打下一个强固的根基"[2]。

那么,唯物史观是如何被广泛接受的呢?接受联合国教科文组织委托撰写《当代史学主要趋势》的英国著名历史学家杰弗里·巴勒克拉夫,有着这样的分析:

---

[1] 王礼锡(1901—1939),江西安福人。1939年8月26日病逝,10月8日重庆各界举行追悼会,陈铭枢、冯玉祥、于右任、陈立夫等送挽联。郭沫若作挽诗:"海外归来一放翁,欣然执笔事从戎。平生肝胆盟天地,旷代文章振聩聋。志在求仁仁自得,才堪率众众同。湘江此日新传捷,誓扫倭奴以报功。"

[2] 陶希圣:《中国社会形态发达的新估定》,第8页,《中国社会史的论战》第3辑,神州国光社,1931年。按:《中国社会史的论战》各辑均无统一编页,都是每篇文章各自为页。下引《中国社会史的论战》,均同此例。

1917年的俄国革命迫使俄国以外的历史学家开始认真地对待马克思主义对历史所作的解释。即使如此,他们的反应本质上仍然是敌意的。然而,这却是意识形态而不是科学的或学术的思考产生的结果。促使这种状态开始真正转变的事件是1929—1930年的世界性大萧条和资本主义社会的深刻危机。马克思的历史判断的正确性这时看来得到了证实。1929年的大萧条结束了无视或蔑视地排斥马克思主义的时期。1930年以后,马克思主义的影响广泛扩展,即使那些否定马克思主义历史解释的历史学家们(他们在苏联以外仍占大多数),也不得不用马克思主义的观点来重新考虑自己的观点。[1]

十月革命的胜利,使俄国以外的人们开始思考马克思主义对历史的解释。1929—1933年世界经济大萧条,证明马克思对资本主义社会的判断的正确,迫使那些敌视或排斥马克思主义的人不得不以马克思主义的观点来重新认识社会。在这一世界历史背景下,唯物史观在中国成为一种"时髦"的理论。随着唯物史观基本原理的广泛传播,研究社会问题不再局限于孤立的事件,特别是孤立的政治事件,而是"从描述孤立的——主要是政治的——事件转向对社会和经济的复杂而长期的过程的研究"。这种"对社会和经济的复杂而长期的过程的研究",即"经济发展的历史"[2]的研究,推动了对中国社会经济史的研究。

论战以前的经济史已经呈现诸多成果,但大都没有与社会历史发展联系在一起。论战期间,北平社会调查所汤象龙、吴晗、梁方仲等创办了第一个以"经济史"命名的刊物——《中国近代经济史研究

---

[1] 杰弗里·巴勒克拉夫著,杨豫译:《当代史学主要趋势》,上海译文出版社,1987年,第32页。

[2] 杰弗里·巴勒克拉夫著,杨豫译:《当代史学主要趋势》,第27页。

集刊》，1932年11月出版第1卷第1期，比美国经济史学会 *Journal of Economic History*（1941年9月创刊）差不多早9年。社会调查所创办经济史刊物，表明此时的社会调查要与经济史研究结合。陈翰笙主持中央研究院社会科学研究所，组织农村社会经济调查，同样表明将二者联系在一起的意向。1934年5月社会调查所与社会科学研究所合并，由社会学家陶孟和主持，汤象龙、梁方仲等继续社会经济史研究，搜集整理经济史资料。至1937年出版第5卷，《中国近代经济史研究集刊》改名《中国社会经济史研究集刊》。汤象龙、梁方仲、谷霁光等，成为中华人民共和国建立后从事中国社会经济史研究的骨干力量。

《读书杂志》停刊前后，陶希圣组织出版《中国社会史丛书》六种，除曾謇《中国古代社会史》上（1935年）外，均属社会经济史：刘道元《两宋田赋制度》（1933年）、刘道元《中国中古时期的田赋制度》（1934年）、鞠清远《唐宋官私工业》（1934年）、全汉昇《中国行会制度史》（1934年）、陈啸江《两汉经济史》（1936年）。1934年底，陶希圣因《新生命》停刊转而创办"中国社会史专攻刊物"——《食货》半月刊。《编辑的话》言明办刊宗旨："集合正在研究中国经济社会史尤其是正在搜集这种史料的人，把他们的心得、见解、方法，以及随手所得的问题、材料，披露出来。……这个半月刊的意思只是这样，并不像过去所谓的'中国社会史论战'那样的激昂，那样的趋时。"对此，何幹之这样评说："自从《读书杂志》停刊以后，中国社会史问题，也沉寂下来，一直到陶希圣先生创办《食货》（1934年12月），这问题方才再引起人们的注意。但《食货》的特点，在于'搜集''史料'和'搜求''社会现象'"，其好处是"向有志于中国社会史的朋友，提供丰富的史料"。[1] 至1937年7月停刊，发表文章345篇，涉及经济史研究的理论方法、社会经济形态、社会经济综述、经济思想以及土地制度、财政赋役、寺院经济、

---

[1] 何幹之：《中国社会史问题论战》，第201页。

农业、手工业、商业、都市、市场、货币、家庭、人口及社会生活诸多方面，主要集中在中国古代的秦汉、魏晋南北朝、隋唐时期。

论战期间，研究机构刊物如《中央研究院历史语言研究所集刊》，大学学报如《清华学报》等，纷纷刊登社会经济史文章。前面提到的《中国经济》以及中山大学史学研究会主办的《现代史学》，都出版了"中国经济史研究专号"。中山大学法学院也成立起中国经济史研究室。经济史研究蔚然成风，使经济史研究成果累累。通史方面，有王渔邨（王亚南）《中国社会经济史纲》（生活书店，1936年）、马乘风《中国经济史》（商务印书馆，1937年）、霍衣仙《中国经济制度变迁史》（北新书局，1936年）、刘南骅《中国经济史》（古代部分，南京爱吾编译馆，1936年）等；断代经济史，除上面已述之外，有陶希圣《西汉经济史》（商务印书馆，1931年）、陈啸江《三国经济史》（中山大学文科研究所，1936年）、武仙卿《南北朝经济史》（与陶希圣合著，商务印书馆，1937年）、鞠清远《唐代经济史》（与陶希圣合著，商务印书馆，1936年）、王志瑞《宋元经济史》（商务印书馆，1931年）等；近代经济史，有侯厚培《中国近代经济发展史》（大东书局，1929年）、施复亮《中国近代经济史》（上下，良友图书印刷公司，1932年）、陈安仁《中国近代经济史纲》（前进出版社，1938年）、钱亦石《近代中国经济史》（生活书店，1939年）等；专题经济史（土地制度、田赋、农业经济、民食、粮政、救荒、蚕业、渔业、水利、新工业、矿业、商业、交通、财政、货币、盐政、盐业等），各门类下都有不止一种著作问世。

（二）经过社会史论战，中国的马克思主义历史学骨干队伍形成

郭沫若《中国古代社会研究》最后一篇文章的最后一句话是："草径已经开辟在这儿，我希望更有伟大的工程师，出来建筑铁路。"

《中国古代社会研究》之后，最先系统研究中国社会史的是吕

振羽。1934年4月在《文史》创刊号发表《中国经济之史的发展阶段》，将中国历史划分为：殷代以前为原始社会，殷代以后为奴隶社会，西周至战国为初期封建社会，秦至鸦片战争为"变种的"（后改为"专制主义的"）封建社会，鸦片战争以后为半封建半殖民地社会。7月出版《史前期中国社会研究》，即中国原始社会研究，是其设想的《中国社会史纲》的第一部。1936年11月《殷周时代的中国社会》出版，是其设想的《中国社会史纲》中的第二部。

与吕振羽同时参加社会史论战的翦伯赞，1930—1931年发表《中国农村社会之本质及其历史的发展阶段之划分》的长篇论文，论证中国农村社会的本质"不是一个独特的或是亚细亚的生产方法，而是封建的生产方法"[1]。随后，发表《前封建时期之中国农村社会》（上、中、下），利用文献和甲骨文资料，论述"前封建时期"的中国社会。[2] 两文均被王礼锡《中国社会史论战序幕》第四部分列入"散见各杂志中的论文"目录。1935—1937年间，在《劳动季报》《中山文化教育馆季刊》《世界文化》等刊物陆续发表《殷代奴隶社会研究之批判》《关于"亚细亚的生产方法"问题》《关于历史发展中之"奴隶所有者社会"问题》《关于"封建主义破灭论"之批判》《"商业资本主义社会"问题之清算》《关于前阶级社会的构成之基本诸问题》等与论战密切相关的文章。1938年出版《历史哲学教程》一书，1939年新写《群众、领袖与历史》作为"再版代序"，较全面、系统地阐述了唯物史观的基本原理，对于社会史论战涉及的主要问题均有论述，反映当时马克思主义历史学的理论水平。

受郭沫若影响转向史学研究道路、颇富理论素养的侯外庐，在翻译《资本论》第1卷之际，已将翻译与研究中国历史同时并行，先

---

[1] 翦伯赞：《中国农村社会之本质及其历史的发展阶段之划分》，《三民半月刊》第5卷第6期，1930年11月16日。

[2] 翦伯赞：《前封建时期之中国农村社会》，分载于《三民半月刊》第5卷第7、8、11期，1930年12月1日、16日，1931年2月1日。

后写下《社会史导论》（1933年）和《中国古代社会和老子》（1934年）。前者针对社会史论战中的理论问题的某些混乱，力求从经济学和历史学统一应用的角度讨论生产方式问题，自认为是转向史学研究的"一个标志"；后者是其"中国经济思想史"讲义中的一章，表明其社会史与思想史并重的研究路向。

20世纪30年代末，已是国学名家的范文澜转向唯物史观研究道路。范文澜于1940年初发表了《关于上古历史阶段的商榷》，肯定郭沫若"用唯物史观的方法来研究中国古代历史，其功甚伟，其影响亦甚大"，以斯大林《辩证唯物主义和历史唯物主义》关于奴隶社会的特征为标准，认为"考之殷代盘庚以后，无不俱备"，而盘庚以前"不能率断"。[1]

在"草径"已经开辟的10年间，郭沫若、吕振羽、翦伯赞、侯外庐、范文澜等，自觉运用唯物史观研究中国古代的社会、政治、思想，为中国的马克思主义历史学"建筑"通往未来的"铁路"铺下坚实的路基。

毋庸讳言，上述成长历程也显露出中国马克思主义历史学骨干队伍存在的缺陷。一是以摩尔根、恩格斯为"向导"的关于文明起源的探讨，继郭沫若《中国古代社会研究》之后，仅侯外庐《中国古典社会史论》从理论与史实结合上作过探讨，随后即被搁置。二是论战初期普遍关注的问题是中国社会性质问题，首先是中国的现实问题，并非中国古代，更非分期问题。陶希圣编选《中国问题之回顾与展望》，王礼锡编辑《中国社会史的论战》1—4辑，都以"现在中国经济问题"为主题之一。但就马克思主义历史学骨干队伍形成的实际而言，他们对于社会经济的关注基本集中在生产方式的研究上，对现代经济、古代经济很少问津，不见有中国经济和中国经济史的研究成果，社会史论战在他们的研究成果里差不多成了社会发展史或社会发

---

[1] 范文澜：《关于上古历史阶段的商榷》，《中国文化》第1卷第3期（1940年5月）。

展形态的论战。这些情况,在随后的岁月里仍在继续。

马克思主义历史学骨干队伍关于文明起源的探讨被搁置,在中国经济史研究领域出现空缺,这两点直接影响着中国马克思主义历史学科学体系的建立,也影响着此后作为主流史学的发展,这是不应回避的事实,也是值得认真思考的问题。

(三)在上述两大基本方面之外,补充几例被忽略的史事

其一,熊得山认为"奴隶这一个阶段"中国"容或有的"。在《中国社会史研究》第七章第三节"夏商周时代的中国社会",针对梅思平的说法,特别提到:"中国有没有这个阶段?现还不敢断定,或者虞书上所列举的如所谓'九族','百姓','黎民',就是这个描写?九族即贵族(?)百姓即自由民(?)黎民即奴隶(?)在这一个阶段之后,夏商周三代才有农奴?……所谓奴隶这一个阶段容或有的。"[1] 这本书初版于1929年3月,比郭沫若《中国古代社会研究》初版要早近一年。虽然没有断定中国存在奴隶社会这一阶段,但毕竟是在以"中国社会史研究"为题的专门论著中最早提到这个问题的,论者不应毫无所知。

其二,王宜昌、戴行轺始终认为中国古代存在奴隶社会。王宜昌在《论战》第1辑发表《中国社会史短论》,第四节"中国底奴隶社会"指出:"郭沫若寻出了中国奴隶社会之存在于中国古代所谓为'封建'的周代。这是一个重要的研究。但他以为中国奴隶社会,在秦便完了。这是误解了。"在《论战》第3辑发表《中国奴隶社会史》,依次论述了殷代及以前、周代、春秋时代、战国时代、西汉时代、三国及西晋的奴隶社会。

在《新生命》发表过《中国政治的进化》的戴行轺,在《论战》第1辑论中国官僚政治的殁落,"以下列各时期为准则":"(一)原

---

[1] 熊得山:《中国社会史研究》,第211、219—220页。梅思平的观点,见《中国问题之回顾与展望》,第119页。

始社会时代（自太古起至殷庚止）、（二）奴隶社会时代（自殷庚起至周初止）、（三）封建社会时代（自周初起至秦朝止）、（四）过渡社会时代（自秦朝起至清鸦片之役止）、（五）资本主义社会时代（自鸦片战役起）。"[1]

至于陶希圣，1929年《中国封建社会史·绪论》已将战国秦汉划为奴隶社会。1932年重新估定古代中国社会形式，认为"战国到后汉是奴隶经济占主要地位的社会。其中的主要阶级是奴主与奴隶"，"中国社会发达过程与欧洲大同小异。由氏族的生产到家长经济，奴隶经济，封建的生产，城市手工业及先资本主义"。[2]

上述情况表明，中国古代存在奴隶社会这一阶段，正在被更多的人接受，不能以是否承认中国古代存在奴隶社会作为衡量是否为马克思主义历史学的标准。

其三，王宜昌最早提出"东晋封建说"。在《中国社会史短论》第三节"中国底封建社会"明确提出："五胡十六国之乱华和中原人民南迁，才把中国封建社会建立起来的。"[3]在随后的《中国封建社会史》第四节"中国封建制度之起源"，重申"中国的封建制度，由于异族的侵入中原，和中原人民的南迁，氏族制度在奴隶经济废墟之上，重新组织着经济，于是建立起来了"[4]。不论其人如何，其论是否有据，不应完全无视王宜昌的这一一贯说法。

其四，论战第四辑封底"研究中国社会史论战之必读书目"列有"薛农山《中国农民战争之史的研究》上、下册，神州国光社1935年"。此前，亚东图书馆1933年出版有蔡雪村《中国历史上的农民战争》。两书都强调唯物史观的意义，又都认为中国过早地形成"商

---

［1］ 戴行轺：《中国官僚政治的殁落》，第3—4页，《中国社会史的论战》第1辑。

［2］ 陶希圣：《中国社会形式发达过程的新估定》，《中国社会史的论战》第3辑，第5、7页。

［3］ 王宜昌：《中国社会史短论》，第23页，《中国社会史的论战》第1辑。

［4］ 王宜昌：《中国封建社会史》，第24页，《中国社会史的论战》第4辑。

业资本主义社会",大规模的农民暴动"是商业资本发展下的直接产物"[1]。对历次农民战争全过程考察后,都充分肯定其历史作用:"每一次的农民暴动,都是历史变革的动力"[2],"成了推动中国历史向前演进的一个主要因素"[3]。分析农民战争的局限性,蔡雪村认为农民政权"根本不能建立",必须"受另一个阶级的领导,才能完成历史进步的任务"[4],薛农山则认为"中国历史上曾经有过两度的农民政府,这一点也是中国历史的特色","这个政权在很短的时间之内已经发生了内部的转变,离开了农民利益的立场,而变成另一阶级统治农民的工具"[5]。"农民政权转变为地主政权""农民暴动的前途"等,也都是由陶希圣提出、王礼锡列入论战范围的问题,直至20世纪80年代依然在论争。

三、问题与启示

(一)存在的问题,论战者自有批评和检讨

《论战》第一辑出版"不到五天"接到的批评是:第一,"意气的谩骂应极力避免","说某人是行尸走肉,某人为买办或帝国主义辩护,都无丝毫根据"。第二,"将一些名词和观念搬来搬去,令人看见头昏"[6]。在随后的论战中,始终存在的问题,归纳起来主要有三:

其一,运用唯物史观简单化、公式化。王礼锡《〈论战〉第二辑序幕》已指出:"虽然谁都以唯物自居,而时常会陷于唯心的魔窟;

---

[1] 蔡雪村:《中国历史上的农民战争》,亚东图书馆,1933年,第1页。

[2] 薛农山:《中国农民战争之史的研究》,神州国光社,1935年,第133页。

[3] 蔡雪村:《中国历史上的农民战争》,第31页。

[4] 蔡雪村:《中国历史上的农民战争》,第94页。

[5] 薛农山:《中国农民战争之史的研究》,第226—227页。

[6] 《中国社会史论战第一辑出版以后——通信十一则》,第9—10页,《中国社会史的论战》第1辑。

谁都以辩证自居,而时常会拘于机械的公式。"事后郭沫若承认:"我的初期的研究方法,毫无讳言,是犯了公式主义的毛病的。我是差不多死死地把唯物史观的公式,往古代的资料上套,而我所据的资料,又是那么有问题的东西。"[1]侯外庐也回忆说:"那时候,我感觉到一个问题,即在讨论中,每每产生公式对公式,教条对教条,而很少以中国的史料作为基本立脚点。"[2]正是由于"人们不满足于论战中那种粗枝大叶的或公式化的论述",才"迫切要求在进一步发掘材料的基础上把研究深入下去,从而推动了中国经济史学科的形成和发展",直接导致了随后出现的"中国经济史研究热潮"。[3]至于王宜昌在《中国社会史短论》中所说的那种"人们都利用着历史的唯物论研究所得的结论作为根本的指导原理,而将中国史实嵌进去。但同时是不了解清楚历史的唯物论,或者有意滑头而曲解而修改而捏造了他们的所谓历史唯物论"[4],更是贻害无穷,尤其值得警惕!

其二,"或急近攻,或囿成见","证据不足,谩骂补足"。由于不同政见、不同意识形态的人参加论战,出现"大部分只是革命的宣传家,而缺少真正的学者"的状况。于是,认识上、学术上的分歧,往往与政治态度、意识形态交织在一起,形成"短兵相接"的态势,"各位雄赳赳的战士白刀子进,红刀子出,杀得头破血流,各不相下"。[5]陶希圣一面用"汉儒的僵尸出祟"为题发表论战文章,一面又在文中指责"证据不足之处,以谩骂补足","这样的论战,大家(我也是一个)同是在中国史的大门外呐喊"。[6]陈啸江批评说:"当时之所论辩

---

[1] 郭沫若:《海涛集·我是中国人》,《郭沫若全集·文学编》第13卷,人民文学出版社,1992年,第357页。

[2] 侯外庐:《回顾历史研究五十年》,《中国史学集刊》第1辑,江苏古籍出版社,1987年,第18页。

[3] 李根蟠:《二十世纪的中国古代经济史研究》,《历史研究》1999年第3期。

[4] 王宜昌:《中国社会史短论》,第2—3页,《中国社会史的论战》第1辑。

[5] 李季:《对于中国社会史论战的贡献与批评》,第1页,《中国社会史的论战》第2辑。

[6] 陶希圣:《汉儒的僵尸出祟》,第5、6—7页,《中国社会史的论战》第2辑。

者，实为名词之争，往往空言盈幅，无裨实际，即有一二巨篇，亦皆未经精密研究之价值"，"时下研究风气之弊，或急近攻，或囿成见，其结果虽以缀拾成文，但绳以严正科学之眼光，则多不值一读。"[1]

其三，在批评公式主义的同时，更尖锐地指出"跟风"盲目引进外来思想观点的做法：

> 一些人从来未摸着历史之门的，而偏要赶时髦的作家，把活的历史填塞在死的公式中，在他们那种机械的脑袋里，凡是马克思、恩格斯的文献中有着历史发展阶段的名词，中国便就有了。所以各人都努力向这里找，找着一个时髦的名词便划分一下历史发展的阶段，然而，他们这种猜谜似的论战虽是象杀（煞）有介事的，可是，这样瞎猫拖死老鼠的乱撞，便由于缺乏高深的研究。[2]

何止是马克思、恩格斯的文献，差不多参加论战者都在"努力"找他们认为时髦的外国人的论著，"煞有介事"地用来作为自己论战的根据。

陶希圣批评说："断定中国社会的过程，当从中国社会历史的及现存的各种材料入手。如果把史料抛开，即使把欧洲人的史学争一个落花流水，于中国史毫无用处。于今的学者不独把欧洲的史学当作中国史的自身，并且把中国古代学者的史学当作古代史的自身。笑话太闹得悲惨了。"[3] 这话简直就是在批评他自己！他在《中国社会之史的分析》《中国社会与中国革命》《中国封建社会史》中使用"商业资本主义""初期封建国家""次期封建国家"等有关"历史发展阶段的

---

[1] 陈啸江：《中国经济史研究计划书》，《现代史学》1934年第2卷第4期。

[2] 陶希圣：《历史科学创刊之辞》，《历史科学》1933年第1卷第1期。

[3] 陶希圣：《中国社会史丛书发行缘起》，刘道元：《两宋田赋制度》，新生命书局，1933年，卷首"附言"。

名词"，不正是从欧洲的波格丹诺夫、奥本海末尔等人的论著中找来的吗？翻译奥本海末尔《国家论》，"译者序"毫无讳言地表示自己"从此书受了多少的暗示，在最近所作中国社会史论文中，颇有引用之点"[1]。翻译科窪流夫《古代社会的经济》，更是在欧洲"找"符合自己意向的观点，用来"洗涤"国内所谓的"成见"。[2]

《论战》所辑41篇文章，引用马克思、恩格斯、列宁之外，引用最多的国外论著是普列汉诺夫《马克思主义基本问题》、马札尔亚《中国农村经济研究》、杜勃罗夫斯基《亚细亚生产方法，封建制度农奴制度及商业资本主义之本质问题》、拉狄克《中国革命运动史》、沙发诺夫《中国社会发展史》等。这些论著，当时被视为代表国外最高研究水平，译成中文引进，由波格丹诺夫《经济科学大纲·译者序》可见一斑："读了这本书，我们才能真正了解社会底演进过程。……我们可以根据它来研究中国历史，也可以根据它来研究中国的现状。"[3] 这种介绍国外译著的状况，必然使不少"中国人"从中寻找"历史发展阶段"的"时髦的名词"。在论述具体问题时，又"各取所需"地引用国外的不同研究成果。如陈邦国论中国历史发展道路，引拉狄克同时，还引考瓦列夫斯基关于封建社会的定义；王亚南《封建制度论》，以英国大百科全书关于封建社会的定义和俄国干部派的主张为据；李季论秦汉至清为前资本主义时代，引德文原文《资本论》、考茨基《资本论》注释以及《乌里耶诺夫全集》中《俄国资本主义的发展》；王礼锡谈中国社会形态发展之谜，对专制主义理论的说明，引米诺贾托夫《英国中世纪的领地》、波克罗夫斯基《关于俄国封建主义俄国专制主义之起源及其特质》；王宜昌论中国奴隶社会，引山川均《资本主义以前经济史》、Horrabin *An Outline of*

---

[1] 奥本海末尔著，陶希圣译：《国家论》，新生命书局，1929年。

[2] 科窪流夫著，陶希圣译：《古代社会的经济》，《食货》1935年第2卷第9期。

[3] 波格丹诺夫著，施存统译：《经济科学大纲》，大江书铺，1929年。

Economic Geography 关于奴隶制度的定义或解释；胡秋原作《中国社会＝文化发展草书（上）》，分析希腊社会，引波克西卡林等著《唯物史观世界史》、考茨基关于古典的封建社会的定义。

（二）留下的启示，最值得深思

仔细考察起来，差不多确实如此：只要外国"文献中有着历史发展阶段的名词，中国便就有"。这种情况反映当时在引进外来思想观念方面的自由度，不论马克思主义，还是非马克思主义，一律可以引进，并用来解释现实中国社会、古代中国社会。同时，也反映出更深层次的问题：近代中国，社会出现巨大变革，从老祖宗那里找不到解决现实社会问题的"遗训"，不得不从国外"先进思想"中寻找改造中国的"良方"。由于大家对国外的社会、思想、文化并不了解多少，只凭人云亦云，将一些在国外有代表性的论著不分青红皂白地拿过来往中国的社会、中国的历史上硬套。一部分人读了一些外国人写的论著，出于种种不同目的，翻译过来作为自己发表议论的根据。加之中国共产党党内斗争，又深受苏联共产党党内斗争影响，尤其是留苏回国的理论"权威"。因此，论战者由于党派不同、意识形态不同、认识不同，引用理论依据、外国人的论著各不相同。这一切，势必造成国外有什么时髦的"名词，中国便就有"的盲目性。这种现象，几乎成为近代以来，特别是20世纪中国思想文化领域带"规律性"的一种普遍现象，最值得跟风者和谈思潮者深思！

当论战被尘封后，以学术史视野来回顾这段历程，除了补充史实、纠正不确说法外，在20世纪中国史学上值得书写的是：随着唯物史观得到广泛传播，中国的马克思主义历史学队伍成长起来，中国的社会经济史研究队伍得到壮大。前者以郭沫若为代表，后者以陶希圣为其中"一支重要力量"的代表。因此，顾颉刚总结20世纪上半世纪史学时这样写：

> 研究社会经济史最早的大师是郭沫若和陶希圣两位先生,事实上也只有他们两位最有成绩。郭先生应用马克思、莫尔甘等的学说,考索中国古代社会的真实情状,成《中国古代社会研究》一书,这是一部极有价值的伟著,书中虽不免有些宣传的意味,但富有精深独到的见解。……
>
> ……陶先生的贡献却在揭发整个中国社会史的真相,虽然他的研究还是草创的,但已替中国社会经济史的研究打下了相当的基础。[1]

通盘考察20世纪30年代的社会史论战后,结论只有一个:以不断发展的马克思主义唯物史观为指导,从社会史的角度研究经济,从经济史的角度剖析社会,才是研究社会史和研究经济史的正确的、科学的路向。而缺乏联系的支离研究、公式主义的空泛论争,都将可能使研究误入歧途。

2009 年 9 月 16 日

《学术研究》(广州) 2010 年第 1 期

---

[1] 顾颉刚:《当代中国史学》,胜利出版公司,1947年,第100—101页。

历史语言研究所与"科学的东方学之正统在中国"

1927年、1929年,王国维、梁启超先后谢世,标志着20世纪初兴起的"新史学"告一段落。两人所代表的"新史学"两大基本路向,以更新的方式取得长足发展。梁启超所代表的路向,以史学与现实紧密结合,出现以唯物史观为指导研究中国历史的马克思主义历史学群体。王国维所代表的路向,以史学与新史料相结合,出现以保存史料、研究史料为旨归的历史语言研究所团队。当马克思主义历史学群体与历史语言研究所团队成为20世纪前半纪史学两大主干之际,却遭到了某些玩弄"历史哲学"名词者的否定,说"中国学术界到了今天应当设法在五四以来二十年间所承受自欧西的'经验事实'与'辩证革命'的两派圈套外,另谋开辟一条新途径"[1]。针对"辩证革命"出于政治原因姑且不论,针对欧西"经验事实"实即针对历史语言研究所办所方针,说什么"竟有人主张'近代历史学只是史料学(见《历史语言研究所工作之旨趣》一篇,《集刊》第一本第一分页三)"[2]云云。因此,对历史语言研究所,需要有一个平实的认识。

---

[1] 林同济:《形态历史观》,林同济、雷海宗:《文化形态史观》,上海大东书局,1946年,第6页。

[2] 朱谦之:《考今》,《现代史学》第5卷第1期。

一、应当客观、完整地审视《历史语言研究所工作之旨趣》

傅斯年留学期间,看到"欧洲近代的语言学在梵文的发见影响了两种古典语学以后才降生",18、19世纪之交"印度日耳曼系的语言学已经成了近代学问最光荣的成就之一个","最近一世语言学所达到的地步,已经是生物发生学,环境学,生理学了",无论综比的系族语学,还是各种的专语学"在现在都成大国"。而这些学问发达甚早的中国,却出现了"自己的原料也让别人制造"的窘境:不仅不能去扩张材料,就连大自然留给的出土物"还由他毁坏了好多,剩下的流传海外",或"任其搁置"。特别是"西洋的东方学者之拿手好戏,日本近年也有竟敢去干的,中国人目前只好拱手谢之而已"。面对如此状况,决计创建历史语言研究所,以光大"有光荣的历史"的中国历史学、语言学:

> 在中国境内语言学和历史学的材料是最多的,欧洲人求之尚难得,我们却坐看他毁坏亡失。我们着实不满这个状态,着实不服气,就是物质的原料以外,即便学问的原料,也被欧洲人搬了去乃至偷了去。我们很想借几个不陈的工具,处治些新获见的材料,所以才有这历史语言研究所之设置。

这里说得非常明白:历史语言研究所的设置,是要用中国境内丰富的历史学和语言学的材料,借用欧洲的先进研究方法做出新的成就。所以,在最后明确提出:

> 我们要科学的东方学之正统在中国!

同时强调:

历史学和语言学之发达,自然于教育上也有相当的关系,但这都不见得即是什么经国之大业不朽之盛事,只要有十几个书院的学究肯把他们的一生消耗到这些不生利的事物上,也就是以点缀国家之崇尚学术了——这一行的学术。这个反正没有一般的用处,自然用不着去引诱别人也好这个。如果一旦引了,不特有时免不了致人于无用,且爱好的主观过于我们的人进来时,带进了些乌烟瘴气,又怎么办?

这段文字有几点很少为人注意或提及:1.历史学和语言学的发达,"不见得即是什么经国之大业,不朽之盛事","也就是以点缀国家之崇尚学术"而已。2."只要有十几个书院的学究肯把他们的一生消耗到这些不生利的事物上","用不着去引诱别人也好这个",以免"爱好的主观过于我们的人"带进"乌烟瘴气"。3."动手动脚得有结果,因而更改了'读书就是学问'的风气,虽然比不得自然科学上的贡献较为有益于民生国计,也或者可以免于妄自生事之讥诮"。

历史语言研究所的创办,有三方面的情况制约着其制定办所方针,不应当无视或忽略。

其一,在"中央研究院设置之意义,本为发达近代科学"的办院总则下,"不欲新其工具,益其观念,以成与各自然科学同列之事业,即不应于中央研究院中设置历史语言研究所"。"今者决意设置"历史语言研究所,只能"以自然科学看待历史语言之学。此虽旧域,其命维新。材料与时增加,工具与时扩充,观点与时推进,近代在欧洲之历史语言学,其受自然科学之刺激与补助,昭然若揭。以我国此项材料之富,欧洲人为之羡慕无似者,果能改从新路,将来发展,正为有艾。故当确定旨趣,以为祈响"。[1]据此,不能把历史语言研究所

---

[1]《国立中央研究院历史语言研究所十七年度报告》(以下简称《历史语言研究所××年度报告》),《傅斯年全集》第6卷,湖南教育出版社,2003年,第9页。

要"与各自然科学同列"的所谓"科学史学"简单地归结为是傅斯年一人的认识。这是由中央研究院办院总方针决定的，傅斯年只是积极赞成并身体力行者，两者应当区分清楚。

其二，在观念方面，如何炳松所说，"吾国学者正在厌故喜新之时，露有急不暇择之态"，对西洋史学原理"呈饥不择食活剥生吞之现象"，"一时学说纷纭，莫衷一是"，"或偏而不全，或似而非是，几无一足当义例"[1]。在这种情况下，是把历史语言研究所办成宣传某种思想观念的部门，还是办成学术研究机构？是紧跟形势为当局制造舆论，还是"点缀国家之崇尚学术"？恐怕任何一个学问家或有学问眼光的政治家都不希望是前者！唯此，只有"不以空论为学问，亦不以'史观'为急图"[2]，才是最为切实可行的抉择。否则，就会让"乌烟瘴气"充斥进来，遭"妄自生事之讥诮"，不成其为学术研究机构了。

其三，在材料方面，如傅斯年本人感慨，"中国境内语言学和历史学的材料是最多的，欧洲人求之尚难得，我们却坐看他毁坏亡失。我们着实不满这个状态"。面对此情此景，将何以对？只有利用自然科学提供的工具"整理一切可逢着的史料"，证明"科学的东方学之正统在中国"，才能够使历史语言研究所安身立命，实现其"此虽旧域，其命维新"的变革。

客观历史雄辩地证明，历史语言研究所的上述抉择是正确的，在"歧路旁皇，莫知所止"的情况下，"不以空论为学问，乃纯就史料以探史实"，才得以保存下一块学术"净土"，通过"上穷碧落下黄泉，动手动脚找东西"，使得有关新石器时代、甲骨学、简牍学、敦煌学、西夏学、清史的众多史料不再"坐失毁亡"，并取得诸多划时代的重大学术成果，为20世纪的中国史研究作出无可替代的业绩。

---

[1] 何炳松：《通史新义·自序》，《通史新义》，商务印书馆，1930年，第13页。

[2] 傅斯年：《〈史料与史学〉发刊词》，《中央研究院历史语言研究所集刊》外编第二种《史料与史学》(1945年11月)。

二、在弄清办所宗旨之后，再来仔细检视历史语言研究所的业绩

最初设想，两年内设立九组。历史五组：文籍考订、史料征集、考古、人类及民物、比较艺术。语言四组：汉语、西南语、中亚西亚语、语言学。1929年迁北平后，正式设历史、语言、考古三组，分别以陈寅恪、赵元任、李济为主任。

（一）最能体现"上穷碧落下黄泉，动手动脚找东西"的考古组

1937年12月14日考古组在长沙清溪阁二楼举行离别宴时，参加者有李济、董作宾、梁思永、刘燿（尹达）、李景聃、李光宇、石璋如、王湘、祁延霈、胡福林、高去寻、潘悫、杨延宾以及魏善臣、胡占奎、王文林、李连青，被视为是考古组"惊天动地的一件大事，国仇组恨终身难忘"[1]。刘燿，赴延安后改名尹达。胡福林，即胡厚宣。

历史语言研究所考古组1936年合影。左起：徐中舒、王湘、梁思永、董作宾、石璋如、李济、郭宝钧、高去寻、刘燿（尹达）、李光宇、李景聃、胡福林（胡厚宣）、祁延霈

---

[1] 石璋如：《照林与侯家庄1001大墓》，俞伟超《附记》，《中国历史博物馆馆刊》1995年第1期。

《历史语言研究所工作之旨趣》明确写道：

> 我们最注意的是求新材料，第一步想沿京汉路，安阳至易州，安阳殷虚以前盗出之物并非彻底发掘，易州、邯郸又是燕赵故都，这一带又是卫邺故域。这些地方我们既颇知其富有，又容易达到的，现在已着手调查及布置，河南军事少静止，便结队前去。第二步是洛阳一带，将来一步一步的西去，到中央亚细亚各地，就脱了纯中国材料之范围了。为这一些工作及随时搜集之方便，我们想在洛阳或西安、敦煌或吐鲁蕃、疏勒，设几个工作站，有志者事竟成！

在设想的"求新材料"的发掘中，以殷墟发掘成就最为瞩目。1928年秋至1937年夏的15次发掘，系指殷代王都即小屯村发掘12次，殷代王陵侯家庄西北冈发掘3次。此外，殷都近郊遗址发掘，后冈4次，大司空村、四盘磨各2次，侯家庄南地、侯家庄高井台子、武官南霸台、武官四面碑、秋口同乐寨、范家庄、王裕口及霍家小庄各1次。

殷墟以外，与河南省联合组成河南古迹研究会，先后在浚县辛村发掘4次，在浚县刘庄、大赉店、山彪县，辉县琉璃阁、毡匠屯、固维村，巩县塌坡、赵沟、马峪沟、广武陈沟、青合，永城造律台、黑孤堆、曹桥各发掘1次。与山东省联合组成山东古迹研究会，先后在历城城子崖发掘2次，在滕县安上村、曹王墓、王坟岭、日照瓦屋村、大孤堆各发掘1次。

抗战期间，在极艰苦的条件下，考古组与其他文化团体合作组织西康古迹考察团、苍洱古迹考察团、川康古迹考察团、西北史地考察团和西北科学考察团等，调查发掘过西南、西北的一些地方。

殷墟发掘，有两大重要成就影响着此后的考古学与历史学。

第一，关于新石器时代的考古发掘与研究。

1921年、1923—1924年瑞典人安特生先在河南渑池仰韶发见新石器时代末期遗存，代表中国远古的一种文化，命名为"仰韶文化"，后将"甘肃远古时代"分为齐家期、仰韶期、马厂期、辛店期、寺洼期、沙井期六期。1943—1947 年，又陆续发表、出版《中国史前史研究》《朱家寨遗址》《河南史前遗址》，其同事比林·阿尔提发表《甘肃齐家坪与罗汉堂遗址》，"基本观点并没有改变；他的旧说在我国的影响尚未清除，其新著却又在我国一部分历史学者中发生了影响"[1]。就是说，关于中国新石器时代的话语权长达 20 多年都在以安特生为代表的一部分国外学者手里。

国人关于新石器时代的科学考古，1926 年李济在山西夏县西阴村遗址发现和仰韶相同的文化遗存，梁思永将其部分陶面加以分析，写成《山西西阴村史前遗址中之新石器时代的陶器》(*New Stone Age pottery from the Prehistorical Site at Hsi Yin Tsun, Shansi, China*)。1931 年北平师范大学在山西万泉发掘荆村附近遗址得有仰韶文化遗存，1934 年徐炳昶在陕西宝鸡斗鸡台发掘得仰韶文化遗存。除此而外，以下均为历史语言研究所考古组发掘：

1928 年秋董作宾等开始发掘河南安阳的小屯村北地，至 1937 年夏共发掘 12 次。1930 年于小屯期（殷代遗存）堆积之下发现龙山文化遗存。

1930 年吴金鼎在山东历城县龙山镇发掘城子崖遗址，1931 年秋后继续发掘，遗物和仰韶村遗存是两种不同的风格，处在中国新石器时代末期，乃有"龙山文化"这一新问题。梁思永在黑龙江的昂昂溪作发掘，著有《昂昂溪史前遗址》。

1931 年梁思永在河南安阳县西高楼庄后冈作考古发掘，得小屯、龙山和仰韶三种文化的堆积关系，著有《后冈发掘小记》及《小屯、龙山与仰韶》两文，使"小屯、龙山与仰韶各期之时代的系列问题，得到了固定的具体的观念。以这遗址各期的文化遗存作基石，精密的

---

[1] 尹达：《论中国新石器时代的分期问题——关于安特生中国新石器时代分期理论的分析》，《考古学报》1955 年第 9 期。

去考究中国所发见的其他新石器时代的遗址,则它们的先后系列不难找到"[1]。

1932年吴金鼎在河南安阳侯家庄发掘村北高井台子,发见龙山与仰韶两种文化的堆积关系,著有《摘记小屯迤西之三处小发掘》及《高井台子三种陶业概论》。[2]河南古迹研究会在浚县发掘辛村及大赉店遗址,刘燿在大赉店遗址中复得龙山与仰韶两者的堆积关系,著有《河南浚县大赉店史前遗址》。

1933年石璋如、王湘在河南浚县刘庄发掘附近遗址,得龙山与仰韶的层位关系。

1934年和1935年梁思永在河南安阳同乐寨附近,亦得龙山与仰韶两者的堆积关系。郭宝钧在河南西部广武的青台发掘,得龙山和仰韶两种文化遗存。

1936年梁思永、祁延霈、刘燿在山东日照两城镇西作考古发掘,得龙山文化遗存及同期的葬地,陶器收获最多。李景聃在河南永城王楼黑孤堆发掘,得龙山文化遗存。

1937年7月刘燿完成研究论文《龙山文化与仰韶文化之分析》,得出的结论有:"龙山文化与仰韶文化同为中国新石器时代末期的两种不同系统之文化遗存";"安特生先生所谓'仰韶文化'实杂有龙山文化遗物,应加以分别,不得混为一谈";"齐家坪遗址是否早于仰韶期,其间问题正多,不得遽为定论"。[3]

抗战时期,新石器时代考古发掘被迫中断。夏鼐1941年回国为考古组副研究员,1945年完成其成名之作《齐家期墓葬的新发现及其年代的改订》,从地层上的证据证明8年前刘燿关于齐家文化不可能早于仰韶文化的论断。至此,安特生关于"仰韶文化"的错误认

---

[1] 刘燿:《河南浚县大赉店史前遗址》,《田野考古报告》第1册,1936年8月。

[2] 据历史语言研究所年度报告,吴金鼎1930—1932年为考古组助理员。

[3] 刘燿:《龙山文化与仰韶文化之分析》,《中国考古学报》第2册,第281页;《北方杂志》2卷1、2期,第70页。

识,关于中国新石器时代的错误分期体系得到彻底清算。

总归一句话,经考古组梁思永、刘燿、夏鼐实地发掘与科学研究,突破安特生旧的错误分期体系,开始建立新的科学的分期体系,使中国新石器时代的话语权逐渐回归国人。

第二,推进甲骨学由草创迈向成熟。

殷墟15次科学发掘,出土甲骨24832片,是自甲骨出土以来空前未有的重大收获。在这一轮科学发掘中断之后不久便有了"卜辞研究,雪堂导夫先路,观堂继以考史,彦堂区其时代,鼎堂发其辞例,固已极盛一时"[1]的著名断语,而"彦堂区其时代,鼎堂发其辞例"则与历史语言研究所考古组殷墟发掘有着密切的关系。

"彦堂"董作宾是科学发掘殷墟的主持人和重要成员,1928年秋往殷墟调查、试掘,1929年1月编成《新获卜辞写本》,并作《新获卜辞写本后记》,"若干考古学的基本问题,已在这试验的发掘中列出"。此间,陆续发表《商代龟卜之推测》《大龟四版考释》《卜辞中所见之殷历》《甲骨文断代研究例》《骨文例》等。所谓"区其时代",即甲骨文断代研究,提出甲骨文分期的十项标准:世系、称谓、贞人、坑位、方国、人物、事类、文法、字形、书体,并将甲骨文分为五期:第一期,盘庚、小辛、小乙、武丁;第二期,祖庚、祖甲;第三期,廪辛、康丁;第四期,武乙、文丁;第五期,帝乙、帝辛。同时,将龟腹甲划分为中甲、首左甲、首右甲、前左甲、前右甲、后左甲、后右甲、尾左甲、尾右甲九个部位[2],根据龟甲刻辞研究,得出龟版刻辞文例:"沿中缝而刻辞向外者,在右右行,在左左行。沿首尾之两边而刻辞者,向内,在右左行,在左右行。"[3]又据兽骨刻辞研究,得出骨版刻辞文例:"凡完全之胛骨,无论左右,缘近

---

[1] 唐兰:《天壤阁甲骨文存·自序》,辅仁大学,1939年。

[2] 董作宾:《商代龟卜之推测》,《安阳发掘报告》第1期。

[3] 董作宾:《大龟四版考释》,《安阳发掘报告》第3期。

边两行之刻辞，在左方皆为下行而左，间有下行及左行者。在右方皆为下行而右，亦间有下行及右行者。左胛骨中部如有刻辞，则下行而右，右胛骨中部反是，但亦有下行而右者。"[1]

"鼎堂"郭沫若的三部甲骨文著述——《甲骨文字研究》《卜辞通纂》《殷契粹编》，不仅与考古组殷墟 15 次发掘遥相呼应，起讫时间同步，而且起到一个极为重要的作用——将国内殷墟的科学发掘和相关研究"从速推广"到海外。其间，正值社会史论战高潮，郭沫若关注殷墟发掘，喜悦、急切、渴望之情溢于言表，几乎置社会史论战于不顾。1929 年 10 月 31 日致函容庚："李济安阳发掘，是否即在小屯，发掘之结果如何？可有简单之报告书汇否？仆闻此消息，恨不能飞返国门也。"11 月 16 日再致函容庚，肯定"小屯实一无上之宝藏"，建议"应集合多方面之学者，多数之资金，作大规模的科学发掘，方有良效"，希望"急欲购置一部"董作宾《新获卜辞写本》。[2] 1930 年 2 月 1 日，在即将出版的《中国古代社会研究》卷末《追论及补遗》写了《殷虚之发掘》一则短文，称"董君于 1928 年冬从事殷虚之发掘，……足为中国考古学上之一新纪元，亦足以杜塞怀疑卜辞者之口"[3]。同日致函容庚，以"安阳第二次发掘复有所获，闻之雀跃，将来如有报告书汇出世，急欲早读。尺二大龟契字是否乃系卜辞，此等古物，弟意急以从速推广"。1930 年 2 月 16 日致函容庚："董彦堂《新写本》如发表时，望兄代为营谋一份。"9 月 6 日致函容庚，问"《安阳发掘报告》第二期不识已出否？甚为渴望"。[4]"恨不能飞返国门""急欲购置""闻之雀跃""急欲早读""甚为渴望"等语，表达出的是一种什么样的心情，不言而喻。

---

[1] 董作宾：《骨文例》，《中央研究院历史语言研究所集刊》第七本第一分，1936 年。

[2] 曾宪通编注：《郭沫若书简（致容庚）》，第 27、29 页。

[3] 郭沫若：《中国古代社会研究》卷末《追论及补遗》，上海联合书店，1930 年，第 1—2 页。

[4] 曾宪通编注：《郭沫若书简（致容庚）》，第 43—44、51、69 页。

容庚时为历史语言研究所历史组特约研究员，自1929年8月27日至1935年11月28日，郭沫若给容庚写过56封信，从"未知友"发展成"文字交"：郭沫若提出需要的图书或器铭，容庚全力保证提供。郭沫若又一连推出《殷周青铜器铭文研究》《两周金文辞大系》《金文丛考》《金文余释之余》《古代铭刻汇考》及《续编》《两周金文辞大系图录考释》等七部金文著述。

通过容庚，郭沫若与傅斯年有过两次间接关系，与董作宾有了书信往来。与傅斯年的两次间接关系，使傅斯年知道郭沫若有《甲骨文释》（《甲骨文字研究》初名）、《两周金文辞大系》两部著述。与董作宾的书信来往，成为鼎堂、彦堂"十年神交"的开始。围绕《卜辞通纂》，鼎堂、彦堂的交往最为频繁，这在《卜辞通纂》序、后记、述例、书后有清楚的记录。"序"以纂录之初原拟作《卜辞断代表》，"继得董氏来书言有《甲骨文断代研究》之作，……故兹亦不复论列"。"后记"有"承董氏彦堂以所作《甲骨文断代研究例》三校稿本相示……，既感纫其高谊，复惊佩其卓识"等语。"述例六""中央研究院历史语言研究所李济之博士及董彦堂氏以新拓之《大龟四版》及《新获卜辞》之拓墨惠假，并蒙特别允许其选录"。"别录一"录入大龟四版拓本同时，录入董作宾《新获卜辞写本》用摹本发表的甲骨精品22片，"从速推广"到海外，及时反映殷虚科学发掘的最新成就。"书后"几乎都是与董作宾交往的内容，不再赘述。《卜辞通纂》由日本东京文求堂书店出版后，郭沫若寄赠国内名单中有"上海曹家渡小万柳堂董作宾氏三部（包括赠中央研究所者）"，即董作宾、考古组或李济、历史语言研究所或傅斯年各一部。一再嘱咐文求堂店主田中庆太郎："上海曹家渡小万柳堂中央研究院历史语言研究所董作宾先生函云，彼友欲购《通纂》，盼寄三、四部，并谓一切由彼负责，包括邮费。此事当无碍也。"[1]

---

[1] 马良春、伊藤虎丸编：《郭沫若致文求堂书简》，文物出版社，1997年，第275—276、277页。

《卜辞通纂》通过传世甲骨精品，确立起认识甲骨文的"系统"，将甲骨文按照干支、数字、世系、天象、食货、征伐、畋游、杂纂8类编排，先从判读卜辞干支、数字、世系入手，进而探寻其所显示的社会内容。这一"系统"的建立，既使其得以纠正罗振玉、王国维的错误考释，认识罗振玉、王国维未认识的字句，更使其洞悉了甲骨卜辞本身的诸多奥秘，主要表现在两个方面：一是当时如何占卜记事（包括占卜、刻写、用辞、行文等），二是后人如何科学利用（包括区分时代、断片缀合、残辞互足以及校对去重等）。

当时如何占卜记事，郭沫若没有亲身发掘甲骨的经历，凭着对传世甲骨的细心观察和认真研究，即获得了与董作宾差不多是殊途同归的巨大成就。关于占卜的次数即"兆序"、占卜用骨和卜后刻写，都提出了带规律性的概括和有预见性的合理探索。特别是甲骨文的刻写部位、行款顺序，即所谓甲骨文例，《卜辞通纂》阐发尤多，纠正了前人不少错读。书中约有一小半是按甲骨原大摹画片形，在相应位置作出隶定（即用今天的文字标识），不仅给初学者提供了方便，对研究者也有助于使其减少失误。

在科学利用卜辞方面，郭沫若虽然没有将其断代分期的探索系统化，但断片缀合和残辞互足却是重大创获。断片缀合，是将二片乃至三片、四片残破、分散的甲骨片经过缀合而基本恢复原貌，使片断记事得以完整。由于一事多卜，记录同一事的残损严重的卜辞可以相互补足，成为较比完整的史料，这就是所谓的"残辞互足"。通过缀合和互补，发现著录重复的甲骨片，《卜辞通纂》中校出重片18片。

郭沫若在甲骨文、金文研究方面取得的杰出成就，与《历史语言研究所之旨趣》"能充量的辨别着去用一切材料，如金文、甲骨文等，因而成就的文字学，乃是科学的研究"的宗旨完全吻合，与评选院士的第一项资格"对于所专习之学术，有特殊著作发明或贡献者"相符合，才被傅斯年列入考古与美术史领域"提名"名单，并在《院士候选人提名表》"被提名人资格之说明"一栏写着"郭君研究两周金文以年代与国别为条贯", "其于殷商卜辞, 分别排比, 尤能自成体系, 其所创获, 更不限于一字一词之考订, 殆现代治考古学之最能以新资料征史者, 合乎第一项之规定"。这样, 郭沫若才与考古组李济、梁思永、董作宾一同当选为中央研究院院士。

"彦堂区其时代, 鼎堂发其辞例", 使甲骨学的发展由草创迈向成熟, 并预示着后来推进的基本趋势。

（二）"扩张研究材料、扩张研究工具"的历史组

历史语言研究所十七年（1928）年度报告规定, 迁移北平之后, "史学各方面以及文籍校订等属之"第一组, 主要工作三项: 一是编定藏文籍敦煌卷子金石书等目录, 二是整理明清内阁大库档案, 三是研究历史上各项问题, 以材料定研究对象:

> 以甲骨文金文为研究上古史的对象; 以敦煌材料及其他中央亚细亚近年出现之材料, 为研究中古史的对象; 以明清档案为研究近代史的对象。[1]

这一规定, 确定了历史组的基本研究路向, 也确定了中国古代史研究的基本路向。

1. 编定藏文籍敦煌卷子金石书等目录, 以编定敦煌卷子目录成就为最, 以敦煌学研究成就最著。

1929年春邀陈垣"重理旧稿, 删其复出, 补其漏载, 正其误考", 至1930年3月完成《敦煌劫余录》, 作为历史语言研究所专刊刊行。"总目"依佛经种次汇编, 排成目录, 并在每经之下记其所有卷子数目。"正录"13帙, 依"总目"著录的卷子数目, 按佛经目次, 先记每卷起讫、纸数、行数、品第, 并在附记内迻录题记, 兼及

---

[1] 傅斯年:《历史语言研究所十七年度报告》,《傅斯年全集》第6卷, 第17页。

残缺情况，著录佛经、律、论、杂文396种，道经9种、摩尼教经1种，共计8527卷。"续考诸经"1帙，著录86种，为周叔迦从失名诸经中陆续考出者。又著录"俟考诸经"66种。

陈寅恪为之序，强调《敦煌劫余录》"诚治敦煌学者不可缺之工具"，提出作"敦煌学之预流"的希望："今后斯录既出，国人获兹凭藉，宜益能取用材料以研求问题，勉作敦煌学之预流。庶几内可以不负此历劫仅存之国宝，外有以襄进世界之学术于将来。"[1]此间，陈寅恪所撰专论敦煌经卷者多达12篇。经过各界"预流"和多方努力，至1944年敦煌艺术研究所成立，敦煌学研究的两个基本方面——文书研究和艺术研究齐头并进。尽管当时未能改变"敦煌在中国，敦煌学在国外"的状况，但"敦煌学之正统在中国"的理念却未间断。

2. 收购明清档案，整理明清档案，是历史语言研究所成立之初的一项重要工作。

1928年春马衡致函傅斯年，请设法筹款收购内阁档案。接受陈寅恪建议，傅斯年致函蔡元培，以"其中无尽宝藏。……此后《明史》改修，《清史》编纂，此为第一种有价值之材料"，"昨日适之、寅恪两先生谈，坚谓此事如任其失落，实文化学术上之大损失，明史、清史，恐因而搁笔，且亦国家甚不荣誉之事也。……此实非一浪费不急之事也"[2]。1929年9月组建明清史料编刊委员会，陈寅恪、朱希祖、陈垣、傅斯年、徐中舒为委员，总其整理编辑之事。自1930年9月至1948年迁台之前，先后编成甲、乙、丙、丁四编，每编10册，共40册。甲编1930年7月至1931年7月出版，乙编1936年6月出版，丙编1936年11月出版，丁编1948年交上海商务

---

[1] 陈寅恪：《〈敦煌劫余录〉序》，《中央研究院历史语言研究所集刊》第一本第二分，1930年。

[2] 引自李光涛：《记内阁大库残余档案（下）》，《大陆杂志》第11卷第6期，1955年9月30日。

印书馆，1951年改由中国科学院出版。题名简称《明清史料》，时限"大致在明清之交"，取材原则从宽，凡"感觉其可供某事某义之参考，即以编入。与其过而废之也，无宁过而存之"[1]。编有年表，起明隆庆元年，讫清乾隆三十一年。

3. 整理居延汉简，是一项"不应忘记"的重要成绩。

1930年、1931年，中瑞联合组成西北科学考察团，瑞典团员福克·贝格曼（Folke Bergman）在汉代张掖郡居延和肩水都尉辖区首次发现10000余枚简牍，谓之居延汉简。1931年运抵北平，1934年由北京大学与北平图书馆联合整理，参与其事者马衡、向达、贺昌群、余逊，时为历史组助理员的劳榦参加到整理队伍行列。抗战事起，联合整理中辍。劳榦一人在四川南溪独力完成《居延汉简考释》释文之部（四卷四册）、《居延汉简考释》考证之部（两卷两册），分别于1943年6月、1944年9月作为历史语言研究所专刊出版。因条件所限，均为手写、石印、线装，各300部。1949年上海商务印书馆将释文之部排印出版（平装两册），附录劳榦《敦煌汉简校文》和《居延汉简考释简号索引》。

释文之部，改变了罗振玉、王国维《流沙坠简》分小学术数方技书、屯戍丛残、简牍遗文三类的做法，完全按照简牍种类排列，分文书、簿册、信札、经籍、杂类五类。直至1957年出版《居延汉简》（图版之部），1960年出版《居延汉简考释·释文之部》增订本，才改以按图版排次。

完成《居延汉简考释》全书同时，劳榦按照历史组"以敦煌材料及其他中央亚细亚近年出现之材料为研究中古史的对象"的规定，一连发表多篇著论，开拓出以居延汉简研究汉代历史的新局面。

劳榦《居延汉简考释》与罗振玉、王国维《流沙坠简》，亦可谓"简牍学之正统在中国"的两部具有标志性的代表。

---

[1] 傅斯年、徐中舒：《〈明清史料〉发刊例言》，《明清史料》甲编第1册。

（三）西夏研究成绩突出的语言组

西夏研究在语言组，1929年至1933年是语言组西夏研究成绩最为突出的四年。

自王静如《西夏文汉藏译音释略》在《中央研究院历史语言研究所集刊》第二本第二分发表，西夏研究一直为傅斯年所关注，先看傅斯年所写年度报告。

民国十九年（1930）年度报告最详尽，几乎逐月报告：3月，王静如"成《西夏文汉藏译音释略》一篇，以西北方音，唐末日译汉音，《广韵》至《中原音韵》之分合论证西夏掌中珠汉译音质而较其藏译残文，条理俱合，足明西夏音及宋代西北方音之涯略。盖欲作西夏语与印支语族比较研究，必先明其音质，此其初步也"。4月，王静如"研究西夏文《金光明最胜王经》，先考其刊印及组织。已定其为西夏仁宗乾祐年重造，经前有冥报传，序为兰山慧觉集，二者内地久付缺如，惟今日敦煌写经及突厥、吐蕃译经始见之，方译其传"。5月，王静如"成《河西字藏经彫版考》一篇。考订北平图书馆西夏文藏经彫印之源流及其与番僧管主人之关系；复较于闽、粤、浙、杭诸版风尚之不同，明其刻本之时代，探芳号之异于宋、元，定其依乎盛教标目"。6月，"王静如成《西夏番汉合时掌中珠补》一篇，据俄人Nicolas Nevsky所获照片以补罗本缺遗，版本考订除已意外兼采日人所论，并拟举新见之字加以考释，先付油印，以求教正"。10月，"王静如拟集近年来本人研究西夏语史诸论文汇为《西夏研究》专刊，其第一号现正计划印刷，约12月初出版，要目为：1.《河西字藏经彫版考》。2.《新见西夏官印考释》。3.《西夏国名考》。4.《东汉西南夷白狼王慕化诗歌译证》（与西夏西藏语之比较研究）。5.《西夏民族语言与夏国史料》（改定稿）。"[1] 民国十九年度总报告第四章研究之

---

[1]《国立中央研究院院务月报》（1930年4月、5月、6月，7月、10月）第1卷第10、11、12期，第2卷第1、6期。

经过,有"王静如于本年内开始作西夏文金光明经全部之考释,约计下年度内可完成;又据中国古音发音部位不同之谐声字,与西藏、暹罗等语比较,以测拟上古复辅音之可能,关于西夏之研究,已编成为《西夏专刊》,第一期于本年内编成"。民国十九年度总报告第七章国立中央研究院历史博物馆筹备处民国十九年度报告,增加物品总数一节,有西夏官印拓本和王静如考释:"印背所凿文字为:大庆三年,即西夏仁宗之大庆三年也。若其纽上夏字,即是:'弥'字,亦即元史中之'于弥'或'乌弥',是为夏国自称之族或国名。"各方研究状况一节,介绍"国内人士研究文字书籍者",首先提到王静如"研究西夏文字,鉴定馆藏西夏印二方,并代考释印文。本馆现已根据王君注释另加说明矣"。

民国二十年(1931)年度报告,"王静如除编辑《西夏研究》四辑,发表研究西夏史地语文之结果外,并作《佛母大孔雀明王经夏梵藏汉合璧校释》,《中台藏缅数目字及人称代名词之语源试探》,及《释定海方氏所藏至元通宝四体钱文》等论文"。其年6月,《西夏研究》(第一辑),作为历史语言研究所单刊正式出版。其中,收有陈寅恪《斯坦因所获西夏文大般若经残卷跋》,谈经文译汉为夏的问题:《金光明最胜王经》译汉为夏,"凡中文原本之名词,其义同而字异者,但依字直译为夏文";而《大般若经》残本"译者之旨趣与其所用方法,当有异于翻金光明最胜王经之人"。二者优劣得失,实为"翻译事业不易解决之问题"。

民国二十一年(1932)年度报告,"王静如继续考释西夏文,著有《西夏研究》第二、第三两辑(单刊甲种之十一及十三)。此两辑除对于《金光明最胜王经》(*Suvrna-Prabhāsa*)之藏汉夏三种译本加以考释外,并关于四川羌语,及敏尔雅克语在西夏语之比较立场上亦加以讨论。每辑约有三百页。"同年,《中央研究院历史语言研究所集刊》第二本第四分发表陈寅恪《西夏文佛母大孔雀明王经夏梵藏汉合璧校释序》,称王静如的西夏研究"开风气之先,示国人以治国语之

正轨":

> 西夏语为支那语同系语言之一,吾国人治其学者绝少,即有之,亦不过以往日读金石刻辞之例,推测其文字而已,尚未有用今日比较语言学之方法,于其同系语言中,考辨其音韵异同,探讨其源流变迁,与吾国语言互相印证发明者。有之,以寅恪所知,吾国人中盖自王静如君始。然则此一卷佛母孔雀明王经之考释,虽其中或仍有俟他日之补订者,要已足开风气之先,而示国人以治国语之正轨,洵可称近日吾国学术界之重要著述矣。

遗憾的是,系统的西夏研究刚刚开启"风气之先",便在1933年历史语言研究所出版了单刊《西夏研究》第三辑之后戛然而止,致使西夏研究之"正统"长期不在中国。

综上所述,历史语言研究所20年间形成以追求"科学""客观"为目的,以扩充和整理材料为旨趣,以"求真"和"务实"为风格的研究集体,为历史语言研究规范化和科学化做出重要贡献。20世纪前半期,关于仰韶文化、敦煌研究、简牍研究、西夏研究以及与我国语言同系的他种语言研究,话语权大都掌握在外国人手中。在《历史语言研究所工作之旨趣》指引下,经过整整20年的努力,证明"科学的东方学"之仰韶文化、甲骨学之"正统"已在中国。敦煌学之"正统"正在回归中国。"以甲骨文金文为研究上古史的对象,以敦煌材料及其他中央亚细亚近年出现之材料为研究中古史的对象,以明清档案为研究近代史(清史)的对象",迄今依然为研究中国历史的人们所遵循着。

这种"肯把他们的一生消耗到这些不生利的事物上"的为学术而学术的研究,虽然称不了"什么经国之大业、不朽之盛事",却实现了"科学的东方学之正统在中国"的初衷。比起那些想要"建立一个系统整然的历史哲学",想让史学成为"阐天地造化,握人生国家社会枢纽的全体之学"而最终一无所成、被证明是在搞"骗人的把戏"的"空论"来,历史语言研究所的历史功绩更加让人感觉不可磨灭!

2010 年 5 月 25 日

《江海学刊》2011 年第 1 期

民国年间的几种"历史哲学"与历史观

30年代以来,中国史学逐渐呈现两大基本格局:一是以历史语言研究所这一学术研究机构为代表,包括与之保持密切联系的研究;一是以延安、重庆两地马克思主义历史学骨干为代表,包括分散在各地的研究。在这之外,另有一种情况:"引进"历史哲学,既反对历史语言研究所的治史旨趣,又反对用唯物史观指导研究历史,代表人物朱谦之、常乃惪、雷海宗与林同济,其共同点是用各种"文化"观念发挥主体意识,鼓吹为现实服务、为政府服务。

一、不断变换的"哲学"

"现代的新史家,都已知道史学观念是常常有许多变迁的,所以只要时代有变迁,历史的观念也变迁了。"[1]引进历史哲学或历史观,不断进行变换,反映20—40年代学人引进国外思想观念的基本态势,朱谦之最具代表性,从革命哲学到生命哲学,再到文化哲学,耗尽了大半生的精力。

朱谦之(1899—1972),字情牵,福建福州人。1916年入北京大学法学预科,1919年转哲学系本科。信奉无政府主义,发起废除"鸡鸭式"的考试,"绝对不要卒业文凭",并以起草《中国无政府革命计划书》、散发传单、自首入狱闻名全国。其无政府主义言论,曾经给毛泽东留下深刻印象。他鼓吹"宇宙革命",写成《革命哲学》一书,

---

[1] 朱谦之:《历史哲学》,泰东图书局,1926年,第31页。

郭沫若为之作序，题为《宇宙革命的狂歌》。两年以后，转而为"唯情论者"。1924年北京大学毕业，曾在厦门大学执教，又在黄埔军校任教官。1929年留学日本，专攻西方历史哲学。1931年回到上海，在暨南大学讲授历史哲学、西方史学史等课程。次年，为中山大学教授，先后兼任史学系主任、哲学系主任、文学院院长、研究院文科研究所主任、历史学部主任等职。朱谦之组织了史学研究会，创办《现代史学》杂志，倡导"现代史学运动"。就学术研究而言，大体分三个时期：1924年以前，致力于宇宙观、人生观探寻；1924—1949年，致力于历史哲学体系构筑和历史理论探究；以后，专攻东方哲学史。这里，主要考察第二个时期构筑历史哲学体系的三段变化。[1]

第一段，《历史哲学》（1926年初版、1928年二版）为代表，自谓是"中国人第一次对于'历史哲学'的贡献"[2]。以杜里舒"新生机主义"和柏格森"生命哲学"为体，以孔德三阶段法为用，提出所谓"生机主义史观"，认为生物的演进与物理界的变化明显不同，生物的演进是有目的的，是由"生机力"造成的，因此称"进化"，而物理界的变化是盲目的，只能叫作"堆积"。人类社会的"进化"是由人类本能决定的一种"知识线上的进化"。

第二段，《历史哲学大纲》《黑格尔主义与孔德主义》（1933年出版）为代表，受日本学术思想影响，接受当时流行的新黑格尔主义，自称已成为"半黑格尔主义者"，主张"在历史哲学上将黑格尔与孔德结合"，"在生命哲学上将黑格尔与柏格森、克罗采（按：即克罗齐）结合"，建立"综合的生命的历史哲学"。

以"真有生命的历史，都是现在的"，"一切真的历史都是现代史"，都是"超越时间"的，"包括过去现在未来的 eternal present

---

[1] 朱谦之在1934年8月所写《文化哲学·后序》列表将自己著述分作四个时期：1915—1923年，《革命哲学》为代表；1923—1928年，《一个唯情论者的宇宙观及人生观》为代表；1928—1932年，《历史哲学》《历史哲学大纲》《黑格尔主义与孔德主义》为代表；1932—   ，《文化哲学》《文化历史学》为代表。

[2] 朱谦之：《历史哲学·自序》，《历史哲学》，第1页。

（永恒的现在）"[1]，倡导"现代史学运动"。把"过去的历史"说成是"失却现在之思想的意义"的无生命的"形骸"和"空音"，提出"要建设历史、创造文化，便不得不毅然决然舍弃了历史的残骸，而从事现代性的历史之把握，所以现代性的历史之把握，就是'现代史学'之第一使命"[2]。"现代史学不应只是'考古'，更应该注重'考今'"，"乃在怎样理解目前世界历史和中国历史的大转变"。不知"现代"的史学，是没有任何"价值"和"益处"的。批评"竟有人主张'近代历史学只是史料学'（见《历史语言研究所工作之旨趣》一篇，《集刊》第一本第一分页三），竟有人主张'历史本是个破罐子，缺边，掉底，折把，残嘴'（见《古史辨》第二册《谈两件努力周报上的物事》页二九三至二九四）"，"不能'执古之道，以御今之有'，历史学当然只好是史料学了"。[3]虽然强调"考今"，尚未否定历史考证，认为研究历史有两种方法，一是"历史进化的方法"，一是"历史构成的方法"。前者能为人类历史建立进化的根本法则，后者能为历史进化法则建立史料之确实基础。"敢于疑古，敢于发表违背旧说的种种意见，在历史辅助科学（如考古学、金石学）上的贡献，是永远值得我们钦佩的"，如伯伦汉、瑟诺博司等"对于史料的搜集，史料的批判，是有很卓著的成绩的"。[4]

所提倡的"现代史学"，以伯伦汉所说历史学进化是"从故事式的历史到教训的历史，从教训的历史到发展的（发生的）历史"[5]为依据，对应于黑格尔的原始、省察和哲学的三分法，以故事式的历史对应"原始的历史"，教训的历史对应"省察的历史"，发展的历史对应

---

[1] 朱谦之：《历史哲学大纲》，上海民智书局，1933年，第333—334页。

[2] 朱谦之：《现代史学·发刊辞》，《现代史学》第1卷第1期。

[3] 朱谦之：《考今》，《现代史学》第5卷第1期。

[4] 朱谦之：《现代史学·发刊辞》，《现代史学》第1卷第1期。

[5] 伯伦汉：《史的论理主义与史的心理主义》，《现代史学》第1卷第2期。

"哲学的历史"。[1]根据科学在史学中地位的不同,提出史学发展四期的说法:第一期,"历史(学)属于修辞学之内,为一种文学"。第二期,"历史(学)属于'记忆'的范围,为一种主观的知识"。第三期,"历史(学)属于生物学、心理学、社会学之内,为一种科学,或一种复杂科学"。第四期,"历史学为精神科学或文化科学"。认为中国现代历史学正处于第三时期,以"考证考古派"和"历史观派"为主流,前者"主张政治史的方法或历史科学的方法",后者"主张文化史的方法或历史哲学的方法"。而"现代史学"则是要在"考证考古派"与"历史观派"的"正"与"反"中实现"合",并列表如下:[2]

内容	学派		
	(一)考证考古派	(二)历史观派	(三)现代史学
史之基础	事实	理论	事实与理论
史之认识	历史为叙述的科学	历史为说明的科学	历史为叙述兼说明的科学
研究法	过小	过大	小大兼容
着重点	古代史	现代史	注重现代性的历史并提倡以现代治史方法整理古史
优点	史料的搜集和整理	历史进化的方法	均有
劣点	无中生有侥幸成名	公式主义	均有
论理的次序	正	反	合

在说明"现代史学"特点和意义时,以西方现代史家"倾全力于社会史、经济史与科学史之研究",呼吁国人"要努力摆脱过去史学的束缚",积极从事这些方面的研究,"不断地把现代精神来扫荡黑暗,示人以历史光明的前路"。[3]《史学研究新阶段》一文专门论述研

---

[1] 朱谦之:《经济史研究序说》,《现代史学》第1卷第3、4期。

[2] 朱谦之:《中国史学之史的发展》,《现代史学》第2卷第1、2期。

[3] 朱谦之:《现代史学·发刊辞》,《现代史学》第1卷第1期。

究科学史的现实意义:"我们史学研究者,应该适应现代的环境、抗战建国的计划,另辟历史研究的新途径。……现代乃是军事科学时代,我们从今以后,为实践'抗战建国纲领',更应注意与国防有关各专业史的研究,在军事上有特殊重要的历史科目,如战术史、兵器史、军事地理沿革、国防史、边疆史之类。……如欲民族生存,便须迅速发达此种有军事意义的科学系统,而欲建立此种军事科学系统,便须首先从事于此种军事科学史的研究,因为中国,只有这种研究,才是现代我们史学研究的新途径。"[1] 这正是其"一切历史都是现代的历史",强调史学"考今"的目的所在。

同时,表明其本人已把目标移向第四时期,既"认历史学为社会科学之一",又"承认历史学为文化科学",即"为叙述人类文化的进化现象,使我们明白自己同人类的现在及将来的一种文化科学"。[2] 虽然不具有多少"哲学"意味,却反映其正从历史哲学向文化哲学的过渡。

第三段,《文化哲学》(1935年出版)为代表。全书10章,试图以"文化主义"建起一个"有较大的涵盖性"的"文化史观"。

序(1933年9月)以"当代的哲学趋势,已经不为观念论,不为唯物论,而为倾向于有较大的涵盖性的文化论,即文化哲学"。所谓文化,指"人类生活的一切表现"。"真正的文化史家,只要他对文化的观察愈深广,愈深刻,愈敏锐,即愈应该需要一种文化哲学,历史家应该承认文化哲学冠于一切历史学之上,而为文化史之理论的基础,不然即不成其为代表现代的史家了。"强调研究文化哲学的"最大旨趣"是要"说明文化的本质及其类型,对于宗教,哲学,科学,艺术等各种知识生活,均加以根本研究,又分析文化之地理上分布,以明中外文化关系及本国文化之新倾向,并谋建设未来之世界

---

[1] 朱谦之:《史学研究新阶段》,《历史科学》第9期。

[2] 朱谦之:《历史科学论》,《现代史学》第2卷第3期。

文化",而"最切要的紧迫的企图,却在提倡南方文化运动,所以本书附录,有关于'南方文化运动'论文一束"[1],以此构筑其"文化哲学"的基本体系。

绪论谈什么是文化、文化哲学与文化社会学、文化哲学的概念三个问题。以下十章依次为:文化的进化、文化类型学、文化分期之原理、宗教的文化概念、哲学的文化概念、科学的文化概念、艺术的文化概念、文化之地理上分布(上)、文化之地理上分布(下)、文化与文明。

后序(1934年8月)追述,九一八事变后即"以为欲救中国,须根本上从文化着手",随着战局不断恶化而"深感于民族之不能复兴,乃由于文化之不能复兴,因此便毅然决然提出'文化哲学'"这一课题,用两年时间完成《文化哲学》和《历史文化学》两部著作。

附录五篇:南方文化运动、南方文化之创造、中国文化的现阶段、中国文化之地理的分布、文化教育发端。

《文化哲学》全书以人类文化发展已经经历宗教、哲学、科学三个时代,并"以艺术文化为文化之理想境",认为中国文化将"从独特之哲学文化,走向艺术的文化"而进入艺术时代。同时,将中国文化从地理分布上分为三种类型、三个时代:其一,北方文化,即黄河流域文化,是宗教时代的文化,属于解脱的知识,因过于成熟,"老到好比一座'死城',在死城中充满着安静寂然的乐,然而这种古化必然凝结成封建势力之无抵抗的策略,和学术上的考古倾向"。其二,中部文化,即扬子江流域文化,是哲学时代的文化,属于教养的知识,"学说思想发达,人民富有国家观念,这种优秀的文化,自然而然趋于调合适中,政治上表现则力求进步而忌极端,当然在反抗强权的战线上,也是只求'顺应'环境,而不能积极抵抗的"。其三,南方文化,即珠江流域文化,是科学时代的文化,属于实用的知识,

---

[1] 朱谦之:《文化哲学·序》,《文化哲学》,商务印书馆,1935年,第3、7—8、13页。

其"特质就是反抗强权,现在中国所需要的正是反抗强权之革命的文化"。结论是:"在反抗强权的战线上,北方是已经绝望了,中部富于妥协性质,亦不足以见我民族抵抗的能力;中华民族复兴的唯一希望,据我观察,只有南方,只在南方。"因此,决心"贡献一生来从事南方文化之建设运动"。[1]

全书的思想构成,大体源自三个方面:

第一,"文化三阶段说"源自孔德(Comte),自谓"文化的进化是完全依据历史哲学上所谓'三阶段之法则'的,有名的法国孔德(Comte)曾将人类进化分为神学的,形而上学的,与实证科学的三段"[2]。在文化类型学一章强调:"非以Comte之'三阶段法则'解释文化的本质不可。"在文化分期原理一章表示:"文化分期的学说,它的本身也是按着三阶段的法则而分为三个时期,文化分期直等到现在,才走上科学的路径,而有人去注意它。"

第二,"文化地理分布说"源自黑格尔(Hegel),第八章文化之地理上分布(上)称"Hegel以为'历史上成为重要问题的自然定性之普遍的关系,是海与陆的关系,就陆地说是有三个基本的区别':第一、没有河流灌溉的高地;第二、河流灌注的峡谷所形成的地带;第三、沿海地带。简言之,就是高原,平原与沿海地了"。以此为文化之地理的基础,就地形三个基本区别划分出"高地发生宗教文化——以印度为代表","平原发生哲学文化——以中国为代表","海洋发生科学文化——以欧洲为代表"。

第三,人类知识三基型源自雪雷(Max Scheler),请看第八章的这段论述:

> Max Scheler在所著书中,已经提出人类知识之三基型,

---

[1] 朱谦之:《南方文化运动》,《文化哲学》,第261—264页。

[2] 朱谦之:《南方文化之创造》,《文化哲学》,第265页。

这三基型之地理上的根据，即完全和我们的说法相当，即是：

（一）实用的知识…………西欧之征服自然的知识，

（二）教养的知识或本质的知识…………中国及希腊支配阶级的知识，

（三）解脱的知识…………印度佛教的知识。[1]

并在附录的《南方文化运动》中重复：德国文化社会学者雪雷（Max Scheler）说"人类的知识，可分三种：（一）解脱的知识，（二）教养的知识，（三）实用的知识"。

对于所谓"文化形态学"创始人斯宾格勒（Spengler），在《历史哲学大纲》中将其列入"新理想的生命的历史哲学"，在《文化哲学》中有这样一些基本认识："我们讲文化哲学的，更可不管那些主张原始文化为'原始的学问文化＝魔术'的说法，而当采取 Spengler 说法"，但又不同意 Spengler 将世界文化分为埃及、巴比伦、印度、中国、希腊罗马、亚拉伯、墨西哥、西欧（浮士德）、俄罗斯九种形态的说法，认为"归根及底，又只有印度，中国，西欧成为世界文化之三元了"。[2]

当林同济提出"文化形态观"后，朱谦之1943年3月发表《中国文化的新时代》的演讲，称以"文化空间"与"文化时间"的交互作用，促成中国文化的老而不衰，危而不殆。在周期划分上，将先前的文化发展三种类型、三个阶段揉进雷海宗、常乃惪的说法，重新发表：第一周期，黄河流域的宗教文化期，起公元前3300年，止公元1300年，以公元前300年为界，前3000年为第一小周，为中国文化独立发展期；后一小周，为印度文化融入期。第二周期，长江流域哲学文化期，始于宋代，至抗战爆发，前后约1100年，以鸦片战争为界，前一

---

[1] 朱谦之：《文化哲学》，第188页。

[2] 朱谦之：《文化哲学》，第65、183页。

小周为中国文化第二次独立发展期，后一小周为西洋文明传播期。第三周期，珠江流域的科学文化期，以抗战爆发的1937年为始。[1]

对待唯物史观的态度，有着一个曲折的变化。如果说《历史哲学》的主旨"是撷拾流行的西洋学说，凑成一'生命史观'，以抗拒因国共合作而日渐抬头的唯物史观"[2]的话，那么《历史哲学大纲》则认为唯物史观与社会史观是当时的"两大思潮"，并以数十页的篇幅论述辩证唯物论、历史唯物论的源流、原理，由马克思、恩格斯说到考茨基、伯恩施坦，由列宁说到普列汉诺夫、布哈林、德波林，甚至比某些侈谈马克思主义历史理论者更见理论功力。而在《文化哲学》中则沿引孙中山关于"马克思只可说是一个社会病理家。不能说是一个社会生理家"的论述，认为唯物辩证法"在研究社会病理的时候，是很有用处了"，却"只解释了社会进化底果，并没有解释到社会进化底因，在这一点我又不得不深深感到以社会进化为中心的社会生理学的阶段说的重要性了"[3]，因而认为"第三阶段"必须兼容"病理"和"生理"二说，而以"社会生理学"为主。等到了《中国史学之阶段的发展》这一长文中，竟一再抨击唯物史观死抱公式，不顾"中国社会发展的真实情形"。这一认识的反复，折射出当时此类观念史学究竟在如何紧跟形势、为现实服务了。

二、以生物史观为基础的历史相对论

在引进历史哲学"热"中，"从生物史观进展到哲学的有机论，从历史相对论进展到历史认识论"，代表人物为常乃惪。

---

[1] 朱谦之：《中国文化的新时代》，《现代史学》第5卷第3期。[新加补注]此文历史年代混沌，第一周期止公元1300年，已是元代，怎么又以第二周期始于宋代？第二周期自宋至抗战爆发，即公元960年—1937年，总共997年，约1000年，怎么约1100年？是缺乏年代学知识，还是误排未经细校，抑或臆想？

[2] 许冠三：《新史学九十年》(下)，香港中文大学出版社，1989年，第24页。

[3] 朱谦之：《文化哲学》，第51—52页。

常乃惪（1898—1947），字燕生，山西榆次人。1916年考入北京高等师范学校史地部，随即与陈独秀讨论孔教、文学革命问题，受到陈独秀的重视。"五四"时期参与编辑《国民》杂志。1925年加入中国青年党，次年被选为中央执行委员兼宣传部长，先后主编《醒狮》《国论》杂志及《新中国日报》。抗战期间任国民参政会参政员，直至病逝。自20年代起，任燕京大学、山西大学、四川大学、华西大学、齐鲁大学等校教职。自述学术兴趣"偏重于历史文化的理论探讨"，代表作有《社会科学通论》《生物史观与社会》《生物史观研究》《历史哲学论丛》等。多数著作收入黄欣周编辑的《常燕生先生遗集》，台北文海出版社1967年出版。

（一）对各种历史观的评述

《生物史观与社会》（1933年出版），为其代表作之一，署常燕生著。全书八节：历史科学上的几种观点、何谓生物史观、民族意识的构成与发展、国民性、民族与自然环境、生物史观与政治、生物史观与经济、生物史观与宗教。

在提出生物史观之前，先用一节来评述"历史科学上的几种观点"。首先批评历来的历史家和哲学家努力想拿出一种或数种原则来说明历史的现象，但他们的说明"多数不根据于事实的归纳，仅凭一己冥想独断而成，所以不免陷于玄学的窠臼"，认为自斯宾诺莎至海格尔（按：即黑格尔）"所有历史哲学的解构都是玄学的，而非科学的"。进而，对社会学、历史学作出明确区分："社会学是将人类的全部集团活动分析开来，抽象地加以研究的，历史学则比较地具体一点。社会学的领域较大，而历史学则较小。社会学的研究结果虽然可以帮助历史学者对于历史现象的了解，但不能因此就省略了历史学本身的理论研究。"[1]

---

[1] 常燕生（常乃惪）：《生物史观与社会》，大陆书局，1933年，第1—2页。

归纳通行的历史观,在英雄史观外,列出一元论、二元论、多元论的种种历史观。

英雄史观,名义上是一种史观,但在理论上"否认一切历史事实中必然的原动力的探讨,而看重了偶然事变的价值"。

一元论,可以分为"唯心论"和"唯物论"两种。

"唯心论"下又有唯神史观、唯理史观、唯数史观、唯性史观、本能史观之分;"唯物论"下亦有物理史观、地理史观、经济史观、种族史观之分。

二元史观有四:善恶对立、精神与物质对立、遗传与环境对立、个人与社会对立。"共同优点是在持论公平,能够顾及于事实的各个方面;共同的缺点则在不能提出一个中心观点来,因此所说明的等于未说明一样。"多元史观更为复杂,"比二元论的说法更近于事实,但是所说明的也更少"[1]。

最后表示:"我们需要一个统一的'一元史观'来解答历史之谜。"而这个"元",就是其本人所要详细论证的生物史观。

(二)生物史观

人类"是生物之一种,其一举一动当然不能不受生物学公例的支配,由此而产生历史,自亦不能超出生物学公例的范围",这是其生物史观的基础。界定广义生物史观的内涵:"凡是企图以生物学的一切法则来说明人类历史的现象,都可以叫做是'生物史观'。"同时表明"我们所主张的生物史观","特别注重在人类社会的有机组织上",认为这一有机组织的特性"是支配人类历史的主要原因"。将"由简单组织趋向复杂组织"视为生物演化的根本趋势,认为"也可以应用到人类的社会生活上"。以社会演化路线与生物演化类比,分作四个阶段:第一阶段,以血统关系为中心血族社会,除去自然的亲

---

[1] 常燕生(常乃惪):《生物史观与社会》,第20—21页。

子长幼关系外，几乎别无组织，相当于个体复细胞动物的最下等形式，如海绵动物及腔肠动物的时代，是由个体演化到集体的第一步。第二阶段，部落社会，成立了酋长制，以酋长及其左右的长老、巫师、战士等，构成社会的核心，集团自觉意识逐渐发生，相当于无脊椎动物的较高形式，即节足动物的时代。第三阶段，民族社会，以国王、贵族、教士及官吏合组而成政府，社会分工趋于细致，民族意识日益鲜明，大略相当于脊椎动物的初期，即鱼类、爬虫类的时代。中国尚停留在这一阶段。第四阶段，近代式的国家社会，具备极复杂的组织结构，国家意识及国民性成熟，颇类似于高等脊椎动物，如鸟类及哺乳类的阶段。[1]同时指出，作为自然社会演进的四阶段，是指一般演进的常态轨道而言，因外部环境及社会本身的原因，中途不免时时发生挫折，出现分裂、吞并、融化、复兴、联合、蜕变、衰颓、死亡等等现象。但自认社会一经发展到民族社会的阶段，集团的组织已经相当完备，集团的意识也逐渐成熟，便会构成固定的民族意识与国民性。再演化下去，便进入第四阶段的国家社会组织，民族意识更成熟而变为国家意识，也即民族性，更固定为国民性。

在阐述生物史观之后，结合社会演进四阶段，论述民族意识的构成与发展。强调"民族意识是一个民族所以成立的最主要原素"，"民族意识越强，个人为集团牺牲的可能性也越大，这个民族的团结也就越稳固"。[2]与民族意识发展同时，民族性也就铸成。

进而，讨论国民性问题。以国家与民族为同一社会发展的两个不同阶段，民族是未进步以前的国家，国家是既成熟以后的民族。民族意识与国民意识，民族性与国民性"本是一物"，只不过在发展次第上分作两个阶段更恰当些。这里所讲国民性，即"现代国民的性格表现"，"有限制各个人性格的能力，他是一个国家从组成以来无数代

---

[1] 常燕生（常乃悳）：《生物史观与社会》，第24、29—31页。

[2] 常燕生（常乃悳）：《生物史观与社会》，第35页。

国民活动的总结果，同时又是造成过去，现在，未来，无数代国民活动方向的总原因"。国民性的构成，"并不是种族先天的遗传不同，而是受了后天环境影响所成"，有三种要素不可缺少：先天遗传种性、自然环境、社会环境。其中，"社会环境的力量可以改变遗传的性格，可以反抗自然环境的压迫，所以是最有力的，最主要的"。在说到"这种国民性一经形成以后就变成了整个社会进化的原动力，具有规定全体文化形态及性质的能力"时，强调"支配社会制度和文化形态的原动力，不是经济的组织，不是生产的工具和技术，而是国民性"，认为马克思"认经济是决定社会制度和文化形态的原动力"的"见解是错误的"。[1]

在论述一个国家的政治、经济、宗教等组织及思想都为国民性所支配之前，用一节篇幅从"民族与自然环境"入手，论证其所主张的生物史观就是"特别看重社会环境的力量的学说"，区分其与自然环境史观或地理史观的界限："自然环境是历史的舞台，人类才是各种不同的角色演员。戏的好坏固然不能说完全与舞台无关，但是毕竟主要的原因在于演员的好坏。这就是生物史观比地理史观较合于真理的理由。"[2]

论生物史观与政治，以人类的政治组织也是从最简单的血族组织逐渐依次进化到高等国家组织的，说"从生物史观的见地看来，政治组织的成立和发展，完全是生存竞争的结果"，并举出"不能用经济史观或其他史观来解释得清楚，只有用生物史观才可以充分了解"的几个"西洋政治史"的实例，说明"人类政治的演化受生物史观原则的影响为如何之大"。而当社会发展到民族及国家的阶段以后，集团性已经成熟，故其表现于思想方面更为显明，同一社会主义"在英国则为基尔特和费滨社会主义，在法国则为工团主义，在德国则为社会

---

[1] 常燕生（常乃惪）：《生物史观与社会》，第60、62—64、64—65页。

[2] 常燕生（常乃惪）：《生物史观与社会》，第67、89页。

民主主义，在俄国则为布尔什维克主义"[1]，都是因国民性不同而影响到政治思想的例证。

论生物史观与经济，批评唯物史观"将人类的经济欲望看得太神秘了，以为可以为人类一切活动的总根源，所以他们说社会的构成完全是以经济为基础"，其"根本错误"在于不懂"社会的发展是依于生物的本性而推进的"。批评苏俄的马克思主义有"四大缺点"，所以"终难征服全世界的国家"。不过，又认为社会主义"能顺应社会演化的大势，所以未来的社会，仍然是社会主义占最后的胜利"。针对"马克思派"，提出"阶级的起原并不是经济的，而是生物的"，"完全是生物斗争的结果"。[2]

最后，论生物史观与宗教，强调"只有从生物史观的立场，才能充分了解宗教所以产生的原因和对于社会的贡献"。以"家庭分子的爱情是生物经多年生存竞争的演化结果才产生出来的"，认为"这种爱情便是社会意识的起源"。"因为受生存竞争的公例所支配，人类需要扩大的组织以维持自己的生存，因此凡是能够生存于世界的种族便自然会产生一种制度以维持集团意识的凝结。"最初出现的就是图腾，一种共同的信仰，"这种图腾的信仰是许多年中生存竞争的结果自然淘汰而成功的"，而这种图腾信仰便是宗教的最原始形式。在以生物史观说明原始宗教起因及其社会功用之后，再论宗教所受生物史观的影响。从上古几个文明古国，埃及、巴比伦、吕底亚、腓尼基，乃至希腊，都因为"失去本来的宗教而至于种族完全灭亡，就可知宗教对于一个自然社会的生存发展其功用为如何之大"。社会性可以决定宗教的内容，从基督教发展的史迹看"是很显然的"。[3] 至于佛教的变化，受社会性的影响就更为显著。

[1] 常燕生（常乃惪）：《生物史观与社会》，第91、94、99页。

[2] 常燕生（常乃惪）：《生物史观与社会》，第101、105—106、110页。

[3] 常燕生（常乃惪）：《生物史观与社会》，第111、112—114、116—118页。

（三）历史相对论

《历史哲学论丛》（1944年初版、1948年再版）为其另一代表作，署常乃惪著。"系辑历年发表有关历史文化问题的十几篇文字而成"，收入了历史与哲学、历史与历史学观念的改造、史观的意义及其可能性、历史的本质及其构成的程序、历史的重演问题、关于思想、历史文化之有机的发展、人生的悲剧与国家的悲剧、文化与国家、中国民族在世界中的地位与其前途、中国民族怎样生存到现在、日本民族的人格分析等12篇，"由友人黄君欣周一手完成"，"依论文的性质而非依发表年代的先后"。[1]其中，以《历史与哲学》（1941年10月）、《历史与历史学观念的改造》（1941年3月）、《史观的意义及其可能性》（1937年5月）、《历史文化之有机的发展》（1942年4月）等篇集中反映其历史相对论思想。

《历史与历史学观念的改造》把史学当作一门"理解"的学问，强调"单纯地诉之于记忆而不诉之于理解，在理不得称之为'学'"，由此给了"史学"一个"最简单的说法，就是必须对于历史这一件整个的事实加上点理解作用，才能叫作史学"。而历史考证、历史著述和历史方法，都只是"史学的预备工作而非即史学本身"，甚至认为"如果《史通》可以叫做史学，则一切历史研究，历史编纂法，历史教学法等类著述都可以叫作史学了"。以"历史是活的，不是死的，他的本身就是一种有机的构造"，"必须用历史的方法，从历史本身的发展次第形态去研究，才能真正把握了历史的意义"。[2]

强调"从相对论发现以来，我们已经知道即使是天文学上的观察，也不能脱离了观察者的地位而另有所谓绝对超然的不变标准，何况由复杂人事构成的历史家本身即属于其中一分子的历史呢？"史论或史事批评虽有史学的意味，但"属于价值判断者多，属于理法探讨

---

[1] 常乃惪：《历史哲学论丛》，民主政治社，1948年，自序第1页。

[2] 常乃惪：《历史哲学论丛》，第5、7、8页。

者少""只能说是史学的原始形态,还不能就配称为真正的史学"。只有用"历史的方法""发生学的态度"和方法层层剖析构造历史的进程,才能了解历史是活的、变化的,才能知道"一部历史是怎样构成的,其中含有多少主观的成分"。进而,得出这样的结论:"他们不过发现了许多片断的史料,事实的真相永远不会看到,等他们将这些史料排比成一部像样的历史的时候,他已经不是发现过去的事实真相,而是创造了他自己以及他的时代和民族的哲学了。"[1]

《史观的意义及其可能性》既强调史观的意义,"接受时代的潮流,以其个人伟大的天才与社会心灵相互渗入,反映社会之要求,并进而指导社会的新趋向",又讲史观的相对性,即一切史观和理论,"说到头来也只是一种概然的假设,只要这种假设未经事实反证其错误,就可以当作是相对的真理"。

一面认为"历史均为相对的""社会科学上之所谓真理是因社会之不同而异",一面又在对历史专业学生讲《历史与哲学》时说,"诸位所学的才是阐天地造化,握人生国家社会枢纽的全体之学","现今世界各国家没有一个没有他的'立国指导原理',而立国指导原理之坚固与否就全系于其历史和哲学的根据正确与否而判"[2]。"相对的历史"和"因社会之不同而异"的哲学,如何成为"立国指导原理之坚固与否"的依据呢?这或许如其自序所说,时间相去"有将近七年以上","内容措辞颇欠一致",抑或顾此失彼,强调某一面而未顾及另一面。

《历史文化之有机的发展》以中国文化有三个时期:第一周期自西汉结束开始衰老,东汉至东晋进入隆冬衰老时期,南朝更迭代表这一没落过程,隋灭陈标志肇自殷商的中国古代文化寿终正寝。与此同时,一个新的文化正在开始孕育,经过胡武汉文的混合与中外交流,

---

[1] 常乃惪:《历史哲学论丛》,第10、11、12页。

[2] 常乃惪:《历史哲学论丛》,第3—4页。

产生了辉煌尤盛于秦汉的隋唐帝国文明,以开元、天宝为极盛时代,过后便是夏去秋来的衰落时光。五代这一隆冬季节延长到两宋,两宋文化乃第二生命周期的回光返照。"东亚大陆上又开始了第三次的异族接触,酝酿着一个文化的新生时代",宋元之际进入第三周期,开始了第三帝国时代。至明末清初又进入秋季,乾隆过后冬季即已降临。鸦片战争以后,中国文化第三周进入将亡的严冬,同时孕育着一个新的文化周期,"第四帝国的春季已经开始,我们可以预想到极盛的夏季在今后一世纪中将会到临",当务之急便是努力"在文化接枝之外还应当加紧民族混血的工作"。[1]

附表文化发展阶段表,虽然没有对应中国历史的具体朝代,却明显地以春夏秋冬四季表示社会发展的初期、盛期、中期、晚期:

幼年期	壮年期	中年期	老年期
春季	夏季	秋季	冬季
初期	盛期	中期	晚期
壮相	住相	异相	灭相

其间,为呼应林同济、雷海宗而发表《生产力与生命力》,以"生命之有少壮衰老的有机生长过程,乃是生命的本质之一",强调决定历史发展的因素"不是由经济的因素所构成的生产力,而是由生物的因素所构成的生命力"。而文化体系"是集体生命力的反映",亦有其少壮衰老,只不过"每一期的年代长短却不必然一律,要看各民族的先天禀赋和后天摄养情形而定",因此"文化之所以有少壮衰老现象,其根源当从集体生命的少壮衰老现象中求之"。[2]

针对唯物史观,发表《生物史观与唯物史观的比较》的专论,详

---

[1] 常乃惪:《历史哲学论丛》,第62、64页。

[2] 常乃惪:《生产力与生命力》,《大公报》(重庆)1942年2月25日,《战国》副刊3期。

述两种史观的异同，认为生物史观异于并优于唯物史观。[1]

至于说其"无意于支离破碎的考据之学，而要建立一个系统整然的历史哲学"，实在是不知道历史哲学属于哲学范畴，又不习惯用历史考据的方法分辨史料中掺杂的"主观"成分。将历史哲学与历史学混为一谈，搞历史不具有"专门知识"，却鼓吹当"伟大的历史家"，只能美其名曰"决不仅以搜求史料为满足"。这种"历史哲学"，既无哲学，又无历史，如前引《生物史观与社会》一书所批评，"不根据于事实的归纳，仅凭一己冥想独断而成，所以不免陷于玄学的窠臼"。这种借"哲学"之名掩饰无历史之实，连其本人都知道，"说到头来也只是一种概然的假设"。此类"引进"加"有机构造"，必然亦如其所说："对于历史的观点如果错误，足以导社会集团于自杀自灭之路。"[2]

三、"偏于'统相'摄绎"的"文化形态观"

1940年初，林同济从"时代的意义"提出中国处在"战国时代的重演"之中，要"栽培能作'战国之战'的本领"[3]，创办《战国策》半月刊和《大公报》副刊《战国》双月刊。当其在《战国策》第14期发表的《中国的第三期学术思潮》遭到郭沫若批评之后，便在1941年12月3日写成的《形态历史观》一文中提出所谓"历史形态学（Horphology of History）"和"形态历史观"。同时，把雷海宗捧为"中国学界第一位形态历史家"[4]。待到1942年8月讲《民族主义与二十世纪——列国阶段的形态观》时，第一次将斯宾格勒、汤恩比

---

[1] 详见《常燕生先生遗集》第2卷，台北文海出版社，1989年，第635—643页。

[2] 常乃悳：《史观的意义及其可能性》，《历史哲学论丛》，第14页。

[3] 林同济：《战国时代的重演》，《战国策》半月刊创刊号（1940年4月）。

[4] 林同济：《战国》第2期按语，《大公报》（重庆）1941年12月10日。

与雷海宗联系在一起，说"斯宾格勒曾应用这方法写出他的《西方的没落》的杰作。最近英国史豪汤贝的《历史研究》一巨著（二十一个文化体系的研究）也是这方法的另一个应用的结果。在中国方面应用这方法而有卓著成绩的，恐怕是畏友雷海宗先生。他的《中国的兵与中国文化》一小书，国人应当注意"[1]。

（一）雷海宗与《中国文化与中国的兵》

雷海宗（1902—1962），字伯伦，出生于河北永清一个牧师家庭。1919年入清华学堂高等科，1922年毕业后公费留美，在芝加哥大学主科修历史，副科修哲学。1924年考入该校研究院历史学研究所。1927年获芝加哥大学哲学博士学位回到南京，任中央大学史学系副教授、教授和系主任，兼金陵女子大学历史系教授和中国文化研究所研究员。1931年转任武汉大学史学系和哲学系合聘教授。1932年回清华大学讲授中国通史、殷周史和秦汉史。在《清华学报》和清华《社会科学》连续发表《皇帝制度之成立》《中国的兵》《中国的家族制度》《世袭以外的大位承继法》《无兵的文化》《断代问题与中国史的分期》等6篇文章。抗战爆发后，在汉口《扫荡报》发表《此次抗战在历史上的地位》。1938年12月，将已发表六文与新写《建国——在望的第三周文化》一文合刊，名以《中国文化与中国的兵》。其后，为西南联合大学历史系教授、系主任及文学院代理院长，讲授西洋史、中国通史、中国哲学史、史学方法论等。为《战国策》半月刊、重庆《大公报·战国副刊》撰稿，发表《历史警觉性的时限》《中外的春秋时代》《外交：春秋与战国》《历史的形态与例证》等，被林同济收入《文化形态史观》一书。1952年后，为南开大学历史系教授。

---

[1] 林同济、雷海宗：《文化形态史观》，第47页。[新加补注]把雷海宗《中国文化与中国的兵》一书书名颠倒为《中国的兵与中国文化》，此为编辑《文化形态史观》粗疏之一。

《中国文化与中国的兵》，作为"文史丛书"由商务印书馆1940年出版。

上编：总论——传统文化之评价；一、中国的兵；二、中国的家族；三、中国的元首；四、无兵的文化；五、中国文化的两周。下编：总论——抗战建国中的中国；六、此次抗战在历史上的地位；七、建国——在望的第三周文化。附录——世袭以外的大位承继法。先前发表的《皇帝制度之成立》改为《中国的元首》，《断代问题与中国史的分期》改为《中国文化的两周》，《中国的家族制度》改为《中国的家族》，其余文字"除一二字的修改外，此次合刊仍保留初刊时的原像"[1]。

上编：总论——传统文化之评价，明确表示："前三篇由三个不同的方向探讨秦汉以上的中国——动的中国。第四篇专讲秦汉以下的中国——比较静止的中国。第五篇合论整个的中国历史。"最初虽然分别问世，"但勉强尚有一贯的线索可寻"。

中国的兵，占全书四分之一多的篇幅，分春秋、战国、秦代、楚汉之争、西汉时期、汉武帝、武帝以后——光武中兴、东汉、后言——汉末至最近九节。主要目的在考察春秋至东汉末，什么人当兵以及兵的纪律、风气、心理，认为"这是明瞭民族盛衰的一个方法"。由春秋到西汉，"先是军民不分，后来军民分立，最后军民对立"。东汉"民众已不是战国时代人人能战的民众，士大夫更不是春秋时代出将入相的士大夫"。结论是：二千年来中国长期积弱，"东汉以下永未解决的兵的问题是主要的原因"。[2]加注说明："文武兼备的人有比较坦白光明的人格，兼文武的社会也是坦白光明的社会。这是武德的特征。中国二千年来社会上下各方面的卑鄙黑暗恐怕都是畸

---

[1] 雷海宗：《中国文化与中国的兵·序》，《中国文化与中国的兵》，商务印书馆，1940年，第1页。

[2] 雷海宗：《中国文化与中国的兵》，第61页。

形发展的文德的产物。偏重文德使人文弱,文弱的个人与文弱的社会难以有坦白光明的风度,只知使用心计;虚伪,欺诈,不彻底的空气支配一切,使一切都无办法。中国兵制的破裂与整个文化的不健全其实是同一件事。"[1]

中国的家族,分春秋以上、战国、秦汉以下、结论四节,分析与"整个政治社会的发展又有密切的关系"的中国大家族制度由"极盛,转衰,与复兴的变化",指出"春秋以上是大家族最盛的时期,战国时代渐渐衰微,汉代把已衰的古制又重新恢复,此后一直维持了二千年"。结论是:这种大家族"是社会国家的基础。大家族是社会的一个牢固的安定势力"。大小家族制度,各有利弊,在建国进程中是否可以调和,希望得到解决。

中国的元首,分列国称王、合纵连横与东帝西帝、帝秦议、秦始皇帝、汉之统一与皇帝之神化、废庙议与皇帝之制度之完全成立、后言七个步骤叙述"皇帝成立的事实经过"。以"废旧容易,建新困难"提出"在未来中国的建设中,新的元首制度也是一个不能避免的大问题"。

无兵的文化,与前文"中国的兵"相呼应,分政治制度之凝结、中央与地方、文官与武官、士大夫与流氓、朝代交替、人口与治乱、中国与外族七个方面讨论。秦以前为自主自动的历史,人民能当兵,肯当兵,对国家负责任。秦以后人民不能当兵,不肯当兵,对国家不负责任,一切都不能自主。秦以前为动的历史,有政治社会演化更革。秦以后为静的历史,只有治乱骚动,没有本质的变化。这是一种完全消极的文化,"主要特征就是没有真正的兵,也就是说没有国民,也就是说没有政治生活",称之为"无兵的文化"。

中国文化的两周,最初发表题为《断代问题与中国史的分期》,分正名、中国史的分期、中国史与世界史的比较三节。针对中国人

---

[1] 雷海宗:《中国文化与中国的兵》,第69页,注86。

"依样葫芦"跟着西洋史分期的状况进行"正名":"无论关于西洋史或中国史,各种名义都不严正,这是断代问题所以混乱的一个主要原因。"指出"泛义的西洋实际包括埃及,巴比伦,希腊,罗马,回教,欧西五个独立的文化,各有各的发展步骤,不能勉强牵合"。强调"人类历史并不是一元的,必须分开探讨"。"断代当然以每个独立的文化为对象,不能把几个不同的个体混为一谈而牵强分期。"在"正名"基础上谈中国史的分期,以公元383年的淝水之战为分界,将中国四千年来的历史分为两大周。第一周是"纯粹的华夏民族创造文化的时期,外来的血统与文化没有重要的地位",可为"古典的中国"。"黄河流域是政治文化的重心,长江流域处在附属的地位,珠江流域到末期才加入中国文化的范围。"除了史前期之外,可分为封建(前1300—前771年)、春秋(前770—前473年)、战国(前473—前221年)、帝国(前221—公元88年)、帝国衰亡与古典文化没落(88—383)五个时代。第二周,公元383年以来,是"北方各种胡族屡次入侵,印度的佛教深刻的影响中国文化的时期。无论在血统或文化上,都起了大的变化"。中国不再是纯华夏的古典中国,而是"胡汉混合、梵华同化的新中国,一个综合的中国"。第一周处在附属地位的江南与边疆地位的岭南,到了第二周地位日见提高,"政治上成了一个重要的区域,文化上最后成了重心"。这一周,也可分为五期:南北朝隋唐五代(383—960)、宋代(960—1279)、元明(1279—1528)、晚明盛清(1528—1839)、清末中华民国(1839年以降)。大体上保守秦汉帝国所创设的制度,"只在文物方面,如宗教,哲学,文艺之类,才有真正的演变"。近百年来中国文化的各个方面"受了绝大的冲动,连固定不变的政治社会制度也开始动摇"。以中国史与世界史比较,主要以埃及、希腊罗马与中国三个文化区的历史进行比较,提出"一个文化区由成立到统一,大致不能少于一千年,不能多于一千五百年。以此类推,其他民族的历史可以大体断定"的说法。

下编：总论——抗战建国中的中国，说明上编的文字是抗战前发表，"注意力集中于传统文化的弱点，对于中华民族的坚强生力，只略微提及"，"抗战开始以后，这种缄默已不能继续维持了"。

此次抗战在历史上的地位，自谓是"解释此次抗战的意义与士兵之所以英勇"，实际是基本重申《断代问题与中国史的分期》中的观点，将中国文化换用"文化潮流"的说法，将第二周与第一周列表在一起，以宗教时代、哲学时代、哲学派别化的时代、哲学消灭与学术化的时代、文化破坏时代，对应第一周的五个时代、第二周的五个时期。强调"抗战的重心在南方"，"二千年来养成的元气，今日全部拿出，作为民族文化保卫力量"。将抗战比作是第二周末的淝水之战，认为"第二周的结束与第三周的开幕，全都在此一战"。

建国——在望的第三周文化，提出"建设第三周的崭新文化"、"创造民族的新生"的希望，主张"恢复战国以上文武并重的文化"。每个国民，"尤其是处在社会领导地位的人，必须文武兼备"。要有光明磊落的人格、社会风气，才能够"创造光明磊落的文化"。"所有的兵必须直接出自民间，兵与民必须一体，二千年来兵民对立的现象必须彻底打破。"总结说：

> 兵可说是民族文化基本精神的问题，家族可说是社会的基本问题，元首可说是政治的基本问题。三个问题若都能圆满的解决，建国运动就必可成功，第三周文化就必可实现。

附录——世袭以外的大位承继法，分罗马皇帝、回教教主、结论三节，看到罗马帝国的皇帝与回教初期的教主"都是专制的，但都不是世袭的"。所得结论：各国独裁者都要"用罗马与回教那种实际指定而名义选举的方法产生承继人"。

就全书内容而言，还见不到"文化形态史观"之类的说法。只在以埃及、希腊罗马与中国三个文化区的历史进行比较时，加注提到

"参考 Oswald Spengler 著 *Decline of the West*，与 Arnold J. Toynbee 著 *A Study of History*"[1]，然后说"这种由详知的例推求不详的例的方法，是我们细密分期的第一个收获"[2]。这或许可以说是雷海宗接受斯宾格勒和汤因比观点的根据，然而，这又与前面"正名"一节所说"到处碰壁"。"正名"一节批评"把几个独立的线索，用年代先后的死办法，硬编成一个线索，当然要使读者越读越糊涂了"；"每个文化都有它自然发展消长的步骤，合起来讲，必讲不通；若把人类史认为是一个纯一的历史，必致到处碰壁"。[3]因此，雷海宗既不取斯宾格勒历史文化一周说，也未采纳汤因比封建、列国、大一统帝国三段分期说，而是将第一周、第二周均分作五个时代，第一周五个时代为封建、春秋、战国、帝国、帝国衰亡与古典文化没落。

（二）林同济与《文化形态史观》

1943 年林同济将自己 8 篇文章与雷海宗 4 篇文章结集为《文化形态史观》，写了卷头语，1946 年由上海大东书局出版。篇目如下：形态历史观（林同济）、历史的形态与例证（雷海宗）、民族主义与二十世纪（林同济）、中外的春秋时代（雷海宗）、战国时代的重演（林同济）、外交：春秋与战国（雷海宗）、大夫士与士大夫（林同济）、士的蜕变（林同济）、官僚传统（林同济）、中饱（林同济）、文化的尽头与出路（林同济）、历史警觉性的时限（雷海宗）。

1. 林同济"摄绎"出"文化统相法"

1940 年 4 月在《战国策》创刊号发表《战国时代的重演》，提出"每个时代有一个时代偏重的中心现象。这个中心现象一面决定了那

---

[1] 雷海宗：《中国文化与中国的兵》，第 202 页。

[2] 雷海宗：《中国文化与中国的兵》，第 196—197 页。

[3] 雷海宗：《中国文化与中国的兵》，第 170、171—172 页。

时代的'统相'（Gestalt）"[1]。

1940年9月15日《中饱——官僚传统的一面》一文写道："不久前我曾说过了，真正有意义的历史必定要采取'文化综合'Cultural-Synthetic 或'文化统相'Cultural-Configative 的方法。（参阅拙作《第三期的中国学术思潮》）"[2]

1941年12月3日《形态历史观》一文说方法论时，提出"一个根本又根本的问题——我以为中国学术界到了今天应当设法在五四以来二十年间所承受自欧西的'经验事实'与'辩证革命'的两派圈套外，另谋开辟一条新途径。憧憬展望之中，我把它名叫'文化统相法'。粗浅的发凡，曾有《中国的第三期学术思潮》一文论及（战国策第十四期），详情改日再谈。此处要提醒的，并不是主张回到中古的缥缈恍惚的'玄学'办法（郭沫若先生去年十月间在重庆文化座谈会对我的评语——见《大公报》）。大凡对欧美三四十年来社会科学方法论的发展略加留意之人，恐怕都晓得他们各门的权威学者正在如何不谋而合地朝着我所指出的方向迈进。其中尤堪参照的，我认是所谓'历史形态学'（Horphology of History）者。我不打算在本文有限的篇幅内，讨论历史形态学以及这形态学与我所谓统相法的异同，让我且把统相法所探到的一个文化历史观，提供出来以就正于读者。为简便起见，无妨且把它叫做形态历史观"[3]。

1942年8月《民族主义与二十世纪——列国阶段的形态观》再次提出"中国思潮，自五四以迄现在，二十二年经过了三个阶段变迁。……第三，可说是文化综合或文化统相（Cultural configurative）的阶段。""而在研究方法上曾给予历史学以一种新的路径，特别值得我们注意的，我以为是历史上形态学（Morphology of history）。我

---

[1] 林同济、雷海宗：《文化形态史观》，第81页。

[2] 林同济、雷海宗：《文化形态史观》，第155页。

[3] 林同济、雷海宗：《文化形态史观》，第6—7页。

们亦可名之曰历史统相法。""历史形态学或统相学是利用一种综合比较方法来认识各个文化体系的'模式'或'形态'的学问。"[1]这是唯一一处给"历史形态学或统相学"所下定义，但不知是斯宾格勒或汤因比的原论，还是林同济的"摄绎"？

1943年2月为出版《文化形态史观》写卷头语说："我与雷先生这些文字，多少是根据于形态历史观的立场而写作的"，"雷先生较偏于例证的发凡，我较偏于'统相'的摄绎"。

"时代的'统相'（Gestalt）"——"'文化综合'Cultural-Synthetic 或'文化统相'Cultural configurative 的方法"——"所谓'历史形态学'（Horphology of History）"——"我们亦可名之曰历史统相法。"[2]

Gestalt 究为何意？"统相"是什么？Cultural configurative 明明"文化结构"之意，却要弄出个"文化统相"来。Horphology of History 又怎么"亦可名之曰历史统相法"？

一面憧憬"文化统相法"，一面又拉出"各科门的权威学者正在如何不谋而合地朝着我所指出的方向迈进"的"尤堪参照"的"历史形态学"，并躲躲闪闪地表示"不打算"讨论"历史形态学以及这形态学与我所谓统相法的异同"，只用一句"为简便起见，无妨且把它叫做形态历史观"，就将"文化统相法"与"历史形态学"（或"形态历史观"）两者画上等号，至少是不严谨、不规范的表现。若说是玩弄概念，倒是可以借用其"圈套"二字。所谓"我较偏于'统相'的摄绎"，"摄绎"两个字不正是"摄取所需，任加演绎"的同义语吗？

既然编选《文化形态史观》是要"摄绎"其"文化统相法"，却又不选收其提出"文化统相法"的《中国的第三期学术思潮》，不

---

[1] 林同济、雷海宗：《文化形态史观》，第45—47页。

[2] [新加补注]《文化形态史观》书中，林同济"摄绎"的"文化统相"一词的外文不一，第46页作 Cultural configurative，第155页作 Cultural-Configative，都是让参阅其《第三期的中国学术思潮》一文，后者却少了字母 ur，是校对脱误，还是弄玄？此字应是 configuration，还是 configurative？"历史形态学"一词的外文亦不一致，第7页作 Horphology of Historg，第66页作 Morphology of history。此为《文化形态史观》粗疏之二。

仅《文化形态史观》不选收，另一本"可当作战国文存"的《时代之波》（创造出版社，1944年）也不选收，是让郭沫若揭出要害后不敢再示人，还是想借郭沫若的评语炒作自己？再者，林同济每每提到此文，有时说《中国的第三期学术思潮》，有时说《第三期的中国学术思潮》，连自己得意之作的篇名都说不确切，足见其写文章的随意性了。

《形态历史观》一文亮出其文化分期的依据："历史上真实存在的文化是分有若干体系，布在各个空间时间的。例如古埃及文化是一个体系的，印度文化又是一个体系的，中国文化，希腊罗马文化，欧美文化也都各成体系的。[如何断定文化体系，而文化体系又共有若干，参阅（A. T. Toynbee：*A Study of History*）]""在过去的历史上，凡是自成体系的文化，只须有机会充分发展而不受外力中途摧残的，都经过了三个大阶段：（一）封建阶段，（二）列国阶段，（三）大一统帝国阶段。"[1]如果说这是汤因比的观点，那么《中饱——官僚传统的一面》一文用文化统相（Cultural-Configative）的方法"为中国划期"，"第一是殷商后期至西周之末。第二期是秦汉以至清末。在这两大期间，则有五百五六十年空前激变的春秋战国时期——尤其是战国时期——为其转捩"[2]，又是谁的观点呢？

总之，名为"文化形态史观"，对于斯宾格勒、汤因比关于"历史形态学"（Morphology of History）的原论丝毫不作介绍，对运用这一方法写成的名著的内容也不涉及。除简单的分期而外，只有"摄绎"出的"统相"。如其本人所云："说到中国文化，一般一知半解的'专论'写作者，类皆能鹦鹉式地跟着王公大人们的后面大喊"[3]，喊出一个"历史形态学"或"文化形态史观"。不懂中国历史的"'专论'写作者"，捧出一位历史学家为自己"摄绎"的"统

---

[1] 林同济、雷海宗：《文化形态史观》，第8页。

[2] 林同济、雷海宗：《文化形态史观》，第155页。

[3] 林同济：《中饱——官僚传统的一面》，林同济、雷海宗：《文化形态史观》，第158页。

相""相辅为用",这大概就是《文化形态史观》的"形态"。

2. 雷海宗观点的调整

前面已说过林同济怎样把雷海宗捧为"中国学界第一位形态历史家",也考察了《中国文化与中国的兵》一书的内容。《文化形态史观》一书选收雷海宗4篇文章,运用"历史的形态"观念最有代表性的是1942年2月所写《历史的形态与例证》一文。

以此文比较《中国文化与中国的兵》上编"五、中国文化的两周",新增内容在篇首及前三部分,开篇讲"所谓历史,有特殊哲学意义的历史,并不是由开天辟地以迄今日演变的种种。历史的时间以最近五千年为限"。雷海宗提出"历史进展大步骤的公同点,现在已逐渐成为学者所公认的现象。这种公同点,就是历史的形态"。论述文化发展阶段,第一个阶段封建时代,前后约600年;第二个阶段贵族国家时代,前后约300年;第三个阶段帝国主义时代,前后约250年;第四个阶段大一统时代,前后约300年;第五个阶段政治破裂与文化灭亡的末世,时间不定,可长可短。长达8页的论述,未注出处,显然透露出一个信息:虽然使用了"历史的形态"这一概念,但在认识中国历史时并没有接受斯宾格勒历史文化一周说,更没有采纳历史三阶段的分期说,只是将先前所说"埃及,巴比伦,希腊罗马,回教,欧西五个独立的文化",改为"五千年的高等文化区域共有七个:埃及,巴比伦,印度,中国,希腊罗马,回教,欧西"[1]。在"一般文化历程的梗概"之后,增加(一)埃及文化、(二)希腊罗马文化、(三)欧西文化三节文字。

文章重申了《中国文化与中国的兵》上编"五、中国文化的两周"的内容,主要在第四部分"独具两周的中国文化",基本观点没有改变,径将《中国文化与中国的兵》下编"六、此次抗战在历史上的地位"那个"第二周与第一周的文化朝流列表"原封不动移了过

---

[1] 雷海宗:《历史的形态与例证》,林同济、雷海宗:《文化形态史观》,第18、20、19页。

来[1],不再提"抗战的重心在南方",也不再将抗战比作淝水之战。

雷海宗《中国文化与中国的兵》批评"把几个独立的线索,用年代先后的死办法,硬编成一个线索,当然要使读者越读越糊涂了",林同济《文化形态史观》"摄绎"的"统相"说确实让读者"越读越糊涂",不仅使当时人"糊涂",也让后人"糊涂"。半个多世纪之后,有一本专门研究史学思潮的论著,竟将林同济《形态历史观》一文所说研究文化"第一步关键工夫就是要断定文化的体系",《民族主义与二十世纪——列国阶段的形态观》一文所说"历史形态学或统相学是利用一种综合比较方法来认识各个文化体系的'模式'或'形态'的学问"[2]等基本观点,统统当成是雷海宗的观点来加以发挥,不知是阅读时的疏忽,还是因为"摄绎"的"统相"说使其"越读越糊涂"了?

《民国史学述论稿》第十章,上海人民出版社,2011年。

---

[1] 雷海宗:《中国文化与中国的兵》,第208—209页;林同济、雷海宗:《文化形态史观》,第41—42页。

[2] 林同济、雷海宗:《文化形态史观》,第7、46—47页。

◎ 第二编　史家篇

考论梁启超、王国维的学术贡献与影响，比较陈垣、陈寅恪的学术异同，追踪郭沫若成为院士的成就与交往，探寻郭沫若与胡适、陈寅恪的『龙虎斗』，综述尹达『从考古到史学研究』之路。

梁启超的学术史与历史研究法
王国维的杰出贡献与学术影响
援庵先生学术三题
陈垣、陈寅恪学术比较
从"神交"到"握手言欢"：郭沫若与历史语言研究所二十年
　附：署名"鼎堂"的遗闻趣事
郭沫若与胡适：由认识东西文化的差异，到走那条道路的敌对
郭沫若与陈寅恪："龙虎斗"与"马牛风"
郭沫若与容庚：从"未知友"到"文字交"
郭沫若与田中庆太郎："亲若一家人"
尹达学术评传
　附：从尹达致傅斯年的一封信说起

梁启超的学术史与历史研究法

辛亥革命以后，梁启超因政治活动累遭挫败，1918年离开政界，出游欧洲，接触法国柏格森"生命哲学"、美国詹姆斯实用主义哲学和德国新康德主义李凯尔特历史理论，思想认识发生转变。1920年回国，被清华、南开诸校聘为教授。1925年清华国学研究院成立，为四导师之一。同年，京师、北京两大图书馆筹建，分兼二馆之长。1929年1月因肾病逝于北京协和医院，终年57岁。

梁启超1912—1917年发表文章103篇，学术文章仅7篇；1918—1928年发表文章154篇，学术文章96篇，较比1911年以前的70篇还要多，以《清代学术概论》《中国近三百年学术史》《中国历史研究法》及《中国历史研究法补编》最为著名。

一、学术史论著

早在"新史学"时期，《论中国学术思想变迁之大势》中已有"学术思想之在一国，犹人之有精神也，而政事、法律、风俗及历史上种种之现象，则其形质也。故欲觇其国文野强弱程度如何，必于学术思想焉求之"的论述，并指出其中"论近世之学术"这部分以"三百年来变迁最繁，而关系最切"，实开《清代学术概论》《中国近三百年学术史》之先。

《清代学术概论》成于1920年10月，11月第二自序表示"久抱著《中国学术史》之志"，"此书遂题为《中国学术史》第五种"。《中国近三百年学术史》成于1924年。虽然都在说清代学术，但侧重各不相同。前者偏重于"论",鸟瞰全局,总体考察;后者偏重于"史",纵横铺叙,巨细兼顾,叙乾嘉以后学术,为避免重复,仅以少数人附入相关学派,不再作专门叙述,故两书正可谓详略互补。

(一)《清代学术概论》

全书三十三个部分,一、二,略论清代学术思潮,"一言蔽之,曰:'以复古为解放'"。以下,将清代学术分为启蒙期、全盛期、蜕分与衰落期,分别论说。三至九,论启蒙期之思想界,即清初学风及各代表人物之学术。十至十九,论全盛期之正统派,即乾嘉学术及代表人物,"考证学以外,殆不必问论"。二十至三十,论蜕分与衰落期,即道咸以后学术,分析"清学曷为而分裂"及其代表人物。三十一,比较有清一代学风与欧洲文艺复兴时代之异同。三十二,回答清代学术研究饶有科学精神而自然科学于此时代并不发达的提问,强调"语一时代学术之兴替,实不必问其研究之种类,而惟当问其研究之精神"。总结"清学正统派之精神,轻主观而重客观,贱演绎而尊归纳,虽不无矫枉过正之处,而治学之正轨存焉。其晚出别派(今文学派)能为大胆的怀疑解放,斯亦创作之先驱也。此清学之所为有价值也欤?"三十三,归纳此书所"应起之感想"及效应,表示"对于我国学术界之前途,实抱非常乐观"之态度。

(二)《中国近三百年学术史》

这实是一部讲义,共十六讲。前四讲,反动与先驱、清代学术变迁与政治的影响上、中、下,综述明末清初至民国初年学术变迁及其原因,以《近三百年学术史附表》著录"明清之际耶稣会教士在中国者及其著述"。五至十一,阳明学派之余波及其修正(黄梨洲,附孙夏峰、李二曲、余姚王学家、李穆堂)、清代经学之建设(顾亭林、阎百诗,附胡朏明、万充宗)、两畸儒(王船山、朱舜水)、清初史学之建设(万季野、全谢山,附初期史学家及地理学家)、程朱学派及其依附者(张杨园、陆桴亭、陆稼书、王白田,附其他)、实践实用主义(颜习斋、李恕谷,附王昆绳、程绵庄、恽皋闻、戴子高)、科学之曙光(王寅旭、梅定九、陈资斋,附其他),分述重要学派及代表人物的学说梗概。十二,清初学海波澜余录,讲顺、康承晚明之绪出现的不相谋、不相袭而各有所创获者,有方密之(以智)、陈乾初(确)、潘用微(平格)、费燕峰(密)、唐铸万(甄)、胡石庄(承诺)、刘继庄(献廷)、毛西河(奇龄)、吕晚村(留良)、戴南山(名世)等。最后四讲(十三至十六),清代学者整理旧学之总成绩,占全书一半以上篇幅:(一)经学、小学及音韵学,(二)校注古籍、辨伪书、辑佚书,(三)史学、方志学、地理学及谱牒学,(四)历算学及其他科学、乐曲学。

无论概论清代学术,还是叙述近三百年学术史,都十分注意与社会思潮的关系。两本书反复申述"时代思潮",有一大段完全相同的论述:

> 凡文化发展之国,其国民于一时期中,因环境之变迁与夫心理之感召,不期而思想之进路,同趋于一方向,于是相与呼应汹涌如潮然,始焉其势甚微,几莫之觉。浸假而涨——涨——涨,而达于满度,过时焉则落,以渐至于衰熄。凡"思"非皆能成"潮",能成"潮"者,则其"思"必有相当之价值,而又适合于其时代之要求者也。凡"时代"皆非有"思潮",有思潮之时代必文化昂进之时代也。
>
> 凡时代思潮,无不由"继续的群众运动"而成。所谓运动者,非必有意识,有计划,有组织,不能分为谁主动谁被动。其参加运动之人员,每各不相谋,各不相知。其从事运动时所任之职役,各各不同,所采之手段亦互异。于同一运动之下,往往分无数小支派,甚且相嫉视相排击。虽然,其中必有一种或数种之共通观念焉,同根据之为思想之出发点。此种观念之势力,初时本甚微弱,愈运动则愈扩大,久

之则成为一种权威。此观念者,在其时代中,俨然现宗教之色彩,一部分人以宣传捍卫为己任,常以极纯洁之牺牲的精神赴之。及其权威渐立,则在社会上成为一种公共之好尚,忘其所以然,而共以所为嗜。若此者,今之译语,谓之"流行";古之成语,则曰"风气"。风气者,一时的信仰也。人鲜敢婴之,亦不乐婴之,其性质几比宗教矣。一思潮播为风气,则其成熟之时也。[1]

既然谓之"潮",必然有涨有落,"过时焉则落,以渐至于衰熄"。引用这段论述,应当完整全面,不应只见思潮的形成与产生,回避思潮有涨必有落,更不应忘记思潮"俨然现宗教之色彩"、"性质几比宗教"的一面,即不要"忘其所以然,而共以所为嗜"。而且,"有思潮之时代必文化昂进之时代"的说法,也未必尽然。

梁启超提出学术史的四个必要条件,认为黄宗羲《明儒学案》最具备这些条件:

> 著学术史有四个必要的条件:第一,叙一个时代的学术,须把那时代重要各学派全数网罗,不可以爱憎为去取。第二,叙某家学说,须将其特点提挈出来,令读者有很明晰的观念。第三,要忠实传写各家真相,勿以主观上下其手。第四,要把各人的时代和他一生经历大概叙述,看出那人的全人格。[2]

不仅提出这样的条件,而且在书中努力实践着这些条件。"须把那时代重要各学派全数网罗",如果说《清代学术概论》

---

[1] 梁启超:《清代学术概论》,商务印书馆,1934年,第1—3页。《中国近三百年学术思想史》,《饮冰室合集》第10册《饮冰室专集》之七十五《中国近三百年学术史》,中华书局,1989年,第11—12页。

[2] 《饮冰室专集》之七十五《中国近三百年学术史》,第48—49页。

以"有清一代学术,可纪者不少,其卓然成一潮流,带有时代运动的色彩者,在前半期为'考证学',在后半期为'今文学',而今文学又实从考证学衍生而来,故本篇所记述,以此两潮流为主,其他则附庸耳",那么《中国近三百年学术史》从目录即可看出,不再以叙乾嘉考据与晚清今文的兴衰为主,的确将当时的学术"全数网罗"。除汉学(经学)、宋学(理学)、心学(王学)、今文经学等儒学各派,语言文字学(小学、音韵学)、史学、谱牒学、文献学(辨伪、辑佚)、方志学、地理学、乐曲学、医学、历算学以及新兴科学(物理学、工艺学、光学)等,均有篇幅不等的叙述。第十一、十六讲,为其本人不熟悉或不擅长的学科,特别是历算学,书中有这样的表白:

> 历算学在清学界占极重要位置,不容予不说明。然吾属稿至此乃极惶悚、极忸怩,盖吾于此学绝无所知,乃不敢强作解事,而本书体例,又不许我自藏其拙。吾惟竭吾才以求尽吾介绍之责。吾深知其必无当也。吾望世之通此学者不以我为不可教,切切实实指斥其漏阙谬误之点,俾他日得以校改自赎云尔。[1]

后来讲学术史者不乏其人,不乏其书,然能如此网罗者,既乏其书,更乏其人。如果说新兴科学(物理学、化学、光学等)为传统学术所无,但小学、音韵、历算、医、乐曲等,自唐以来大都为国子学所设学科,岂能只关注经、史之学,遗忘这些学科!在史学中,考异、辨伪、辑佚等,同样不应被遗弃。今天讲清亡以前的学术,无论如何不应遗弃这些学科。不然,学术史没有了如此多的学术内容,岂能成为名副其实的学术史!梁启超提出的学术史条件、开创的学术史体例,侈谈"国学"、侈谈学术史者,最应该认真思考、切实继承!

"叙某家学说,须将其特点提挈出来",这表现在多处。第六讲

---

[1]《饮冰室专集》第10册《饮冰室专集》之七十五《中国近三百年学术史》,第337页。

清代经学建设，阎若璩（百诗）虽著述不多，但其《古文尚书疏证》打破上千年来对儒家经典的盲目迷信，"自此以后，今文和古文的相对研究，六经和诸子的相对研究，乃至中国经典和外国经典相对研究，经典和'野人之语'的相对研究，都一层一层的开拓出来了，所以百诗的《古文尚书疏证》，不能不认为近三百年学术解放之第一功臣"[1]。第十二讲概括方以智治学方法三大特征——尊疑、尊证、尊今，谓其"学风确与明季之空疏武断相反而为清代考证学开其先河"[2]，不正是"将其特点提挈出来"了吗？

"忠实传写各家真相，勿以主观上下其手"，最明显的例证是突破今文经学的眼界与师法，对其师康有为的评述。一面怀推尊之意，肯定其倡今文学和疑古对于晚清学术的影响，"第一，清学正统派之立脚点，根本动摇；第二，一切古书，皆须从新检查估价，此实思想界之一大飓风也"，一面又谓其"以好博好异之故，往往不惜抹杀证据或曲解证据，以犯科学家之大忌，此其所短也。有为之为人也，万事纯任主观，自信力极强，而持之极毅。其对于客观的事实，或竟蔑视，或必欲强之以从我。其在事业上也有然，其在学问上也亦有然。其所以自成家数崛起一时者以此，其所以不能立健实之基础者亦以此"[3]。

"要把各人的时代和他一生经历大概叙述，看出那人的全人格"，康有为之外，就要数概述他本人的"不惜以今日之我，难昔日之我"了，拙著《增订中国史学史（晚清至民国）》第二编第一章中"'新史学'的反思"部分已有详述，此处不再赘述。

谈学术方法，是其讲著学术史四条件之外又一重要条件。《清代学术概论》强调："凡欲一种学术之发达，其第一要件，在先有精良之研究法。"[4]《中国近三百年学术史》第十四讲讲校勘，归纳出四种

---

[1]《饮冰室专集》第10册《饮冰室专集》之七十五《中国近三百年学术史》，第70页。

[2]《饮冰室专集》第10册《饮冰室专集》之七十五《中国近三百年学术史》，第150页。

[3] 梁启超：《清代学术概论》，第128—129页。

[4] 梁启超：《清代学术概论》，第49页。

校勘方法：一是"拿两本对照，或根据前人所征引，记其异同，择善而从"；二是"根据本书或他书的旁证反证校正文句之原始讹误"；三是"发见出著书人的原定体例，根据他来刊正全部通有的讹误"；四是"根据别的资料，校正原著之错误或遗漏"。这四种方法，后来为陈垣总结为对校、本校、他校、理校，成为校勘学基本方法。讲辨伪，归纳出六种重要方法：一是从著录传授上检查，二是从本书所载事迹、制度或所引书上检查，三是从文体及文句上检查，四是从思想渊源上检查，五是从作伪家所凭借的原料上检查，六是从原书佚文佚说的反证上检查，并分别举三五例进行说明。[1]

最后，说一说其著学术史四条件的第三条"要忠实传写各家真相，勿以主观上下其手"，书中贯彻并不彻底。第十讲讲颜元，引其《言行录·杜生篇》反对空谈、崇尚实行的言论后，竟发出"呜呼，倘使习斋看见现代青年日日在讲堂上报纸上高谈什么主义什么主义者，不知其伤心更何如哩"[2]。再如第十二讲讲唐甄，分析其《潜书·天命篇》"天地之道故平，平则万物故得其所"一段的朴素平等思想，说"这话虽短，现代社会主义家之言汗牛充栋，只怕也不过将这点原理发挥引申罢了"[3]。显然，这都没能做到"忠实传写各家真相"，带有"以主观上下其手"的偏见。

此外，疏漏处不少，特别是前面讲下文别有详述，而后面却没有下文，如第八讲讲章学诚"自成一系统，而其贡献最大者实在史学。实斋可称为'历史哲学家'，其著作价值更高了。下文别有一篇详论他，现在且缓讲"[4]。然而，全书并无专篇讲章学诚，仅在第十五讲方志学对其章学诚方志理论作有介绍，又补了这样一句："不独方志之

---

[1] 详见《饮冰室合集》第10册《饮冰室专集》之七十五《中国近三百年学术史》，第225—227、249—252页。

[2]《饮冰室合集》第10册《饮冰室专集》之七十五《中国近三百年学术史》，第127页。

[3]《饮冰室合集》第10册《饮冰室专集》之七十五《中国近三百年学术史》，第164页。

[4]《饮冰室合集》第10册《饮冰室专集》之七十五《中国近三百年学术史》，第93页。

圣而已，吾将别著章实斋之史学一书详论之，此不能多及也。"[1] 第十一讲科学之曙光，陈资斋（伦炯）也是有目无文，只在第十五讲地理学有"航海探险家，则有同安陈资斋（伦炯）所著书曰《海国闻见录》"一段不长的叙述。[2]

二、历史研究法论著

在《中国历史研究法补编》谈史家四长之一"史识"时，讲"不要为自己的成见所蔽"，重申十几年前所说"不惜以今日之我，与昨日之我挑战"，强调"真做学问的人，晚年与早年不同；从前错的，现在改了；从前没有，现在有了。一个人要是今我不同昨我宣战，那只算不长进"[3]。下面，顺着篇章结构，就《中国历史研究法》与《中国历史研究法补编》的具体内容察其史学思想的变化。

（一）《中国历史研究法》

《中国历史研究法》是1921年秋在天津南开大学一学期所作中国文化史的讲演，11、12月《改造》第4卷第3、4号连载部分章节，1922年1月由商务印书馆出版，以"《中国文化史稿》第一编"为副题。

自序（1922年1月）以"新史之作，可谓我学界今日最迫切之要求"，近今史学之进步有两特征，"其一，为客观的资料之整理"，"其二，为主观的观念之革新"。以"二十年所积丛残之稿"，益以新知，最终"由稿本蜕变以成定本"。

全书六章：史之意义及其范围、过去之中国史学界、史之改造、说史料、史料之搜集与鉴别、史迹之论次。第四章说史料、第五章史

---

[1]《饮冰室合集》第10册《饮冰室专集》之七十五《中国近三百年学术史》，第309页。

[2]《饮冰室合集》第10册《饮冰室专集》之七十五《中国近三百年学术史》，第315页。

[3] 梁启超：《中国历史研究法补编》，商务印书馆，1930年，第31、32页。

料之搜集与鉴别,占全书一半以上篇幅。

第一章,史之意义及其范围,对"史"作这样的定义:

> 史者何?记述人类社会赓续活动之体相,校其总成绩,求得其因果关系,以为现代一般人活动之资鉴者也。

与《新史学》"历史者,叙述人群进化之现象,而求其公理公例者也","善为史者,必研究人群进化之现象,而求其公理公例之所在"相比较,将"公理公例"换成"因果关系"是其此间认识的一个重要变化。紧接着,给中国史定义:"其专述中国先民之活动,供现代中国国民之资鉴者,则曰中国史。"以下,围绕这一定义,分析史之任务、范围。其一,所谓"活动之体相"。"体""相"原本佛教的两个概念,在此赋予新的含义。"以能活动者为体",指人类本身;"以所活动者为相",指人类活动的内容。天象、地理等属于自然现象者"皆非史的范围"。而所谓相者,又可细分为二:一是"活动之产品",称"过去相",是遗留至今所能见到的"僵迹";二是"活动之情态",称"现在相",却"不复可得见"。"史家能事"或新史学的任务,是"将僵迹变为活化","使过去时代之现在相,再现于今日"。其二,所谓"人类社会赓续活动",包含两层意思:一指人类全体或其大多数能影响及于社会之"共业",二为"累代人相续"的"进化"活动,即所谓"在空际有周遍性、在时际有连续性者,乃史的范围"。其三,所谓"活动之总成绩及其因果关系",指"一社会一时代之共同心理,共同习惯,不能确指其为何人所造",与"匹夫匹妇日用饮食之活动"两类之"总和"为"总成绩"。这种总成绩,今日所现之果,必有昔日之成绩以为因;今之成绩有自为因,孕产将来之果。"因果相续,如环无端。"其四,所谓"现代一般人活动之资鉴",强调"将历史纳入现在生活界使生密切之联锁","史之目的,乃为社会一般人而作,非为某权力阶级或某知识阶级而作"。旧史一方面范围太滥，卷帙浩繁，一方面范围太狭，事实阙略。再次提出"供现代中国人之资鉴"的中国史设想，并略举其纲领，总结四条中国史必须说明的问题。

第二章，过去之中国史学界，较比《新史学》对旧史的笼统论述系统，从"人类曷为而有史"谈起，历述中国"二千年来史学经过之大凡"，实为一部中国史学简史，与《中国历史研究法补编》中"史学史的做法"互为详略，前呼后应。

第三章，以"史之改造"替代"史界革命"，讲六个方面的问题。有与先前相通之处，也有不少认识改变之处。其一，旧史"总不离贵族性"，"限于少数特别阶级"，其效果"助成国民性之畸形的发达"。其二，旧史"为死人而作"，"费天地间无限缣素，乃为千百年前已朽之骨较短量长"，认为"以生人本位的历史代死人本位的历史，实史界改造一要义也"。其三，"史学范围，当重新规定，以收缩为扩充"，改变"中国古代，史外无学"的观念，强调以"观一时代多数人活动之总趋向，与夫该时代代表人物之事业动机及其反响"为"史家所有事也"，即前所说人类"各种活动之相"。其四，旧史"皆含有主观的作用"，"必侈悬以更高更美之目的——如'明道''经世'等"，其结果必至"强史就我"，"自孔子而二千年之史，无不播其毒"。今后作史，"务持鉴空衡平之态度"，"恰如其本来"，"宜于可能的范围内，裁抑其主观而忠实于客观，以史为目的而不以为手段"。这中间反映其认识的重要变化有二：一是先前强调"有客观而无主观，则其史有魄无魂，谓之非史焉可也"，偏向于"主观"，这里则强调"裁抑主观而尊客观"，偏向于"客观"；二是先前注重以史为"手段"，此时则强调"以史为目的"。其五，对于旧史的史料价值，"试以科学的眼光严格审查"，"殆有一大部分须为之重新估价"，"从瓦砾堆中搜集断椽破壁，以推测其本来规制"，显然与其"裁抑主观而尊客观"的认识转变紧密相连。其六，旧史所记史迹"不生联络"，如同单张影片，"木然只影"，就连纪事本末史书也是

"得肉遗血、得骨遗髓",充其量不过"数百十篇文章汇成一帙"。善为史者,"横的方面最注意于其背景与其交光,然后甲事实与乙事实之关系明","纵的方面最注意于其来因与其去果,然后前事实与后事实之关系明",还需要有说明,有推论,结构严密。提出今日所需之史,当分为专门之史与普通之史两途:"治专门之史者,不惟须有史学的素养,更须有各该专门学的素养";"作普通史者,须别具一种通识,超出各专门事项之外,而贯穴乎其间。"这已埋下《中国历史研究法补编》以讲专门史为主的伏笔。

第四章,说史料,探索史料之所在。一面指出"史料不具或不确,则无复史之可言",一面强调"史学较诸他种科学,其搜集资料与选择资料,实最劳而最难"。将获取史料的途径分为两种:一为文字记录以外者,一为文字记录者。文字记录以外者五种:其一,现存之实迹及口碑;其二,实迹之部分的存留者;其三,已湮之史迹,其全部意外发现者;其四,原物之宝存或再现者;其五,实物之模型及图影。文字记录的史料,分七个方面:其一,旧史;其二,关系史迹之文件;其三,史部以外之群籍;其四,类书及古逸书辑本;其五,古逸书及古文件之再现;其六,金石及其他镂文;其七,外国人著述。

第五章,史料之搜集与鉴别,分别讲述"搜集史料之法""鉴别史料之法"。

搜集史料之法,将史料分为"普通史料""特别史料"两种,着重讲述搜集"特别史料"的方法。所谓"特别史料",可以概括为三种类型:一为反映某一时代某些带共性的史料,如"春秋以前部落分立之情状""中国留学印度之人物",等等。此类史料"往往有单举一事,觉其无足轻重",若"汇集同类之若干事比而观之,则一时代之状况可以跳活表现"。二为消极性质的史料,其"重要之程度,殊不让积极史料"。解释说:"某时代有某种现象,谓之积极的史料。某时代无某种现象,谓之消极的史料。"认为"此等史料,正以无史迹为史迹","往往含有历史上极重大之意义"。如未有纸以前,文字皆"书诸竹帛",从《汉书·艺文志》著录书目的篇数、卷数可推定帛之应用为时甚晚,从《史记》《汉书》中记载当时法令、公私文书皆用竹木简可知当时用竹远过于用帛。三为"一人之言行、一事之始末"的"具体的史料"。着重于"旧史中全然失载或缺略之事"和"为旧史家故意湮灭或错乱其证据者",强调"博搜旁证则能得意外之发见","宜别搜索证据以补之或正之",并胪举孙诒让补充墨子生平事迹、王国维考察周宣王伐玁狁、孟森探讨清初江南奏销案,说明学者的"特别观察""侦察之能力"。

讲鉴别史料之法,明确界定"史料以求真为尚。真之反面有二:一曰误,二曰伪。正误辨伪,是为鉴别"。指出两种造成"误"的幻觉,"治学者所最宜戒惧":一是"明明非史实而举世误认为史实者",这是"根于心理上一种幻觉"。二是"各种史迹,每一度从某新时代之人之脑中滤过,则不知不觉间辄微变其质","心理上的史迹,脱化原始史迹而丧失其本形者"。将史料鉴别法分作正误鉴别法、辨伪鉴别法。其一,正误的鉴别法。"最直捷之法,则为举出一极有力之反证。"无明确之反证,只宜暂时存疑,等有了"旁生的触发",从另一方向立"假说",以待后来再"审定"。同一史迹而史料矛盾,原则自当以"最先""最近"者为"最可信",又不能绝对化,尤当视其人"提挈(絜)观察之能力""申叙描写之技术"以及"史德如何""史识如何""所处地位如何",有无各种避忌等。将自己所用研究法归结为:"纯为前清乾嘉诸老之严格的考证法,亦近代科学家所应用之归纳研究法。"这里,又将史料分为直接的史料、间接的史料。以所接触多为间接史料,强调鉴别间接史料为"当面最切要之一问题"。其二,辨伪的鉴别法。先辨伪书,再辨伪事。辨伪书,以十二条"公例,作自己研究标准",可谓对胡应麟《四部正讹》区分伪书20类、提出"辨伪八法"的继承和发展。辨伪事,举七种伪事之由来以及辨伪事应采之七项态度,强调"勿支离于问题之外","贵举反证","以能得直接史料为最上"。用旁证"从旁面间接推断",谓之"比事的推论法";用物证、理证,谓之"推度的推论法"。

第六章,史迹之论次,系统论述对历史因果关系的认识。"凡属史的范围之事实,必其于横的方面,最少亦与他事实有若干之联带关系;于纵的方面,最少亦为前事实一部分之果,或为后事实一部分之因。是故善治史者,不徒致力于各个之事实,而最要着眼于事实与事实之间。"史迹有数千百年为起讫者,当以此之"总史迹为一个体",而以各时代所发生部分之"分史迹为其细胞",因此论旧史"尊纪事本末体",肯定《史记》创立十表"开著作家无量法门":

> 说明事实之原因结果,为史家诸职责中之最重要者。……虽然,兹事未易言也。宇宙之因果律,往往为复的而非单的,为曲的而非直的,为隔的伏的而非连的显的,故得其真也甚难。……严格论之,若欲以因果律绝对的适用于历史,或竟为不可能的而且有害的,亦未可知。何则?历史为人类心力所造成,而人类心力之动,乃极自由而不可方物。心力既非物理的或数理的因果律所能完全支配,则其所产生之历史,自亦与之同一性质。今必强悬此律以驭历史,其道将有时而穷,故曰不可能;不可能而强应用之,将反失历史之真相,故曰有害也。然则吾侪竟不谈因果可乎?曰断断不可。不谈因果,则无量数繁赜变幻之史迹,不能寻出一系统,而整理之术穷;不谈因果,则无以为鉴往知来之资,而史学之目的消灭。

做出这一总论述之后,强调"吾侪常须以炯眼观察因果关系;但其所适用之因果律,与自然科学之因果律不能同视耳",讲了三点区别。在讲"自然科学的事项,常为普遍的;历史事项反是,常为个性的"区别时,有这样的认识:

最奇异者，则合无量数互相矛盾的个性，互相分歧或反对的愿望与努力，而在若有意若无意之间，乃各率其职共赴一鹄，以组成此极广大极复杂极致密之"史网"，人类之不可思议，莫过是矣。史家之职责，则在此种极散漫极复杂的个性中，而觑见其实体，描出其总相，然后因果之推验乃可得施。

论史界之因果，"劈头一大问题"即英雄造时势，还是时势造英雄？发挥早年《文明与英雄之比例》中的基本观点，提出"历史的人格者"的概念，认为"历史的大势，可谓为由首出的'人格者'，以递趋于群众的'人格者'愈演进，愈成为'凡庸化'，而英雄之权威愈减杀。故'历史即英雄传'之观念，愈古代则愈适用，愈近代则愈不适用"。进而提出："历史之一大秘密，乃在一个人之个性，何以能扩充为一时代一集团之共性？与夫一时代一集团之共性，何以能寄现于一个人之个性？"

论述"研究因果之态度及其程序"之后，是专题研究的八点方法。其一，"当画出一'史迹集团'以为研究范围"，强调"函量须较广较复，分观之，最少可以觑出一时代间社会一部分之动相"；"总和须周遍，合观之，则各时代全社会之动相皆见也"。其二，"集团分子之整理与集团实体之把捉"，强调"活的，整个的""全体相"，"除分析研究外，盖尚有待于直觉也"。其三，"常注意集团外之关系"，强调对所研究问题"时间线""空间线"之外的其他问题的关注，反对孤立的、封闭式的研究。其四，"认取各该史迹集团之'人格者'"。历史皆多数人"共动之产物"，其中有"主动""被动"之别，"人格者"为历史的"主动者"和"骨干"。其五，"精研一史迹之心的基件"。"人格者"为历史的"聚光点"，研究其"素性及其临时之冲动断制，而全史迹之筋脉乃活现"。研究人的心理，注意其心理既有"素性"（常态），又有"临时之冲动断制"（突变）。对"个人人格者"心理研究，要关注其为什么会影响多数人的"公生活"

与"运命",最要者为研究其"吸射力之根源"。对"多数人格者"("民族人格"或"阶级人格""党派人格")心理研究,要将其看成一个人,考察其存在、成长、扩大、衰息以至"萎病或死亡"。其六,"精研一史迹之物的基件"。这里的"物",并非"物质",是指自然界之状况、累代遗传形成固形的风俗、法律与政治现象、经济现象,乃至"他社会之物的心的抵抗力"。史迹皆以"当时"与"此地"两个条件而存在,同一心之活动易时移地而全异。其七,"量度心物两方面可能之极限"。史之开拓,不外人类改变自身环境,即心对于物的"征服"。无论是"心之征服",还是"物之被征服",都没有极限。从"当时""此地"看,二者又都有极限。在"双极限之内"对心的"奋进程度"与物的"障碍程度"进行强弱比较,以"判历史前途之歧向",给国民一种启示,使知所择。其八,"观察所缘",引入"缘"这一概念论史迹中的"因缘果报",提出"有可能性谓之因,使此可能性触发者谓之缘"。"因"为史家所能测知,"缘"为史家所不能测知,治史者"万不容误缘为因,然无缘则史迹不能现,故以观所缘终焉"。最后表示:"因缘生果,果复为因,此事理当然之程序",也是"吾侪运用思想,推求因果,所当遵之途径"。

(二)《中国历史研究法补编》

《中国历史研究法补编》为1926年10月至1927年5月在清华国学研究院所作讲演,因"扶病登坛,无力撰稿",由门人周传儒速记编为讲义,刊于《清华周刊》。年谱及其做法、专传的做法、文物的专史,由门人姚名达整理完成,"全讲始告成文,经先生校阅,卒成定本"[1],1930年由商务印书馆出版。

全书结构,分总论、分论两部。总论"补充《中国历史研究法》所不足","总论注重理论的说明,分论注重专史的研究"。

---

[1] 姚名达:《跋》,1930年5月,载梁启超:《中国历史研究法补编》,第1页。

绪论称"旧作所述极为简单,不过说明一部通史应如何做法而已。此次讲演,较为详细,偏重研究专史如何下手","所以又可叫做《各种专史研究法》"。

虽其绪论如此,却应当注意1923年发表《研究文化史的几个重要问题》所反映出的思想变化。受李凯尔特影响,认为"宇宙事物,可中分为自然、文化两系,自然系是因果律的领土,文化系是自由意志的领土","史迹是人类自由意志的反影,而各人自由意志之内容,绝对不会相同","历史现象只是'一趟过',自古及今,从没有同铸一型的史迹"。特别表示先前所说"求得其因果关系"一语"完全错了","我们既承认历史为人类自由意志的创造品,当然不能又认他受因果必然法则的支配,其理甚明"。分析所以把"求得其因果"作为史家的重要职责,在于"因果律是自然科学的命脉,从前只有自然科学得称为科学,所以治科学离不开因果律,几成为天经地义,谈学问者,往往以'能否从该门学问中求出所含因果公例'为'该门学问能否成为科学'的标准。史学向来并没有被认为科学,于是治史学的人因为想令自己所爱的学问取得科学的资格,便努力要发明史中之因果"。虽然"对于史的因果很怀疑",却"又不敢拨弃他","病根"就在于"认定因果律是科学万不容缺的属性"。待明白了历史为文化现象复写品,不必把自然科学所用的工具扯来装自己的门面,"如此便是自乱法相,必至进退失据"。史迹中既不存在因果律,对进化论也就"不敢十分坚持了"。文章写道:"我们平心看一看,几千年中国历史,是不是一治一乱在那里循环!何止中国,全世界也只怕是如此。"自此而后,不再提进化论,史家的职责也不再是"求得其因果"。于是,《中国历史研究法补编》对于史的目的有了新的解释。

总论三章,第一章,史的目的。开头写道:

无论研究何种学问,都要有目的。甚么是历史的目的?
简单一句话,历史的目的在将过去的真事实予以新意义或新价值，以供现代人活动之资鉴。……历史所以要常常去研究，历史所以值得研究，就是因为要不断的予以新意义及新价值以供吾人活动的资鉴。

概述"求得真事实"的五种方法（钩沉法、正误法、新注意、搜集排比法、联络法）以及如何"予以新意义""予以新价值""供吾人活动之资鉴"，最后附带讲述"读史的方式"（鸟瞰式、解剖式）。所谓"予以新意义"，一是从前的活动本来很有意义，后人没有觉察出来，须得重新复活，即所谓"发潜阐幽"；二是从前的活动被后人看错了，须得重新改正；三是本来的活动完全没有意义，经过多少年后，忽然看出新意义。所谓"予以新价值"，"是把过去的事实，重新的估价"。价值有两种，有一时的价值，过时而价顿减；有永久的价值，时间愈久，价值愈见增加。研究历史的人，两种价值都得注意，"从前有价值，现在无价值的，不要把它轻轻抹杀了；从前无价值，现在有价值的，不要把它轻轻放过了"。

第二章，史家的四长。将刘知幾所说史家"三长"（史才、史学、史识）添上章学诚所说"史德"，变更其次第为史德、史学、史识、史才。讲史德，认为"史家第一件道德，莫过于忠实"，"对于所叙述的史迹，采纯客观的态度，不丝毫参以自己意见"，指出史家最常犯的毛病：夸大、附会、武断。讲史学，依自己的意见"另下解释"，强调"凡做史学的人，必先有一种觉悟，曰：贵专精不贵杂博"。锻炼专精"没有甚么特别法子"，唯有三项下苦功的方法：勤于抄录、练习注意、逐类搜求。讲史识，强调"历史家的观察力"。观察要敏锐，"旁人所不能观察的，我可以观察得出来"，以"求关联的事实"。将观察的程序分为"由全部到局部""由局部到全部"两种，再强调历史研究法与自然科学研究法不同，"历史为人类活动之主体，而人类的活动及其自由，没有动物植物那样呆板"，"人类可以发生意想不到的行为。凡自然的东西，都可以用呆板的因果律去支配。历史由人类活动组织而成,因果律支配不来"。养成正确的观察力,应当注意两件事情,既不为"因袭传统的思想所蔽",也不为"自己的成见所蔽",又一次表述"真做学问"的态度——"今我向昨我挑战"。讲史才,"史家的文章技术",包括结构即组织(剪裁、排列)与文采(简洁、飞动)两个方面。

第三章,五种专史概论。对将要讲述的五种专史(人的专史、事的专史、文物的专史、地方的专史、断代的专史),"提纲挈领的说一个大概"。

分论只讲述了人的专史、文物的专史两种,事的专史、地方的专史、断代的专史三种因其病逝而未讲述。

分论一,人的专史,比重最大,拟目七章,实际六章:

第一章,人的专史总说。将以人物作本位所编专史分为列传、年谱、专传、合传、人表五种形式,分别讲述其沿革。

第二章,人的专史的对相。分别讲述应作专传的对相、不应作专传的对相两种情况。应作专传的有七种:其一,思想及行为的关系方面很多,可以作时代或学问中心的;其二,一件事情或一生性格有奇特处,可以影响当时与后来,或影响不大而值得表彰的;其三,在旧史中没有记载,或有记载而太过简略的;其四,从前史家有时因为偏见,或者因为挟嫌,对于一个人的记载,完全不是事实的;其五,皇帝本纪及政治家列传,有许多过于简略的;其六,有许多外国人,不管他到过中国与否,只要与中国文化上政治上有密切关系的;其七,近代的人,学术事功比较伟大的。不应作专传的有两种:其一,带有神话性的;其二,资料太缺乏的。

第三章,作传的方法。分别讲述为文学家作传、为政治家作传、为方面多的政治家作传、为方面多的学者作传、为有关系的两人作传、为许多人作传的方法。

第四章,合传及其做法。主张分两大类:一类为"超群绝伦的伟大人物,两下有比较者,可作合传";另一类为"代表社会一部分现象的普通人物，许多人性质相近者，可作合传"。第一大类，分四小类：其一，同时的人，事业性质相同或相反；其二，不同时代的人，事业相同，性质相同；其三，专在局部方面，或同时，或先后，同作一种工作；其四，本国人与外国人性质相同，事业相同。第二大类"尚嫌其少，应当加以扩充"，分为五项：一，凡学术上，宗教上，艺术上，成一完派者；二，凡一种团体，与时代有重大关系者；三，不标名号，不见组织，纯为当时风气所鼓荡，无形之中形成一种团体活动；四，某种阶级或某种阀阅，在社会上极占势力者；五，社会上一部分人的生活，如有资料，应当搜集起来。

第五章，年谱及其做法。年谱的种类，分四种：自传的或他传的、创作的或改作的、附见的或独立的、平叙的或考订的。年谱的体例，涉及记载时事（谱主的背景）、记载当时的人、记载文章、关于考证、关于批评、关于附录六个方面。附带年谱的格式，一是用表分格的格式，一是通行的做文章似的一年一年做下去。最后，简要地归纳了做年谱的三点益处。

第六章，专传的做法，强调"专传在人物的专史里是最重要的一部分"。自发奇想，用纪传体做一百篇传来包括全部历史，主张把中国全部文化分为三部：一为思想及其他学说，一为政治及其他事业，一为文学及其他艺术。把值得做传的人物按时代先后开出目录，依文化的性质分列在三部。选择孔子、玄奘，分别讲述作传的具体做法。特别是玄奘传，列出两个主要纲领和两个纲领的细目，详细说明具体做法，包含对佛教研究的诸多心得。

"包括中国全部文化"，同《中国历史研究法》所说"总成绩""共业""全体相"相一致，是其史学思想重要组成部分，是其关于人的专史的主导思想。注意"代表社会一部分现象的普通人"，也是表现历史"全体相"的一个方面。

第七章，人表及其做法，有目无文，略而未讲。

接下来就是分论三，文物的专史，下分五章：

第一章，文物专史总说。以文物专史是专史中"最重要的部分，包括政教典章，社会生活，学术文化"。以人体做比喻，"社会骨干之部就是政治之部"，"社会血脉之部就是经济之部"，"社会神经之部就是文化之部"，将文物的专史分为政治专史、经济专史、文化专史三大类。

第二章，政治专史及其做法。第一部分，民族、国土、时代、家族、阶级五步的研究。第二部分，政治上制度的变迁以及中央政权如何变迁。第三部分，政权的运用。

第三章，经济专史及其做法。以"中国经济史，最重要的是消费和生产，其次是交易，最末才是分配"。消费，分衣、食、住三项；生产，分渔猎、畜牧、农耕、矿业、家庭手工业和现代工业；与生产极有关系的三种，水利、交通、商业。这三种专史的内容，几乎瞥向人类社会生活的各个角落，极大地拓展了历史研究的领域。"合起来仍是一套"，并非孤零零的单篇。

第四章，文化专史及其做法。以"文化是人类思想的结晶。思想的发展，最初靠语言，次靠神话，又次才靠文字。思想的表现有宗教、哲学、史学、科学、文学、美术等"，依语言史、文字史、神话史、宗教史、学术思想史顺序讲述。学术思想史，分道术史即哲学史、史学史、自然科学史、社会科学史。史学史的做法，第一次明确提出"中国史学史，最少应对于下列各部分特别注意：一、史官；二、史家；三、史学的成立及发展；四、最近史学的趋势"，并对四个方面分别做出论述。讲史学的成立与发展，述刘知幾、郑樵、章学诚三人重要之点同时，提出"还有中国普通相传下来的历史观念"。讲风气时，有这样的分析："或者因受科学的影响，科学家对于某种科学特别喜欢，弄得窄，有似显微镜看原始动物。欧洲方面应该如此，因为大题目让前人做完了，后学只好找小题目以求新发明，原不问其重要与否。这种风气输入中国很利害。一般学者为成小小的名誉的方便起见，大家都往这方面发展。这固然比没有人研究好，但老是往这条捷径走,史学永无发展。"指出"一般作小的考证和钩沉、辑佚、考古,就是避难趋易,想侥幸成名,我认为病的形态。真想治中国史,应该大刀阔斧,跟着从前大史家的作法,用心做出大部的整个的历史来,才可使中国史学有光明,发展的希望"。最后表示:"我从前著《中国历史研究法》,不免看重了史料的搜集和别择,以致有许多人跟着往捷径去。我很忏悔。现在讲广中国历史研究法,特别注重大规模的做史,就是想挽救已弊的风气之意。这点我希望大家明白。"

虽列有自然科学史的做法、社会科学史的做法、文学史、美术史,但有目无文。

第五章,文物专史做法总说。以文物专史在专史中最为重要,也最为困难,"应当是研究某种专门科学的人对于该种学问的责任",提出几点原则性的做法:其一,不能随政治史的时代划分时代;其二,时代不必具备,只看其某时代最发达,某时代有变迁;其三,要看出其"主系",不能不有"主系""闰系"分别;其四,注重人的关系;其五,多用图表。

(三)简短的结语

《中国历史研究法》《中国历史研究法补编》反映了梁启超晚年史学思想的变化。

梁启超晚年史学思想的转变,接受西方史学思想影响毫无疑问,但不能因此生搬硬套西方史学概念,认为其史学从"法兰西实证主义型史学一变而为德意志历史主义式的史学"。另一方面,也不能完全认为这种变化是其史学思想的"大倒退"。梁启超对进化论、因果律的怀疑和否定,表明其对历史发展原因在不断进行探索和思考。进化论在倡导"史界革命"时期对于批判旧史学、建立新史学发挥过重要作用,但这种将生物学观点套用于历史研究方法,终究不能真正解释人类社会发展的原因。先前所说"因果律",不过是"有甲必有乙,必有甲才能有乙"的机械因果律,没有看到因果之间的相互转化,也否认人的主观能动作用。坦率承认其不正确，提出新的认识，认为历史是在各种力量相互影响、相互牵制之中形成和发展的，这无疑更接近历史事实。对进化论、因果律的怀疑和否定，是其对历史认识趋向深化的表现，不应简单地谓之为"倒退"。

至于说到文风"不太简洁"，是忘记这原本是讲演稿，经其门人笔录整理成文。所谓"不太简洁"处，恰恰是梁启超最有心得的地方。现今讲史学方法者，缺乏对中国历史和中国史学的全面了解，干巴巴地讲几条倒是"简洁"，不仅令人乏味，更显得缺少真知。

梁启超的这两本史学论、史学方法论之所以久传不衰，最根本点在于：不论其接受什么洋理论、洋学说，都是紧密结合中国历史、中国史学具体实际进行讲述的，没有故弄玄虚地滥用洋概念，更没有卖弄什么外国名词，诚如何炳松所说，介绍西洋史法，"不敢稗贩西籍以欺国人，尤不敢牵附中文，以欺读者"[1]。而且，所讲内容都是其本人最有心得之处。当时讲述西方历史哲学、史学原论的著述不下十数种，有哪一本书能够如此久传不衰？其所缺者正是这两点，一是没有结合中国历史、中国史学具体实际，二是没有多少研究中国历史、中国史学的心得，泛泛而论，或倒卖名词、滥用概念"以欺国人"。时过境迁，自然没人买账。

《增订中国史学史·晚清至民国卷》第二编第八章第三节二（商务印书馆，2016年）、《民国史学述论稿》第五章第三节（上海人民出版社，2011年）。

---

[1] 何炳松：《历史研究法·序》，《历史研究法》，商务印书馆，1927年，第7页。

王国维的杰出贡献与学术影响

王国维是20世纪最富学术预见的大师，对中国史研究的贡献最为巨大、影响最为深远。他不赶时髦"倒卖"那些"几曾摸着"中国历史"一些儿边际"的西洋史学理论，不发表空洞无物的"宏篇大论"，甚至政治立场相当保守，拒绝"以学术为手段"，只默默地从事"以学术为目的"的艰辛而深邃的研究。1925年发表《最近二三十年中中国新发见之学问》、写成讲义《古史新证》，为其史学研究的结晶和总结。前者以其史学实践预见了20世纪中国史研究的基本走势，后者以其史学实践总结出研究中国史的科学方法。

一、卓著的成就，杰出的贡献

《最近二三十年中中国新发见之学问》开篇即亮出"古来新学问起，大都由于新发见"的观念，从学术史的角度论述"中国学问上之最大发现"，以殷墟甲骨文字、敦煌塞上及西域各处之汉晋木简、敦煌千佛洞之六朝及唐人写本书卷、内阁大库之元明以来书籍档册四者之一，已"足当孔壁、汲冢所出"，"故今日之时代可谓之发见时代，自来未有能比者也"，并对上述四项与"中国境内之古外族遗文"（突厥、回鹘、梵文、西夏文等）分别"说之"。这一独具慧眼的远见卓识，几乎囊括了20世纪研究中国史的主要内容。最后希望：

> 此等发见物，合世界学者之全力研究之，其所阐发尚未及其半，况后此之发见，亦正自无穷，此不能不有待少年之努力也。

在后此发现的基础上，经王国维身后"少年之努力"，甲骨学、简牍学、敦煌学、西夏学既成为国际"显学"，也成为研究殷商、汉晋、唐五代、西夏史不可或缺的坚实基础；利用大库档案研究清史，正在全面展开。凡谈20世纪中国史研究，基本无出王国维此文所论范围。早在85年前，据新发现史料科学地预见中国史研究基本走势者，王国维为唯一一人。

有此预见，与其本人的史学实践密不可分。下面，以《观堂集林》中《史林》所收著论，对王国维的史学成就和贡献作一综述。

《观堂集林》中《史林》所收著论大致包括八个方面：甲骨文研究（史林一—二），司马迁研究（史林三），历史地理研究（史林四），古代北方民族研究（史林五、十四），辽金元研究（史林六—八）、汉晋简牍研究（史林九），青铜器物、石经、碑刻、度量研究（史林十一—十二），敦煌研究（史林十三）。[1] 其中，以甲骨文、汉晋简牍、敦煌文书文物和古代北方民族、辽金元研究五大方面成就最为卓著，贡献最为杰出。

（一）"对于卜辞作综合比较研究之始"

系统考释卜辞，用以研究殷商史，自王国维始。《观堂集林》卷九《史林》一《殷卜辞中所见先公先王考》《殷卜辞中所见先公先王续考》，是王国维考释卜辞，研究殷商史的两篇杰作。第一次以坚实的考证确认了殷墟甲骨文中所记殷商先公、先王的名号，使《史记·殷本纪》的殷商王室世系得到地下新发现的印证，并纠正了其中的某些错误。这是甲骨文被发现19年之后所取得的一项具有划时代意义的成就。由此，甲骨文的价值得到世人公认，商史成为信史。后经过郭沫若、董作宾、吴其昌、于省吾等数十年努力，《史记·殷本纪》中商先公先王名号，上甲微以下，除中壬外，都在卜辞中得到证

---

[1] 本文所引《观堂集林》，为商务印书馆1940年版《王静安先生遗书》所收24卷本。

实。对商王世系的分析,对商代社会血缘关系、王位继承等问题的考察,极大地开阔了甲骨文研究的视野,赋予其深厚的社会史意义,影响着此后数十年的古史研究和古文字研究。就研究方法言,以地下新发见与文献记载相印证,开出古史研究新途径,更对20世纪中国史研究产生出巨大而久远的影响。

(二)研究汉晋简牍,考证西陲地理沿革

以汉晋简牍出土地为出发点,考察西陲地理沿革,认定一些史实,纠正某些谬误。《观堂集林》卷十七《史林》九《流沙坠简序》《流沙坠简后序》《敦煌汉简跋》(十四首)《罗布淖尔东北古城所出晋简跋》《尼雅城北古城所出晋简跋》《罗布淖尔北所出前凉西域长史李柏书稿跋》等为研究汉晋简牍的篇章,以《流沙坠简序》为集中代表。

汉代简牍出土敦煌迤北之长城,由此考察西汉敦煌郡玉门、中部二都尉,确定大煎都候官、玉门都候官"皆在汉龙勒县境",平望候官、步广候官在"汉敦煌县境"。

魏晋木简残纸出土罗布淖尔固泽北之古城,考定"此地决非古楼兰。其地当前凉之世,实名海头,而《汉书·西域传》及《魏略·西戎传》之居庐仓,《水经·河水注》之龙城,皆是地也","自魏晋以后,为西域长史治所"。

通西域之路,即丝绸之路,历来认为由敦煌分别出玉门和阳关。《流沙坠简序》以."玉门一县正当酒泉出敦煌之孔道,太初以前之玉门关当置于此","嗣后关城虽徙而县名尚仍其故","故古人有误以玉门县为玉门关者"。据出土诸简及《汉书·地理志》考定:"太初以前之玉门关当在酒泉郡玉门县",而太初以后之玉门关在"东经九十四度以西之小盐湖","汉及新莽时玉门都尉所有版籍,皆出于此,可为《汉志》玉门关之铁证"。敦煌、龙勒两县之北境"实汉时屯戍之所,又由中原通西域之孔道",足见阳关不在这条孔道。《敦煌汉简跋十四》考证在玉门发现的两则木简,指出"汉时南北二道分

岐，不在玉门、阳关，而当自楼兰故城始。自此以南，则从鄯善傍南山北波河，西行至莎车；北则东趣车师前王庭，或西趣都护治所，皆随北山波河西行至疏勒。故二道皆出玉门"，而"楼兰以东，实未分南北二道也"。《罗布淖尔北所出前凉西域长史李柏书稿跋》以北凉"北道诸国车师已亡，惟有焉耆、龟兹、疏勒三国。而龟兹、疏勒之使当取碛道（即《魏略》之中道），不得从北房中。惟往焉耆者，则或从北房中经高昌而西，或由碛道而北"，这条通道经李柏书稿证明，更加精准无误。

（三）开以敦煌吐鲁番出土物研究唐五代史之先声

《观堂集林》卷二十一《史林》十三《唐写本残职官令跋》《唐写本〈食疗本草〉残卷跋》《唐写本〈灵棋经〉残卷跋》《唐写本失名残书跋》《唐写本〈太公家教〉跋》《唐写本〈兔园册府〉残卷跋》《唐写本〈大云经疏〉跋》《唐写本〈老子化胡经〉残卷跋》《唐写本韦庄〈秦妇吟〉跋》《又跋》《唐写本〈云谣集杂曲子〉跋》《唐写〈本春秋后语背记〉跋》《唐写本残小说跋》《唐写本敦煌县户籍跋》《宋初写本敦煌县户籍跋》等为考释出土文书，《史林》九《唐李慈艺授勋告身跋》，《史林》十二《于阗公主供养地藏王菩萨画象跋》《曹夫人绘观音菩萨象跋》为考释出土物。

均田制在唐代是否实行，长期争论不决。王国维见到英国伦敦博物馆藏沙州敦煌县户籍写本后，认定为唐大历四年户籍，写成《唐写本敦煌县户籍跋》，考察代宗时均田制在沙州实施的具体情况。自此而后，以敦煌吐鲁番出土文书考证唐代均田制及相关问题，成为唐史研究中一项经久不衰的课题，并取得巨大进展和丰硕成果。《唐写本〈大云经疏〉跋》考察武则天时期政治与佛教的关系，纠正历代史书关于武则天时"伪造"《大云经》的说法，指出薛怀义等借《大云经》"附会穿凿，无所不至"。1935年陈寅恪发表《武曌与佛教》称赞其"考证甚确"，强调"此类政治与符谶关系，前人治史，多不知其重要，故特辨之如此"[1]。《唐写本韦庄〈秦妇吟〉跋》《又跋》，使韦庄《秦妇吟》诗重见天日，成为研究唐末历史和文学的重要资料。《于阗公主供养地藏王菩萨画象跋》《曹夫人绘观音菩萨象跋》考察唐代安西四镇之一的于阗自被吐蕃攻陷，与唐隔绝，直至宋初的史事，填补了这一段历史空白。《唐写本残职官令跋》考察唐初官制，《唐李慈艺授勋告身跋》考察唐代北庭都护府瀚海军设置时间及地理位置。其他考释，涉及方面广泛，经、史书而外，类书、家训、棋经、食疗本草、小说等，无所不包，为王国维考释敦煌吐鲁番文书的一个突出之点。说以敦煌吐鲁番出土物考察唐五代史，由王国维发其端、开其先，决非过论。三年之后，陈寅恪为陈垣《敦煌劫余录》作序，提出作"敦煌学之预流"的希望，使王国维开启的敦煌研究得以发扬，终成 20 世纪一显学。

（四）古代北方民族研究

《观堂集林》卷十三《史林》五《鬼方昆夷玁狁考》这一长篇，是研究匈奴族源及先秦北方游牧部族的代表作。从地理分布及音韵学论证鬼方、混夷、獯鬻、玁狁与后来的匈奴、胡皆系同一族名的异译，"曰戎、曰狄者，皆中国人所加之名，曰鬼方、曰混夷、曰獯鬻、曰玁狁、曰胡、曰匈奴者，乃其本名。而鬼方之方，混夷之夷，亦为中国所附加。当中国呼之为戎、狄之时，彼之自称，决非如此"，否定《史记·匈奴列传》以匈奴先祖乃"夏后氏之苗裔"的说法，为提出殷代鬼方为匈奴族祖的第一人。在考释铜器的《史林》十有一短篇《匈奴相邦印跋》，认定此印"年代较古，又为匈奴所自造，而制度、文字并同先秦"，由此推断"匈奴与中国言语虽殊，尚未自制文字。即有文字亦当在冒顿老上以后，非初叶之事"，对研究匈奴官制、文化以及汉匈关系有重要参考价值。

---

[1] 陈寅恪：《金明馆丛稿二编》，第 149—150 页。

《观堂集林》卷二十二《史林》十四《胡服考》，考察自赵武灵王至唐末宋初，北方游牧部族服装穿戴，包括冠、带、褶、袴、靴等，"入中国后变革之大略"，反映我国古代内地与北边民族的关系。

《观堂集林》卷十三《史林》五《西胡考》（上、下）、《西胡续考》、《西域井渠考》，《观堂集林》卷二十《史林》十二《高昌宁朔将军麹斌造寺碑跋》《九姓回鹘可汗碑跋》《书虞道园高昌王世勋碑后》，为研究西域、突厥、回鹘的主要篇章。

《西胡考》（上、下）及《西胡续考》，探讨西域民族及匈奴族属。"汉人谓西域诸国为西胡，本对匈奴与东胡言之"，"前汉人谓葱岭以东之国曰西胡"，"后汉人于葱岭东西诸国皆谓之西胡"，"南北朝人亦并谓葱岭东西诸国为西胡"。"西胡亦单呼为胡"，但"其所谓胡，乃指西域城郭诸国，非谓游牧之匈奴"。六朝以后，史传、释典所用"胡"字，专指"西戎"。"隋朝彦琮始分别胡、梵，唐人皆祖其说，然除印度外，凡西域诸国皆谓之胡。"《西胡考下》在指出古希腊、大食，近世俄罗斯来自西土而外，"自来西域之地，凡征伐者自东往，贸易者自西来"的事实之后，提出了一个关于发达地区政权与多民族聚居的非发达地区政权的关系问题："凡西徙之种族，于其所征服之国，不过得其政权及兵权而自成统治者之一级。其时人民之生活，仍如故也。"特别强调：

> 当时统治者与被治者间，言语、风俗固自不同，而统治一级人数较少，或武力虽优而文化较劣，狎居既久，往往与被治者相融合，故此土之言语、风俗非统治者之言语、风俗，实被治者之言语、风俗也。世或以统治者之名呼其种族及言语，如大月氏人、睹货逻语之类，盖非尽当。

最后总结道："汉时此族以大宛为东界者，至南北朝已越葱岭，而以高昌为其东界。虽此种人民或于有史以前本居东土，然于有史以后自西徂东亦为事实。故高昌以西语言文字与波斯、大秦同属一系，汉魏以来总呼为胡，深合事理。然则论西胡之事，当分别统治者与被治者二级观之，否则鲜不窒阂矣。"这一论述，迄今仍有现实意义。

《西胡续考》更加明确地提出匈奴与西域同种的关系，"自唐以来，皆呼多须或深目、高鼻者谓胡或胡子"，"岂知此语之本源出于西域胡人之状貌乎！且深目多须不独西胡为然，古代专有胡名之匈奴疑亦如是"。"晋时胡羯，皆南匈奴之裔"，"晋之羯胡，则明明匈奴别部，而其状高鼻多须，与西胡无异，则古之匈奴盖可识矣"。

《西域井渠考》针对伯希和以西域凿井方法和波斯凿井方法相似，自波斯传来的说法，引《史记·河渠书》《大宛列传》《汉书·乌孙传》，证明"穿井为秦人所教，西域本无此法"；汉通西域之后，塞外乏水，且沙土易崩，故以井渠法施之。最后指出："东来贾胡以此土之法传之彼国者，非由彼土传来也。"

吐鲁番出土高昌麴宝茂建昌元年（555）所立麴斌造寺碑，被王国维视为"考高昌麴氏事者第一史料"，作《高昌宁朔将军麴斌造寺碑跋》，为研究突厥官职、突厥与属国、属部关系以及突厥与麴氏高昌关系的重要篇章。

《九姓回鹘可汗碑》原碑碎为八段，经王国维以俄国人拉特禄夫《蒙古图志》所载影本与李文田《和林金石录》所录碑文，并据伯希和"所引诸氏厘定之本"等进行综合研考，"为碑图以明全碑之形状及碑文之次序"，终使"碑文略可通读"，并作《九姓回鹘可汗碑跋》考证人名、地名、部族名，考订阙字，说明纪事。碑题"爱登里啰汩没蜜施合毗伽可汗"，即保义可汗，"在位凡十四年，为回鹘极盛之世"。自拔贺那王，九姓回鹘势力日臻强大，"南破吐蕃，北服葛禄，兵力直至葱岭以西，而其事史皆不书。异时回鹘西徙之事，惟由此碑始得解"。《书虞道园高昌王世勋碑后》，以虞道园所撰《高昌王世勋碑》所据《高昌王世家》是"畏吾儿旧谱牒"，"所记回鹘源流，可与《唐书·回鹘传》互相发明"。

（五）蒙古与辽金元研究

蒙元研究，是王国维最后两年的研究重点。《观堂集林》卷十四《史林》六《黑车子室韦考》《西辽都城虎思斡耳朵考》《鞑靼考》，《观堂集林》卷十五《史林》七《萌古考》《金界壕考》《南宋人所传蒙古史料考》，《观堂集林》卷十六《史林》八《元朝秘史之主因亦儿坚考》《蒙古札记》等，为研究蒙古与辽金元的重要成果。

《鞑靼考》为研究早期蒙古的代表作。"鞑靼之名，始见于唐之中叶。阙特勤碑之突厥文中，有三十姓鞑靼、九姓鞑靼，是为鞑靼初见纪录之始。"两宋著述"屡见其名"，《辽史》本纪中三见，《金史》"乃并绝其迹"，至《明史》"始复有鞑靼传实蒙古传也"。正史中三百多年间"竟不概见"，发之疑问，即以所见辽金宋史籍，结合地理考证，得出"唐宋间之鞑靼，在辽为阻卜，在金为阻𪏴，在蒙古之初为塔塔儿，其漠南之汪古部，当时号为白达达者，亦其遗种也"的结论。分析辽、金二史无"鞑靼"的原因，是由于元朝时汉人、南人以"鞑靼"称呼蒙古人，而元末修史之臣"已不知鞑靼与蒙古之别"，"误以蒙古之先朝贡于辽金"，"虑其有损国体，故讳之尤深"。最后，对漠南鞑靼即阴山鞑靼进行分析，认为与漠北鞑靼在唐"并为鞑靼"，在辽"并为阻卜"，"自不视为异种"，只不过南徙之后与沙陀、党项诸部杂居，"与党项之关系尤较沙陀为密，故昔人多互称之"而已。所附《鞑靼年表》，汇集散见材料，自唐咸通九年（868）至金泰和四年（南宋嘉泰四年，1204），表列以室韦系统蒙古族游牧部落为主的鞑靼诸部336年间的主要活动，注明出处，为进一步研究提供了坚实的基础。

继《鞑靼考》之后的《萌古考》（1925年12月初名《辽金时蒙古考》，1927年4月改定），"就书传所记蒙古上世事实，汇而考之"，为研究成吉思汗建立元朝以前蒙古诸部的重要篇章。以《旧唐书·北狄传》室韦所在地为蒙古诸部发源地，最初"蒙兀室韦亦只在额尔古讷河之下游"，"后来蒙古住地在额尔古讷河、敖嫩河流域"。以《新五代史·四裔附录》引胡峤《陷虏记》有"鞑劫子"的说法,认为"蒙兀室韦之讹转,后世所以称蒙古者,曰梅古悉、曰谟葛失、曰毛割石、曰毛揭室、曰毛揭室韦、曰萌古子、曰盲骨子、曰蒙国斯、曰蒙古斯、曰萌子、曰蒙子,皆与此鞑劫子之音相关系"。文中反复论说"当辽之世,蒙古人已有一部南徙阴山左右","蒙古未兴之前,阴山左右早有蒙古人移居此",与《鞑靼考》对"阴山鞑靼"的分析相呼应,为一重要见解。

《黑车子室韦考》针对日本津田左右吉博士《辽代乌古敌烈考》误将黑车子室韦分为黑车子及室韦两部,指出黑车子室韦即《旧唐书·回纥传》"和解室韦之异名",地"当在今呼伦泊东南""兴安岭左右"。当回鹘衰亡之时,随回鹘南下,出现在"幽、并近塞"地区。最后指出:"回鹘既衰,契丹将兴之际,北方民族间受一种之感应,故有移徙之事。"

《西辽都城虎思斡耳朵考》,以西辽事迹见于中土记载至为简略,其建都之地各种史书名目不一,《辽史》作虎思斡耳朵,《金史》作骨斯讹鲁朵,拉施特《蒙古史》作八喇沙衮,经考察认为"虎思斡耳朵者,契丹之新名,其名行于东方;八喇沙衮者,突厥之旧名,早行于东西二土","即《唐书地理志》之裴罗将军城","当是西突厥故名"。八喇沙衮,《元史》又略称巴里沙,从地理上提出三证论证其"即裴罗将军城"。不想这样一篇关于西辽都城的考证,竟成为论述中亚碎叶最早最详的篇章。郭沫若受此启发,写成《李白与杜甫》中《李白出生于中亚碎叶》一节,后文详述。

以日本学者就辽金史中之乣军发表新说"成为史学上一大问题",遂读《元朝秘史》,"就史实上发见于金末乣军相当之名称",作《元朝秘史之主因亦儿坚考》。认为主因亦儿坚即金后期之乣军,"大抵多契丹人。当金之中叶,远戍呼伦贝尔两湖之间,与塔塔儿人杂居,故中有塔塔儿人,后复徙泰州近塞。大安之季,刺史术虎高琪率之以援中都,因与于怀来之役。后复叛金,与蒙古共围中都。旋有异志，蒙人恶其反覆，遂分其众以赐功臣"。所附《致藤田博士书》两通，第二书所说"辽金元三史中之糺字，绝非误字，其或作纠者，乃糺字之省"，今已得到确证。[1] 糺、纠读作"主"或"竹"。

《金界壕考》以金章宗承安三年（1198）壕堑开成，"起东北，迄西南，几三千里，此实近古史上之大工役"，"遗迹虽湮没，而见于载籍者尚可参稽而得其概"，考证了东北路、临潢路、西北路、西南路界壕的大致路线以及沿线若干重要地名的位置，成为后来实地考察和进一步确定界壕线路的重要参考。

围绕蒙古及元史研究，《史林》七有一篇《南宋人所传蒙古史料考》，集录原文，逐条考辨。此外，校勘、注释早期蒙古史料有：《蒙鞑备录笺证》、《黑鞑事略笺证》、《圣武亲征录校注》、《长春真人西游记校注》、《王延德使高昌记校注》、刘祁《北使记注》、刘郁《西使记校注》等。编辑出版的蒙元重要史料有：徐松、文廷式从《永乐大典》中辑出的《元经世大典》佚文《大元马政记》《元高丽纪事》《大元官制杂记》《大元仓库记》《大元画塑记》《大元毡罽工物记》等，均收《广仓学宭学术丛编》。

陈寅恪特别看重王国维的蒙古与辽金元研究，将其视为"取异族之故书与吾国之旧籍互相补正"的代表，与"取地下之实物与纸上之遗文互相释证"的考古学及上古史之作、"取外来之观念与固有之材料互相参证"的文艺批评及小说戏曲之作，同为其学术内容、治学方法三大特点，认为：

> 此三类之著作，其学术性质固有异同，所用方法亦不尽符会，要皆足以转移一时之风气，而示来者以轨则。吾国文史考据之学，范围纵广，途径纵多，恐亦无以远出三类之外，

---

[1] 黑龙江省博物馆藏泰来县塔子城古城遗址西南隅出土的辽泰州城辽道宗大安七年残断刻石，此字作"糺"不作"纠"。呼和浩特市东郊万部华严经塔（俗名"白塔"）内第一层现存六块金代石碑，此字亦作"糺"不作"纠"。（李逸友：《呼和浩特市万部华严经塔的金代碑铭》，《考古》1979年第4期，图1至图6，1—6号碑铭拓本）。

此先生之遗书所以为吾国近代学术界最重要之产物也。今先生之书流布于世，……盖别有超越时间地域之理性存焉。[1]

因为有上述深邃的研究实践，才能够真正认识殷虚甲骨文、汉晋简牍、敦煌卷子写本、内阁大库档案、境内之古外族遗文的重要学术价值，"移一时之风气"。因为有上述深邃的研究实践，才能够具备"今日之时代可谓之发现时代"的慧眼，预见出此后中国史研究的主要内容和基本走势，"示来者以轨则"。王国维同时代人，有哪一位如此关注地下之新发现，有哪一位从时代高度总结出地下新发现的重大学术价值？唯有具备上述研究实践者，才有如此之卓识远见。这正是王国维在认识上远远超越同时代其他学者的最重要之处，即"别有超越时间地域之理性存焉"！

二、学术思想与科学方法

对于王国维学术思想的研究，在整个学术思想史研究中显得薄弱。或许是王国维在这方面的论述确实很少而被"忽略"，或是其学术成就巨大，影响广泛，这方面的论述往往被掩盖。这里，以其学术实践结合所写四篇论著作简要分析。

辛亥革命前，《静庵文集》所收《论近年之学术界》、《观堂别集》卷四所收《国学丛刊序》，反映其前期已形成的学术思想；辞世之前发表《最近二三十年中国新发见之学问》、印出讲义《古史新证·总论》，反映其研究古史的学术思想。

（一）学无中西、新旧、有用无用之分

从"学"的分类、认识科学以及文化事业出发，《国学丛刊序》

---

[1] 陈寅恪：《王静安先生遗书序》，《王静安先生遗书》序一。

提出学无中西、新旧、有用无用之分的论断。

强调"学无中西",认为"世界学问,不出科学、史学、文学,故中国之学,西国类皆有之,西国之学,我国亦类皆有之,所异者广狭疏密耳"。尤其认为,"虑西学之盛之妨中学,与虑中学之盛之妨西学者,均不根之说也,中国今日实无学之患"。这在当时不仅是很具卓识的远见,而且显示出极强的学术研究自信力。王国维的学术实践与成就,证明了他的这一远见与自信!

论"学无新旧",强调"事物必尽其真,而道理必求其是","凡吾智之不能通而吾心之所不能安者,虽圣贤言之有所不信焉,虽圣贤行之有所不慊焉"。一切以"别真伪"为标准,不信"圣贤之言",这与当时的疑古辨伪风气有相一致之处,且有更深的寓意。

分析"学无有用无用",站在人类思想文化发展的高度,批评"世之君子可谓知有用之用,而不知无用之用者":

> 夫天下之事物,非由全不足以知曲,非致曲不足以知全。虽一物之解释、一事之决断,非深知宇宙人生之真相者不能为也。而欲知宇宙人生者,虽宇宙中之一现象、历史上之一事实,亦未始无所贡献。故深湛幽渺之思,学者有所不避焉;迂远繁琐之讥,学者有所不辞焉。事物无大小、无远近,苟思之得其真,纪之得其实,极其会归,皆有裨于人类之生存福祉。己不竟其绪,他人当能竟之。今不获其用,后世当能用之。此非苟且玩愒之徒所与知也。学问之所以为古今中西所崇敬者,实由于此。凡生民之先觉,政治教育之指导,利用厚生之渊源,胥由此出,非徒一国之名誉与光辉而已。

这一段论述,不仅充满了辩证思想,而且直指目光短浅的"实用主义"或"功利主义"。天下事物,不经全不知有曲,没有曲也难以懂得全。因此,解释一物、决断一事,都需要深知宇宙、人生真相。

而对于认识宇宙、人生，只要是弄清宇宙中某一局部现象、历史中某一局部事实就有用，不能说无所贡献。正因为此，学者们才不顾"深湛幽渺之思"、不怕"迂远繁琐之讥"，不论事大事小、离现实远近，都要"得其真""得其实"。汇总起来，必然"有裨于人类之生存福祉"。所以，自己未完成，他人会继承。今天看来无所用，将来或许有大用。学之可贵、学问之为古今中外所推崇，就在于其不断求索，不断前进，将有限融入无限之中，这正是实用主义、功利主义等"苟且玩愒之徒"根本弄不明白的地方。作为研究学问的重要思想方法，坚持"当以事实决事实，而不当以后世之理论决事实"，是最难得的论断！对于学之为用，说出"非徒一国之名誉与光辉而已"的话，更是骇世惊俗之论！

"学无有用无用"的认识，早在此 10 年之前即已形成。《论近年之学术界》是一篇值得注意的短篇。20 世纪初由日本介绍而传入的法国 18 世纪之自然主义，在中国曾引起"一时学海波涛沸渭"，似乎形成所谓"思潮"。王国维认为"附和此说者非出于知识而出于情意，彼等于自然主义之根本思想固瞢无所知，聊借其枝叶之语以图遂其政治上之目耳。由学术方面观之，谓之无价值可也"。说到"蒙西洋学说之影响而改造古代之学说，于吾国思想界上占一时之势力"的康有为《孔子改制考》，肯定其"震人耳目之处在脱数千年思想之束缚"，但用的却是"西洋已失势力之迷信"，这正是"其学问上之事业不得不与其政治上之企图同归于失败"的根本原因。换句话说，用人家已经"失势"的思想来改造我们的古代学说，怎么会不归于失败呢！对于当时"惟有学术上之目的"的治学者，则认为"固有可褒者"。批评近数年之学术不重自身之价值，"唯视为政治教育之手段"的现象，认为如此下去，"欲求其学说之有价值，安可得也"。强调："欲学术之发达，必视学术为目的，而不视为手段而后可。"此后的数十年间，不止一次出现过此类现象。何炳松《通史新义·自序》举出 30 年代"对于西洋史学原理之接受"，"一时顿呈饥不择食活剥生吞之现象",以至"学说纷纭,莫衷一是,大有处士横议百家争鸣之概",更加证明王国维的上述预见:对于各种西洋史学原理之"根本思想固瞢无所知",才会表现为"饥不择食,活剥生吞";"借其枝叶之语以图遂其政治上之目的",才会形成"处士横议,百家争鸣"的假象。然而,所有这一切,"由学术方面观之",则均"无价值可言"。

《论近年之学术界》通篇所论,对于学术有用无用的辩证关系分析得十分透彻。首先对学术之用作出区分,有为学术自身用、为政治用以及为其他用(如为名利用等)。而为政治、为名利所用,都是以学术为"手段",对于学术自身基本无用,甚至在一定程度上还会影响学术发展。为学术用,以学术为"目的",不以政治、名利为目的,对于政治、名利无用,而对于学术则正当其用。学者从事学术研究,其本职应当是为学术自身发展发挥作用,而不是给学术以外的东西当"手段"被利"用"。学术不为自身发展所用,甘为政治、名利的"手段"被利"用",是扭曲了学术的作用,也是学人、学术的悲哀。因此,感叹"近数年之留学界或抱政治之野心或怀实利之目的,其肯研究冷淡干燥无益于世之思想问题"的现状,并在篇末强调:

> 学术之所争,只有是非真伪之别耳。于是非真伪之别外,而以国家、人种、宗教之见杂之,则以学术为一手段,而非以为一目的也。未有不视学术为一目的而能发达者。学术之发达,存于其独立而已。

王国维正是以其"独立"的学术研究实践着自己的学术主张,宁肯以"学术为目的","研究冷淡干燥无益于世之"所谓"无用"之学术,也不以学术为"手段","抱政治之野心或怀实利之目的",从事所谓"有用"之学术。20世纪的史学已然证明:王国维以"学术为目的"的所谓"无用"之研究最具学术价值,预示了近一个世纪中国史研究的基本走势,正如他本人所预见,"今不获其用,后世当能用之",真可谓"无用之用"了。

(二)科学与史学之异同

虽为《国学丛刊》作序,却不局限于"国学",而以当时的新思想——科学思想论述学术。其中,谈到科学与史学的关系,首先指出"二学之异":

> 夫天下之事物,自科学上观之,与史学上观之,其立论各不同。自科学上观之,则事物必尽其真,而道理必求其是。……自史学上观之,则不独事理之真与是者足资研究而已,即今日所视为不真之学说,不是之制度风俗,必有所以成立之由,与其所以适于一时之故,其因存于邃古,而其果及于方来。故材料之足资参考者,虽至纤悉,不敢弃焉。故物理学之历史,谬说居其半焉;哲学之历史,空想居其半焉;风俗制度之历史,弁髦居其半焉,而史学家弗弃也。此二学之异也。

接着强调史学与科学应当互补:

> 然治科学者,必有待于史学上之材料;而治史学者,亦不可无科学上之知识。今之君子,非一切蔑古,即一切尚古。蔑古者出于科学上之见地,而不知有史学;尚古者出于史学上之见地,而不知有科学。即为调停之说者,亦未能知取舍之所以然。

尽管没有展开论述,但与其接受近代科学思想密切相关,而且比较彻底地贯彻到其学术研究领域中,应当引起足够的重视,进一步发掘其在这一方面的闪光之论。而其晚年提出"古史新证",正是因为有这样的思想认识为基础。

(三)"古史新证":思想方法的学术总结

晚年的王国维,在预见中国史研究基本走势的同时,自觉将其史学实践经验提升到方法论的高度,对自己的学术思想和方法作出理论性总结,《古史新证·总论》最为引人瞩目。

《古史新证》第一章总论,为其思想方法的理论总结。第二章至第五章分别为禹、殷之先公先王、商诸臣、商之都邑与诸侯,为其研究商史和传说时代的精萃。

总论开篇即从历史考据学的高度提出"研究中国古史为最纠纷之问题"这一命题:

> 上古之事,传说与史实混而不分:史实之中固不免有所缘饰,与传说无异,而传说之中亦往往有史实为之素地,二者不易区别。

这一对上古史的基本认识,指出其既有传说成分,更有"与传说无异"的"有所缘饰"成分,也有史实成分。因此,如何区分传说与史实、"缘饰"与史实,就不仅仅是如何认识和对待上古史史料的问题,更有方法的问题,也包含观念和认识问题,即史实中掺杂的"缘饰",往往是史学被当作"手段"而"用",人为地伪造出来的,需要仔细分辨作伪的"目的"、所用的"手段"等。

深刻的认识,长期研究殷商史与神话传说的实践,两者一经结合,提出"二重证据法"便成水到渠成之势了:

> 吾辈生于今日,幸于纸上之材料外更得地下之新材料。由此种材料,我辈固得据以补正纸上之材料,亦得证明古书

之某部分全为实录,即百家不雅驯之言亦不无表示一面之事实。此二重证据法惟在今日始得为之。虽古书之未得证明者不能加以否定,而其已得证明者不能不加以肯定,可断言也。

"二重证据法"不只是取两种或两种以上的材料(地下的、地上的)相互印证,更深刻的所在是如何正确认识传世文献,如何对待"有所缘饰"问题。

如何认识传世文献,"在中国古代已注意此事",太史公作《五帝本纪》取孔子所传《五帝德》及《帝系姓》而斥不雅驯之百家言,作《三代世表》取《世本》而斥黄帝以来皆有年数之《谍记》,表现出"至为谨慎"的态度。汉魏以来,既存在"信古之过"的现象,也存在"疑古之过"的现象。"疑古之过"者的"怀疑之态度及批评之精神不无可取,然惜于古史材料未尝为充分之处理"。"百家不雅驯之言亦不无表示一面之事实"者,"谬悠、缘饰之书如《山海经》《楚辞·天问》,成于后世之书如《晏子春秋》《墨子》《吕氏春秋》,晚出之书如《竹书纪年》,其所言古事亦有一部分之确实性",即整体上不能证明某文献可靠,仍可从其局部获取可信材料。

如何对待"有所缘饰"问题,不仅纸上材料存在"缘饰",地下材料也有局限。针对"有所缘饰"的纸上材料《商颂》,作《说商颂》指明:"自其文辞观之,则殷虚卜辞所纪祭礼与制度文物,于《商颂》中无一可寻;其所见之人、地名,与殷时之称不类,而反与周时之称相类,所用之成语,并不与周初类,而与宗周中叶以后相类。"由此得出结论:"《商颂》盖宗周中叶宋人所作","当为宋诗,不为商诗"。[1]对于卜辞、金文等"地下新材料",也取同样态度。《毛公鼎考释序》提出:"今人之知古代不如知现代之深",必须"考之史事与制度文物,以知其时代之情状",由《诗》《书》"求其

---

[1] 王国维:《观堂集林》卷二《艺林》二。

文之义例",考其古音"以通其义之假借",再参照"彝器以验其文字之变化",由此及彼,甲以推乙,然后才会"有获"。[1]归总起来说,不论纸上之材料,还是地下之新发见,都需要"考之史事与制度文物",弄清其"时代之情状",再经过种种比对和由此及彼的推论,然后方可有所收获。

无论史学实践或对方法论的阐述,都表明王国维将史料考证作为史学研究的首要任务。这固然是当时对于"科学"的理解在史学研究中的一种反映,试图使史事求证成为如同自然科学一样的"精准",但更主要的是与研究上古史的具体实际直接相关。要弄清传说与史实,弄清"缘饰"与史实,面对现存的纷繁史料,首先要做的就是进行科学鉴别。理论的指导和方法的运用,总归离不开鉴别史料中存在着的"传说与史实""缘饰与史实"这一基本前提。因此,考辨史料真伪,在实际上便成为研究上古史的先决条件。

至于认为王国维几乎完全是"乾嘉考据"那种细密的考据方法,只不过比起"乾嘉考据"更为"近代化"的说法,大概是没有弄明白"古史新证"与"乾嘉考据"的本质区别。王国华为《王静安先生遗书》作序,似乎料到会有这种认识,特别写有下面一段文字,道出王国维治学方法与"乾嘉诸老"的区别所在:

> 先兄治学之方,虽有类于乾嘉诸老,而实非乾嘉诸老所能范围。其疑古也,不仅抉其理之所难符,而必寻其伪之所自出。其创新也,不仅罗其证之所应有,而必通其类例之所在,此有得于西欧学术精湛绵密之助也。

乾嘉诸老集历代治经、考史方法之大成,但其考据基本没有跳出"以经治史"的局限,王国维"古史新证"超越乾嘉诸老之处就在

---

[1] 王国维:《观堂集林》卷六《艺林》六。

于要将经史中"混而不分"的传说与史实区分开,找到其中"有所缘饰"的成分,认定"得证明"之史实。具体而言,乾嘉诸老尚停留在"抉其理之所难符"的一步,王国维则深入到"必寻其伪之所自出"的一步,清楚意识到由于某些讲义例的"主体意识"造成史家的"固不免"作伪,不仅要辨伪,更要指出作伪缘由,这是乾嘉诸老所不及者。其次,乾嘉诸老虽也"罗其证之所应有",却未"通其类例之所在",找出相关的内在联系,如上述《毛公鼎考释序》所提示的那些方面。因此,"古史新证"不仅仅是考辨史料的问题,在实际上已将历史考据学提升为科学方法论,一种揭穿以义理伪造历史的科学方法论。"必寻其伪之所自出",找出"百家不雅驯之言"的"有所缘饰",自王国维"古史新证"提出,便成为历史考据学肩负的一项重大使命。正因为此,历史考据学才被某些要"创造过去""另谋开辟新途径"的"历史哲学家"所敌视,企图使学人钻进其"摄绎"的历史哲学"圈套"。这从另一个方面证明,"古史新证"不再只是考辨史料的问题,而具有将历史考据学提升为方法论的重要意义,历史考据学也因此上升到一个新的理论高度。

任何人都是时代的产物,王国维的古史研究和史学方法同样如此。但有一点是确定的:20世纪的中国史研究,凡汲取王国维史学成就及其方法论长处者,则成就大、影响久;反之,无视或不汲取王国维史学成就及其方法论长处者,虽被"用"作"手段"而"热闹"过一时,用王国维的话说,"由学术方面观之,谓之无价值可言",正可谓"有用而无用"了。

三、对中国史学的影响

1927年、1929年,王国维、梁启超先后谢世,标志着20世纪初兴起的"新史学"告一段落。他二人所代表的"新史学"的两大基本路向,以更新的方式取得长足发展。梁启超所代表的路向,以史学与现实结合，为马克思主义历史学取代。王国维所代表的路向，以史学与新史料结合，由历史语言研究所直接实践。在此同时，王国维对中国马克思主义历史学骨干成员也有不可忽视的重要影响。

（一）承继王国维路向的历史语言研究所

王国维离世一年零三个月之后，1928年10月，傅斯年发表《历史语言研究所工作之旨趣》[1]，向世人宣告建所缘起：

> 在中国境内语言学和历史学的材料是最多的，欧洲人求之尚难得，我们却坐看他毁坏亡失。我们着实不满这个状态，着实不服气，就是物质的原料以外，即便学问的原料，也被欧洲人搬了去乃至偷了去。我们很想借几个不陈的工具，处治些新获见的材料，所以才有这历史语言研究所之设置。

不满于中国境内丰富的历史学、语言学等做学问的材料被外人掠去这一状态，想借用新的方法研究"新获见的材料"，才有历史语言研究所的创建，表明的正是对王国维《最近二三十年中中国新发见之学问》的一种积极响应和承继。

对历史学、语言学的作用，更显出与王国维"学无有用无用"极为相似的认识：

> 历史学和语言学之发达，自然于教育上也有相当的关系，但这都不见得即是什么经国之大业、不朽之盛事，只要有十几个书院的学究肯把他们的一生消耗到这些不生利的事物上，也就是以点缀国家之崇尚学术了——这一行的

---

[1] 傅斯年：《历史语言研究所工作之旨趣》，《中央研究院历史语言研究所集刊》第一本第一分。

学术。这个反正没有一般的用处，自然用不着去引诱别人也好这个。

历史语言研究所也没有把历史学的作用看得有多么大，不是什么经国之大业、不朽之盛事，只是一种本行的学术，一种"消耗一生"而又"不生利"的学术。这种书斋或书院的学究肯作的事业，至多不过起一点"点缀国家崇尚学术"的作用而已，不需要很多人，更不需要普及。

当然，两者最大的区别在于，王国维是以个人之力，根据他人新发见的零散材料，从事多方面但缺乏系统的研究，预见了中国史研究的基本走势；历史语言研究所以团队之力，对中国境内的新材料进行科学发掘和整理，以总体研究成果实践着王国维的科学预见，向海内外学界证明，"科学的东方学之正统在中国"。

1."最注意求新材料"

《历史语言研究所工作之旨趣》强调"我们最注意的是求新材料"，"我们想在洛阳或西安、敦煌或吐鲁蕃、疏勒，设几个工作站"。这一"求新材料"的设想，除了未提及内阁大库档案，都是围绕王国维《最近二三十年中中国新发见之学问》的内容展开的。

在"求新材料"中，以殷虚发掘成就最为瞩目。殷墟15次科学发掘，是自甲骨出土以来空前未有的重大收获，才形成"雪堂导夫先路，观堂继以考史，彦堂区其时代，鼎堂发其辞例，固已极盛一时"[1]的局面。甲骨学由草创迈向成熟，与王国维的卜辞研究密不可分。

2."以材料定研究对象"

历史语言研究所十七年（1928）年度报告规定，"史学各方面以及文籍校订等属之"历史组，主要工作有三项：一是编定藏文籍敦煌

---

[1] 唐兰：《天壤阁甲骨文存·自序》，辅仁大学，1939年。

卷子金石书等目录,二是整理明清内阁大库档案,三是研究历史上各项问题,以材料定研究对象:

> 以甲骨文金文为研究上古史的对象;以敦煌材料及其他中央亚细亚近年出现之材料,为研究中古史的对象;以明清档案为研究近代史的对象。[1]

这一规定表明,历史组是以王国维所论近二三十年中国新发见之学问为学问的,并由此确定了中国史研究的基本路向。

(1)三项工作之一,以编定敦煌卷子目录,推动敦煌学发展成绩最著。陈垣应历史语言研究所之嘱,1930年完成《敦煌劫余录》。陈寅恪为之序,强调《敦煌劫余录》一书"诚治敦煌学者不可缺之工具",提出作"敦煌学之预流"的希望:"庶几内可以不负此历劫仅存之国宝,外有以襄进世界之学术与将来。"[2] 经王国维以及历史语言研究所陈垣、陈寅恪等"预流",推动各相关部门收集海外敦煌残卷,至1944年敦煌艺术研究所成立,敦煌学的两个基本方面——卷子研究和艺术研究齐头并进。

(2)三项工作之二,收购明清档案,整理明清档案,为历史语言研究所成立之初的一项最重要工作。历史语言研究所一成立,傅斯年即致函院长蔡元培,以"其中无尽宝藏",强调"此后《明史》改修,《清史》编纂,此为第一种有价值之材料","此事如任其失落,实文化学术上之大损失,明史、清史,恐因而搁笔,且亦国家甚不荣誉之事也"[3]。随后,组建明清史料编刊委员会,陈寅恪、朱希祖、

---

[1] 傅斯年:《中央研究院历史语言研究所十七年度报告》,《傅斯年全集》第6卷,湖南教育出版社,2003年,第17页。

[2] 陈寅恪:《敦煌劫余录序》,《中央研究院历史语言研究所集刊》第一本第二分。

[3] 引自李光涛:《记内阁大库残余档案(下)》,《大陆杂志》第11卷第6期(1955年9月30日)。

陈垣、傅斯年、徐中舒为委员，总其整理编辑之事，自1930年9月开始出版，至历史语言研究所迁台之前，陆续编成《明清史料》甲、乙、丙、丁四编，每编10册，共40册，为明清史研究必不可少的原始素材。

（3）整理居延汉简，是一项"不应忘记"的重要成绩。1930年、1931年，西北科学考察团在汉代张掖郡居延和肩水都尉辖区首次发现10000余枚简牍，1934年由北京大学与北平图书馆联合整理，历史语言研究所指派助理员劳榦参加。联合整理因抗战中辍，劳榦一人在艰苦条件下独力完成《居延汉简考释》释文之部（四卷四册）、《居延汉简考释》考证之部（两卷两册）。同时按照历史组"以敦煌材料及其他中央亚细亚近年出现之材料为研究中古史的对象"的规定，自1934年至1949年陆续发表关于汉晋史研究、简牍研究的著论，开出以居延汉简研究汉代历史的新局面。罗振玉、王国维《流沙坠简》，劳榦《居延汉简考释》，可谓"简牍学之正统在中国"的代表作。

3. 开西夏研究"风气之先"

王国维谈近二三十年新发见之学问的第五项为"中国境内之古外族遗文"，在突厥文、回鹘文、粟特文、梵文、佉卢文、吐火罗语及东伊斯兰语之外，特别提出"宣统庚戌，俄人柯智禄夫大佐于甘州古塔得西夏文字书，而元时所刻河西文《大藏经》后亦出于京师，上虞罗福苌乃始通西夏文之读。今苏俄使馆参赞伊凤阁博士Ivanoff更为西夏语音之研究，其结果尚未发表也"。自1929年至1933年，是历史语言研究所语言组西夏研究成绩最为突出的四年。自王静如《西夏文汉藏译音释略》在《中央研究院历史语言研究所集刊》第二本第二分发表，西夏研究一直为所长傅斯年所关注。1932年《中央研究院历史语言研究所集刊》第二本第四分发表陈寅恪《西夏文佛母大孔雀明王经夏梵藏汉合璧校释序》，称王静如的西夏研究"开风气之先，示国人以治国语之正轨"。至1933年，先后出版《西夏研究》三辑。

总归一句话，20世纪前半纪，除新石器时代考古外，历史语言研究所没有一项研究不以王国维《最近二三十年中中国新发见之学问》为源头。

（二）对中国马克思主义历史学骨干成员的重要影响

中国马克思主义历史学骨干队伍形成期间，与其他"史观派"（仅有史观，而无史事者）的区别，除史观上的分歧外，最明显的一点就在如何对待王国维的史学成就和史学方法方面。

1. 对开辟中国马克思主义历史学"草径"的郭沫若的影响

早在1921年5月，郭沫若为泰东书局编印《西厢》，参考王国维《宋元戏曲史》，认为"是极有价值的一部好书"。

郭沫若"真正认识了王国维"是在王国维去世一年多以后。1928年8月底用两个月时间读完日本东洋文库"所藏的一切甲骨文字和金文的著作，也读完了王国维的《观堂集林》"，自认为"对于中国古代的认识算得到了一个比较可以自信的把握"[1]，随即依据恩格斯《家庭、私有制和国家的起源》、摩尔根《古代社会》"基本完成"《卜辞中的古代社会》一文。在"序说"中肯定罗振玉、王国维对于甲骨文的搜集、保存、传播之功以及考释之功，特别提到王国维《戬寿堂所藏殷虚文字考释》《殷卜辞中所见先王先公考》《殷卜辞中所见先王先公续考》《殷周制度论》四种著述，认为这是"对于卜辞作综合比较研究之始"，然后便是人们熟知的一则评述："谓中国之旧学自甲骨之出而另辟一新纪元，自有罗王二氏考释甲骨之业而另辟一新纪元，决非过论。"对商代是"金石并用的时代"，商业尚在"实物交易，与货币交易之推移中"的结论，主要依据罗振玉、王国维的甲骨文字考释，以"新兴科学的观点"揭示出来。王国维《殷周制度论》关于"中国政治与文化变革莫剧于殷周之际"的论断，更是此间郭沫若以

---

[1] 郭沫若：《海涛集·跨着东海》，《郭沫若全集·文学编》第13卷，第365页。

"殷周之际当即所谓'突变'之时期"[1]的依据之一。

1929年12月29日郭沫若致函容庚,表示"欲读"王国维《古史新证》。1930年2月初连连致函容庚,"《古史新证》迄今未收到,将无邮失耶?望查核","《古史新证》迄今未到,恐有遗失,心甚不安,请查",急切心情溢于言表,直至2月5日夜收到。[2]自1928年8月始读甲骨文和金文著作,至1937年5月,郭沫若依次出版了《甲骨文字研究》《殷周青铜器铭文研究》《两周金文辞大系》《金文丛考》《金文余释之余》《卜辞通纂》《古代铭刻汇考》《古代铭刻汇考续编》《两周金文辞大系图录考释》《殷契粹编》等10部甲骨文、金文著述,后来自谓这是冒犯"沉溺的危险"和"玩物丧志"的危险[3],恰恰表明其此间的甲骨文、金文研究是以"学术为目的"而不是以"学术为手段",这或许可以解释在社会史论战高潮的那几年,郭沫若为什么关注殷墟发掘和金文研究,而对论战几乎置若罔闻了。

1944年作《古代研究的自我批判》,郭沫若检讨"关于卜辞的处理",主要是先前对王国维《殷周制度论》的"特别强调","把它的范围更扩大了","由于演绎的错误","一开始便把路引错了"。自己弄错了自己承认,对于王国维卜辞研究的历史功绩仍然给予极高评价:

> 卜辞的研究要感谢王国维,是他首先由卜辞中把殷代的先公先王剔发了出来,使《史记·殷本纪》和《帝王世纪》等书所传的殷代王统得到了物证,并且改正了它们的讹传。……我们要说殷虚的发现是新史学的开端,王国维的业绩是新史学的开山,那样评价是不算过分的。[4]

---

[1] 郭沫若:《中国古代社会研究》,上海联合书店,1930年,第225、254、280—281页。

[2] 曾宪通编注:《郭沫若书简(致容庚)》,第39、42、45、47页。

[3] 郭沫若:《金文丛考·重印弁言》,《沫若文集》第14卷,人民文学出版社,1963年,第539—540页。

[4] 郭沫若:《古代研究的自我批判》,《十批判书》,群益出版社,1945年,第4页。

30年代只是从甲骨学的角度评价王国维的卜辞研究，此时则提升到史学的高度来认识。鼎堂如此认识观堂的史学，彦堂则以观堂的理念来评价鼎堂的史学，这便是经常引用的董作宾在50年代初写的一段评论：

> 大家都知道的，唯物史观派是郭沫若的《中国古代社会研究》领导起来的。……他把《诗》《书》《易》里面的纸上材料，把甲骨卜辞、周金文里面的地下材料，熔冶于一炉，制造出来一个唯物史观的中国古代文化体系。[1]

以唯物史观指导古代社会研究，是郭沫若此间史学研究的一大特色；把《诗》《书》《易》里面的纸上材料，把甲骨卜辞、周金文里的地下材料熔冶于一炉，是郭沫若此间史学研究的又一大特色。这后者既是王国维最突出的治学特点，也是王国维最重要的治学方法，在"甲骨四堂"之一的董作宾看来，"唯物史观派"带头人郭沫若继承王国维治学特点和方法成就最为卓著，这也正是马克思主义历史学与其他形形色色"史观派"史学的一大重要区别。

在总结古代研究之后不几年，1946年郭沫若将王国维与鲁迅相提并论，发表《鲁迅与王国维》一文，对二人的学术成就做有一总评：

> 他们用科学的方法来回治旧学或创作，却同样获得了辉煌的成功。王先生的《宋元戏曲史》和鲁先生的《中国小说史略》，毫无疑问，是中国文艺史研究上的双璧；不仅是拓荒的工作，前无古人，而且是权威的成就，一直领导着百万的后学。王先生的力量自然多多用在史学研究方面去了，他的甲骨文字的研究，殷周金文的研究，汉晋竹简和封泥等的

---

[1] 董作宾：《中国古代文化的认识》，《大陆杂志》第3卷第12期。

> 研究,是划时代的工作。西北地理和蒙古史料的研究也有些惊人的成绩。……大抵两位先生在研究国故上,除运用科学方法之外,都同样承继了清代乾嘉学派的遗烈,……严格地遵守着实事求是的规则。……就和王国维是新史学的开山一样,鲁迅是新文学的开山。但王国维初年也同样是对文学感觉兴趣的人。……根据叔本华的美学思想写过《红楼梦评论》,尽力赞美元曲,而在词曲的意境中提倡"不隔"的理论("不隔"是直观自然,不假修饰),自己对于诗词的写作,尤其词,很有自信,而且曾经有过这样的志愿,想写戏曲。
> ……
> 《王国维遗书全集》(商务版,其中包括《观堂集林》)和《鲁迅全集》这两部书,倒真是"虽与日月争光可也"的一对现代文化史上的金字塔呵![1]

对王国维的死表现出"至今感觉着惋惜"的心情,认为王国维"好像还是一个伟大的未成品"。

1971年《李白与杜甫》开篇"李白出生于中亚碎叶"有"中亚碎叶,玄奘《大唐西域记》中译作'素叶'。……可见中亚碎叶实为当时之一重镇"一段论述,曾有人误以为"资料是从冯家昇等人那里得来的"。其实,这正是郭沫若在逆境中不忘王国维的一个见证。《观堂集林》卷十四《西辽都城虎思斡耳朵考》一文有三则涉及中亚碎叶的论述:

> 《唐书·地理志》载贾耽《皇华四达记》云:至热海后百八十里,出谷至碎叶川口,……又西四十里至碎叶城,

---

[1] 郭沫若:《鲁迅与王国维》,《历史人物》,海燕书店,1947年,第166—167、173页。

北有碎叶水,……案热海者,今之特穆尔图泊。碎叶水者,今之吹河。

……

据《大唐西域记》及《慈恩法师传》则五百八十九里(两书无裴罗将军城,今以自素叶水城至呾罗私之里数加裴罗至素叶之里数计之)。

……

考隋唐以来热海以西诸城,碎叶为大。西突厥盛时,已为一大都会。《慈恩传》言至素叶水城,逢突厥可汗方事畋游,军马甚盛。及唐高宗既灭贺鲁,移安西都护府于龟兹,以碎叶备四镇之一(《唐书·西域传》)。调露中,都护王方翼筑碎叶城,……

对照郭沫若的论述可以清楚看到:受王国维启发,查看了《大唐西域记》《大清一统志》《大慈恩寺三藏法师传》,弄清"素叶水"译作"吹河",知道贞观三年玄奘在此处见西突厥叶护可汗,引用了王国维没有引用的文字:"(自凌山)山行四百余里至大清池(原注:'或名热海,又谓咸海。'案即今之伊塞克湖)……清池西北行五百余里至素叶水城,城周六七里,诸国商胡杂居也。"这是 1928 年第一次读完《观堂集林》40 多年后又一次查阅《观堂集林》,足以印证郭沫若 1946 年说过的话:"在近代学人中我最钦佩的是鲁迅与王国维","他们的遗著吸引了我的几乎全部的注意",王国维"在史学上的划时代的成就使我震惊"。[1]

2. 对颇富马克思主义理论素养的侯外庐的影响

取名外庐,是因为"王国维深信君子三畏","以'畏'自戒",自己则将苏东坡的"不识庐山真面目""反其意而用之,一九二八年

---

[1] 郭沫若:《鲁迅与王国维》,《历史人物》,第 163—164 页。

初,起名'外庐',以'外'自戒"。同样也是在"王国维去世一年多"以后初识王国维,并把王国维作为某种效仿的榜样。晚年谈翻译《资本论》心得:"我之所以一向欣赏乾嘉学派的治学严谨,一向推崇王国维近代研究方法,而未至于陷入一味考据的传统,一个相当重要的原因,便在于《资本论》方法论对我的熏陶。"[1]虽然强调《资本论》方法论未使自己"陷入一味考据的传统",却不掩饰对王国维近代研究方法的推崇,并将其与《资本论》方法论对自己的熏陶相提并论。

在与郭沫若讨论屈原思想时发表《屈原思想的秘密》,将屈原与王国维相提并论,赞誉屈原与王国维为"两个中国学术大师,是中国历史上可以夸口的人物"。[2]

1942—1946年完成《中国古典社会史论》《中国古代思想学说史》《中国近世思想学说史》期间,侯外庐对王国维有了更进一步的认识。

《中国古典社会史论》的写作,是"一见郭沫若的《中国古代社会研究》,立刻就沿着他开辟的'草径',研究起王国维的遗产和郭沫若的方法","渐渐掌握了一些殷周留下来的第一手史料,并用经典作家关于古代社会的理论,考核了这些存在数千年才初被人识的'新'史料"所取得的"收获"。[3] 1946年2月写《中国古代社会史》自序,表示15年来"我自己从事此一种研究亦有来历,一则是步着王国维郭沫若二先生的后尘,二则是继亚细亚生产方式论战的绪统,更在这两方面要求一个统一的说明"。确定研究中国古代社会的三个步骤,"第二个步骤"便是"谨守着考证辨伪的一套法宝,要想得出断案,必须遵守前人考据学方面的成果,并进一步订正其假说",

---

[1] 侯外庐:《韧的追求》,生活·读书·新知三联书店,1985年,第68、91页。

[2] 重庆《新华日报》1942年2月17日,载《侯外庐史学论文选集》(上),作为《论屈原的思想》一文的第一部分,人民出版社,1987年,第341页。

[3] 侯外庐:《韧的追求》,第116页。

"我们治古史，地下资料已成为必要的论据"，"今文家常犯的毛病就是'托古'、'影古射今'，而实事求是的研究，则要远乎此道，尤其治古代史，不能一丝一毫来眩染"。[1]这完全可以视为"王国维的遗产"的同义语。第三章论证中国古代文明起源的具体途径，释"土"字，引王国维最初释社土之义，说明殷代已有土地的所有问题；研究殷周之际的制度转化，引《殷周制度论》"中国政治与文化之变革，莫剧于殷周之际，都邑者，政治与文化之标征也"，赞赏说："好一个合于科学的断言！"整章论证基本是结合王国维《殷周制度论》及相关文字考释，解释恩格斯《家庭、私有制和国家的起源》，即其所谓的"若与《起源论》之说明对照，就知道底里"[2]。第五章中国古代"城市国家"的起源及其发展，肯定"王国维先生根据卜辞，证古代邦、封为一字，卓见超绝"，从"邦"字证"封"字。经过综合分析得出结论：封、邦两字的含义，实在是古代社会筑城的第一阶段，"营国"是筑城的第二阶段，是国家形态的发展。古代的城、国二字同义，城市＝国家。这一论证，成为侯外庐关于中国古代社会研究的一个重要论点。

《中国近世思想学说史》从明末清初写到清末民初，第三编19世纪思想活动之巨变，论述龚自珍、康有为、谭嗣同、章太炎、王国维的学术思想，这是学术思想史中系统论述王国维学术思想的重要篇章。其间，编著《王国维古史考释集解》，重庆三友书店1943年出版；写成《王国维古史决疑的诸范例》，发表在1945年9月《中苏文化》第16卷第8期。

晚年的侯外庐，念念不忘与王国维有关的一段往事、一篇杂文，写在《韧的追求》书中。1948年春香港文化界针对"第三条路线"即"自由主义运动"召开座谈会，作为中国学术工作者协会华南分会法人

---

[1] 侯外庐：《中国古代社会史》，新知书店，1948年，卷首第1—2页。

[2] 侯外庐：《中国古代社会史》，第75—79页。

的侯外庐写过几篇文章,其中一篇题为《自由与自由主义》,分析清华大学两位有代表性的教授王国维、闻一多所走的路,引述了王国维的这一表白:"余知真理,而余又爱谬误伟大之形而上学,尊严之伦理学,与纯粹之美学,此吾人所酷爱也;然求其可信者,则知识上之实证论,伦理学上之快乐论,与美学上之经验论。知其可信而不能爱,觉其可爱而不能信,此……最大之烦闷。"并作评述:"王国维宁可殉身'可爱'的谬误,而不皈依'可信'之真理,可见是抱着'自由主义'投水的",闻一多则"为人民争取自由解放的理想而殉道"。[1] 虽然针对"第三条路线",但对二人之死却都充满着深深的惋惜之情。

侯外庐提出的研究中国古代社会的"第三个步骤",即"把中国古代的散沙般的资料,和历史学的古代发展法则,作一个正确的统一研究……这种研究方法,是高级的,要在不断的试验写作之中,才能有所创获"[2]。这既是侯外庐治学基本思路的自我总结,也是对马克思主义历史学治学思路的基本概括。正是在这一点上,划清了马克思主义历史学与其他诸多"史观派"在方法论上的根本区别:仅有史观(历史发展法则、历史哲学等)而无具体历史事实(散沙般的资料等)的"史观派",最显著特征就是"以论代史"(以理论、法则代替史实研究、代替对散沙般资料的系统整理),而马克思主义历史学则要在"资料"和"法则"两方面"作一个正确的统一研究",即以理论与史料相结合。所以,不应将马克思主义历史学简单地视为"史观派"。而且,对"以论代史"的"空洞无物",马克思主义历史学骨干成员是反对的。

请看深谙王国维史学的郭沫若在50年代的两次公开表态:1951年5月在《给开封中国新史学研究会分会》信中指出:精通辩证唯物主义与历史唯物主义才能治好历史,"犹如必须精通烹调术才能治好

---

[1] 侯外庐:《韧的追求》,第201—202页。

[2] 侯外庐:《中国古代社会史·自序》,《中国古代社会史》卷首,第4页。

烹调",但"厨司不能专门拿烹调术来享客,历史家当然也不能专门拿研究方法来教人"[1]。1959年4月发表《关于目前历史研究中的几个问题》,仍然用上述比喻批评说:

> 固然,史料不能代替历史学,但在历史研究中,只有历史唯物主义的一般原理而没有史料,那是空洞无物的。炊事员仅抱着一部烹调术,没有做出席面来,那算没有尽到炊事员的责任。由此看出,没有史料是不能研究历史的。[2]

显然,对于"没有史料"却非要"研究历史",包括"只有历史唯物主义的一般原理而没有史料"的研究,都在郭沫若批评之列。

2010年3月6日

《"王国维与中国现代学术"国际学术研讨会论文集》,华东师范大学,2010年5月。应约将《对中国马克思主义历史学骨干成员的重要影响》的两个部分改写为《王国维对郭沫若的影响》《王国维对侯外庐的学术影响》,发表在《光明日报》2012年12月10日、2013年1月21日。

[补记]

大会发言过后,在海宁分组讨论时,一位台湾教授提到我20多年前在纪念王国维诞辰110周年、逝世60周年的"国际王国维学术研讨会"上的一段话,希望我再发表意见。

---

[1] 郭沫若:《给开封中国新史学研究会分会》,《奴隶制时代》,人民出版社,1954年,第168—169页。

[2] 《新建设》1959年4月号,《沫若文集》第17卷,人民文学出版社,1963年,第606页。

1987年6月那次会议,我提交的是一篇综述——《建国以来王国维研究述评》,将新中国成立以来的王国维研究分作50至60年代、70年代以来两个阶段,归纳为六大方面:王国维及其学术的基本估价、史学研究、文学(包括美学)思想研究、中国古典戏曲研究、与罗振玉的关系、死因的探讨,提出推进研究的三点建议——加强对其学术思想的考察,深入对其治学方法的认真研究,在分析研究基础上逐步走向综合研究。这里,再重述一次那篇综述最后的一段论述:

> 王国维的学术思想、学术方法是寓于他的学术成就之中的,而王国维的学术成就又是多方面的,几乎囊括了当时社会科学的基本领域。……我们需要进一步加强更高层次的、把王国维作为近代杰出学者来进行完整的研究。同时,还应当把王国维放在中国近代学术文化发展的进程乃至世界近代学术文化发展的进程中加以考察,把他同近代以来的著名学者相比较,从而肯定其在近代学术文化发展中应有的地位和作用,给人以中国近代杰出学者的一个完整形象。[1]

---

[1] 谢保成:《建国以来王国维研究述评》,吴泽主编:《王国维学术研究论集》(三),华东师范大学出版社,1990年,第517—518页。

援庵先生学术三题

近年来因涉 20 世纪史学问题，拜读了一些大师们的代表作。当此纪念陈垣先生 130 周年寿诞之际，谨以读书心得表示对援庵先生的深切缅怀。

一、陈垣与郭沫若的交往

陈垣与郭沫若，新中国成立前未曾谋面，但两位的大名同时出现在 1948 年 3 月中央研究院公布的第一届院士名录中，只不过郭沫若是在缺席的情况下当选的。1949 年 7 月，发起成立中国新史学研究会，并在北平成立筹备会，陈垣、郭沫若同为发起人，又同为筹备会常务委员。紧接着，发起成立中国社会科学工作者代表会，陈垣、郭沫若同为发起人会议开幕会主席团成员。

新中国成立后，郭沫若为政务院副总理兼文化教育委员会主任，陈垣为辅仁大学校长；郭沫若为中国科学院院长、哲学社会科学部主任、历史研究一所所长，陈垣为中国科学院专任委员、哲学社会科学部委员、历史研究二所所长。1954 年以后，郭沫若为全国人大常委会副委员长，陈垣为全国人大代表、全国人大常委会委员。因各种会议和公务活动，二人有过多次见面。1971 年 3—6 月陈垣病重住院期间，郭沫若到病房看望过陈垣。6 月 21 日陈垣病逝，24 日在八宝山举行遗体告别，郭沫若致悼词。令学界关注的是，1958 年 12 月 27 日《人民日报》公布郭沫若重新入党。时隔一月，1959 年 1 月 28 日陈垣被接受加入中国共产党。

下面，有几方面少为人们注意的往事，提出来供有兴趣者参阅。

其一，治学特点的相似处和对"空洞无物"学风的批评。

治学相似处，都避免写成教科书或讲义。陈垣1933年6月24日致蔡尚思函说，"虽日书万言，可以得名，可以啖饭，终成为讲义的教科书的，三五年间即归消灭，无当于名山之业也"[1]。郭沫若1943—1945年间写《十批判书》，也是在"尽量避免了讲义式或教科书式的体裁"[2]。

对于所处年代历史研究中"空洞无物"的风气，都作有公开批评。1951年5月郭沫若在《给开封中国新史学研究分会》信中指出：精通辩证唯物主义与历史唯物主义才能治好历史，"犹如必须精通烹调术才能治好烹调"，但"厨司不能专门拿烹调术来享客，历史家当然也不能专门拿研究方法来教人"[3]。1959年4月郭沫若发表《关于目前历史研究中的几个问题》，继续用上述比喻批评说：

> 固然，史料不能代替历史学，但在历史研究中，只有历史唯物主义的一般原理而没有史料，那是空洞无物的。炊事员仅抱着一部烹调术，没有做出席面来，那算没有尽到炊事员的责任。由此看出，没有史料是不能研究历史的。[4]

1961年1月陈垣在历史研究所学术委员会扩大会议上发言，批评"学术性的论文，空泛太多，闲话不少"，强调：

---

[1] 陈智超编注：《陈垣来往书信集》，上海古籍出版社，1990年，第354页。

[2] 郭沫若：《我怎样写〈青铜时代〉和〈十批判书〉》，《十批判书》，群益出版社，1945年，第473页。

[3] 郭沫若：《给开封中国新史学研究分会》，收1953年、1954年版《奴隶制时代》，保留在郭沫若审定的《沫若文集》第17卷。郭沫若去世后编辑《郭沫若全集·历史编》，采用1973年版《奴隶制时代》，此信被删。

[4] 郭沫若：《关于目前历史研究中的几个问题》，《新建设》1959年4月号，《沫若文集》第17卷，第606页。

研究和论著，离不开资料，我们史学工作者提不出史实，就无法论证。[1]

其二，关于筹建历史研究所的一些情况。

1951年2月8日，中国史学研究会举行春节茶话会，林伯渠、郭沫若、徐特立、吴玉章到会讲话，陈垣在发言中提出中国科学院应当成立历史研究所的建议。

1953年11月下旬，汪篯带着中国科学院院长郭沫若、副院长李四光写给陈寅恪的两封信赴中山大学转达请其担任历史研究二所所长意见之前，曾经拜访陈垣征求意见。陈垣"与同人意见以为所长一席，寅恪先生最为合适"[2]。12月10日，郭沫若听科学院党组成员、学术秘书刘大年来谈陈寅恪回绝二所所长之事，首先想到的便是"第二史所只好改由陈垣担任"[3]。

其间，为筹建历史研究所二所，郭沫若曾致函中国科学院党组，向文化部协商调贺昌群，全文如下："贺昌群，现任南京图书馆馆长。贺本系隋唐史研究专家，研究态度踏实，著述颇多。此类专才宜集中至第二历史研究所，从事研究工作。请党组考虑，向文化部调用。张稼夫同意。"[4]不久，贺昌群即调入历史研究所二所为研究员，兼中国科学院图书馆馆长。

其三，关于《中国史稿》的一些往事。

1955年7月第一届全国人民代表大会第二次会议期间，毛泽东向郭沫若提出为县团级干部编写一部中国历史的希望。后经有关方面初步商议，1956年2月形成一份《编写中国历史教科书计划草案》，

---

[1] 陈垣：《谈谈文风和资料工作》，《光明日报》1961年3月16日。

[2] 陈垣致冼玉清（1953年12月18日），《陈垣书信底稿》，刘乃和等：《陈垣年谱配图长编》（下）引，辽海出版社，2000年，第640页。

[3] 郭平英1997年10月3日致笔者函，抄附郭沫若1953年12月10日日记。

[4] 王玉璞、朱薇编：《刘大年来往书信选》（上），中央文献出版社，2006年，第61页。按：张稼夫，时任中国科学院副院长。

以郭沫若、陈寅恪、陈垣、范文澜、翦伯赞、尹达、刘大年7人组成中国历史教科书编辑委员会的编审小组,负责组织写稿和审稿的工作,由郭沫若主持。

1959年3月6日,郭沫若邀请陈垣、范文澜、吴晗、翦伯赞、侯外庐等60余人讨论中国历史(即《中国史稿》)奴隶社会和封建社会的提纲草案。[1]

这里要说的是,在各种会议或公务活动之外,陈垣、郭沫若有过两次互访,一次是陈垣访郭沫若,一次是郭沫若访陈垣。

1955年10月28日,为《中国佛教史籍概论》题写书名,陈垣到西四大院5号访郭沫若,郭沫若因出席中国科学院、中华全国自然科学专门学会联合会联合召开的"纪念米丘林诞生一百周年纪念会"开幕式并致开幕词,失去一次见面的机会。郭沫若回到家中即致函陈垣,全文如下:

援庵先生:

　　承过访,因往参加米丘林纪念会,故失迓。书签已题就。闻立群云曾面请代为物色家庭教师,教小女儿钢琴及绘画。如有适当人选,敬请便为留意。专此顺致
　　敬礼!

郭沫若十·廿八[2]

"书签已题就",系指"中国佛教史籍概论"题签。当天,陈垣收到题签,即致函科学出版社编辑部:"(55)发文便四字第一〇二六号函收到。拙著《中国佛教史籍概论》封面题字,已由郭沫若院长题

---

[1] 详见拙文《郭沫若主编〈中国史稿〉》所引《中国历史提纲(奴隶社会、封建社会部分)座谈会简报》,《求真务实五十载——历史所同仁述往(1954—2004)》,中国社会科学出版社,2004年,第25—27页。

[2] 黄淳浩编:《郭沫若书信集》(下),中国社会科学出版社,1992年,第221页;陈智超编注:《陈垣来往书信选》,第797页。

好,兹一并送上。又封面颜色,拟用《史学译丛》五五年第五期颜色,封面题字位置,请按附上书面所贴之部位,如何,请酌。"[1] 当年12月,这一完成于1942年9月的专著,才由科学出版社第一次正式出版,封面颜色、题字位置完全按照陈垣要求印制(下图)。

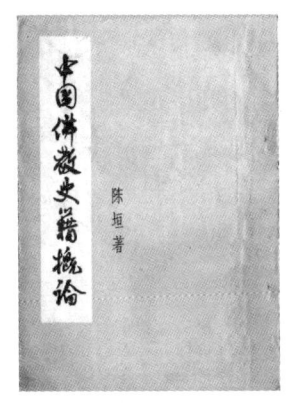

《中国佛教史籍概论》,科学出版社1955年12月第1版封面

郭沫若访陈垣,是在10年之后。1965年6月郭沫若提出《兰亭序》真伪的问题,至8月引发讨论热潮。9月12日郭沫若写成《〈兰亭序〉并非铁案》,29日与王戎笙走访励耘书屋。围绕《兰亭序》,二位老人"谈得兴高采烈",涉及文字变化、南北字体风格异同、《兰亭序》临摹版本、王羲之字迹真伪以及碑版拓片等。对于正在进行的论辩,陈垣表示有些看法还不成熟。郭沫若希望陈垣写成文章,陈垣表示暂不想发表意见。[2] 这次晤面,二人在励耘书屋门前留下合影,极为难得和弥足珍贵。郭沫若为著者题写书名,又在著者寓所合影的情况,据笔者所知,仅此一例。题签、合影,成为两位学术泰斗交往最富生机的见证。

---

[1] 《陈垣书信底稿》,刘乃和等:《陈垣年谱配图长编》(下)引,辽海书社,2000年,第673页。

[2] 刘乃和:《励耘承学录》,北京师范大学出版社,1992年,第79页。

1965年9月29日郭沫若访陈垣，励耘书屋门前合影

二、陈垣关注过的《新旧唐书合注》

《新旧唐书合注》是王先谦继《汉书补注》《后汉书集解》之后又一集大成之作，因成于其临终前夕未得刊行，被称为"新旧唐书合钞校注二百六十卷"，著录于《清史稿艺文志补编》正史类。商务印书馆1956年出版《唐书经籍艺文合志》，出版说明亦称"王先谦编著的《新旧唐书合钞补注》，体例和前书（按：指沈炳震《新旧唐书合钞》）相仿，校注更加详细"。20世纪80年代以来，更有一种误解，认为沈炳震《新旧唐书合钞》未援引《唐会要》《册府元龟》等重要史籍，王先谦在沈钞基础上"用《唐会要》《册府元龟》等书为《合钞》作注，以补《合钞》自证史籍之不足"，并"在沈钞两唐书的基础上有所发明"。这些说法，不仅未见原书书稿，也未见王先谦《虚受堂文集》卷6《新旧唐书合注序》（民国十年刊本），更不知道陈垣对此书的关切和评述。

在1956年4月至1958年4月的两年时间内，为出版王先谦《新旧唐书合注》一书，陈垣给科学出版社至少写过三次回信。[1]

---

[1] 陈垣致科学出版社三函，《陈垣书信底稿》，刘乃和等：《陈垣年谱配图长编》（下）引，第693、717、726页。

1956年4月26日复函科学出版社，全文如下：

是书成于王先生晚年（卒前二年），其精博诚不如往年之两汉书注，但王先生究是编书内行老手，故其体裁方式，都比沈氏合钞为优。如此巨帙，既已写成，值得为之一印。

但校印是一事，修订又是一事，这次是校印，不是修订，如果王氏原稿的确错误者，应为校正，如果是两可的，应尽可能仍王氏原文，不轻改，不轻增，不轻删。

送来样本第一册，有浮签大小两种，付印时应揭去，其正确而有意义者，可留为作校记之用。

关于新式标点，如果版式许可，全书应加新式标点符号。

1957年9月28日，复函科学出版社第四编辑室：

寄来《新旧唐书合注》标点略例二份及总目、纪、传、志、校记、通检等九册未能及时审阅，至歉。兹经检查，大致不差，间有一二小节，尚需斟酌，另纸录呈。

1958年4月2日复函科学出版社刘荔生：

承示《刊行新旧唐书合注说明》，大致妥善。坚守对王氏原稿不动原则，尤为卓识。

综合三份函件内容，一是肯定《新旧唐书合注》"如此巨帙，既已写成，值得为之一印"，但强调"坚守对王氏原稿不动原则"，只"是校印，不是修订"，"应加新式标点符号"；二是有关体例等问题"大致不差，间有一二小节，尚需斟酌"；三是认为《刊行新旧唐书合注说明》，写得"大致妥善"。然而，这一稿本至今尚未印行，存中国科学院图书馆，为馆藏善本。

1996年7月上旬，笔者以一周左右时间翻检过全稿，发表了《一部研治两〈唐书〉的集大成之作——王先谦〈新旧唐书合注〉》的文章，现就相关问题再作一些补充说明。

现存中国科学院图书馆的《新旧唐书合注》225卷、目录3卷、旧唐书传赞1卷，是经瞿蜕园等编辑整理形成的一部准备付印稿，分订为189册，装成13函。

稿本前有《新旧唐书合注序》，末署"岁在丙辰，长沙王先谦序"。"岁在丙辰"，即1916年，当为王先谦临终前一年所作。

稿本以《新唐书》分卷为卷，每卷前均标以"新旧唐书合注××卷"，下题"长沙王先谦撰集"。

纪、传部分，绝大多数用"虚受堂"刻印本，板高21.7厘米，上下两面，每面12行，每行25字。新书原文在前，顶格排印；旧书原文在后，低一格排印。原文为大字（每行25字），每字占二细长格；合注注文为双行小字，每字占一细长格。列传中，有一些利用的是已刊本，如魏徵传用的是王先谦《新旧唐书合注魏徵列传》单刊本，并附有《魏郑公谏录》；安禄山传并附传亦为单刻本，但不同于"虚受堂"刻印本，题"赐进士出身、特赏内阁学士衔、前国子监祭酒、翰林院编修加三级臣王先谦谨撰"。抄写部分，为太宗诸子至十一宗诸子（卷80—82）、周边以及奸臣、叛臣、逆臣诸传（其中，安禄山并附传，已另有单刻本）。

志的部分，基本为抄写稿。《百官志》题以"宁乡傅运森补纂"，前有瞿蜕园朱笔说明："此本系王氏原稿所缺，经傅氏补辑者，朱笔标点及标语系此次所加。"《地理志》旧书原注为单行小字，合注则用双行小字，以示区别。《艺文志》新志书名直行连属成文，故加标点断句；旧志书名分行排印，不加标点。书名下双行小注，为新旧志原注；为了与合注隔开，标以符号<，要求付印时"须空一格"。

表的部分（卷61—75），借用百衲本《新唐书》各表，前有傅伟平写的一段说明："合注六十一至七十五卷，共十五卷，连上、下共二十二卷，合注原阙，借用百衲本《新唐书》各表，加入各家校记而成。"

在 225 卷正文之后，有新编目录 3 卷，前面是《新旧唐书合注总目说明》，要点有三：

1."合注既将《旧书》割裂附入，已不能尽符《新唐书》之面目，虽于目中附注说明，终不能使读者一目了然。况《新书》原目编次不尽得法，舛漏混淆之处不一而足，非重编一切实扼要之总目不适于用。今按照合注内容，逐卷详列。但举总卷数，省去分卷数，以期眉目清朗。"

2."志、表向无细目，最不便于检查，今另编细目，附于总目之后。"

3."列传中子孙附见者，仍照旧例旁注，唯次序改按本文先后，不分别子、弟、侄、孙等。虽非正传而名不可没者，则注一［附］字，新书虽无而移旧书附之者，则注一［补］字。"

新旧两书原目附有考证，王先谦认为："前人考核之功亦不可掩，与新编总目有相得益彰之用，故并列于后焉。"

在新编《新唐书目录附考证》卷首，即"新唐书汲古阁本卷首"句下，有"先谦曰"："阁本《新唐书》系照宋本转刊，犹存古本规模。今合注本于新书正文以阁本为主，于旧书正文以岑氏建功仿汲古阁十七史行款式辑刻本为主，比校官本，识其所异，仍录阁本新书目录于前，以便检查。"在《旧唐书目录附考证》前，有瞿蜕园注云："本目录尚须以阁本与岑本异同处重加编排。"

稿本最末为《旧唐书传赞》1 卷，瞿蜕园注："旧唐书各传赞，因不能割附新书，故摘出总附于全书之末。"

就撰述目的而言，《合注》并非"在沈钞两唐书的基础上有所发明"而作，王先谦序说得非常明白："自欧、宋《新唐书》出，而谓《旧书》不可废者纷然，于是二书并行。归安沈氏，遂有《合钞》之作。论者多美其勤力,而病其杂糅,此予《合注》所以不可已也。"首先是不满意《合钞》的"杂糅"。其次,不满意新书纪、传的删改:"宋景文氏为传,好以古语易新词,而未悟文之古不专在此,……欧公志、表皆极意之作,其于帝纪多所增删,学人訾议,删则斥为仿班,增则又谓有心立异。"由于这两项基本原因,王先谦才下大功夫对两书详加考订:"予于二书,反复积年,颇有考订。旁罗旧注,广诹同志,条分新旧,合为一书。"这是《合注》与《合钞》的最大不同。因此,《合注》一改《合钞》纪、传"旧书作大文,而新书分注",诸志又"转以新书作大文,而旧书分注"的体例,统一为新书在前顶格,旧书在后低一格排印。《合钞》凡两书"事同而文有详略,概不复录",《合注》则是"本文具存,略不更易",使读者对于两书的"有无、前后,一览可悉"。《合钞》只限于用两《唐书》对勘、互证,对于他书虽有确据者,也"不敢援为佐证"。而《合注》则广为征引,尽可能汇集考辨两《唐书》的诸家之说。

就笔者所见,《合注》除以新旧《唐书》互证之外,征引诸说有数十家之多。所见人名,有吴缜、赵绍祖、沈炳震、丁子复、张宗泰、罗士琳、刘文淇、陈立、刘毓崧、钱大昕、王鸣盛、沈德潜以及叶酉、苏舆、黄山、励宗万、王先慎、王先恭、吴光尧、刘钜、吴宗实、王宾、王启源等。这就是说,清代以前研治两部《唐书》的专门著述,《新唐书纠谬》《新旧唐书互证》《新旧唐书合钞》《合钞补正》《旧唐书考正》《旧唐书校勘记》《廿二史考异》和《十七史商榷》中两《唐书》部分、新旧两书《殿本考证》以及各种单篇的专题考证,大体网罗殆尽。常见引书,包括《唐会要》《太平御览》《文苑英华》《册府元龟》《资治通鉴》及《考异》《玉海》《全唐文》《越缦堂读书记》等。至于某一专篇引书,如《选举志》引《唐摭言》《登科记考》,《地理志》引《太平寰宇记》,《魏徵传》引《贞观政要》《魏郑公谏录》,《安禄山传》引《安禄山事迹》等,尚不在统计之列。

需注意的一点是:不论从《旧唐书校勘记》凡例、岑建功乾隆四年序，还是从校勘的具体内容，都能够清楚地看到王先谦参引《旧唐书校勘记》最为直接，不少地方是完全迻录《旧唐书校勘记》的诸家考辨，只不过区分了是罗士琳所校，还是刘文淇所校，抑或刘毓崧、陈立所校而已。以《旧唐书校勘记》为基础，增入其他说法，间以王先谦己意，最终形成《合注》。

稿本中涉及的版本，一是注文本身已有用各种版本进行文字校勘的内容，二是编辑时有瞿蜕园等以新旧二书各种版本校勘文字的数千张字条，即陈垣所说"浮签"，分别粘贴在相关段落的天头处，提及的版本有"宋本""阁本""闻本""沈本""官本""岑本""局本"等，囊括了今天可以见到的各种版本。

稿本一直未能正式出版，这数千张"浮签"如何处理为一大难题。按照陈垣浮签"付印时应揭去，其正确而有意义者，可留为作校记之用"的意见，就需要增加一项逐条验看"浮签"，确定哪些可以"留为作校记之用"的繁重、细琐的工作。既已请瞿蜕园进行编辑，又要再对瞿蜕园编辑中所写"浮签"进行筛选，不仅难以找到合适人选，也让科学出版社感到为难，出版之事便拖延了下来，成为一件憾事。

王先谦《新旧唐书合注》迄今虽未能出版，但确为一部清代以前研治新旧《唐书》的集大成巨帙，此证明陈垣的断言："王先生究是编书内行老手，故其体裁方式，都比沈氏合钞为优。"陈垣在半个多世纪前即认定"如此巨帙，既已写成，值得为之一印"。笔者在13年前即"希望有识之士能够助成这部稿本的正式出版，为二十四史研究补入一部不可多得的现成成果，切勿使这一积多人长年心血的稿本再长年沉埋下去！"[1]今天，纪念陈垣先生诞生130周年，再次呼吁这部巨帙能够在沉埋一个世纪之际印行出来！

---

[1] 谢保成：《一部研治两〈唐书〉的集大成之作——王先谦〈新旧唐书合注〉》，《唐研究》第3卷，北京大学出版社，1997年。

三、重视辅助学科,甘于"智者不为"

陈垣在年历学、校勘学、避讳学等历史学辅助学科取得的巨大成就,迄今无人能够企及。有两点尤为值得注意,一是对历史学辅助学科的高度重视,二是不以其繁琐、不算研究成果而不为。

在具有总结性的代表作《通鉴胡注表微》中,其《避讳篇》有这样的论述:

> 史书之记载,有待于避讳解释者甚众,不讲避讳学,不足以读中国之史也。

《校勘学释例·序》明确指出:

> 校勘为读史先务。日读误书而不知,未为善也。

把避讳、校勘视为"读史先务",是为了避免出现"读误书而不知"的情况。读史尚且需要避讳学、校勘学,研究历史就更加需要避讳学、校勘学了。时下研究历史而不懂避讳、校勘者竟弄出的笑话比比皆是,这里且举一例。有说"以人为本"最早是管子提出来者,并引《诸子集成》中《管子·霸言篇》"以人为本,本理则国固"句来作证。殊不知就在《诸子集成》本《管子·霸言篇》后的校正中已有明文指出:"《御览》治道部五引,人作民,理作治,是也。今本系唐人避讳所改。下文同。"就是说,《管子》书中所有的"人"字、"理"字都是因避唐太宗李世民、唐高宗李治的名讳,改"民"为"人"、改"治"为"理"的。管子所说原是"以民为本,本治则国固",根本不存在什么"以人为本"的说法!此类笑话,正说明时下研究历史越来越缺乏避讳学、校勘学等辅助学科的知识,已经到了"读误书而不知"的程度。

更值得敬重的是：作《二十史朔闰表》《中西回史日历》，陈垣自序"兹事甚细，智者不为，然不为终不能得其用。余之不惮烦，亦期为考史之助云尔，岂敢言历哉"。以无人企及的深邃功力，从事"智者不为"的细琐工作，不求其成为"高端"成果，只希望"为考史之助"。这比起那些不懂避讳、不知校勘、不愿做细微研究，只会大话连篇空言史学功用的某些流行史论来，更具有久远的学术意义。从"专重考据"转而"趋重实用"，无论"宗教三书"，还是《通鉴胡注表微》，都是在"言道、言僧、言史、言考据"的扎实学术研究当中寓其"斥汉奸、斥日寇、责当政、表遗民"的思想的，是寓论于史的典范。

缺乏上述精神、缺乏研究历史辅助学科的基本训练，不懂寓论于史，只会空论无史，难免导致浮躁之风，不仅做不出"动国际而垂久远"的成就，最多不过"三五年间即归消灭"，甚至"读误书而不知"，终究"未为善也"，误己误人。

缅怀陈垣先生，继承前辈大师们的精神，抵制和纠正不断泛滥的浮躁、空泛之风，正是对他们的最好的纪念！

2010年3月3日

《陈垣先生的史学研究与教育事业》，北京师范大学出版社，2010年。这是其中的第二、三部分及结语，为符"三题"之名，将结语加标题为第三部分。第一部分"'二陈'学术比较"，经增订独立成篇。

陈垣、陈寅恪学术比较

学界通常称陈垣、陈寅恪为"二陈",以二人为20世纪中国史学的两大泰斗、王国维之后历史考据学的两大标志人物。"二陈"学术有同有异,随着社会变革,学术也在不断变化。

陈垣曾将自己学术生涯分为三阶段:"专重考据"阶段、"趋重实用"阶段、"思想剧变"阶段。陈寅恪虽无这样的自我总结,但就其学术生涯的实际亦可分作三阶段:扩张研究材料和研究范围阶段、完成三部代表作阶段、深化隋唐研究的同时转向清初文学研究阶段。具体年代,都是抗战爆发前为第一阶段,抗战爆发后至新中国成立为第二阶段,以后为第三阶段。就学术范围与学术特点而言,第一、二阶段"二陈"有同有异,同中有异,异中见同;第三阶段"二陈"差异益显。

一、步入史学路径及个人经历之异同

陈垣因信仰基督教而开始基督教史研究,逐渐延伸为"古教四考",进而推出"宗教三书"。另一方面,因兼清室善后、图书馆职等原因,多与文物、古籍接触,有着更多从事历史文献学及其辅助学科研究的机遇,形成以目录学为其治学门径的特点。

陈寅恪长年留学国外,研习梵文及其他东方古文字,具备阅读蒙、藏、满、日、梵、巴利、波斯、突厥、西夏、拉丁、希腊、英、法、德等十多种语文的能力,由比较语言学转而注意历史(唐史、西夏)和佛教,形成以多种语言研究中国史的特点。另一方面,因长年患眼疾，几致完全失明，给阅读造成极大困难，只能依靠听助手阅读文献进行研究。

步入史学领域的路径互异，后来的个人经历也不相同，但"二陈"却有一大共同点：感慨汉学研究中心在国外，力主汉学中心回归中国。

在任北京大学研究所国学门导师期间，陈垣在龙树院的一次集会上慷慨陈词："现在中外学者谈汉学，不是说巴黎如何，就是说日本如何，没有提中国的。我们应当把汉学中心夺回中国，夺回北京。"[1] 在燕京大学讲课，以同样的感慨激励学生。翁独健回忆说："大学一年级听陈垣先生的课，课上谈到十九世纪以来，有人标榜东方学、汉学研究中心在巴黎，当时巴黎有几个著名汉学家，后来日本把汉学中心抢到东京去，当时日本研究的重点是蒙古史、元史。汉学中心在国外是我们很大的耻辱。陈先生鼓励我们把它抢回北京来。"[2]

在清华学校国学研究院任导师期间，陈寅恪发表《吾国学术之现状及清华之职责》，感慨"吾国学术"落后："今日国虽幸存，而国史已失其正统"，提出"大学之职责，在求本国学术之独立"，"盖今世治学以世界为范围，重在知彼，绝非闭户造车之比"，把学术振兴和独立看作"系吾民族精神上生死一大事"。[3]

"二陈"的感慨与主张，与中央研究院历史语言研究所创建之《旨趣》——"我们要科学的东方学之正统在中国"完全吻合，并为之做出各自的努力和贡献。

---

[1] 郑天挺：《自传》，《郑天挺纪念论文集》，中华书局，1990年，第687页。

[2] 翁独健：《我为什么研究元史》，《光明日报》1978年3月11日。

[3] 陈寅恪：《金明馆丛稿二编》，第317—318页。

二、以陈寅恪为陈垣所作三序、胡适对陈垣著作的三篇评述比较异同

陈寅恪为陈垣所作三序，依次为《敦煌劫余录序》《元西域人华化考序》《明季滇黔佛教考序》，反映"二陈"学术同多于异。

胡适对陈垣著作的三篇评述，依次为《介绍几部新出的史学书》《读陈垣〈史讳举例〉论汉讳诸条后记》《校勘学方法论——序陈垣先生的〈元典章校补释例〉》，反映"二陈"学术异多于同。

（一）先看陈寅恪为陈垣所作三序

1.陈寅恪《敦煌劫余录序》，从认识敦煌经卷价值入手，看到敦煌学已成为"世界学术之新潮流"，提出"预于此潮流"的"预流"希望。

在王国维提出"古来新学问起，大都由于新发见"前后，陈垣因1922年春以教育部次长兼京师图书馆长，开始查阅、著录馆藏敦煌经卷。自序"时掌写经者为德清俞君泽箴，乃与俞君约，尽阅馆中所藏，日以百轴为度，凡三越月，而八千轴毕。知其中遗文异义足资考证者甚多，即卷头纸背所书之日常账目、交易契约、鄙俚歌词之属，在昔视为无足轻重，在今矜为有关掌故者亦不少，特目未刊布，外间无由窥其蕴耳"[1]。与此同时，依据敦煌卷子、其他汉文资料以及基督教史传中反对摩尼教的有关记载，考察摩尼教在中国的流传、发展，完成其"古教四考"的最后一考——《摩尼教入中国考》，为伯希和、王国维之后研究摩尼教的一绝作。在《陈垣来往书信集》中有王国维为陈垣抄录伦敦博物馆藏摩尼教资料的通信，编在1923年，未具月日。在抄写目录之后，王国维写道："右摩尼教经赞目，伦敦博物馆所藏唐写残卷，反面写《大唐西域记》卷一，次《往生礼赞文》一卷

---

[1] 陈垣：《敦煌劫余录》自序，《敦煌劫余录》，中央研究院历史语言研究所，1931年，第2页。

(《比丘善导愿往生礼赞文二十二拜》），次《十二光礼忏文请佛作梵》（此二段疑亦摩尼教经，见日本矢吹庆辉《敦煌出佛书解题》，惜所录未完），然其中人名颇与何乔新《闽书》所载参证，忙你具智王即《闽书》之具智大明使，忙你亦即 Mani 之音译也。"[1] 至1928年，陈垣应历史语言研究所之请编成《敦煌劫余录》。

陈寅恪继王国维提出"古来新学问起，大都由于新发见"之后，在陈垣以敦煌所出摩尼教经考证宗教史取得举世瞩目的成就、编成《敦煌劫余录》之际，看到"一时代之学术，必有其新材料与新问题。取用此材料，以研求问题，则为此时代学术之新潮流"的趋势，指出"敦煌学"已经成为"今日世界学术之新潮流"。既感慨自发见以来20余年间，东洋、西洋学人"先后咸有所贡献"，而"吾国学者，其撰述得列于世界敦煌学著作之林者，仅三数人而已"，即王国维、陈垣等，复感叹敦煌在中国境内，所出经典又以中文为多，"吾国敦煌学著作，较之他国转独少者，固因国人治学，罕具通识"，也因为缺乏"详备之目录，不易检校其内容"，致使"凭藉末由"。因此，认为《敦煌劫余录》的编成，实为"治敦煌学者，不可缺之工具"。但当时大都以为敦煌所发见之佳品，不是流入于异域，便是秘藏于私家，这8000多卷劫余卷轴仅为"唾弃之剩余"，"未必实有系于学术之轻重者在"，编为目录"不过聊以寄其愤慨之思"而已。针对这些说法，陈寅恪明确指出，这是"有以知其不然"，便于摩尼教经之外，一连举出八婆罗夷经所载吐蕃乞里提足赞普之诏书，佛说禅门经、马鸣菩萨圆明论，佛本行集经演义、维摩诘经菩萨品演义、八相成道变、地狱变，佛说孝顺子修行成佛经、首罗比丘见月光童子经，维摩集经颂以及佛说诸经杂缘喻因由记中弥勒之对音，破昏怠法所引龙树论，唐蕃翻经大德法成辛酉年（当是唐武宗会昌元年）出麦与人抄录经典与周广顺八年道宗往西天取经诸纸背题记等14类经卷，

---

[1] 陈智超编注：《陈垣来往书信集》，上海古籍出版社，1990年，第228—229页。

说明其或与"唐代史事""佛教教义""小说文学史""佛教故事"有关，或为"唐代诗歌之佚文"，或"可与中亚发见之古文互证"，或为"旧译别本之佚文"。总而言之，"皆有关于学术之考证者"。所举尚不及"全部写本百分之一"，"倘综合并世所存敦煌写本，取质量二者相与互较，而平均通计之，则吾国有之八千余轴，比于异国及私家之所藏，又何多让焉"。最后再次希望：

> 今后斯录既出，国人获兹凭藉，宜益能取用材料以研求问题，勉作敦煌学之预流。庶几内可以不负此历劫仅存之国宝，外有以襄进世界之学术于将来，斯则寅恪受命缀词所不胜大愿者也。[1]

此间，陈寅恪所撰有关敦煌文书之作不下10余篇，如《大乘道芊经随听疏跋》（1927）、《有相夫人生天因缘曲跋》（1927）、《忏悔灭罪金光明经冥报传跋》（1928）、《须达起精舍因缘曲跋》（1928）、《敦煌本十诵比丘尼波罗提木叉跋》（1929）、《敦煌本唐梵对音般若波罗密多心经跋》（1930）、《敦煌本维摩诘经文殊师利问疾品演义跋》（1930）、《陈垣敦煌劫余录序》（1930）、《斯坦因 Khara-Khoto 所获西夏文大般若经考》（1932）、《禅宗六祖传法偈之分析》（1932）、《敦煌石室写经题记汇编序》（1937）、《敦煌本心王投陀经及法句经跋尾》（1939）等。其他涉及敦煌文书者，如读《旧唐书》，以敦煌文书与《唐大诏令集》《资治通鉴》等进行对照等，尚不包括在内。

充分认识敦煌写本的重要价值，并以各自的研究成果成为"敦煌学之预流"，此"二陈"学术之一大相同处。

2. 陈寅恪《元西域人华化考序》，从分析清代经学发展过甚，转至史学不振的原因入手，发陈垣所未发，道出陈垣的治学特点。

---

[1] 陈寅恪：《陈垣敦煌劫余录序》，《中央研究院历史语言研究所集刊》第一本第二分，1930年。

30年代中期以前，陈垣的学术成就主要集中在宗教史和历史文献两方面。宗教史研究成果为"古教四考"，历史文献学成果为《元典章校补释例》（后改名《校勘学释例》）、《史讳举例》，而《元西域人华化考》则是一压轴大作。1923年10月完成8卷，前4卷发表在当年12月《北京大学国学季刊》第1卷第4号。日本著名汉学家桑原骘藏仅看过前4卷便著文称赞其"研究特色有二"：一是关系到外国的研究，"裨益吾人者甚多"，二是"研究方法为科学"，包括"解释华化之意义"，征引考核的"殆无遗憾"等。认为"非独为研究元代历史，即研究支那文化史者，亦有参考此论著之必然"[1]。后4卷经修改发表在1927年12月《燕京学报》第2期。1934—1935年木刻为《励耘书屋丛刻》第1集第1种。1935年2月陈寅恪应邀为之作序，3月17日陈垣复函陈寅恪："大序拜谢。今已刻就呈览。敦欲谷、托尔斯太处亦酌改。复校一过，殊不惬意，颇自悔灾梨之无谓也。尚不吝赐教为幸。"[2]

陈寅恪序分析清代经学发展过甚、史学不振的原因，一是由于经学"材料往往残阙而又寡少，其解释尤不确定"，以"夸诞之人"治经学，"因其材料残阙寡少及解释无定之故，转可利用一二细微疑似之单证，以附会其广泛难征之结论"，犹如"图画鬼物，苟形态略具，则能事已毕，其真状之果肖似与否，画者与观者两皆不知也"；二是治经学者"声誉既易致，而利禄亦随之。于是一时之才智之士，……群舍史学而趋于经学之一途"，而研治史学之人"大抵以宦成以后休退之时"，"殆视为文儒老病消愁送日之具"。深感"史学地位之卑下"的"诚可哀矣"！时值20世纪二三十年代，"国人内感民族文化之衰微，外受世界思潮之激荡，其论史之作，渐能脱除清代经

---

[1] 桑原骘藏：《陈垣氏の〈元西域人华化考〉を读む》，原载日本《史林》第9卷第4期（1924年10月）。陈彬和汉译《读陈垣氏之〈元西域人华化考〉》，《北京大学研究所国学门周刊》1925年第6期。

[2] 陈智超编注：《陈垣来往书信集》，第378页。

师之旧染,有以合于今日史学之真谛",陈垣的论著"尤为中外学人所推服",原因正在于"精思博识,吾国学者,自钱晓徵以来未之有也",特别强调:

> 今日吾国治学之士,竞言古史,察其持论,间有类乎清季夸诞经学家之所为者。先生是书之所发明,必可示以准绳,匡其趋向。然则是书之重刊流布,关系吾国学术风气之转移者至大,岂仅局限于元代西域人华化一事而已哉。[1]

这是在发陈垣之所未发,说出了陈垣的不少心里话。请看陈垣与蔡尚思论学的几封书信:

1933年6月16日陈垣复蔡尚思:"吾之念念不忘吾尚思者,非爱其主观之哲论也,爱其滔滔不竭之词源也。辅仁之所需亦在此不在彼,尚思有意北来乎?"24日复蔡尚思:"抑有言者,什么思想史、文化史等,颇空泛而宏阔,不成一专门学问。为足下自身计,欲成一专门学者,似尚缩短战线,专精一二类或一二朝代,方足动国际而垂久远。……是岂吾所望于尚思者哉!愚憨之言,久为尚思惜,故藉便一吐,不敢云有当也。"7月1日致蔡尚思,对辅仁大学无哲学史、思想史功课等"不足以招致高贤"表示"至为可惜"外,再谈到"治学问题":"前函不过偶尔论及,士各有志,不能强同。且仆所反对者系'空泛宏阔'之理论,未尝反对'博',更未尝主张'无博之精'也。来示先博后精之论,仆岂敢有异词。愿足下勉之而已矣!"[2] 后来,蔡尚思回忆说:"陈师的治学方法,基本上是属于清代朴学的一个体系的",但"他不再以经学小学为中心,曾说:'清代经生,囿于小学,疏于史事',他颇相反,这是学问中心的不

---

[1] 陈寅恪:《金明馆丛稿二编》,第238—239页。

[2] 陈智超编注:《陈垣来往书信集》,第354、355页。

同。……他曾亲对我说：'象胡适的《中国哲学史大纲》之类的所谓名著，很象报章杂志，盛行一时，不会传之永久'"[1]。

对于清代以来的经学与史学，"二陈"有着极为相同的认识。对于当时的学风，"二陈"也有着极其相似的认同。反对"夸诞经学家"的"空泛宏论"，主张作"材料丰富，条理明辨，分析与综合二者俱极其工力"的治学主张，是"二陈"的最大相同之处。

由这篇序文还可以看到，以蒙古史、元史"谈中古以降民族文化之史"，是"二陈"的一大共同特点。《元西域人华化考》这方面的成就自不待言。陈寅恪在进历史语言研究所之初，即以蒙文本二种（一为刊本，一为写本）、满文译本、文津阁本、坊间汉译刊本以及施密德校译本多种语言文字资料研究《蒙古源流》，连续发表4篇考证文章，不仅对作者世系、年代、书中所见的一些地名、人物作出精细考证，更与顾颉刚"层累地造成的中国古史"说相呼应，指出北边蒙古族的古史也是"逐层向上增建之历史"。[2] 陈寅恪1929年发表《元代汉人译名考》，陈垣1933年以六种版本对勘完成《元秘史译音用字考》，在元代语音文字汉译问题上，陈寅恪发其端，陈垣结其果。

序中"吾国学者，自钱晓徵以来未之有也"一句，简直就像是在为陈垣第一阶段的学术作总结，并预见到陈垣也会做出这样的自我总结。果然在八年之后的1943年11月，陈垣回顾自己学术生涯，写了以下一段文字：

> 至于史学，此间风气亦变，从前专重考证，服膺嘉定钱氏；事变后颇趋重实用，推尊昆山顾氏；近又进一步，颇提

---

[1] 蔡尚思：《陈垣先生的学术贡献》，《励耘书屋问学记》，生活·读书·新知三联书店，1982年，第8页。

[2] 详见陈寅恪：《彰所知论与蒙古源流》（蒙古源流研究之三），《金明馆丛稿二编》，第121—122页。

倡有意义之史学。[1]

真可谓知陈垣者,陈寅恪也!

3. 陈寅恪《明季滇黔佛教考序》,从"政治与宗教终不能无所关涉"入手,以切身的感悟参透陈垣的著述之旨。

1940年3月,陈垣完成《明季滇黔佛教考》6卷。为商请陈寅恪作序,与在香港的陈乐素多次通信。5月30日致陈乐素:"寅丈未识回港否,欲寄稿请寅丈一阅,并欲求一序也。"6月4日致陈乐素:"《佛教考》过数日寄港,请寅丈到港时一阅(不知到否),并欲丐其一序,将来另有信也。"6月27日致陈乐素:《佛教考》排印"预计八月初可毕。寅丈赐序能于斯时寄到,尚可排入。但须先探陈公意,愿作序否?如愿,则多候数日无要紧,因此书舍陈公外,无合适作序之人也。顾亭林言著书如铸钱,此书尚是采铜于山,非用旧钱充铸者也"。7月29日接陈寅恪序,31日致陈乐素:"前日接到十七日函,并寅恪先生序。第六卷将印毕,正好赶到,喜出望外。"[2] 从几封通信可见,陈垣非常看重自己这部著作,引顾炎武语作比喻,强调此书是"采铜于山",不是"用旧钱充铸"。

陈垣写《明季滇黔佛教考》,"着眼处不在佛教本身,而在佛教与士大夫遗民之关系,及佛教与地方开辟、文化发展之关系"[3]。陈寅恪读后,指出中国史部"几无完善之宗教史",自此"著述"始有之。在赞其"搜罗之勤,闻见之博"等为"读是书者所共知"的同时,用了占全序一多半的笔墨来写自己的"别有感焉":

世人或谓宗教与政治不同物,是以二者不可参互合论。

---

[1] 陈垣:《致方豪》(1943年11月24日),陈智超编注:《陈垣来往书信集》,第302页。

[2] 陈智超编注:《陈垣来往书信集》,第657、658、659、660页。

[3] 陈垣:《致乐素》(1940年5月3日),陈智超编注:《陈垣来往书信集》,第655页。

然自来史实所昭示，宗教与政治终不能无所关涉。即就先生是书所述者言之，明末永历之世，滇黔实当日之畿辅，而神州正朔之所在也。故值艰难扰攘之际，以边徼一隅之地，犹略能萃集禹域文化之精英者，盖由于此。及明社既屋，其地之学人端士，相率遁逃于禅，以全其志节。今日追述当时政治之变迁，以考其人之出处本末，虽曰宗教史，未尝不可作政治史读也。

"舍陈公外，无合适作序之人"，足以显见"二陈"在佛教史研究以及认识佛教与政治关系方面是何等的默契！

上述三序，前两序写在"二陈"学术生涯的第一阶段，第三序写在"二陈"学术生涯的第二阶段。第一阶段，陈寅恪为历史语言研究所历史组研究员，陈垣为历史语言研究所历史组特聘研究员。"二陈"的上述成果，最能体现《历史语言研究所工作之旨趣》的第一、二两条，即"凡能直接研究材料，便进步"和"凡一种学问能扩张他所研究的材料便进步"，这也是"二陈"的最大相同处。

若就"直接研究材料""扩张研究材料"两点而言，陈垣第一阶段的宗教史研究，更多的是"直接研究材料"的成果，因而多鸿篇，而陈寅恪第一阶段则更见其"扩张研究材料"的特点，因而少鸿篇巨制，其在清华国学研究院所开课程，除年历学外，都与"扩张研究材料"相关：古代碑志与外族有关者之研究，摩尼教经典回合译文之研究，佛教经典各种文字译本之比较研究（包括佛经翻译文学），蒙古、满文书籍及碑志与历史有关系者之研究。就其发表的成果而言，除甲骨文、金文之外，当时新发见的各种资料，包括多种语言文字资料、佛道典籍、敦煌文书、墓志、域外资料以及诗歌、医籍、历算等等，都有涉及与论述。

（二）再看胡适对陈垣著作的三篇评述

1. 胡适《介绍几部新出的史学书》，首先介绍的是陈垣《二十史朔闰表》。

1925年11月，陈垣在撰成《中西回史日历》20卷之后，"特将中史朔闰表先付印，而西历回历亦附见焉"。年底，《二十史朔闰表》作为北京大学研究所国学门丛书出版。胡适的介绍，开篇第一句便是："这是一部'工具'类的书，治史学的人均不可不备一册。"结尾的一段是："我们应该感谢陈先生这一番苦工夫，作出这种精密的工具来供给治史学者之用。我们并且预先欢迎他那二十卷《中西回史日历》出世。这种勤苦的工作，不但给杜预、刘羲叟、钱侗、汪曰桢诸人的'长术'研究作一个总结束，并且可以给世界治史学的人作一种极有用的工具。"[1]

2. 胡适《读陈垣〈史讳举例〉论汉讳诸条后记》，看中其将避讳学"做成史学的新工具"。

1928年2月，为纪念钱大昕诞辰200周年，陈垣以"研究避讳而能应用之于校勘学和考古学"，即"以史为主，体裁略仿俞氏《古书疑义举例》"，完成《史讳举例》8卷，"意欲为避讳史作一总结束，而使考史者多一门路一钥匙也"。胡适发表《读陈垣〈史讳举例〉论汉讳诸条后记》，以第八卷历朝讳例为"避讳学的历史，又是它的骨干"，并发挥陈垣自序所论，以此书"一面是结避讳制度的总账，一面又把避讳学做成史学的新工具"[2]。

3.《校勘学方法论——序陈垣先生的〈元典章校补释例〉》，表彰其"'土法'校书"为中国校勘学最重要的"方法论"。

1931年7月，陈垣从所发现沈刻《元典章》的上万条错误中选出千余条，归纳为42种误例，总结出"校法四例"，完成《元典章校

---

[1] 胡适：《介绍几部新出的史学书》，《现代评论》第4卷第91期（1926年9月4日）。

[2] 黄保定、季维龙编：《胡适书评序跋集》，岳麓书社，1987年，第375页。

补释例》6卷。胡适自谓"得读最早,得益也最多",称其书为"中国校勘学的一部最重要的方法论",是"中国校勘学第一次走上科学的路",用了无数例证"来教我们一个校勘学的根本方法",并总结出三点可以"永久作为校勘学的模范者"和四端"超越前人者",最后肯定其为"'土法'校书的最大成功,也就是新的中国校勘学的最大成功"。[1]

胡适一生治学,以"方法"为显著特征。晚年自我总结说:"我治中国思想和中国历史的各种著作,都是围绕着'方法'这一观念打转的。'方法'实在主宰了我四十多年所有的著述。"[2]上述三篇评述,作于陈垣学术生涯第一阶段,着眼点都放在"方法"上,视陈垣的这三部著作为"新工具""极有用的工具"。用《历史语言研究所工作之旨趣》来对号,最符合其第三条——"凡一种学问能扩充他作研究时应用的工具的,则进步"。

作为历史语言研究所研究员或特聘研究员,以《历史语言研究所工作之旨趣》衡量,在"直接研究材料""扩张研究材料"两大基本方面,"二陈"的成就与特点有同有异;在"扩充研究时应用的工具"这一方面,陈寅恪未能追及陈垣,显现出"二陈"之"异"来。

三、治学道路第二阶段的同中之异

抗战爆发,"二陈"分别进入各自治学的第二阶段。陈垣由"专注考据,服膺嘉定钱氏"转向"趋重实用",以"宗教三书"为代表,以《通鉴胡注表微》为总结。陈寅恪由"扩充研究材料"转而专注隋唐史研究,推出三部代表作《隋唐制度渊源略论稿》《唐代政治

---

[1] 黄保定、季维龙编:《胡适书评序跋集》,第315—316、327页。
[2] 唐德刚:《胡适口述自传》,台北传记文学出版社,1981年,第94页。

史述论稿》《元白诗笺证稿》。[1]

"直接研究材料""扩张研究材料",依然是"二陈"的最大相同处。陈垣《明季滇黔佛教考》"征引书目"170种,《通鉴胡注表微》"征引书目"256种,且种类多、版本多。陈寅恪提出如何认识和对待"伪材料"的问题,意在尽量扩充史料的范围:

> 以中国今日之考据学,已足辨别古书之真伪。然真伪者,不过相对问题,而最要在能审定伪材料之时代及作者,而利用之。盖伪材料亦有时与真材料同一可贵。如某种伪材料,若径认为其所依托之时代及作者之真产物,固不可也。但能考出其作伪时代及作者,即据以说明此时代及作者之思想,则变为一真材料矣。[2]

"扩充研究材料",变诗句为史料,《元白诗中俸料钱问题》为其研究元白诗考史最早的一篇,得出"唐代中晚以后,地方官吏除法定俸料之外,其他不载于法令,而可以视为正常之收入者,为数远在中央官吏之上"[3]的结论,补充了史书记载的遗缺。

1940—1941年身处北平的陈垣陆续完成"宗教三书",以《明季滇黔佛教考》说"明季遗民多逃禅,示不仕决心。永历之时,滇黔实为畿辅,各省人文荟萃,滇黔不得而私。兹篇所举,特遗民之关系滇黔者耳",寄意流亡西南一隅之地"滇黔"的"畿辅"遗民能够"乱而不亡"。陈寅恪为之作序,参透陈垣的著述之旨,上文已叙。1941年完成《清初僧诤记》《南宋初河北新道教考》,陈垣不止一次致函

---

[1] 《元白诗笺证稿》最初由岭南大学文化研究室1950年11月印行线装本,时间上已属于其治学第三阶段。但全书各主要篇章的写作,均在1950年以前,最早一篇发表在1933年,故将此书作为陈寅恪治学第二阶段的成果。

[2] 陈寅恪:《冯友兰〈中国哲学史〉上册审查报告》,《金明馆丛稿二编》,第248页。

[3] 陈寅恪:《元白诗中俸料钱问题》,《清华学报》第10卷第4期(1935年10月)。

陈乐素表示"寄寅丈请教""寄请寅公一阅""新撰《三教考》(六万言)欲抄一副本寄寅公"。[1]《清初僧诤记》以《明季滇黔佛教考》"限于滇黔，未能论及东南各省。兹特扩为此篇，以竟其说"[2]，写明末东南遗民抗清。《南宋初河北新道教考》以"卢沟桥变起，河北各地相继沦陷，作者亦备受迫害，又感于宋金及宋元时事，觉此所谓道家者类皆抗节不仕之遗民，岂可以其为道教而忽之。因发愤著为此书"，"固与明季遗民之逃禅者异曲同工也"[3]，特意关注"北宋入金之遗民"。陈垣"宗教三书"，均写"宗教与政治的关系"，表彰民族气节，但仅限于"遗民"。

而"乞食于西南天地之间"的陈寅恪，既关注"宗教史与政治史的关系"，更看重民族文化发展的承传，要以《隋唐制度渊源略论稿》唤起"今世学者"对"西北一隅之地"保存文化传统意义的高度注意。其书反复论述"（北）魏、（北）齐之源其中亦有河西之一支派，斯则前人所未深措意，而今日不可不详论者也"，并一再表示：

> 兹所论者，惟此偏隅之地，保存汉代中原之文化学术，经历东汉末、西晋之大乱及北朝扰攘之长期，能不失坠，卒得辗转灌输，加入隋唐统一混合之文化，蔚然为独立之一源，继前启后，实吾国文化史之一大业。昔人未曾涉及，故不揣愚陋，试为考释之。[4]

其书另一主旨是"分析系统，追溯渊源"，认为北周"承袭北魏天兴旧制，虽加雕饰，仍不合华夏文化正式系统"，至北齐采用魏太

---

[1] 陈智超编注：《陈垣来往书信集》，第667、668、674页。

[2] 陈垣：《清初僧诤记·小引》，《励耘书屋丛刻》，1944年，第2393页。

[3] 陈垣：《南宋初河北新道教考·重印后记》，中华书局，1962年，第150页。

[4] 陈寅恪：《隋唐制度渊源略论稿》，生活·读书·新知三联书店，1963年，第41、2、19页。

和熙平、齐天保之制度，即魏孝文帝及其后嗣所采用南朝前期之文物，才"成一系统结集者"[1]，着眼点始终在"华夏文化正式系统"。

《唐代政治史述论稿》通过"关陇""李武杨韦""长安天子""河北镇将"四大集团的不同政策及产生的不同后果，勾画出唐代三百年政治史演变的基本脉络——"民族与文化"融合史的基本脉络。分析"关陇集团"及"关中本位政策"，"融合其所割据关陇区域之鲜卑六镇民族，及其他胡汉土著之人为一不可分离之集团，匪独物质上应处同一利害之环境，即精神上亦必具同出一源之信仰，同受一文化之薰习，始能内安反侧，外御强邻。而精神文化方面尤为融合复杂民族之要道"。[2] 这一集团主体为鲜卑六镇民族及胡化汉人，既含有民族因素，又含有文化因素，而以胡族与胡文化为主。将唐代后期分为"长安天子与河北镇将为对立不同二集团"，同样强调"河北藩镇问题必于民族及文化二端注意，方能得其真相之所在也"。[3]

"战时史学"关注民族存亡，是其共同特点，亦时代使然。陈垣关注的是"实为畿辅""滇黔"一隅及东南、河北等地"遗民"，陈寅恪要唤起注意的是"西北一隅之地"对于保存"中原之文化学术"的意义和影响。有论著作比喻说，陈垣《佛教考》所论南明之"畿辅"的滇黔，"即抗战时期的大后方"；《新道教考》所论北宋亡后沦于金统治的河北，"亦即抗战之时日伪统治区"，可见"其意义不言而喻"；也有论著说，抗战军兴，东北、华北、华东、华中、华南沦丧，华夏学术文化未灭，是因为众多学者内迁西南、西北边隅之地，《略论稿》的"苦心孤诣"是要提醒"今世"（1938—1940）学者不仅注意西南"畿辅"之地，也要注意"西北一隅之地"。不管此类比喻是否恰当，但足以显见"二陈"的一大互异之处。

---

[1] 陈寅恪：《隋唐制度渊源略论稿》，第61、54页。

[2] 陈寅恪：《唐代政治史述论稿》，商务印书馆，1947年，第11页。

[3] 陈寅恪：《唐代政治史述论稿》，第19页。

陈垣改变前一阶段"以空言为大戒"的观念，认为"言为心声"，"评论实注家之一体"，"岂得概以空言视之"，强调"劝戒为史学之大作用"，"胡注于史事之可垂戒者，每不惮重言以揭之曰，可不戒哉，可不戒哉！"通过《资治通鉴》胡三省注以"表"其"微"："庶几身之平生抱负，及治学精神，均可察见，不徒考据而已。"从"专重考证，服膺嘉定钱氏"渐至关注"古今风会递变，政事之屡更，有关于治乱兴衰之故"，才有"百年史学推瓯北"的诗句，才具体实践了40多年前读《廿二史劄记》识语所说"史法之隶属于前，史事之隶属于后，各自分卷"的编纂方法，将史法、史事融冶于一书，完成其自我治学总结的《通鉴胡注表微》20卷，为其"学说的记里碑"。这里要指出的是，赵翼、钱大昕同为乾嘉时期"考史"大家，但特点不同。赵翼引陈垣入史学之门，但就"专重考证，服膺嘉定钱氏"而言，陈垣治学第一阶段主要遵循的是钱大昕的治学路数。"专重考证，服膺嘉定钱氏"与"百年史学推瓯北"两种说法，既表明陈垣对钱大昕、赵翼二人学术特点的区分，也反映陈垣前后治学特点的变化。

总而言之，此间"二陈"治学的同中互异愈益明显。陈垣治史关注"政事之屡更，治乱兴衰之故"，偏重"遗民"（主要是知识分子）的民族气节。陈寅恪治史关注"民族与文化"之盛衰，偏重文化的承传，特别是"华夏文化正式系统"。陈垣开始自我学术总结，陈寅恪继续新的研究，将先前的"扩充研究史料"集中在了文学方面。《元白诗笺证稿》写作时间自1933年6月至1950年11月，基本算作这一阶段的研究成果。主旨有二：文体之关系与文人之关系，以治史之法治诗。所有这一切，均已预示出下一阶段"二陈"的治学路向。

四、学术道路第三阶段的差异与不同

新中国成立后，"二陈"交往不断，常有书信来往及诗词唱和，但思想认识上的差异愈益明显,学术研究上各不相同。

陈垣不断检讨自己的"为学术而学术",逐渐接受"马克思主义的历史观",1954年出任中国科学院历史研究二所所长,1959年1月28日加入中国共产党。

陈寅恪在1953年12月《对科学院的答复》中明确表示:学术研究需要"独立精神和自由意志","不要先有马列主义的见解,再研究学术,也不要学政治"。因此,拒绝出任中国科学院历史研究二所所长之职。

继续完成先前未完著述或修订先前已出版旧著,是20世纪50—60年代不少著名学人出版学术著作的基本情况。至1962年夏,陈垣的旧著十二种,"经他自己加以校订增补,陆续交中华书局重印","现在正在校点《旧五代史》和《新五代史》,他的学术论文集也在着手编辑"[1]。这一信息,间接地道出陈垣在新阶段的治学大概。

陈寅恪不断推出新著,一面连续发表论文深入阐发《唐代政治史述论稿》一书的观点,一面从唐代诗词研究转向清初文学研究。在双目仅有微弱光感的情况下,完成《论再生缘》与《柳如是别传》两部新的代表作。《论再生缘》引起郭沫若"以补课的心情"来阅读陈端生的《再生缘》,反复通读四遍,得见三种版本,发表九篇文章,完成《〈再生缘〉前十七卷校订本》。为此,郭沫若两次到中山大学拜访陈寅恪,成就一副当时流传甚广的对联"壬水庚金龙虎斗,郭聋陈瞽马牛风",此成为陈寅恪与郭沫若交往的历史见证。[2]《柳如是别传》80万字,自1952年2月始撰,至1964年夏初稿完成,为陈寅恪平生最大的一部学术著作。以钱(谦益)柳(如是)姻缘为线索,融合"古典"与"今典",发见暗藏于诗词中的人名,考得诸多隐事,包括幾社和复社活动、弘光朝政争、顺治年间江南复明活动、郑成功攻

---

[1]《古籍整理出版情况简报》1962年第7号。

[2] 详见后文《郭沫若与陈寅恪:"龙虎斗"与"马牛风"》。

取南都及失败等,既是一部明末清初政治史、社会史,又是其治学方法的集大成之作。

五、治史方法与学术特点异同

陈垣最受称道的是其治学方法,他本人有较系统的总结:以目录为治学门径,"竭泽而渔"全面占有材料。这后一点,从陈寅恪为陈垣《明季滇黔佛教考》所作序即可见一斑:"寅恪颇喜读内典,又旅居滇地,而于先生是书征引之资料,所未见者,殆十之七八。其搜罗之勤,闻见之博若是。"[1]

"竭泽而渔"全面占有材料,陈寅恪虽无"征引书目"可供统计,但从其"喜聚异同"的"长编考异之法"可以得到充分证明。这是在序陈述、杨树达两部著述中提出的,称陈述《辽史补注》"喜聚异同,取材详备",以杨树达《论语疏证》"广搜群籍","汇集古籍中事实语言""考订是非,解释疑滞",是司马光、李焘的"长编考异之法"。[2]而且,"喜聚异同"的"长编考异之法",贯穿陈寅恪学术生涯始终。发表第一篇文章《大乘稻芊经随听疏跋》,不足1200字,考证"为沟通东西学术,一代文化托命之人"法成,所据敦煌石室写本,有大乘《四法经论及广释开决记》《诸星母陀罗尼经》《瑜伽师地论》、伯希和所见法成著述等四事;考其译著之书,中文有敦煌石室发见七种、藏文有西藏文正藏中三种,检阅北京本西藏文续藏满蒙汉藏四体目录又得见一种。据此十余种材料,提出"今日所见中文经论注疏凡号为法成所撰集者,实皆译自藏文"的疑问,并肯定"(法)成公之与吐蕃,亦犹慈恩之于震旦",而"天下莫不知有玄奘,法成则名字湮没者且千载",感叹"其后世声闻之显

---

[1] 陈寅恪:《金明馆丛稿二编》,第240页。

[2] 详见陈寅恪:《金明馆丛稿二编》,第232页。

晦，殊异若此"。[1]半个多世纪后，随着敦煌佛教研究不断深入，陈寅恪的论证得到王尧、日本上山大峻等学者的进一步证实。玄奘所译《解深密经》"汉本已经佚失，所幸管·法成所译的藏文本保存完整，可以窥出原书全貌"，成为"汉藏文化交流史的一段佳话"。[2]晚年在完全失明的情况下撰著《柳如是别传》，为考钱柳因缘"三死"中第二死"发生年月之问题"，详列22条史料，以"寅恪案"的形式作结："综合清代官书之记载，牧斋因黄毓祺案被逮至南京，应在顺治五年戊子四月决无疑义。"并加案引陈垣《二十史朔闰表》等，以"清历四月即明历闰三月"。[3]这一方法不仅贯穿于陈寅恪全部著述，而且成为著述体例。《隋唐制度渊源略论稿·叙论》结尾两段文字专门说其书的"体制"，第一段文字这样写道：

> 其体裁若与旧史附丽，则于事尤便，故分别事类，序次先后，约略参酌隋唐史志及通典、唐会要诸书，而稍为增省分合，庶几不致尽易旧籍之规模，亦可表见新知之创获，博识通人幸勿以童牛角马见责也。[4]

以论述史事"与旧史附丽，则于事尤便"，于是"分别事类，序次先后"地列举相关史料，"不致尽易旧籍之规模"，经过"参酌""增省分合"，以"寅恪案""案"等形式"表见新知之创获"，这既是向读者说明其书体例，又是对"长编考异之法"的一个概括。而且，希望读者不要误解这种方法是"童牛角马"，堆积史料、显示学问。不但研究历史采用"长编考异之法"，研究文学史也应"如史

---

[1] 陈寅恪：《金明馆丛稿二编》，第254—255页。

[2] 王尧：《藏族翻译家管·法成对民族文化交流的贡献》，《文物》1980年第7期。另，日本上山大峻撰有《大蕃国大德三藏法师沙门法成的研究》，尚未译为汉文。

[3] 详见陈寅恪：《柳如是别传》，生活·读书·新知三联书店，2001年，第899—908页。

[4] 陈寅恪：《隋唐制度渊源略论稿》，第2页。

家长编之所为"，主张"今世之编著文学史者，能尽取当时诸文人之作品，考定时间先后，空间离合，而总汇于一书，如史家长编之所为，则其间必有启发，而得以知当时诸文士各竭其才智，竞造胜境，为不可及也"[1]。《元白诗笺证稿》著述体例"如史家长编之所为"，前举《柳如是别传》著述体例亦完全如此。

推寻通例、归纳类例，是"二陈"在研究方法上的一大共同之处，但具体表现又各不相同。陈垣多与重视历史学辅助学科密切相关，以五种本子校沈家本所刻《元典章》，发现沈刻本讹误、衍脱、颠倒、妄改12000余条，选出1/10分类说明，撰成《元典章校补释例》6卷。卷1—5卷系统归纳出古籍致误的通例42例，卷6提出"校勘四法"（对校法、本校法、他校法、理校法），"以为校勘学之资，可于此得一代语言之特例，并古籍窜乱通弊"[2]。《史讳举例》8卷82例，包括避讳所用之方法4例、避讳之种类17例、避讳改史实7例、因避讳而生之讹异14例、避讳学应注意之事项11例、不讲避讳之贻误7例、避讳学之利用11例、历朝讳例11例。陈寅恪关注历史事实演变的公例，如讲授佛家翻译文学，以《西游记》玄奘弟子三人的故事"各为一类"，可以"推得故事演变之公例"，进而"考其起原，并略究其流别"。[3]

引用或解释史料应当注意的方法，陈垣讲史源学，陈寅恪提出"今典""古典"之说，可谓是异曲同工。提出探寻史源，开史源学之先，贯穿陈垣史学实践始终。在完成"古教四考"的过程中，厘清史源，考辨正误，成为必不可少的研究程序。在其学术第二阶段，讲史源成为谈史必不可少的重要环节，要求"沿流溯源，究其首尾"，重在"寻其史源，证其讹误"，以提高"读史之能力"，避免"著论之

---

[1] 陈寅恪：《元白诗笺证稿》，古典文学出版社，1958年，第9页。

[2] 陈垣：《元典章校补释例·序》，《元典章校补释例》，中央研究院历史语言研究所，1944年。

[3] 陈寅恪：《西游记玄奘弟子故事之演变》，《金明馆丛稿二编》，第196—197页。

轻心"。陈寅恪提出"今典""古典"之说,强调"所谓'今典'者,即作者当日之时事",必须"考知此事发生必在作此文之前,始可引之,以为解释",而且还"须推得作者有闻见之可能"。[1]这对于将著作之后发生的史事当作著作时代背景,把著作者不可能得见、不可能得知的史事强加给著作者的做法,有着极强的针对性。

面对材料缺乏的情况,陈寅恪提出"神游冥想真了解"的方法,是其一大突出特点:

> 吾人今日可依据之材料,仅为当时所遗存最小之一部,欲藉此残余断片,以窥测其全部结构,必须备艺术家欣赏古代绘画雕刻之眼光及精神,然后古人立说之用意与对象,始可以真了解。所谓真了解,必神游冥想,与立说之古人,处于同一境界,而对于其持论所以不得不如是之苦心孤诣,表一种之同情,始能批评其学说之是非得失,而无隔阂肤廓之论。[2]

为陈垣《明季滇黔佛教考》所作序,追述晋永嘉之乱支愍度的故事后写道,"忆丁丑之秋,寅恪别先生于燕京,及抵长沙,而金陵瓦解。乃南驰苍梧瘴海,转徙于滇池洱海之区,亦将三岁矣。此三岁中,天下之变无穷。先生讲学著书于东北风尘之际,寅恪入城乞食于西南天地之间,南北相望","今先生是书刊印将毕",寅恪"远自万里海山之外,寄以序言,藉告并世之喜读是书者。谁实为之,孰令致之,岂非宗教与政治虽不同物,而终不能无所关涉之一例证欤",最能表明陈寅恪"神游冥想"是如何与书中明季滇黔的"古人,处于同一境界",因而对陈垣持论的"苦心孤诣"也参悟得最透彻。此后所

---

[1] 陈寅恪:《读哀江南赋》,《金明馆丛稿初编》,上海古籍出版社,1980年,第209页。

[2] 陈寅恪:《冯友兰中国哲学史上册审查报告》,《金明馆丛稿二编》,第247页。

有论《明季滇黔佛教考》者，因为缺乏陈寅恪的经历和学识，更没有这种"神游冥想"，终难超越此序的论断。

在论文的选题上，"二陈"各具特色。陈垣认为"太偏僻太专门，人看之无味"，其"失之在隐"，主张选题"必须隐而显或显而隐乃成佳作"[1]。其实，陈垣的"古教四考"也属于"偏僻、专门"的题目，才被誉为是20世纪古教研究的"绝学"。陈寅恪选题大都"偏僻、专门"，且多"以小见大"者。为陈垣所作三篇序，一篇提出"敦煌学"及"预流"的问题，一篇论述了钱大昕以来的学风问题，一篇强调政治与宗教的关系，都具有"以小见大"的特点。《冯友兰中国哲学史下册审查报告》总结出输入外来思想学说，皆须"经国人吸收改造"，"必须一方面吸收输入之外来之学说，一方面不忘本来民族之地位"，若"不改本来面目"，虽可"震动一时"而终归"消沉歇绝"的带规律性的论述，不能说不是对以倒卖外来思想为"时髦"者的一种忠告。如果以为这都是评述他人研究成果，不算个人选题，那么《天师道与滨海地域之关系》一篇选题可谓"偏僻、专门"了。征引《真诰》《太平经》《云笈七签》等道教典籍，论证公元2—5世纪天师道教的发展及其与政治、社会的关系，得见"吾国政治革命，其兴起之时往往杂有宗教神秘性质，虽至今日，尚未能尽脱此历史之惯例"。"得见惯例"，是"以小见大"。论儒、释、道关系，更是"以小见大"：

> 中国儒家虽称格物致知，然其所殚精致意者，实仅人与人之关系。而道家则研究人与物之关系。其中固有怪诞不经之说，而尚能注意于人与物之关系，较之佛教，实为近于常识人情之宗教。然则道教之所以为中国自造之宗教，而与自

---

[1] 陈垣：《致陈乐素》(1940年1月7日)，陈智超编注：《陈垣来往书信集》，第650页。

印度所输入之佛教终有区别者，或即在此等处也。[1]

此类论述，在陈寅恪的不少单篇论文中都可见到。

"竭泽而渔"全面占有材料，以诗证史是"二陈"的共同特点。人所共知，陈垣《元西域人华化考》大量征引金元明诗词。陈寅恪的独特之处在以治史的方法治诗，认为其中"有二问题，一时间，二空间"。笺证《长恨歌》，在时间上，以温汤祛寒去风说明玄宗临幸温泉必在冬季或春初寒冷时节；在空间上，以"唐代宫中长生殿虽为寝殿，独华清宫之长生殿为祀神之斋宫"，即"祀神沐浴之斋宫"，"神道清严，不可阑入儿女猥琐"。根据"唐代可信之第一等材料，时间空间，皆不容明皇与贵妃有夏日同在骊山之事实"，论证"七月七日长生殿，夜半无人私语时"绝非事实，"更不可据为典要"。[2]再进一步，强调诠释诗句必须把握"第一义谛"：

> 凡诠释诗句，要在确能举出作者所依据以构思之古书，并须说明其所以依据此书，而不依据他书之故。若仅泛泛标举，则纵能指出最初之出处，或同时之史事，其实无当于第一义谛也。[3]

不仅批评某些研究论著虽"旁征博引"却找不到"第一义谛"的弊病，也与史源问题密切相关，具有方法论的意义。

六、简短的结语

"二陈"学术博大渊深，比较异同绝非易事，这里只将读其书之

---

[1] 陈寅恪：《金明馆丛稿初编》，第40、32页。

[2] 陈寅恪：《元白诗笺证稿》，第40、42页。

[3] 陈寅恪：《元白诗笺证稿》，第131页。

所得写出来供有兴趣的读者参考。

以研究成果而言，第一阶段陈垣以"古教四考"(《元也里可温教考》《开封一赐乐业教考》《火祆教入中国考》《摩尼教入中国考》)为发端，推出校勘学、年历学、避讳学等历史文献学分支学科代表作——《史讳举例》《二十史朔闰表》《元典章校补释例》等。陈寅恪最大限度地扩张研究材料和研究范围，除甲骨文、金文之外，涉及当时新发现的各种史料，包括多种语言文字资料、佛道典籍、敦煌文书、墓志、域外资料以及诗歌、医籍、历算，等等，但无一部鸿篇巨著。第二阶段陈垣以"宗教三书"(《明季滇黔佛教考》《南宋初河北新道教考》《清初僧诤记》)为代表，以《通鉴胡注表微》为总结。陈寅恪推出三部代表作——《隋唐制度渊源略论稿》《唐代政治史述论稿》《元白诗笺证稿》。第三阶段陈垣基本是修改先前著作，陈寅恪转向清初文学研究，完成《论再生缘》与《柳如是别传》两部论著，以《柳如是别传》为其学术总结。

以历史语言研究所工作旨趣而言，在贯彻"凡能直接研究材料便进步""凡一种学问能扩张他所研究的材料便进步"两项标准方面，"二陈"基本一致。若以第三条标准——"凡一种学问能扩充他作研究时应用的工具的则进步"衡量，在历史文献学分支学科——校勘学、年历学、避讳学方面，以陈垣成就卓著。

以研究方法而言，"竭泽而渔"全面占有材料，推寻通例、归纳类例等为"二陈"的共同之处，却又因人而异，各具特色。陈垣常年从事教育事业，谈方法多以学生或初学者为对象，故从读史入门着眼，强调目录为治学的门径，以"不讲避讳学，不足以读中国之史"，"校勘为读史先务"，年表"为考史之助"，故其成果中有相当一部分在辅助学科。独具特色的史源学是为学生开设的课程，选题须"隐而显或显而隐"也是对初学者而言。陈寅恪常年失明、专门从事研究，谈方法的对象主要不在学生或初学者，而是个人治学规范、考史心得。"长编考异之法"不仅是其一贯的治学方法，而且形成著书体例。"神游冥想真了解"的方法,更是个人考史的独到心得。

2010 年 3 月 3 日初稿,2010 年 9 月 4 日增订

原为《援庵先生学术三题》第一部分"'二陈'学术比较",经增订独立成篇,编入本书。

从"神交"到"握手言欢"：
郭沫若与历史语言研究所二十年

1942年春，董作宾重庆访郭沫若，以"十载神交，握手言欢"八个字表达二人交往的经历。其实，自1928年历史语言研究所创办至1948年中央研究院评选第一届院士，正是郭沫若与历史语言研究所从"神交"到"握手言欢"的20年，从中不难寻出郭沫若被评选为院士的前因后果。这里，将所知郭沫若与历史语言研究所20年间交往的零散材料条理出来，供有兴趣的读者参阅。

一

郭沫若与历史语言研究所交往，是在与容庚从"未知友"到"文字交"的过程中开始的。

1928年8月底，流亡日本的郭沫若在写成《中国古代社会研究》头两篇文章之际，对于"所研究的资料开始怀疑起来"，"想要找寻第一手的资料"，便凭着依稀的记忆到东京上野图书馆查阅罗振玉的《殷虚书契前编》。在一两个月之内，读完东洋文库"所藏的一切甲骨文字和金文的著作，也读完了王国维的《观堂集林》"[1]，为其步入甲骨文、金文研究领域之始。这时，正是董作宾主持试掘小屯遗址之际，为殷墟第一次发掘。1929年8月郭沫若初步写成《甲骨文释》（《甲骨文字研究》初名）书稿，殷墟已在进行第三次发掘。在"未经

---

[1] 郭沫若：《海涛集·我是中国人》，《郭沫若全集·文学编》第13卷，人民文学出版社，1992年，第356、358、365页。

任何人介绍"的情况下,郭沫若冒昧给王国维称许的四位年青学者之一、时为《燕京学报》主编的容庚写信联系出版《甲骨文释》。在通信中,得知殷墟发掘的消息。1929年10月31日郭沫若致容庚:"李济安阳发掘,是否即在小屯,发掘之结果如何?可有简单之报告书汇否?仆闻此消息,恨不能飞返国门也。"11月16日再致容庚,不仅惋惜"安阳发掘时被人阻碍",肯定"小屯实一无上之宝藏",还建议"应集合多方面之学者,多数之资金,作大规模的科学发掘,方有良效",并希望"急欲购置一部"董作宾《新获卜辞写本》。[1]1930年2月1日,在即将出版的《中国古代社会研究》卷末《追论及补遗》写了《殷虚之发掘》一则短文,开头便是"顷蒙燕大教授容君希白以董作宾《新获卜辞写本》见假,始知董君于1928年冬从事殷虚之发掘,……足为中国考古学上之一新纪元,亦足以杜塞怀疑卜辞者之口"。结尾又以"李济之发掘殷虚,复得尺二大龟四","李君之发掘闻亦有董君同事,能得多种珍奇之物诚可为发掘者贺,为考古学的前途贺",深望发掘"更有进境"。[2]同日致容庚,以"安阳第二次发掘复有所获,闻之雀跃,将来如有报告书汇出世,急欲早读。尺二大龟契字是否乃系卜辞,此等古物,弟意急以从速推广"。2月16日致容庚:"董彦堂《新写本》如发表时,望兄代为营谋一份。"9月6日致容庚,问"《安阳发掘报告》第二期不识已出否?甚为渴望"[3]。从几封信中"恨不能飞返国门""急欲购置""闻之雀跃""急欲早读""甚为渴望"等语,足以见其喜悦、急切、渴望之情!

《中国古代社会研究》1930年出版,1931—1933年社会史论战逐渐形成高潮。然而,郭沫若对殷墟发掘的关注却胜过对社会史论战的关注。1931年出版《甲骨文字研究》(《甲骨文释》改订本),1933

---

[1] 曾宪通编注:《郭沫若书简(致容庚)》,第27、29页。

[2] 郭沫若:《中国古代社会研究》卷末《追论及补遗》,上海联合书店,1930年,第1—2页。

[3] 曾宪通编注:《郭沫若书简(致容庚)》,第43—44、51、69页。

年出版《卜辞通纂》，1937年出版《殷契粹编》。三部著述的推出，不仅与历史语言研究所考古组在殷墟的15次发掘遥相呼应，起讫时间同步，而且起到一个极为重要的作用——将国内殷墟的科学发掘和相关研究"从速推广"到海外。

容庚时为历史语言研究所历史组特约研究员，自1929年8月27日至1935年11月28日，郭沫若给容庚写过56封信。从信中可以清楚看到，郭沫若写第一封信自称"未知友"，写第五封信即表达出"近得与足下订文字交，已足藉慰生平"[1]的情谊。至1931年5月前后，二人之间已经形成一种默契：郭沫若提出需要的图书或器铭，容庚总是全力保证提供。在此期间，郭沫若又陆续推出《殷周青铜器铭文研究》《两周金文辞大系》《金文丛考》《金文余释之余》《古代铭刻汇考》《古代铭刻汇考续编》《两周金文辞大系图录考释》等七部金文著述。容庚后来回忆说："我只是根据他研究工作的需要，在力所能及的范围内，寄给他一些图书资料及新发现的甲骨文、金文的拓片，供他研究。至于甲骨文和金文的考释，器物的辨伪、断代，青铜器的综合研究，等等，我虽然也提出些意见供他参考，毕竟于他裨益甚少，而我从他的书信中却获益颇多。"[2]

二

通过容庚，30年代郭沫若与傅斯年有过两次间接联系，与董作宾有了频繁的书信往来，成为鼎堂、彦堂"十载神交"的开始。

与傅斯年的两次间接联系，第一次在1930年初。郭沫若回忆说：《甲骨文释》（即《甲骨文字研究》）"原稿寄给容庚后，他自己看了，也给过其他的人看。有一次他写信来，说中央研究院的傅孟真（斯

---

[1] 曾宪通编注：《郭沫若书简（致容庚）》，第29页。

[2] 曾宪通编注：《郭沫若书简（致容庚）》，第2页。

年）希望把我的书在《集刊》上分期发表，发表完毕后再由研究院出单行本。发表费千字五元，单行本抽版税百分之十五","我因为研究院是官办的，我便回了一封信去，说：'耻不食周粟。'"[1]在容庚所存《郭沫若书简》中确有此信原件："近日之官家粟亦雅不愿食。谨敬谢兄之至意，兼谢傅君。"[2]

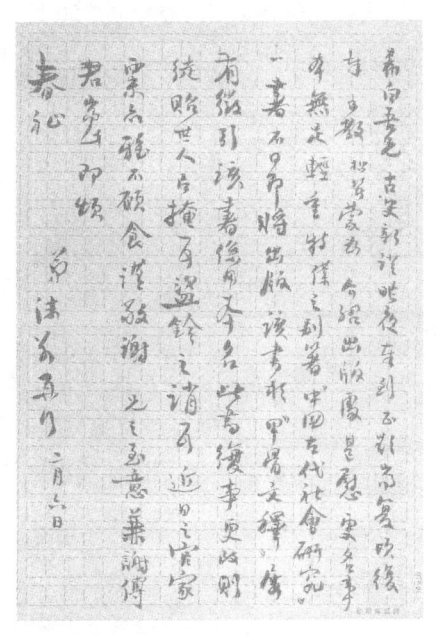

郭沫若致容庚（1930年2月6日）

第二次是1931年5月，郭沫若正"为糊口文字百忙"、《两周金文辞大系》大体已就之际，一位友人由"缧绁中出"，患盲肠炎，须入院行手术，医药费无着落，便写信给容庚："曩岁兄曾言孟真有印弟《甲骨文释》意，今欲将近著《两周金文辞通纂》相浼，署名用

---

[1] 郭沫若：《海涛集·我是中国人》，《郭沫若全集·文学编》第13卷，第371页。

[2] 曾宪通编注：《郭沫若书简（致容庚）》，第47页。

鼎堂，愿能预支版税日币四五百圆，望兄便为提及。该著大体已就，仅余索引表未成。如前方能同意，弟当即走东京制成之也。拜托拜托。"[1] 容庚5月19日复信："兄售稿事，俟与孟真一商再复。此时事集，尚未进城。大著考释亦拟交史语所集刊印。"信未寄出，与傅斯年通过电话，遂于信末附言："顷打电话与孟真，他对于大著极所欢迎。惟此时款项支绌万分，无从支付，嘱道歉意。"[2]

通过容庚，傅斯年知道郭沫若有《甲骨文释》《两周金文辞大系》两部著述。

郭沫若与董作宾的交往，是在与傅斯年发生间接联系之后。1930年4、5月郭沫若两次致函容庚，催还先前投寄的《甲骨文释》二册。从容庚的回复中知道"上册蒙董彦堂先生借去"[3]，至7月20日郭沫若才收到寄回的《甲骨文释》二册。《甲骨文释》一稿在北京辗转达一年之久，"给过其他的人看"，董作宾是主要读者。

郭沫若、董作宾二人直接通信，围绕《卜辞通纂》最为频繁，这在《卜辞通纂》序、后记、述例、书后有清楚的说明。《序》以纂录之初原拟作《卜辞断代表》，"继得董氏来书言有《甲骨文断代研究》之作，……故兹亦不复论列"。后记有"承董氏彦堂以所作《甲骨文断代研究例》三校稿本相示……，既感纫其高谊，复惊佩其卓识"等语。《述例》六"中央研究院历史语言研究所李济之博士及董彦堂氏以新拓之《大龟四版》及《新获卜辞》之拓墨惠假，并蒙特别允许其选录"。"别录一"录入大龟四版拓本同时，录入董作宾《新获卜辞写本》用摹本发表的甲骨精品22片，如其所说"急以从速推广"，及时反映了殷墟科学发掘的最新成就。《书后》几乎都是与董作宾交往的内容："董作宾氏《断代研究例》所引'五示'及

---

[1] 曾宪通编注：《郭沫若书简（致容庚）》，第96—97页。

[2] 容庚致郭沫若函，存郭沫若纪念馆。

[3] 曾宪通编注：《郭沫若书简（致容庚）》，第61、62页。

'虎祖丁'二辞，因未见原契，故多作揣测语。今承董氏摹寄，爰揭之于次，以补余书之未备。"附董作宾手书："此版现归上海刘晦之收藏，余所见孙伯恒拓本即此。沫若函索，求之不得，不图于刘氏拓本中遇之，摹寄沫若。廿二，二，十六 宾。龟腹甲左下方一部，由甲纹辞例均可看出。"3月17日补记："董氏来函云'虎祖丁一辞……谛审之，亦觉不甚可靠。……'"3月29日补记："《书后》中所录二片，前承彦堂摹示，今复以影片见赠，幸本书尚在印刷中，爰一并采入。又本书第二七六、二七七片，由王氏所复合者，近由彦堂于善斋藏骨中复得一碎片相合，诚至足珍异之发现；承以晒蓝见示，今亦附入本书，以饷学者。余于此对于彦堂之厚谊深致谢意。"并附董作宾手书三则：（1）"商锡永氏藏，亦有此片，以著录于所编《殷契佚存》中。廿二，一，廿五宾记。"（2）"右两片原大亦如摹写本。"（3）"下一版事新近在刘晦之先生并骨版中得者，函摹铄之……宾记 廿二，三，十四。"[1]

1933年3月31日，《卜辞通纂》由文求堂书店出版后，郭沫若致函店主田中庆太郎，附"《卜辞通纂》寄赠姓氏"一纸，除赠日本中村不折、石田干之助、原田淑人、内藤湖南、滨田耕作、梅原末治等13人各一部以外，寄赠国内名单如下：

　　福建省福州教育厅 郑贞文氏二部（一部赠何遂氏）
　　上海曹家渡小万柳堂 董作宾氏三部（包括赠中央研究所者）
　　北平小雅宝胡同四八 马叔平氏一部
　　北平喜鹊胡同三 福开森氏一部
　　四川重庆朝天门顺城街第七号尹家洋房 郭开文氏一部[2]

---

[1] 上引分见《郭沫若全集·考古编》第2卷，科学出版社，1983年，第16—17、19、39—40、623—626页。

[2] 马良春、伊藤虎丸主编：《郭沫若致文求堂书简》，文物出版社，1997年，第275—276页。

寄赠董作宾三部，"包括赠中央研究所者"，当即董作宾、李济、傅斯年各一部。当田中庆太郎对寄赠董作宾三部提出质疑时，郭沫若再致田中庆太郎："惠函拜读。上海曹家渡小万柳堂中央研究院历史语言研究所董作宾先生函云，彼友欲购《通纂》，盼寄三四部，并谓一切由彼负责，包括邮费。此事当无碍也。"[1]

其后，1934年5月《古代铭刻汇考续编》出版，嘱田中庆太郎寄赠董作宾，地址为"北平北海静心斋转"。1937年6月《殷契粹编》出版，虽然表示"此次对刘氏赠书过多，深感歉疚，对他人赠阅拟暂缓"，但仍希望"如有余书，中村不折、河井仙郎、张丹翁、董作宾诸氏可否各赠一部？"[2]未几，七七事变爆发，书虽未寄，但表明"鼎堂"不忘"彦堂"。

郭沫若对董作宾的评价是：

> 大抵卜辞研究，自罗王而外以董氏所获为多。董氏之贡献在与李济之博士同辟出殷虚发掘之新纪元。[3]

> 董氏之创见，其最主要者仍当推数"贞人"。……多数贞人之年代既明，则多数卜辞之年代直如探囊取物。董氏之贡献，诚非浅鲜。[4]

董作宾虽"不甚赞同"唯物史观的"新古史系统"，但在50年代初仍然作有如下评述，为人们经常引用：

---

[1] 马良春、伊藤虎丸主编：《郭沫若致文求堂书简》，第277页。原信系用日文书写，引文为中文释文。

[2] 马良春、伊藤虎丸主编：《郭沫若致文求堂书简》，第305、319页。

[3] 郭沫若：《卜辞通纂·序》，《郭沫若全集·考古编》第2卷，第17页。

[4] 郭沫若：《卜辞通纂·后记》，《郭沫若全集·考古编》第2卷，第19—20页。

大家都知道的，唯物史观派是郭沫若的《中国古代社会研究》领导起来的，……他把《诗》《书》《易》里面的纸上史料，把甲骨卜辞、周金文里面的地下材料，熔冶于一炉，制造出来一个唯物史观的中国古代文化体系，……郭书所用的旧史料与新史料，材料都是极可信任的。[1]

郭沫若在甲骨文、金文研究方面取得的杰出成就，不单单与容庚、董作宾、李济相关联，更与傅斯年制定的《历史语言研究所工作之旨趣》"能充量的辨别着去用一切材料，如金文、甲骨文等，因而成就的文字学，乃是科学的研究"[2]以及"本所同人之治史学，不以空论为学问，亦不以'史观'为急图，乃纯就史料以探史实也"[3]的宗旨完全吻合。以十个年头的时间推出十部为历史语言研究所所需要的甲骨文、金文著述，这是郭沫若被评选为院士的最根本原因所在。

三

到了40年代，郭沫若与董作宾"握手言欢"，与傅斯年、李济则有"遇见了亲人一样"的晤面。

1942年春，董作宾自驻地四川南溪李庄赴重庆参加中央研究院院务会议。其间，鼎堂与彦堂见过一面，也是唯一一次见面。董作宾过访郭沫若，郭鼎堂赠诗董彦堂：

卜辞屡载正尸方，帝乙帝辛费考量。万蟑千牛推索遍，独君功力迈观堂。

---

[1] 董作宾：《中国古代文化的认识》，《大陆杂志》第3卷第12期（1951年12月）。

[2] 傅斯年：《历史语言研究所工作之旨趣》，载《中央研究院历史语言研究所集刊》第一本第一分，1928年10月。

[3] 傅斯年：〈史料与史学〉发刊词》，《中央研究院历史语言研究所集刊》外编第二种《史料与史学》（1945年11月）。

彦堂先生正

郭鼎堂

回到南溪李庄栗峰山村后，董作宾题写《跋鼎堂赠绝句》，全文如下：

> 昔疑古玄同创为"甲骨四堂"之说，立厂和之，有"雪堂导夫先路，观堂继以考史，彦堂区其时代，鼎堂发其辞例"之目，著在篇章，脍炙学人。今者，观堂墓木盈拱，雪堂老死伪满，惟彦堂与鼎堂，犹崛然并存于人世，以挣扎度此伟大之时代也。卅一年春，访沫若于渝，十载神交，握手言欢。彼方屏置古学，主盟文坛，从事抗建之役，余则抱残守缺，绝学自珍。一生事业，其将以枯龟朽骨之钻研而为余之止境乎？兴念及此，搁笔太息！

末题"中华民国卅一年四月一日，董作宾题记。时客四川南溪李庄之栗峰山村"，并钤"永南老人"章。[1]鼎堂与彦堂这一次"握手言欢"，几乎不为学界所知，令人感叹！

1946年6月19日—26日，郭沫若作为第三方面（民主同盟、青年党和无党无派的社会贤达）代表赴南京参加调解国共和谈工作。6月22日午后3时，借中央研究院历史语言研究所，邀请中共代表商谈。两点半郭沫若提前到达，出现如下情景：

> 我在杂沓中被领导着上楼，而傅孟真先生却打着赤膊刚好从左手最末一间的后房中走出。手里拿着一把蒲葵扇，和他有点发福的身子两相辉映，很有点像八仙里面的韩钟离。

---

[1] 董作宾：《平庐文存补遗》，《董作宾先生全集乙编》第五册，台湾艺文印书馆，1977年，第138页。按：所注"刊民国五十年《中国文字》第三期"，误。

这不拘形迹的姿态我很喜欢，但他一看见我，发出了一声表示欢迎的惊讶之后，略一踌躇又折回后房里去了。他是转去披上了一件汗衫出来。

——何必拘形迹呢？打赤膊不正好？我向他抱歉。

孟真只是笑着他那有点孩子味的天真的笑。他只连连地说：还早还早，他们都还没有来，我引你去见济之。

济之就是李济博士的表字，他是在安阳小屯发掘殷虚的主将。……

……济之先生的上身穿的是一件已经变成灰色的白卫生衣，背上和肘拐上都有好几个窟窿。不知怎的，我就好像遇见了亲人的一样。我接触了我们中国的光荣的一面，比起那些穿卡几服，拴玻璃带的党国要人确实是更要发亮一些。

——有一些安阳发掘的古物，你高兴看不？济之先生也很不见外，他立刻便想把他最珍贵的东西给我看。

——我当然高兴了。

"我就好像遇见了亲人的一样"，虽显夸张，却也是实话。流亡日本期间与历史语言研究所的频繁交往，不能不让此时的郭沫若生出"不似亲人胜似亲人"的感想！

草草参观半小时，傅斯年跑来说"都到了，就在等你一个人了"，郭沫若"只好割爱"回到傅斯年办公室。罗努生（隆基）笑着说："这是个好地方，可以取而代也！"傅斯年回答："你以什么资格来取而代呢？"反过来向郭沫若说："联合政府成立，我们推举你为国师，你可以来代了。"郭沫若表示："轮不到我名下来，你的姓就姓得满好，你不是太傅吗？""孟真，又天真地笑了。"

座谈中间，傅斯年到外边跑了一趟，接下来便是：

他却买了一把新的纸扇来要我替他写一面，我就在他的办公桌上写了。……

……

在大家把话谈完之后,我依然恋恋不舍地跑去找济之先生。承他把从日本带回来的新出的一些考古学上的著作给我看了。……正当日本军人在制造"满洲国"和关内分离的时候,而日本的学者倒替我们证明了满洲在远古已经和内地是完全分不开的。[1]

回到上海后不久,郭沫若便将南京之行写成长篇纪实《南京印象》,由《文汇报》自7月7日至8月25日连载,经群益出版社11月结集出版。从上述纪实可以看出,郭沫若虽为第三方面代表,傅斯年、李济却把他看作是考古学家,甚至尊为"国师"。而此时董作宾尚在四川南溪筹办"还京各项事宜",郭沫若未能见到。

时隔不到一年,傅斯年给胡适回信,所拟"请千万秘密"的院士候选人名单中,考古及美术史四:李济、董作宾、郭沫若、梁思成。最终,郭沫若被评选为院士。[2]

最后,附带三件郭沫若与傅斯年"略同"的往事,一是先后出任中山大学文科学长(主任),二是同时发现周代无五等爵制,三是都为促成国共和谈而奔走。

关于第一点,中山大学原名广东大学,孙中山1924年创办。孙中山北上病逝后,顾孟余为校长,顾孟余到任前由陈公博代理。1926年2月陈公博致函郭沫若,"盼先生急速南来"为文科学长。3月郭沫若到任,推行文科改革,支持学生择师听课。教育系主任黄希声鼓动罢课,要求罢免郭沫若。文科学生发表宣言表示,"我们对于郭学

---

[1] 郭沫若:《南京印象》,群益出版社,1946年,第41—42、45—46页。

[2] [新加补注]这一段,初版时曾据傅斯年初拟提名和《国立中央研究院院士候选人提名表》做过添补,但有错字。现将提名及评选郭沫若为院士的情况,以文末[追记]形式详细追述,这里则恢复最初发表的文字。

长改革学校的热忱,是抱有无限的同情和希望的",呼吁广大教职员及同学"驱逐为饭碗而鼓动罢课之不良教员,拥护褚校长、郭学长及其改革计划"。[1] 国民党广东大学特别区党部向中央执行委员会这样报告,"各科学长,只有文科学长郭沫若先生,很能帮助党务进展","能够在重大问题发生的时候,有彻底的革命表示和主张"。[2] 6月19日郭沫若与褚民谊、宋子文、蒋中正、陈公博、毕磊等40人,被广东国民政府任命为中山大学筹备委员会委员。7月郭沫若参加北伐。9月广东大学改名中山大学,戴季陶为校长。10月校长制改为委员制,戴季陶为委员长,顾孟余为副委员长,徐谦、丁惟汾、朱家骅为委员。1926年12月傅斯年接受朱家骅邀请,1927年春任文科主任,兼国文、历史二系主任。一年以后,傅斯年出任历史语言研究所所长,郭沫若流亡日本,开始甲骨文、金文和古代社会研究。

第二点,有论著以傅斯年《论所谓五等爵》"破了两千多年来不易之论、不疑之论",其实这是郭沫若、傅斯年学术"所见略同"的一个例证。郭沫若《周金中无五服五等之制》作为《中国古代社会研究》第四篇《周金中的社会史观》第四部分,1930年2月出版;傅斯年《论所谓五等爵》刊于《中央研究院历史语言研究所集刊》第二本第一分,1930年5月发表。两人几乎同时以文献与金文结合论证周代无五等爵制,系由后人拼凑、捏造。这是郭沫若与傅斯年一次小小的学术"默契",似乎预示着随后将有历史语言研究所所需要的甲骨文、金文著述不断面世。[3]

第三点,1945年7月傅斯年与褚辅成等代表国民参政会访问延安,商谈和平建国问题,向毛泽东求得一幅墨宝,著录于《傅斯年文物资料选辑》。1946年6月郭沫若作为第三方面代表赴南京,参加调

---

[1]《广大文科学院风潮续志》,《广州民国日报》1926年4月29日。

[2] 中国国民党中央执行委员会秘书处:《党务月报》第2期(1926年6月印发)。

[3] [初版补注] 两人的观点后来被证明不确,反映早期运用金文研究古史的不成熟,并非"破了两千多年来不易之论、不疑之论"。

解国共和谈工作,为傅斯年写了一幅扇面,记述在《南京印象》。

2009 年 5 月 8 日

《中国社会科学报》2010 年 6 月 10 日、17 日,无注释。收入《郭沫若研究年鉴》2010 卷,人民出版社,2011 年。2014 年 7 月做过一次添改。

[追记]

在撰写《民国史学述论稿》的过程中,得见中国第二历史档案馆保存之有关评选中央研究院院士的部分档案、《夏鼐日记》等,现将提名及评选郭沫若为院士的基本情况追记在下面:

1947 年 5 月 22 日,胡适所拟提名人选,"考古学及艺术史 董作宾,郭沫若,李济,梁思成"。

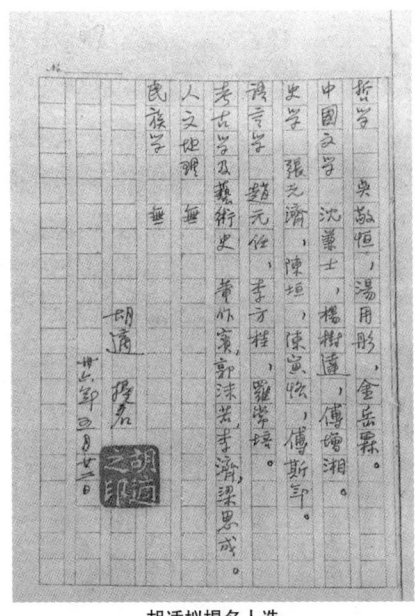

胡适拟提名人选

1947年6月20日，傅斯年给胡适信中提出"应该在提名中不忘了放名单"，所拟"请千万秘密"的名单中"考古及美术史四：○ 11 李济，○ 22 董作宾，○ 33 郭沫若，○ 44 梁思成"。

1947年7月17日，胡适提交由其本人签名的"北京大学提出中央研究院院士提名单"119人，"考古学四人"："李济、董作宾、梁思永、郭沫若"。

1947年7月，胡适填写的"国立中央研究院院士候选人提名表"，以郭沫若的"专习学科"为"中国古铭识学"，在被提名人资格说明第一项填写："合于第一项资格。他把卜辞分类研究和把铜器铭文分时代地域研究，都有重要发明。"在被提名人资格说明第二项填写："《卜辞通纂》，《两周金文辞大系》，《古代铭识汇考》等。"

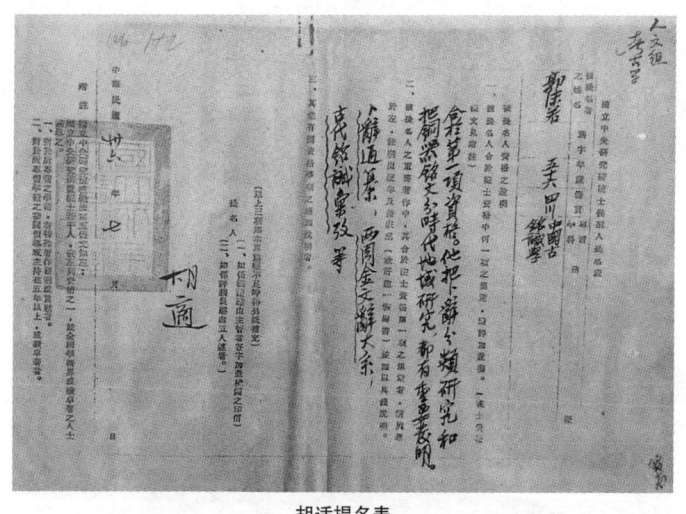

胡适提名表

1947年7月20日，傅斯年填写的"国立中央研究院院士候选人提名表"，以郭沫若的"专习学科"为"考古学"，在被提名人资格说明第一项填写："郭君研究两周金文以年代与国别为条贯，一扫过去'以六国之文窜入商周,一人之器分载数卷之病',诚有'创通条例开拓闑奥之功';其于殷商卜辞,分别排比,尤能自成体系,其所创获,更不限于一字一词之考订,殆现代治考古学之最能以新资料征史者,合于第一项规定。"在被提名人资格说明第二项填写:"(一)《两周金文辞大系》《图录》:民国廿四年出版,日本东京文求堂。《考释》:民国廿四年出版,日本东京文求堂。此书集两周青铜器铭文有年代及国别可征者三百余器详加考释,附以图录,创为南北二系之说,为研究古金文者一大进程。(二)《金文丛考》,民国三十一年出版,日本东京文求堂。此为大系之姊妹篇,以青铜器铭文为资料释其文辞并讨论其含意与经史记录比较互证,尤多卓见,为研究古代思想及社会史最注意原史资料之作。(三)《卜辞通纂》,民国二十一年出版,文求堂发行。此书选传世卜辞之菁粹者凡八百片,分类排列,比事释词,创建极多,为研究殷虚卜辞一最有系统之作。"

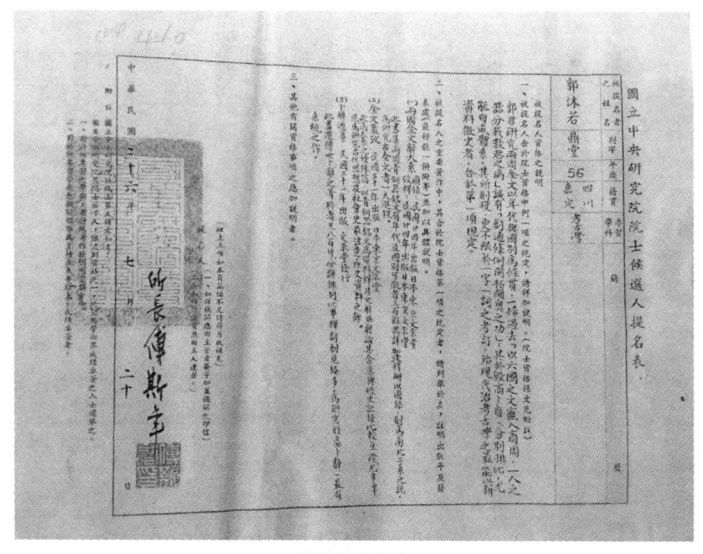

傅斯年提名表

此外,有一份反映提名单位的资料值得注意。在"人文组考古艺术史科"，提名郭沫若的单位最多，为四个：清华大学（编号 111）、北京大学（编号 112）、中央研究院（编号 408）、河南大学（编号 113）；提名董作宾、梁思成的单位次之，为三个：董为北京大学（编号 112）、河南大学（编号 113）、中央研究院（编号 408），梁为清华大学（编号 111）、北京大学（编号 112）、中央研究院（编号 408）；提名李济、梁思永的单位又次之，为二个：北京大学（编号 112）、中央研究院（编号 408）。另有五人，提名单位仅有一个。

人文组考古艺术史科提名表

《夏鼐日记》（华东师范大学出版社，2011 年）1947 年 10 月 17 日记述："上午评议会继续审查名单。关于郭沫若之提名事，胡适之氏询问主席以离开主席立场，对此有何意见。朱家骅氏谓其参加内乱，与汉奸等罪，似不宜列入；萨总干事谓恐刺激政府，对于将来经费有影响；吴正之先生谓恐其将来以院士地位，在外面乱发言论。巫宝三起立反对，不应以政党关系，影响及其学术之贡献；陶孟和先生谓若以政府意志为标准，不如请政府指派；胡适之先生亦谓应以学术立场为主。两方各表示意见，最后无记名投票，余以列席者不能参加投票，无表决权，乃起立谓会中有人以异党与汉奸等齐而论，但中央研究院为 Academia Sinica（中国的科学院），除学术贡献外，惟一条件为中国人，若汉奸则根本不能算中国人，若反对政府则与汉奸有异，不能相提并论。在未有国民政府以前即有中国（国民政府倾覆以后，亦仍有中国），此句想而不须说出口，中途截止。故对汉奸不妨从严，对政党不同者不妨从宽。表决结果，以 14 票对 7 票，通过仍列入名单中。"

1947 年 11 月 15 日，150 人的候选人名单在北平、天津、上海各大报和国民政府公报刊出，并明确："经公告四个月后，再当由评议会举行第一次院士选举，于此候选人一百五十人中选举八十至一百人，每人必须有全体出席人数五分之四投同意票者，方可当选为院士。"同时表示："对公告名单中任何候选人之资格有批评意见者，尚可将具体意见函筹备会审阅后，提交评议会，于选举时，作为讨论之参考资料。"

1948 年 3 月 25 日、26 日、27 日，评议会在南京鸡鸣寺中央研究院院部正式投票选举。经普选、补选，前后五次投票，选出 81 名院士，4 月 1 日正式公告。郭沫若在评议会评选过程中，始终名列人文组（考古学），成为当选院士。

2014 年 7 月

附：

署名"鼎堂"的遗闻趣事

甲骨"四堂"，郭、董、罗、王。不同的是，彦堂、雪堂、观堂分别为董作宾、罗振玉、王国维三人的字、号，而鼎堂仅仅是郭沫若在 20 世纪 30 年代前半段时间使用率最高的一个笔名。最先用于金文研究，1931 年 6 月在《燕京学报》发表《汤盘孔鼎之扬榷》《臣辰盉铭考释》以及出版单行本，均署郭鼎堂。1931 年 7 月在《东方杂志》发表《毛公鼎之年代》，署名鼎堂。1935 年 3 月在《东方杂志》发表《正考父鼎铭辨伪》，署名郭鼎堂。随后用于翻译作品，但多系改版时改郭沫若为郭鼎堂。1925 年 6 月翻译出版俄国作家屠格涅夫小说《新时代》，1934 年改版，署郭鼎堂译。1926 年 2 月翻译出版爱尔兰作家约翰·沁孤《约翰沁孤戏曲集》（精装本），后改平装本，署郭鼎堂译述。1926 年 5 月翻译出版德国作家霍普特曼小说《异端》，1933 年改版，署郭鼎堂译。再后用于回忆录，1935 年 10—11 月发表《初出夔门》《幻灭的北征》《北京城头的月》《世间最难得者》《乐园外的苹果》等，均署鼎堂。史学方面，1936 年 5 月出版《先秦天道观之进展》，署郭鼎堂著。唯独在甲骨学方面，郭沫若没有用过郭鼎堂或鼎堂的笔名。

《甲骨文字研究》因《燕京学报》不能"以手稿影印"，经容庚推荐，傅斯年希望在《中央研究院历史语言研究所集刊》分期发表，而后由中央研究院出版单行本，稿酬从优，条件是发表时不用郭沫若本名，须得"更名"。郭沫若在致容庚函中表示"更名事本无足轻重，特仆之别著《中国古代社会研究》一书不日即将出版，该书于《甲骨文释》（按：《甲骨文字研究》出版前书稿名）屡有征引，该书采用本名，此书复事更改，则徒贻世人以掩耳盗铃之诮耳。近日之官家粟亦雅不愿食"[1]。其后，《殷契余论》《卜辞通纂》《殷契粹编》，均署郭沫若本名。

1935年11月21日，在手稿箧内存放《殷周青铜器铭文研究》一帙二册，《两周金文辞大系》初版原稿一帙一册，《两周金文辞大系图录》一帙四册，《两周金文辞大系考释》一帙三册，《古代铭刻汇考》一帙三册，《古代铭刻汇考续编》一帙一册，《金文丛考》一帙四册，《金文余释之余》一帙一册，《卜辞通纂》一帙四册。箧盖内侧"沫若自识"云："右鼎堂十种之九共九帙廿三册。余甲骨文字研究一帙二册，又废稿一帙三册，因箧小未能装入。"[2]唯此一处，将"鼎堂"之名与《甲骨文字研究》《卜辞通纂》联在一起。

2006年4月12日

《"读破它，利用它，打开它的秘密"——郭沫若研究甲骨文的路径与贡献》三，《纪念殷墟YH127甲骨坑南京市内发掘70周年论文集》，文物出版社，2008年。

---

[1] 曾宪通编：《郭沫若书简（致容庚）》(1930年2月6日)，第47页。

[2] 手迹见《郭沫若全集·考古编》第1卷卷首，科学出版社，1982年。

郭沫若与胡适：
由认识东西文化的差异，到走那条道路的敌对

郭沫若与胡适曾多次见面，用他自己的话说，差不多"一出马我们就反对胡适"。这是中国现代学术文化史不能回避的大事，反映郭沫若的学术文化领域、成就、地位及其长期代表着的学术文化方向与学术文化政策。

一

郭沫若与胡适的第一次见面，是《女神》出版后第4天——1921年8月9日。

胡适日记这样记载：

> 周颂九、郑心南约在一枝香吃饭，会见郭沫若君。沫若在日本九州学医，但他颇有文学的兴趣。他的新诗颇有才气，但思想不太清楚，工力也不好。[1]

郭沫若的回忆是，9月初回福冈的前几天，商务印书馆元老高梦旦为其饯行，胡适也到场。经高梦旦介绍，二人握手相识。

在博士和我握手的时候，何公敢这样说："你们两位新

---

[1] 曹伯言整理：《胡适日记全编》3，安徽教育出版社，2001年，第425页。

诗人第一次见面。"

博士接着说："要我们郭先生才是真正的新，我的要算旧了，是不是啦？"

高梦旦坐在长餐桌的一边正中，胡适坐在其左，郭沫若坐在其右，"博士时时隔着梦旦先生和我打话"。席终用茶点时，高梦旦索性让郭沫若过到左边，"和博士并坐了起来"。二人谈到翻译，问及新作。当郭沫若告知未完成的戏剧《苏武与李陵》时，胡适打断话题说："你在做旧东西，我是不好怎样批评的。"[1]

一年以后，1922年8月，郁达夫在《创造》季刊发表《夕阳楼日记》，指责余家菊由英文转译德国哲学家威铿《人生之意义与价值》一书的错误，引发了胡适与创造社的一场笔战。胡适在《努力周报》发表《骂人》一文，反击郁达夫和创造社，并另行改译一遍。郁达夫再撰文《答胡适之先生》，予以反驳，引起翻译问题的较为广泛的争论。11月间，身在日本的郭沫若的书信《反响之反响》在上海《创造》季刊发表。第一部分即是答《努力周报》，指出"胡译文中所发现出的三错译"，说无论翻译的动机是为"糊口"，或是"介绍思想"，都不能"对于原书完全未了解便从事翻译"[2]。

1923年4月1日，郭沫若学医毕业，携眷自日本回上海。同日，胡适在《努力周报》的"编辑余谈"中大失学者风度，说："《努力》第二十期里我的一条《骂人》，竟引起一班不通英文的人来和我讨论译书。我没有闲工夫来答辩这种强不知以为知的评论。"12日，郭沫若针对胡适的"余谈"作出反击，"通英文一事不是你留美学生可以专卖的"，一连三句"不要把你的名气""不要把你北大教授的牌

---

[1] 郭沫若：《创造十年》，《郭沫若全集·文学编》第12卷，人民文学出版社，1982年，第132、133页。

[2] 郭沫若：《反响之反响》，《郭沫若全集·文学编》第16卷，第128—129页。

子""不要把你留美学生的资格""来压人",并用带挑战的口吻说:"须知这种如烟如云没有多大斤两的东西是把人压不倒的!要想把人压倒,只好请'真理'先生出来,只好请'正义'先生出来!"[1]文章发表在5月1日出版的《创造》季刊2卷1期。这时胡适也来到上海,对于创造社的反击"采取出了一种求和的态度"。5月15日,胡适通过亚东图书馆转给郁达夫、郭沫若一封信,表示读到《创造》2卷1期,不能不写信谈谈久想面谈的问题。信中表露出自知之明,谦逊有当,肯定了郁、郭的文学成就,并寄予厚望:

> 我对你们两位的文学上的成绩,虽然也常有不能完全表同情之点,却只有敬意,而毫无恶感。我是提倡大胆尝试的人,但我自知"提倡有心,而实行无力"的毛病,所以对于你们尝试,只有乐观的欣喜,而无丝毫的恶意与忌刻。

对于翻译问题,一面说"劝你们多存研究态度而少用义气。在英文的方面,我费了几十年的苦功,至今只觉其难,不见其易",一面表示"我很诚恳地希望你们宽恕我那句'不通英文'的话,只当是一个好意的净友无意中说的太过火了。如果你们不爱听这种笨拙的话,我很愿意借这封信向你们道歉"。进而说道:"我很诚恳地盼望你们对我个人的不满意,不要迁怒到'考据学'上去。"最后表示:"我盼望那一点小小的笔墨官司不至于完全损害我们旧有的或新得的友谊。"信末附笔:"此信能不发表最好。"17日,郭沫若即回复胡适,全文如下:

适之先生:

手札奉到了。所有种种释明和教训两敬悉。先生如能感人以德,或则服人以理,我辈尚非豚鱼,断不至于因此小小

---

[1] 郭沫若:《讨论注释运动及其他》,《郭沫若全集·文学编》第16卷,第148页。

笔墨官司便致损及我们的新旧友谊。目下士气沦亡，公道凋丧，我辈极思有所振作，尚望明晰如先生者大胆尝试，以身作则，则济世之功恐不在提倡文学革命之下。最后我虔诚地默祷你的病患痊愈。

沫若　五月十七日[1]

25日，胡适来访，日记记载："出门，访郭沫若、郁达夫、成仿吾。结束了一场小小的笔墨官司。"[2]郭沫若的回忆："我们的回信去后，胡大博士毕竟是非凡人物，他公然到民厚南里来看我们。……他说在生病，得了痔疮；又说是肺尖也不好。我看他真有点象梁山泊的宋公明，不打不成相识，《骂人》的一笔墨官司就象是从来没有的一样。"[3] 27日下午，与郁达夫、成仿吾访胡适。胡适日记记载："下午，郭沫若、郁达夫、成仿吾来。"[4]郭沫若的回忆："他那时住在法租界杜美路的一家外国人的贷间里，我们，仿吾、达夫和我，也去回拜过他一次。我们被引进了一间三楼的屋顶室，室中只摆着一架木床；看那情形，似乎不是我们博士先生的寝室。博士先生从另一间邻室里走出来，比他来访问时，更觉得有些病体支离的情景。那一次他送了我们一本新出版的北京大学的《国学季刊》创刊号……"[5]

二

过了5个月之后，胡适、郭沫若又一度有过互访和饭局见面。

---

[1] 以上两件，均见《胡适往来书信选》（上），中华书局，1979年。
[2] 曹伯言整理：《胡适日记全编》4，第19页。
[3] 郭沫若：《创造十年》，《郭沫若全集·文学编》第12卷，第171—172页。
[4] 曹伯言整理：《胡适日记全编》4，第19页。
[5] 郭沫若：《创造十年》，《郭沫若全集·文学编》第12卷，第172页。

1923年10月11日下午，胡适、徐志摩等到民厚南里郭沫若寓所来访。胡适日记记载："饭后与志摩、（朱）经农到我旅馆中小谈。又同去民厚里692访郭沫若。沫若的生活似甚苦。"[1]徐志摩日记有更详细记载："午后为适之拉去沧州别墅闲谈……适之翻示沫若新作小诗，陈义体格词采皆见竭蹶，岂《女神》之遂永逝？"随后，这样写道：

> 与适之、经农，步行去民厚里一二一号访沫若，久觅始得其居。沫若自应门，手抱襁褓儿，跣足，敝服（旧学生服），状殊憔悴，然广额宽颐，怡和可识。入门时有客在，中有田汉，亦抱小儿，转顾间已出门引去，仅记其面狭长。沫若居至隘，陈设亦杂，小孩屡杂其间，倾跌须父抚慰，涕泗亦须父揸拭，皆不能说华语；厨下木屐声卓卓可闻，大约即其日妇。坐定寒暄已，仿吾亦下楼，殊不谈话，适之虽勉寻话端以济枯窘，而主客间似有冰结，移时不涣。沫若时含笑谛视，不识何意。经农竟嗫不吐一字，实亦无从端启。五时半辞出，适之亦甚讶此会之窘，云上次有达夫时，其居亦稍整洁，谈话亦较融洽。然以四手而维持一日刊，一月刊，一季刊，其情况必不甚愉适，且其生计亦不裕，或竟窘，无怪其以狂叛自居。

次日，郭沫若携长子和生回访徐志摩，并赠《卷耳集》，"谈得自然的多了"。[2]

13日晚，郭沫若在美丽川宴请胡适、徐志摩，有田汉、成仿吾等。胡适日记记载："沫若来谈。前夜我作的诗，有两句，我觉得不

---

[1] 曹伯言整理：《胡适日记全编》4，第71页。

[2]《徐志摩全集》第5卷，天津人民出版社，2005年，第285—286页。

好，志摩也觉得不好，今天沫若也觉得不好。此可见我们三个人对于诗的主张虽不同，然自有同处"，"沫若邀吃晚饭，有田汉、成仿吾、何公敢、志摩、楼□□，共七人，沫若劝酒甚殷勤，我因为他们和我和解之后这是第一次杯酒相见，故勉强破戒，喝酒不少，几乎醉了。是夜沫若、志摩、田汉都醉了，我说起我从前要评《女神》，曾取《女神》读了五日。沫若大喜，竟抱住我，和我接吻"。[1]徐志摩日记亦记"饮者皆醉，适之说诚恳话，沫若遽抱而吻之"。15日晚，胡适、徐志摩回请郭沫若、成仿吾，席间有田汉夫妇等，"大谈神话"。18日，应邀往郑振铎家吃午饭，有胡适、高梦旦、徐志摩等。胡适日记记载："到郑振铎家中吃饭。同席的有梦旦、志摩、沫若等。这大概是文学研究会和创造社'埋斧'的筵席了。"[2]

三

如果说"小小笔墨官司"不足以见其重大问题的主张，就让我们来看一看二人对于中西文化关系这一长期保持"热门"的议题的认识。

1923年3月，郭沫若学医毕业前夕，胡适发表《读梁漱溟先生的〈东西文化及其哲学〉》一文，批评梁漱溟的"三大文化路向说"，阐明自己的"有限的可能说"。梁漱溟把东西文化划分为西方、中国和印度三大系统，使得文化发展的特殊性、民族性格外突出起来，然后却提出与新文化运动相反的结论，即西方文化代表过去，东方的中国文化和印度文化代表未来，新文化运动提出的向西方学习，用西方文化改造中国文化是错误的。胡适抓住梁漱溟"文化路向说"的症结，认为梁漱溟把人对物、人对人、人对生命自身三大问题和由此引

---

[1] 曹伯言整理：《胡适日记全编》4，第72页。
[2] 曹伯言整理：《胡适日记全编》4，第78页。

起的三大路向分别派位给西方、中国和印度,是"笼统""武断"的主观哲学。胡适提出的"有限的可能说"是:"我们拿历史眼光观察文化,只看见各民族都是在'生活本来的路'上走,不过因环境有难易,问题有缓急,所以走的有迟速的不同,到的时候有先后的不同。""当初鞭策欧洲人的环境与问题现在又来鞭策我们了,将来中国和印度的科学化与民主化是无可疑的。"[1]这在批判文化保守主义、坚持新文化运动基本方向方面无疑有其积极的历史意义。可是,胡适、梁漱溟的说法都不免偏惑。如果说梁漱溟的观点强调人类文化发展过程中的特殊性和民族性,而忽略或否认其同一性和时代性的话,那么胡适的观点便是强调人类文化发展过程中的同一性和时代性,而忽略或否认其特殊性和民族性。

两个月之后,当回复胡适"不至于因此小小笔墨官司便致损及我们的新旧友谊"之时,郭沫若在写给宗白华的信中讨论中德文化,确立起他的吞吐中西的文化观。郭沫若既不像梁漱溟强调民族性而忽略或否定时代性,又不似胡适强调时代性而忽略或否定民族性,而是提出他一贯的主张:

> 固有的文化久受蒙蔽,民族的精神已经沉潜了几千年,要救我们几千年来贪懒好闲的沉痼,以及目前利欲熏蒸的混沌,我们要唤醒我们固有的文化精神,而吸吮欧西的纯粹科学的甘乳。[2]

在郭沫若与胡适初相见,至其间"小小笔墨官司"暂告一段的几年中,国内又有关于"整理国故"的争论。胡适对于整理国故的

---

[1] 胡适:《读梁漱溟先生的〈东西文化及其哲学〉》,《读书杂志》第8号(1923年3月18日)。

[2] 郭沫若:《论中德文化书——致宗白华兄》,《郭沫若全集·文学编》第15卷,第157页。

目的、意义,有着种种不同的说法。1919年12月发表的《新思潮的意义》认为,"中国的一切过去的文化历史,都是我们的国故"。整理国故,就是"从乱七八糟里面寻出一个条理脉络来,从无头无脑里面寻出一个前因后果来;从胡说谬解里面寻出一个真意义来;从武断迷信里面寻出一个真价值来"。[1]至于如何"整理",他在1923年1月发表的《〈国学季刊〉发刊宣言》中提出:"第一,用历史的眼光来扩大国学研究的范围。第二,用系统的整理来部勒国学的资料。第三,用比较的研究来帮助国学的材料的整理与解释。"[2]人们见到的胡适"整理"的成就主要有《中国哲学史大纲》(上)、《〈水浒传〉考证》《〈红楼梦〉考证》等,并未见到如他本人所说的"发明一个字的古义,与发现一颗恒星,都是一大功绩"[3]之类的成果。1926年4月(或5月),又说"我们整理国故,只是要还他一个本来面目","使人明了古代文化不过如此"。[4]再后,更提出"'烂纸堆'里有无数无数的老鬼,能吃人,能迷人,害人的厉害胜过柏斯德(Pasteur)发见的种种病菌","打鬼""捉妖"即是"整理国故的目的与功用"。[5]

几乎同时,郭沫若从其吞吐中西的文化观出发,逐渐形成他的独特的"国学"体系——跳出"国学"的范围,认清"国学"的真相,划出与胡适的"整理国故"的界限。起初在《创造周刊》36号发表《整理国故评价》,指出"整理国故的流风,近来也几乎成为了一个时代的共同色彩了","这种现象,决不是可庆的消息"。表示不赞同胡适"四处向人宣传整理国故研究国学"和成仿吾、吴稚晖"本着良

---

[1] 胡适:《新思潮的意义》,《新青年》第7卷第1号(1919年12月1日)。

[2] 胡适:《〈国学季刊〉发刊宣言》,《国学季刊》1卷1号(1923年1月)。

[3] 胡适:《论国故学——答毛子水》,《胡适文存》卷2,第286页。

[4] 胡适复钱玄同信,《胡适、钱玄同等论学书札》,《中国哲学》第1辑,生活·读书·新知三联书店,1979年。

[5] 胡适:《整理国故与"打鬼"》,《胡适文存》3集卷2,第211页。

心的命令要研究科学或者要造机关枪"的倾向,认为"不能因为有不真挚的研究者遂因而否认国学研究的全部,更不能于自我的要求以外求出别项的实力来禁止别人"。针对胡适"发明一个字的古义,与发现一颗恒星,都是一大功绩"的说法,强调"国学究竟有没有研究的价值?这是要待研究之后才能解决的问题","研究的方法要合乎科学的精神,研究有了心得之后才能说到整理。这种整理事业的评价我们尤不可估之过高"。进而,认为胡适《中国哲学史大纲》对于中国古代的来源既未认清,思想的发生自无从说起。所以,对于胡适"整理"过的一些过程,还要重新"批判"。

胡适主张,"整理国故""不当先存一个'有用无用'的成见,致生出许多无谓的意见"。[1]郭沫若则明确宣布:"对于未来社会的待望逼迫着我们不能不生出清算过往社会的要求。"[2]

胡适认为,"整理国故""只是要还他一个本来面目,只是直叙事实而已"。[3]郭沫若则指出,其"终极目标"是在"实事求是",不应当只做到"知其然",而要在"实事之中求其所以是""知其所以然"。[4]

尽管在1930年郭沫若看到《古史辨》第1册以后,承认"胡适对于古史也有些比较新颖的见解","他于古代的边际却算是摸着了一点"[5],但在"整理""中国的一切过去的文化历史",诸如认识古代社会、条理甲骨文金文而扩大国学研究范围、整理古籍而苏活古书生命、纵论周秦诸子思想、考辨诗词曲赋以品评历史人物,包括屈原研究等方面,郭沫若对胡适的"挑战",胡适基本采取回避态度。

---

[1] 胡适:《论国故学——答毛子水》,《胡适文存》卷2,第287页。

[2] 郭沫若:《〈中国古代社会研究〉自序》,《沫若文集》第14卷,第6页。

[3] 上引胡适复钱玄同信。

[4] 郭沫若:《〈中国古代社会研究〉自序》,《沫若文集》第14卷,第7页。

[5] 郭沫若:《夏禹的问题》,《沫若文集》第14卷,第309、310页。

四

就在郭沫若确立起跳出"国学"范围，认清"国学"真相的新的国学研究体系的同时，1929年12月，胡适发表《我们走那条路？》一文，提出"我们要打倒五个大仇敌：第一大敌是贫穷。第二大敌是疾病。第三大敌是愚昧。第四大敌是贪污。第五大敌是扰乱"，并特别强调：

> 这五大仇敌之中，资本主义不在内，因为我们还没有资格谈资本主义。资产阶级也不在内，因为我们至多有几个小富人，那有资产阶级？封建势力也不在内，因为封建制度早已在二千年前崩坏了。帝国主义也不在内，因为帝国主义不能侵害那五鬼不入之国。帝国主义为什么不能侵害美国和日本？为什么偏爱光顾我们的国家？岂不是因为我们害了这五大恶魔的毁坏，遂没有抵抗的能力了吗？故即为抵抗帝国主义起见，也应该先铲除这五大敌人。[1]

这种说法和主张，对于已经成了"彻底的马克思主义的信徒"，并且以中国的思想、社会和历史"考验辩证唯物论的适应度"，写出《中国古代社会研究》的郭沫若来说，是绝对不会苟同的！

1932年9月，郭沫若所写《创造十年》由上海现代书局出版。内中，对胡适的上述主张进行针锋相对的批判：

> 胡大博士真可说是见了鬼。他象巫师一样一里招来、二里招来的所招来的五个鬼，其实通是些病的征候，并不是病的根源。要专门谈病的征候，那中国岂只五鬼，简直

---

[1] 胡适：《我们走那条路？》，《新月》第2卷第10期，1929年12月10日。

是百鬼临门。重要的是要看这些征候、这些鬼,是从甚么地方来的。"

……

他说"资本主义不在内,……资产阶级也不在内",是的,内或者是不在。外呢?中国的金融、交通、矿山、纱厂等等是在贵何国度的贵何主义、贵何阶级的手里呀?他说"封建势力也不在内,因为封建制度早已在二千年前崩坏了"。这只是在名词上玩戏。他说的"封建制度"是秦以前的封功臣建同姓的说法(但那种说法已经靠不住,周代的诸侯大多数是自然生长的国家,当时的社会还是奴隶制度);现在所谈的"封建势力"是指在行帮制下的各种旧式产业,在地方上割据着的军阀、官僚、地主的那个连锁,以及因之而发生的各种痼弊的迷信与腐化(胡博士所说的五大仇敌都包含在这里面),这些是崩坏了的吗?问题不是徒逞唯名的(nominalistic)诡辩,而是要你看着事实!……

其实中国积弱的病源,就象盲目者依然有方法找寻正确的道路一样,中国人自鸦片战争以来在暗中摸索了一百年,毕竟早已摸着了。只可恨有好些狂牛不遵循民众所找寻到的正确道路,只是象五牛奔尸一样乱跑。弄到现在来还要让我们的博士问"我们走那条路?"

博士先生,老实不客气地向你说一句话:其实你老先生也就是那病源中的一个微菌。你是中国的封建势力和外国的资本主义的私生子。中国没有封建势力,没有外来的资本主义,不会有你那样的一种博士存在。[1]

如果说先前郭沫若与胡适之间的争论尚属对于中西文化的认识不

---

[1] 郭沫若:《创造十年》,《郭沫若全集·文学编》第12卷,第159—163页。

同，那么此时则已公开化为所走道路相背了。在这之后，郭沫若对于胡适的批判，涉及政治方向、思想认识和学术研究等各个方面。

1934年12月，胡适《说儒》以《中央研究院历史语言研究所集刊》单行本发表，探讨儒家和儒学的产生、演变，自谓一篇"得意"之作，自称"提出中国古代学术文化史的一个新鲜的看法"[1]，"提出了一个新的理论。根据这个新理论可将公元前一千年的文化史从头改写"[2]。1937年7月，郭沫若发表《责问胡适——由当前的文化运动说到儒家》。第一部分为《替鲁迅说几句话》，是从胡适与某女士关于文化运动的通信下笔的，强调"鲁迅之受青年爱戴，并不是偶然的事"，指出"同一是骂人，像胡博士和某女士的那种骂法，就骂断武汉、北平的几条街，我相信，对于中国的文化，中国的青年，是一点好处也没有的"。第二部分为《论胡适的态度》，仍然从"他那信中的自画自赞"入手，说胡适的党派意识"很强"，针对胡适所说"有二三百字是骂唯物史观的辩证法的，我写到这一页，我心里暗笑，知道这二三百字够他们骂几年了"，郭沫若一问："仅仅'二三百字'便要骂倒一种学说，似乎也有点难得近乎'平实'。马昂（恩）诸哲的著作，忠实地被介绍了过来的并没有几种，而博士并不精通德文俄文也是周知的事实，那吗，博士的'骂'是从何'骂'起来的呢？"再问："照一般的习惯语说来，如指方法言，是'唯物的辩证法'，如指思想言，是'辩证的唯物论'，所谓'唯物史观'者是用唯物辩证法所把握着的社会进展过程。今博士言'骂唯物史观的辩证法'，到底是'骂'的什么对象呢？……你连'正名'的初步还没有走到，如何便'骂'了起来？"再进一步问："更何况，还要在'心里暗笑'，这到底是什么存心呢？"以下为《借问胡适》，分"《说儒》一文的基本观点""三年之丧并非殷制""高宗谅阴的新解释""论《周

---

[1] 胡适：《〈胡适论学近著〉自序》，《胡适论学近著》，商务印书馆，1935年，第1页。

[2] 《胡适的自传》，转引自陈金淦编：《胡适研究资料》，北京十月文艺出版社，1989年。

易》的制作时代""论'正考父鼎铭'之不足据""'玄鸟'并非预言诗""殷末的东南经略""论儒的发生与孔子的地位"8个标题,"真真正正地说些'平实话'",对胡适关于儒家、儒学的"新鲜的看法"进行驳论。后抽去第一、二部分,更名《驳〈说儒〉》,收入《蒲剑集》《青铜时代》二书。对胡适的《说儒》,顾颉刚说是"他为了'信古'而造出来的一篇大谎话","这篇文章一出来,便受到郭沫若的痛驳(文见《青铜时代》),逼得他不敢回答"。[1]

1938年夏,中共以郭沫若为继鲁迅之后新文化运动的又一面旗帜。从此,郭沫若对胡适的批判,便不再是个人"恩怨"或"笔墨官司"了。虽然批判中也涉及某些学术问题,但那"学术问题"也都带有浓重的"政治方向"的色彩。从整个30年代的情况来看,郭沫若对于胡适在学术方面的批驳、政治方向上的批判,胡适都没有回应,在1933年所写《〈四十自述〉自序》中仍然以郭沫若为"旧友"。

到了解放战争时期,在两个中国之命运的攸关时刻,郭沫若将胡适作为"敌性的对象"的代表,连续发表《春天的信号》《驳胡适〈国际形势里的两个问题〉》等杂文及信札《斥帝国主义臣仆兼及胡适》。此时的胡适,确有招架不住之感,在1947年2月写给王雪艇的信中表露:"听说郭沫若要办七个副刊来打胡适。我并不怕'打',但不愿政府供给他们子弹,也不愿我们自己供给他们子弹。"[2]所谓"七个副刊",应当是六个,即当时上海《文汇报》实行改革,创办"新思潮""新社会""新经济""新文艺""新教育""新科学"六个周刊,委托郭沫若为之物色六位主编。至于"七个副刊",则是1948年9月《文汇报》在香港复刊,又委托郭沫若组建者,已是后话。这时,打头阵的是侯外庐负责主编的"新思潮"副刊,刊登了郭沫若

---

[1] 详见顾颉刚:《我是怎样编写〈古史辨〉的?》,《古史辨》第1册,上海古籍出版社,1982年,第141页。

[2] 转引自胡颂平:《胡适之先生年谱长编初稿》第6册,台湾联经出版事业有限公司,1984年,第1960页。

的《春天的信号》。胡适写给王雪艇的信,的确表露出他当时的内心活动。郭沫若似乎也看得颇为清楚,特别写了短篇杂文《替胡适改诗》,建议其将诗句"做了过河卒子,只能拼命向前",改为"做了过河卒子,只能奉命向前"。[1]

但这中间,有一事不能不提出来,就是胡适对郭沫若为中央研究院院士的态度。1947年5月,胡适所提"考古学及艺术史"4人中有郭沫若。7月,填写的《国立中央研究院院士候选人提名表》,认为郭沫若"合于第一项资格"。从《夏鼐日记》1947年10月17日所记评议会专就郭沫若提名进行讨论的情况看[2],胡适始终是提名并赞成郭沫若为院士的。

五

自抗战以来郭沫若便表示愿做共产党的"党喇叭",而胡适在此前后却做了蒋介石的"过河卒子"。一个"党喇叭",一个"过河卒子",岂能不成为"敌性的对象"!郭沫若对于胡适,除了尖刻地批判、斥责,还能有什么别的做法!至于1949年以后大陆对于胡适的批判和清算,完全是当时文化政策的一个重要部分。郭沫若作为"文化教育界"的旗手,必然要起"带头"作用。批判、清算中的"简单和片面",乃至政治学术难分的倾向,不可能不在郭沫若这面"旗帜"上有所表现。胡适在海外不再无动于衷,采取了"以牙还牙"的做法。他说,"共产党以三百万言的著作,印了十几万册书籍来清算胡适思想,来搜寻'胡适的影子',来消灭'胡适的幽灵'","证明这种思想在广大的中国人民心里,发生了作用"。此时的胡适,也开

---

[1]《郭沫若全集·文学编》第20卷,人民文学出版社,1992年,第230页。

[2] 王世民:《傅斯年与夏鼐》,布占祥、马亮宽主编:《傅斯年与中国文化》,天津古籍出版社,2006年,第380—381页。

口骂人了，骂郭沫若等为"文化奴才"。[1]

郭沫若、胡适，都是学问、政治兼而为之的。郭沫若对胡适的批判，由学术研究而发展为政治批判。胡适面对郭沫若的批判，在学术问题上，基本采取沉默态度，或如顾颉刚所说，"不敢回答"；或如他自己所说，"有东西"不怕"打"。在政治上，虽然有所回应，却又不尽针对郭沫若个人。从这两位文化巨人半个世纪左右的交往当中，人们是会理出中国现代学术文化发展的基本脉络的。

《郭沫若学术思想评传》第十六章一，北京图书馆出版社，1999年。2016年11月做过一次添改。

---

[1] 王洪钧：《我要继续向前——胡适先生决心再继续奋斗十年》，转引自胡颂平：《胡适之先生年谱长编初稿》第7册，第2547页。

郭沫若与陈寅恪："龙虎斗"与"马牛风"

> 郭沫若最好的著作是《青铜时代》。
>
> ——陈寅恪
>
> 《再生缘》之被再认识,首先应该归功于陈寅恪教授。
>
> ——郭沫若

壬水庚金龙虎斗,郭聋陈瞽马牛风。

这副流传至今的对联,是 20 世纪两位学术大师在 60 年代研讨弹词《再生缘》的两次会晤中产生的。短短的 14 个字,包含着两位大师的生辰、属相、生理特征,也反映着那个年代的某些时代特征。

"郭聋",指早年因病双耳失聪的郭沫若。"陈瞽",指 40 年代中期双目失明的陈寅恪。郭沫若 1892 年出生,干支纪年为壬辰年,壬于五行中属水,辰于生肖中为龙,故"壬水""龙",暗指郭沫若。陈寅恪 1890 年出生,干支纪年为庚寅年,庚于五行中属金,寅于生肖中为虎,故"庚金""虎",暗指陈寅恪。

关于这副对联,一说是郭沫若在与陈寅恪见面寒暄时吟出的,一说是郭、陈二人各半联。这两种说法,都不确切。郭沫若的记录是:1961 年 3 月、11 月两次到广州,两次看望陈寅恪,在第二次见面时作成此联。所谓"龙虎斗""马牛风",更有不同解释。

下面,让我们循着岁月的变迁,回顾一下两位大师的基本情况和他们在 1949 年以后的交往,特别是 1961 年的两次相见,这将有助于理解对联中的"龙虎斗""马牛风"的意蕴。

一、未谋面时存异同

迄今尚未见有材料说明郭沫若与陈寅恪两位大师在1949年以前曾经谋面，但陈寅恪因在清华大学、中央研究院历史语言研究所任职，有可能了解郭沫若当时的学术研究成果，知道他是"甲骨文专家，是'四堂'之一"。1948年中央研究院选举郭沫若为首届院士（郭沫若缺席），在评选过程中，陈寅恪肯定会看到郭沫若的一些著作的。所以，后来陈寅恪曾称赞郭沫若"最好的著作是《青铜时代》"。而郭沫若对陈寅恪的学术成就也不是一无所知，陈寅恪自己就说过："郭沫若在日本曾看到我的王国维诗"。不管他们1949年以前是否谋面，也不论他们相互了解多少，两位大师在各自的学术领域都取得举世瞩目的成就。

20世纪二三十年代，正是中国社会发生激烈变动的年代，也是外来思想文化以全然不同的内涵冲击东方文明的时代。人们普遍都在探索中外思想文化的关系，陈寅恪、郭沫若是其中成就卓著、颇具影响的两位大师。当我们追踪他们的学术生涯时，非常清楚地看到：陈寅恪自幼留意佛事、佛典，早年治学门径大体以比较语言学为本，故其思辨缜密，注意诗文的"古典"与"今典"。但因健康方面的原因和人生道路的实际，使其性格孤清、倨傲，气质偏于忧郁、感伤。而郭沫若则是另一种情况，自幼喜摆脱羁绊，又是以白话诗登上文坛的，所以思想开放、富于想象，"好发议论""好写翻案文章"，加之人生道路方面的原因，使其性格浪漫、好胜、趋新。这些，都程度不同地决定着他们思考和研究问题的取向与方式。

尤其应当注意的是两位大师对待中国文化和外来文化的基本态度。其相近之处，两人都不是"全盘西化论"者，也不是"文化本位论"者，都主张中外文化应当相辅相成。

陈寅恪认为：

其真能于思想上自成系统，有所创获者，必须一方面吸收输入外来之学说，一方面不忘本来民族之地位。此二种相反而适相成之态度，乃道教之真精神，新儒家之旧途径，而二千年吾民族与他民族思想接触史之所昭示者也。[1]

稍早几年，郭沫若亦有如此说法：

要建设新文化，不先以国民情调为基点，只图介绍些外人言论，或发表些小己底玄思，终竟是凿柄［枘］不相容的。[2]

我们要唤醒我们固有的文化精神，而吸吮欧西的纯粹科学的甘乳。[3]

但在这当中，又透露出两位大师的不同见解。
陈寅恪主张：

既融成一家之说以后，则坚持夷夏之论，以排斥外来之教义。……窃疑中国自今日以后，即使能忠实输入北美或东欧之思想，其结局当亦等于玄奘唯识之学，在吾国思想史上，既不能居最高之地位，且亦终归于歇绝者。[4]

郭沫若则主张吸收外来科学文化，弥补中国固有文化的不足。他

---

[1] 陈寅恪：《冯友兰中国哲学史下册审查报告》，《金明馆丛稿二编》，第252页。

[2] 郭沫若：《郭沫若致宗白华》（1920年1月18日），《郭沫若全集·文学编》第15卷，第20页。

[3] 郭沫若：《论中德文化书——致宗白华兄》，《郭沫若全集·文学编》第15卷，第157页。

[4] 陈寅恪：《冯友兰中国哲学史下册审查报告》，《金明馆丛稿二编》，第252页。

注意到世界上各民族的文化大都"有兴有替""有盛有衰",唯独中国文化具有如下特点:

> 五千年中永远保持着了它的一贯的进化体系。……看着便要达到老境了,立地便有一针青年化的血清注射。[1]

这"青年化的血清",便是"异民族的文化之优秀成分",我们吸收来"使之成为自己的血肉,或成为自己文化创建力的触媒"。

很明显,陈寅恪的主张,如他本人所说,是一种"不古不今之学",或谓"以新瓶装旧酒",更多偏重于传统之学。而郭沫若的主张,亦如他本人所说,是"一贯的进化体系",更多偏重于变革、创造。

上述治学门径、思维方式、性格特征以及看待中外文化的态度等,使他们对另一位近代学术大师王国维都非常推崇、赞许。但在王国维之死的问题上,认识却不尽一致。

王国维投颐和园昆明湖死后,陈寅恪作《王观堂先生挽词并序》,刊于1928年出版的《国学论丛》1卷3号"王静安先生纪念专号"。其论王国维所以死之故:

> 凡一种文化值衰落之时,为此文化所化之人,必感苦痛,其表现此文化之程量愈宏,则其所受之苦痛亦愈甚;迨既达极深之度,殆非出于自杀无以求一己之心安而义尽也。……盖今日之赤县神州值数千年来未有之巨劫奇变;劫尽变穷,则此文化精神所凝聚之人,安得不与之共命而同尽,此观堂先生所以不得不死,遂为天下后世所极哀而深惜者也。[2]

---

[1] 郭沫若:《青年化,永远青年化》,《郭沫若全集·文学编》第18卷,人民文学出版社,1992年,第323—324页。

[2] 又见陈寅恪:《寒柳堂集》附《寅恪先生诗存》,上海古籍出版社,1980年,第6—7页。

很明显，陈寅恪强调的是，神州大地巨变，传统文化沉沦，深深凝聚传统精神的王国维不能不为之殉身！一年以后，清华研究院同学为王国维竖立纪念碑，请陈寅恪作碑铭，于是对王国维之死便有了如下说法：

> 士之读书治学，盖将以脱心志于俗谛之桎梏，真理因得以发扬。思想而不自由，毋宁死耳。斯古今仁圣所同殉之精义，夫岂庸鄙之敢望。先生以一死见其独立自由之意志，非所论于一人之恩怨，一姓之兴亡。[1]

几乎是同时，郭沫若也论及王国维之死：

> 王国维，研究学问的方法是近代式的，思想感情是封建式的。两个时代在他身上激起了一个剧烈的阶级斗争，结果是封建社会把他的身体夺去了。[2]

这与陈寅恪论王国维为传统文化衰落而殉身的说法是相通的，却与陈寅恪论王国维"思想而不自由，毋宁死耳"大相径庭。

二、初次交往有波折

1953年，郭沫若、陈寅恪开始了书信交往。

这一年，中共中央决定组建中国历史问题研究委员会。9月，委员会第一次会议根据中共中央宣传部的提议，决定在中国科学院设立

---

[1] 陈寅恪：《清华大学王观堂先生纪念碑铭》，《金明馆丛稿二编》，第218页。

[2] 郭沫若：《〈中国古代社会研究〉自序》，《郭沫若全集·历史编》第1卷，人民出版社，1982年，第8页。

三个历史研究所,分别以郭沫若、陈寅恪、范文澜为所长。

11月下旬,曾经是陈寅恪助教、时为北京大学历史系副教授的汪篯,带着中国科学院院长郭沫若、副院长李四光写给陈寅恪的两封信到中山大学,正式传达请陈寅恪担任历史研究二所所长的意见。遗憾的是,目前看不到这两封信的原件,也就无法知道其具体内容。12月1日,陈寅恪口述、汪篯笔录,形成一份《对科学院的答复》。其要点如下:

> 我的思想,我的主张完全见于我所写的王国维纪念碑中。……独立精神和自由意志是必须争的,且须以生死力争。正如词文所示,"思想而不自由,毋宁死耳。斯古今仁圣所同殉之精义,夫岂庸鄙之敢望"。一切都是小事,惟此是大事。碑文中所持之宗旨,至今并未改易。
>
> ……
>
> 我提出第一条:"允许中古史研究所不宗奉马列主义,并不学习政治。"其意就在不要桎梏,不要先有马列主义的见解,再研究学术,也不要学政治。不止我一人要如此,我要全部的人都如此。
>
> ……
>
> 我又提出第二条:"请毛公或刘公给一允许证明书,以作挡箭牌。"其意是毛公是政治上的最高当局,刘少奇是党的最高负责人。我认为最高当局也应和我有同样看法,应从我之说。否则,就谈不到学术研究。
>
> 至如实际情形,则一动不如一静。我提出的条件,科学院接受也不好,不接受也不好。两难。我在广州很安静,做我的研究工作,无此两难。去北京则有此两难。动也有困难。我自己身体不好,患高血压,太太又病,心脏扩大,昨天还吐血。

你要把我的意见不多也不少地带到科学院。碑文你带去给郭沫若看。郭沫若在日本曾看到我的王国维诗。碑是否还在，我不知道。如果做得不好，可以打掉，请郭沫若做，也许更好。郭沫若是甲骨文专家，是"四堂"之一，也许更懂得王国维的学说。那么我就做韩愈，郭沫若就做段文昌，如果有人再做诗，他就做李商隐也很好。我的碑文也流传出去，不会湮没。

前面提到，陈寅恪早在30年代就曾经说过："窃疑中国自今日以后，即使能忠实输入北美或东欧之思想，其结局当亦等于玄奘唯识之学，在吾国思想史上，既不能居最高之地位，且亦终归于歇绝者。"[1] 他所说的"东欧之思想"，当指马克思主义。新中国成立后，他反对把马克思主义放在"最高之地位"，拒绝学习马克思主义，这是完全可以理解的。但是为什么在这份《对科学院的答复》中，要围绕他1929年所写王国维纪念碑文大加发挥，并且要汪篯把碑文带去给郭沫若，说也许郭沫若"更懂得王国维的学说，那么我就做韩愈，郭沫若就做段文昌"呢？

陈寅恪《对科学院的答复》中的这段文字，说的是唐史中的一则典故。唐宪宗年间，为削平淮西藩镇，宰相裴度亲赴前线节度各路兵马。李愬雪夜袭取蔡州，一举擒获淮西藩镇首领，平定了淮西割据势力。韩愈当时为裴度行军司马，事后奉诏撰《平淮西碑》（后称"韩碑"）以记其事。不久，讨伐淮西主将李愬妻、唐安公主之女，不满"韩碑""多叙裴度事"。于是，唐宪宗下令磨掉"韩碑"，命翰林学士段文昌重撰《平淮西碑》（后称"段碑"）。后来，诗人李商隐有七言古诗《韩碑》记述此事，认为"韩碑"不会被磨去。[2] 陈寅恪引用

---

[1] 陈寅恪：《冯友兰中国哲学史下册审查报告》，《金明馆丛稿二编》，第252页。

[2] 两篇同名的碑文，一首古诗，今俱留存，读者自可对照史实，明其曲直。

这则典故，很明显有其用意。前面已经叙及陈寅恪关于王国维之死的两次说法，其第一次"论王国维所以死之故"，与郭沫若的说法有相通之处，其第二次的说法强调"思想而不自由，毋宁死耳"，与郭沫若认为王国维是"封建社会把他的身体夺去了"的认识则是大相径庭的。而郭沫若在《〈中国古代社会研究〉自序》中的这一认识，后来在史学界具有广泛的影响，这难免不引起陈寅恪心中不快。所谓"韩碑"与"段碑"的说法，表明在陈寅恪看来，他所撰的"王国维纪念碑"，会像李商隐所称赞的"韩碑"那样，"今无其器存其辞"，不会湮没。段文昌由翰林学士拜相，入相出将近20年，在当时名声胜过韩愈，但后来在文化史方面的影响却不如韩愈。陈寅恪把自己比作韩愈[1]，把郭沫若比作段文昌，含意正在于此。

汪籛带着陈寅恪《对科学院的答复》和陈寅恪的两篇新作、四首诗回到北京，向科学院作了汇报。12月10日，正在"校读管子《侈靡》，颇有收获"的郭沫若，听科学院党组成员、学术秘书刘大年来谈陈寅恪，想到的是"第二史所只好改由陈垣担任"，并感慨"人之冥顽，大可悲悯"。14日下午，郭沫若"看了汪籛关于陈寅恪的报告"，但作何反应，未见评骘。[2]特别是对陈寅恪所说"韩碑""段碑"有何感触，更不得而知。一个月后，即1954年1月16日，郭沫若致函陈寅恪。信函的内容虽然迄今无人披露，但1月23日陈寅恪作出这样的回复：

> 沫若先生左右：
> 一九五四年一月十六日手示敬悉。尊意殷拳，自当勉副。寅恪现仍从事于史学之研究及著述，将来如有需要及稍获成绩，应即随时函告并求教正也。

---

[1]〔新加补注〕陈寅恪把自己比作韩愈，却忘了韩愈字"退之"，其《感春四首》中"今者无端读书史，智慧只足劳精神。画蛇着足无处用，两鬓霜白趋埃尘。乾愁漫解坐自累，与众异趣谁相亲"的诗句。曲高和寡"坐自累"，"异趣少亲"岂自由。

[2] 郭平英1997年10月3日致笔者信所附郭沫若1953年12月10日、14日日记。

专此奉复, 敬颂
著祺!

陈寅恪敬启
一九五四年一月廿三日[1]

虽然陈寅恪拒绝重返京华, 但"尊意殷拳, 自当勉副"8个字却透露出: 当中国历史问题研究委员会决定创办《历史研究》, 郭沫若为编辑委员会召集人, 请陈寅恪为编辑委员时, 陈寅恪欣然同意了。汪籛带回的陈寅恪的两篇文章, 先后刊登在《历史研究》的创刊号和第2期上, 一为《记李唐之李武韦杨婚姻集团》, 一为《论韩愈》。同时, 中国科学院以陈垣为历史研究二所所长。

1954年4月, 中国科学院开始筹设学部, 郭沫若兼哲学社会科学部主任。经杜国庠同陈寅恪联络, 9月初杜国庠致函中国科学院党组书记、副院长、哲学社会科学部副主任张稼夫, 说:"陈寅恪先生已答应就委员职。日前给您电报想已收到。"[2] 9月30日, 郭沫若致函陈寅恪:

寅恪先生大鉴:
　　学友杜守素先生来京, 获悉尊体健康, 并蒙慨允担任中国科学院社会科学学部委员, 曷胜欣幸!
　　学部乃科学院指导全国科学研究工作与学术活动之机构, 不致影响研究工作, 目前正积极筹备, 详情将由守素兄返粤时面达。
　　尊著二稿已在《历史研究》上先后发表, 想已达览。《历史研究》编辑工作缺点颇多, 质量亦未能尽满人意, 尚

---

[1] 蒋天枢:《陈寅恪先生编年事辑》, 上海古籍出版社, 1981年, 第146页引录, 称"此信据师母手写底稿"。

[2] 王玉璞、朱薇编:《刘大年来往书信选》(上), 中央文献出版社, 2006年, 第93页。

祈随时指教，以期有所改进。尊处于学术研究工作中有何需
要，亦望随时赐示，本院定当设法置备。专此，

著祺！

郭沫若 九、卅[1]

此信通过刘大年交杜国庠，转达陈寅恪。刘大年回忆说："科学院当时制定有资助院外学者工作办法。郭信中表示了对陈研究工作的关心，不是客套。"[2]陈寅恪的学部委员之职，此后始终保持未变。

三、"厚今薄古"生枝节

1958年，"厚今薄古"的问题又将郭沫若与陈寅恪联系在一起。这就是郭沫若5月16日关于"厚今薄古"问题写给北京大学历史系师生的一封信，6月10日、11日先后被《光明日报》《人民日报》刊载，内中提到陈寅恪，被认为是"公开点出陈寅恪的名"。

让我们来看一看当时的实际情形，再仔细品味一下郭沫若写给北京大学历史系师生的信。

在1958年3月国务院学科规划委员会第五次会议上，郭沫若代表访苏科学技术代表团作总结报告《加强中苏科学合作，为促进科学事业的大跃进而战斗》。陈伯达作为中央政治局委员、中央宣传部副部长，10日到会作报告，题为《厚今薄古，边干边学》，说"资产阶级知识分子想逃避社会主义现实生活"，以为"积累了些资料，熟悉了些资料，就很有学问了"。第二天，《人民日报》以发消息的形式摘要报道了陈伯达的主要观点。两个星期以后，3月25日出刊的《中山大学周报》246期刊登《历史系教工揭露些什么》的报道，说

---

[1] 刘大年：《郭沫若关于〈历史研究〉的六封信》，《历史研究》1994年第1期。

[2] 《郭沫若致陈寅恪》注释[1]（三），王玉璞、朱薇编：《刘大年来往书信选》（上），第99页。

"'厚今薄古'的现象,亦是这次揭发的主要内容之一"。显然,这是陈伯达报告在中山大学激起的最早最直接的反响,距郭沫若给北大历史系师生写信要早1个多月的时间。

4月3日,《人民日报》刊登复旦大学关于"厚今薄古"的辩论。

4月28日,范文澜在《人民日报》发表《历史研究必须厚今薄古》,前三个小标题是:"厚今薄古是中国史学的传统""厚古薄今是资产阶级学风""厚今薄古与厚古薄今是两条路线的斗争"。短短两个月的时间,各主要报刊发表的论文和有关各地讨论情况的报道,多达40篇。

如何正确理解和把握"厚今薄古",对于从事古代史、从事考古的人来说,成为亟待弄清楚的迫切问题。特别是历史系的青年教师和学生,更希望听到一种比较科学、客观的说法。北京大学历史系的部分师生,5月15日写信给郭沫若,系主任翦伯赞亲自到郭沫若家,希望郭沫若能够就这个问题到北大历史系作一次报告。但因郭沫若数日后要同全国文联的朋友赴张家口地区参观,便于5月16日写了这封给北京大学历史系师生的回信。

如果说自3月10日陈伯达提出"厚今薄古"的口号,引发了学术界主要是史学界的强烈反响,复旦大学召开辩论,范文澜随后发表文章,郭沫若应北大历史系之邀作回复,是"大跃进"年代的时代产物,这无可非议。但如果认定从陈伯达3月10日的报告,到范文澜4月份的文章,再到郭沫若5月份的信6月份公开发表[1],反映"一种设计与布局的从容",却难以令人置信!

郭沫若信中的一些说法,如"今天是自觉发展的时代了,我们正应该标榜'厚今薄古',来打破迷信,解放思想,形成发展上的大跃进",这无疑是时代在他身上打下的明显印记。但他紧接着又说:

---

[1] 郭沫若信的发表,先是北大历史系师生转送《光明日报》。郭沫若6月7日从张家口地区回京,收到《光明日报》送来的清样。他在9日给翦伯赞的信中说:"我略略添改了一点。我已请他们登在普通版面上。"10日,《光明日报》刊出,题为《关于厚今薄古问题——答北京大学历史系师生的一封信》。11日,《人民日报》转载。

"当然'厚今薄古'也不是说只要今,不要古,或者是把所有古代的遗产都抛弃,并不是那样。"信中特别指出:

> 由于肤浅地了解了"厚今薄古"的含义,有些人发生了轻视资料、轻视旧书本的念头,甚至搞历史的人也感到苦闷,这也是一种偏向。总之,"厚今薄古"必须同时并提,古今是相对的,厚薄也是相对的,"厚今薄古"同时并提便成为合理的辩证的统一。

那个年月,肤浅了解"厚今薄古"含义的情况确实普遍存在,但郭沫若并不在这"肤浅"之列。以今天的眼光来比较当时各种有关"厚今薄古"的言论,这封信中的许多基本认识要算是最能经得起历史发展的检验的了。

至于"点陈寅恪名"的问题,信中有这样一整段文字:

> 搞历史是要掌握资料的,但这不是目的。我们不能成为资料的俘虏,要掌握它,据有它,成为资料的主人或支配者。资产阶级的史学家只偏重资料,我们对这样的人不求全责备,只要他有一技之长,我们可以采用他的长处,但不希望他自满,更不能把他作为不可企及的高峰。在实际上我们需要超过他。就如我们今天在钢铁生产等方面十五年内要超过英国一样,在史学研究方面,我们在不太长的时间内,就在资料占有上也要超过陈寅恪。这话我就当到陈寅恪的面也可以说。"当仁不让于师。"陈寅恪办得到,我们掌握了马克思列宁主义的人为什么还办不到?我才不相信。一切权威,我们都必须努力超过他!这正是发展的规律。[1]

---

[1] 郭沫若:《关于厚今薄古问题——答北京大学历史学系师生的一封信》,《沫若文集》第17卷,第594页。

这一整段文字，意思十分清楚：1. 非马克思主义史学家偏重资料，不求全责备，可以采用他的长处。2. 非马克思主义史学家的代表陈寅恪在资料占有上是一座高峰，但不是不可企及，必须努力超过他。毋庸讳言，郭沫若在那使人头脑发昏的年代也有"热昏了头"的地方。但是，要把中山大学1958年6月以后"厚今薄古"运动逐步升级、"直捣陈寅恪学术独立王国"的种种狂热行动，都归结到是由于郭沫若的这封信"点出陈寅恪的名"，这就未免有点让偏见蒙住眼睛，不顾事实真相了。在信中，人们丝毫看不到什么阶级斗争、路线斗争的影子，也没有认为陈寅恪是"白专方向"的代表、陈寅恪的学术是"资产阶级伪科学"等意思。郭沫若是承认在资料占有上不如陈寅恪，就如同钢铁生产不如英国一样，所以才要超过他们，而且必须努力才有可能超过。

需要补写一笔的是，当人们从另一个层面来看待这件事情的发展时便会发现：郭沫若在"厚今薄古"问题上，始终是在努力澄清陈伯达所造成的思想"混乱"的，直至陈伯达改变说法。1958年5月16日写给北京大学历史系的信是第一个反响，1959年3月答《新建设》编辑部问则是系统的回应。在这篇题为《关于目前历史研究中的几个问题》的问答中，郭沫若强调"从新的历史观点出发，固然应该着重写劳动人民的活动，但以往的社会既是阶级社会，统治阶级的活动也就不能不写"。针对陈伯达的"资产阶级知识分子想逃避社会主义现实生活"，以为"积累了些资料，熟悉了些资料，就很有学问了"，郭沫若特别写了这样的一段话：

> 固然，史料不能代替历史学，但在历史研究中，只有历史唯物主义的一般原理而没有史料，那是空洞无物的。炊事员仅抱着一部烹调术，没有做出席面来，那算没有尽到炊事员的责任。由此看出，没有史料是不能研究历史的。因此，对搜集、考察史料的工作，不能一概加以否定。我们反对的

是为考据而考据,以史料代替史学。但如有少数人一定要那样作,我认为也可以由他去,因为这总比"饱食终日,无所用心"的要好一些。[1]

一个月以后,翦伯赞也发表《目前历史教学中的几个问题》,同样指出:"厚今薄古的问题,既不能用过多地压缩古代史的办法来求得解决,也不能用先今后古的办法求得解决。"[2]于是,"一九五九年五月在一个座谈会上",陈伯达重新发表《批判的继承和新的探索》的讲话,承认"厚今薄古"的口号"有一定的局限性",出现了"把这个口号加以简单化和庸俗化的偏向","在思想上有点混乱",并明确表示:"我原先没有把问题说得很清楚,这是要由我负责的。"同时,他把《厚今薄古,边干边学》"略加整理",作为附录发表。[3]事情发展到此,是否也包括在"设计与布局的从容"的范围之内呢?

四、评赏弹词两相见

要深入探讨郭沫若与陈寅恪的交往,最应该注意的是他们对弹词《再生缘》的研究。

几乎与中国科学院酝酿以陈寅恪为历史研究二所所长同时,陈寅恪自1953年9月开始撰写《论再生缘》,至1954年2月完成,自费油印。其后,油印本被友人带到香港。1958年香港《人生》杂志12月号刊载余英时文章《陈寅恪先生〈论再生缘〉书后》。1959年,香港友联图书编辑所将油印本排印出版。1960年,正式出版的《论再

---

[1] 郭沫若:《关于目前历史研究中的几个问题——答〈新建设〉编辑部问》,原载《新建设》1959年4月号。《郭沫若全集·历史编》第3卷,人民出版社,1984年,第486页。

[2] 翦伯赞:《目前历史教学中的几个问题》,《红旗》1959年第10期。《翦伯赞史学论文选集》(三),人民出版社,1980年,第32—47页。

[3] 均载《红旗》1959年第13期。

生缘》传回到内地。

1983年，余英时说："《论再生缘》出版后，在海外轰动一时，我的《书后》并曾为陈先生惹了一些麻烦。"[1] 究竟惹了什么麻烦，他自己并不知道，而只是引录牟润孙先生《敬悼陈寅恪先生》一文中的一段话："有人借给友联研究所一本（按：指《论再生缘》油印本），友联将它排印出来，有人作了篇序（也许是跋，记不清了），大发挥其中蕴义。后来听说，果然给他老人家招了祸。幸而有人替寅老解说，广东的红朝人员对他又正在优礼，没有追究下去。"这位先生也是"听说"，但招了什么祸，仍然语焉不详。"有人替寅老解说，广东的红朝人员对他又正在优礼"，这倒是实话！

友联将陈寅恪《论再生缘》排印出来，传回内地后，究竟是怎么样的一种情况呢？

蒋天枢《陈寅恪先生编年事辑》在1954年2月条下写道："《论再生缘》初稿完成。自出资油印若干册。后郭院长沫若撰文辨难，又作《校补记》。（校补记后序，写成于六四年甲辰冬，见后）"余英时引录了这段文字中括号以前的部分，紧接着说："郭沫若文未正式发表，不知究作何等语。"然后，抓住《校补记后序》中"所南心史""孙盛阳秋"等语，说："可见陈先生《论再生缘》初稿完成之后必曾直接受到政治压力，要他'删改'原文。郭沫若的'辨难'或与此有关，恐不尽关乎学术异同。"

下面，就让我们来看一看郭沫若文是不是"未正式发表"，郭沫若的"辨难"是不是使陈寅恪"直接受到政治压力"。

1960年12月上旬，郭沫若读到《论再生缘》。他说：

> 陈寅恪的高度的评价使我感受到高度的惊讶。我没有想出，那样渊博的、在我们看来是雅人深致的老诗人却那样

---

[1] 余英时：《陈寅恪的学术精神和晚年心境》，香港《明报月刊》1983年1、2月号。

> 欣赏弹词，更那样欣赏《再生缘》，……于是我以补课的心情，来开始了《再生缘》的阅读。当然，我也是想来检验一下：陈教授的评价究竟是否正确。[1]

这是郭沫若对陈寅恪《论再生缘》读后的第一印象。接下来，便开始读"同陈教授所听人诵读的版本一样"的三益堂翻刻本《再生缘》。下旬，郭沫若率代表团出访古巴，一路不忘阅读《再生缘》。1961年1月底回到北京，2月中旬赴海南岛，直至3月中旬。于是，便有了1961年3月13日郭沫若对陈寅恪的第一次拜访。

关于这次会面的详细情况，人们已经回忆不起多少。郭沫若的日记是这样写的：

> 同（冯）乃超去看陈寅恪，他生于丙寅，我生于任辰，我笑说今日相见是龙虎斗。伊左目尚能见些白光，但身体甚弱，今年曾病了好久。胃肠不好。血压不大高。不相信中药，自言平生不曾用过参。[2]

谈话谈到"钱柳因缘"的事，陈寅恪提出"要原稿纸，另要在北京图书馆抄谢三宾的《一笑堂集》"。"将近一小时"的交谈，《再生缘》是话题之一。两人的一些基本认识是相通的，下面详叙。

不久，郭沫若回到北京。4月上旬得见"海内孤本"《再生缘》抄本，即与读过的三益堂翻刻本进行核对。5月4日在《光明日报》发表第一篇关于《再生缘》的长文《〈再生缘〉前十七卷和它的作者陈端生》，说："近年，陈寅恪有《论再生缘》一文，考证得更为详细，我基本上同意他的一些见解。"现就陈寅恪所论"再生缘之思想、

---

[1] 郭沫若：《序〈再生缘〉前十七卷校订本》，初载《光明日报》1961年8月7日。

[2] 1997年9月24日，在郭沫若纪念馆，抄自郭平英所录郭沫若1961年3月13日日记。其中"丙寅""任辰"均有笔误，当作"庚寅""壬辰"。

结构、文词三点",与之略加对照。

陈寅恪认为:"再生缘一书之主角为孟丽君,故孟丽君之性格,即端生平日理想所寄托,遂于不自觉中极力描绘,遂成为己身之对镜写真也。"同时,举出其"颠倒阴阳"诸例,如孟丽君抗旨不肯代为皇帝脱袍;孟丽君在皇帝面前斥责父母,使之招受责辱;孟丽君夫父欲在孟丽君前屈膝请行,向孟丽君跪拜;皇甫少华(孟丽君夫)向孟丽君跪拜;等等。陈寅恪随后说:

> 则知端生心中于吾国当日奉为金科玉律之君父夫三纲,皆欲藉此等描写以摧破之也。端生此等自由及自尊即独立之思想,在当日及其后百余年间,俱足惊世骇俗,自为一般人所非议。

请注意陈寅恪关于"自由及自尊即独立之思想"的含义!

郭沫若认为:"作者的思想富于叛逆性。她的胆子相当大。她假想了一个孟丽君,女扮男装,中状元,做宰相,……"然后分析说:

> 在男性中心的封建社会,女性的才能得不到发展,故往往生出这些要与男子并驾齐驱的幻想。不过作者的叛逆性更进了一步,她使她的主要人物发展到了目无丈夫,目无兄长,目无父母,目无君上的地步。特别是她揭露元成宗的好色心理是相当痛快淋漓的,在作品中揭穿了封建帝王的虚伪和胡作非为,这在旧时代是难能可贵的。

关于《再生缘》的结构,陈寅恪称其"结构精密,系统分明","为弹词中的第一部书"。郭沫若则用的是这样的说法:"全书波浪层出,云烟缭绕,神龙游戏,夭矫不群。"

至于"文词"方面,陈寅恪强调"再生缘之文,质言之,乃一叙

事言情七言排律之长篇巨制",说:

> 弹词之作品颇多,鄙意《再生缘》之文最佳,微之所谓"铺陈终始,排比声韵","属对律切",实足当之无愧,而文词累数十百万言,则较"大或千言,次犹数百"者,更不可同年而语矣。

这里,陈寅恪引用了唐代元稹(字微之)赞赏杜甫、贬抑李白的评论。虽然郭沫若不同意元稹的"抑李扬杜之论",但仍然直接引录了陈寅恪的这段文字,认为陈寅恪"更使陈端生远远超过了杜甫",并在文章最末一段这样写道:

> 陈寅恪说,他是"喋不敢发,茬苒数十年,迟至暮齿,始为之一吐";他是"不顾当世及后来通人之讪笑"的。我不是所谓"通人",因此我不仅不"讪笑"他,反而要为他的敢于说话而拍掌。

还进一步表示:

> 我也"不顾当世及后来通人之讪笑",把《再生缘》前十七卷仔细核校了,并主张把它铅印出来。

不难看出,两位大师对于《再生缘》的基本认识竟是如此的接近,哪里是什么施加"政治压力"或所谓"挑剔辩驳"!当然,郭沫若对陈端生思想的分析也有不同于陈寅恪之处,即认为陈端生的思想虽然在某种程度上超越了她的时代,但她的叛逆是有条件的:

> 她是挟封建道德以反封建秩序,挟爵禄名位以反男尊女

卑，挟君威而不认父母，挟师道而不认丈夫，挟贞操节烈而违抗朝廷，挟孝悌力行而犯上作乱。

这或许是两位大师认识上的最不同之点。

5月下旬，郭沫若又从阿英处得到《再生缘》的初刻本。于是，以抄本为主，用三种本子核校。7月底，核校完毕。就这样，郭沫若把《再生缘》反复读了4遍。在核校和以后的一段时间，郭沫若又陆续发表了6篇有关《再生缘》作者陈端生的文章。弄清这6篇文章的基本内容，对于了解陈寅恪写《论再生缘校补记》是十分必要的。因为不细读（或不知道）郭沫若的这些论文，便不知两位大师的基本认识，也就不明白陈寅恪为什么会写《论再生缘校补记》。

陈寅恪《论再生缘》的第一段文字称："衰年病目，废书不观，唯听读小说消日，偶至《再生缘》一书，深有感于其作者之身世，遂稍稍考证本末，草成此文。"全篇文字，以人们容易得见的上海古籍出版社出版的《寒柳堂集》计，共77页。其中，考陈端生之事迹，至论述其写《再生缘》之经过，共56页。论《再生缘》思想、结构、文词，10页。有关梁德绳续撰《再生缘》，8页。陈寅恪读此书别感，3页。

郭沫若的后6篇文章，主要围绕陈端生的事迹进行考辨。内中，有赞同陈寅恪处，也有与陈寅恪存在分歧之点。

首先，郭沫若从《论再生缘》一文知道陈寅恪"没有看到《绘声阁初稿》"，便从这里入手，发现陈端生妹妹陈长生的诗题中多次出现"春田家姊"，考证这就是陈端生。同时，从《织素图》原诗推考出所谓"织素人"即陈端生，印证了陈寅恪说"织素人""舍陈端生莫属"是一个"很犀利的推断"。两人都认为《再生缘》第十七卷写成于乾隆四十九年。陈寅恪从"织素人"就是陈端生进一步推论"此年端生居浙江抑寓云南虽不能确言，鄙意此年端生似随父玉敦赴云南"。郭沫若则从第十七卷的音调、情绪和态度都有很大的转变来证明"看不出有什么写在云南的痕迹"，并从《绘声阁初稿》中寻出多项证据，证明此卷是在乾隆四十九年冬完稿的，写在浙江，陈端生并未随父到云南。随后，郭沫若又从阿英送来的《妆楼摘艳》中发现陈云贞《寄外》诗，对照《再生缘》，认为陈云贞就是陈端生。又从陈莲姐《寄外》题下附注"云贞会稽范秋塘室"句推论出，范秋塘即范菼，陈端生的丈夫应该是这个会稽范菼，而非陈寅恪所猜测的浙江秀水范璨之子那个范菼。集上述研究，写成《再谈〈再生缘〉的作者陈端生》，发表在6月8日《光明日报》上。

由陈云贞《寄外诗》引出《寄外书》的问题，郭沫若考证的结果是：陈云贞《寄外诗》是真的，《寄外书》是假的。于是，又写下《陈云贞〈寄外书〉之谜》的考证文章，仍然发表在《光明日报》(6月29日)。

一面研究，一面校勘。中华书局以《再生缘》的三个本子核校，最后再由郭沫若"决定去取"。核校完毕，郭沫若写了《序〈再生缘〉前十七卷校订本》。序文是要随着《再生缘》前十七卷校订本流传的，人们可以不问郭沫若与陈寅恪讨论《再生缘》的文章，但凡要读《再生缘》一书，总要浏览一下序文。在这篇序文中，人们看到的第一段文字是：

> 《再生缘》之被再认识，首先应该归功于陈寅恪教授。陈教授在一九五四年写了《论再生缘》一文，他对于《再生缘》前十七卷的作者陈端生，作了相当详细的考察，对于《再生缘》的艺术价值评价极高。他认为弹词这种体裁，实事上是长篇叙事诗，而《再生缘》是弹词中最杰出的作品，它可以和印度、希腊的有名的大史诗相比。他很欣赏陈端生的诗才，认为是"绝世才华"，其功力不亚于杜甫。

接着，郭沫若表示，"我是看到陈教授这样高度的评价才开始阅读《再生缘》的"，而且是"以补课的心情，来开始了《再生缘》的阅读"。反复读了4遍，"每读一遍都感觉到津津有味，证明了陈寅恪的评价是正确的"。对于这部"值得重视的文学遗产"长久被人遗忘，"陈端生的存在也好像石沉大海一样"，郭沫若又写下这样一段话：

> 无怪乎陈寅恪先生要那样地感伤而至于流泪："彤管声名终寂寂，……怅望千秋泪湿巾。"这不是没有理由的。好罢，就让我来弥补这项缺陷吧。如果能够找到初刻本或者抄本，我倒很愿意对于原书加以整理，使它复活转来。

这篇序文，先行正式发表在1961年8月7日的《光明日报》，海内外研究陈寅恪及《论再生缘》者不妨认真一读，不要轻信"郭沫若文未正式发表，不知究作何等语"的说法。

三个星期的出国访问和半个月的国内考察归来，郭沫若见到《光明日报》发表白坚所写《陈云贞及其〈寄外书〉》一文，依据丁宴《山阳诗征》，认为陈云贞不是陈端生，便又写了《有关陈端生的讨论二三事》进行反驳。同时提到陈寅恪最初也曾怀疑过陈端生之夫"为乾隆年间才女陈云贞之夫，以罪遣戍伊犁之范秋塘。搜索研讨，终知非是"。对此，郭沫若认为这是陈寅恪"没有觉察到陈云贞《寄外书》是掺了水的二分真、八分假的赝鼎"。文章也发表在《光明日报》（10月5日）。

差不多同时，丁宴的后人丁志安写信给郭沫若，说发现古体《云贞曲》一首，从相信陈云贞即陈端生转而认为陈云贞不可能是陈端生了。郭沫若通过查找《云贞曲》初刻本，考察其诗句，更加认定《寄外书》二分真、八分假，陈云贞就是陈端生，便又在《光明日报》（10月22日）发表《关于陈云贞〈寄外书〉的一项新资料》一文。

1961年11月上旬，郭沫若在杭州参观了陈端生出生地"句山樵舍"，感叹"樵舍句山在，伊人不可逢"。9日，又到广州。15日，雨，郭沫若第二次到中山大学看望陈寅恪。这一次面晤与前番相见，又别是一种情景。日记记述：

> 访陈寅恪,彼颇信《云贞曲》之枫亭为仙游县之枫亭。说舒四爷,举出《随园诗话》中有闽浙总督五子均充军伊犁事,其第四子即可谓舒四爷。余近日正读《随园诗话》,却不记有此人。我提到"句山樵舍",他嘱查陈氏族谱。"壬水庚金龙虎斗,郭聋陈瞽马牛风。"渠闻此联解颐,谈约一小时,看来彼颇惬意。[1]

至此,再把两位大师的交往统统归结为马克思主义与资产阶级史学间的"龙虎斗",真可以引两位大师都熟悉的陆游的名句了:"耳边闲事有何极,正可付之风马牛。"[2] 这一"聋"一"瞽"是不会相信那些无中生有的议论的。

1961年12月,《文汇报》刊出两篇关于陈端生的文章,提到《绘声阁续稿》和焦循《雕菰楼集》两部书。郭沫若认为这又为研究陈端生提供了"重要的新资料",于1962年1月2日在《羊城晚报》发表《读了〈绘声阁续稿〉与〈雕菰楼集〉》。《绘声阁续稿》中《哭春田大姊》诗两首,"透露了陈端生死前的一些真实情况"。焦循《雕菰楼集》中所改古乐府体《云贞行》一首并序,从其内容推断:焦循"见到的是真的《寄外书》"。因此,郭沫若认为:"《绘声阁续稿》和《云贞行》的出现,对于陈云贞即陈端生之说不仅毫无抵触,反而为《寄外书》的写作和传播的年代提出了佐证。"

郭沫若这一系列论文的发表,使当时整个学术界更加瞩目于陈寅恪。郭沫若的第一篇文章发表后,中华书局总经理兼总编金灿然南下广州,曾专门拜访陈寅恪,希望将《论再生缘》一稿改定后交中华书局出版。中山大学校刊说,他"准备修改《再生缘弹词考》一书"。随后,《论再生缘》列入人民文学出版社出版计划。

写到这里,我们应该看一看陈寅恪的《论再生缘校补记》了。

---

[1] 据郭平英1997年10月3日致笔者信抄录的郭沫若1961年11月15日日记。

[2] 陆游:《剑南诗稿》卷82《短歌行》。

首先应当提醒海内外读者，《论再生缘校补记》与《论再生缘校补记后序》是两篇并非同时写成的文字。[1] 余英时只拿《论再生缘校补记后序》大作文章，却绝口不谈《论再生缘校补记》的内容，是属于他本人无知，不知道《论再生缘校补记》为陈寅恪反驳郭沫若的上述文章而写，还是有意回避陈寅恪与郭沫若对于《再生缘》的基本认识是相通的这一真实呢？

陈寅恪写《论再生缘校补记》，确如其"后序"所言：

> 《论再生缘》一文，……传播中外，议论纷纭。因而发见新材料，有为前所未知者，自应补正。兹辑为一编，附载简末，亦可别行。至于原文，悉仍其旧，不复改易，盖以存著作之初旨也。

"《论再生缘》一文，……传播中外，议论纷纭"，在当时主要指上述种种情况。郭沫若前后共发表7篇文章，除开《序〈再生缘〉前十七卷校订本》外，每篇都涉及一些"新材料"。所以陈寅恪说："因而发见新材料，有为前所未知者，自应补正。"在《论再生缘校补记》中，我们可以看到：

> 至道光时作《西泠闺咏》咏陈端生诗，……今据长生《绘声阁续稿》"哭春田大姊"……由于传闻稍误，自应订正。[2]
> 复次，今得见《绘声阁初稿》……及《绘声阁续稿》……始知范菼实以嘉庆元年授受大典恩赦获归。前所论范菼获归之年……既得此新证，自应更正。[3]

---

[1] 前引《陈寅恪先生编年事辑》1954年2月、1964年10月都未明确说《论再生缘校补记》的写定时间，只说了《论再生缘校补记后序》的时间，应当加以区分。

[2] 陈寅恪：《寒柳堂集》，第78页。

[3] 陈寅恪：《寒柳堂集》，第90页。

这些都是受到郭沫若文章启发而得见新材料作出的更正。

何以知道陈寅恪一定了解郭沫若的文章呢？

首先，郭沫若第二次拜访陈寅恪时，已在《光明日报》正式发表6篇关于《再生缘》与陈端生的文章，一定会带去当面转送陈寅恪的。他的第7篇文章又就近在《羊城晚报》发表，显然也是为了方便陈寅恪得知。[1]这从上引郭沫若的11月15日日记可以得到印证。日记写访陈寅恪，谈了三件关涉陈端生的事：（1）《云贞曲》中的"枫亭"，陈寅恪"颇信《云贞曲》之枫亭为仙游县之枫亭"，郭沫若认为"枫亭"并非专名，所以就近发表第7篇文章，说"《寄外书》中有'枫亭分手'句，有人把普通名词的'枫亭'解为了专名枫亭镇"。（2）说到舒四爷，陈寅恪"举出《随园诗话》中有闽浙总督五子均充军伊犁事，其第四子即可谓舒四爷"，郭沫若表示"余近日正读《随园诗话》，却不记有此人"。（3）郭沫若"提到'句山樵舍'"，陈寅恪"嘱查陈氏族谱"。郭沫若发表的《有关陈端生的讨论二三事》一文第三个标题就是"建议把'句山樵舍'改为陈端生纪念馆"。

其次，在内容与观点方面，请看《论再生缘校补记》中的这些论述：

> 寅恪初疑陈云贞即陈端生，后来知其不然者，虽无积极之确据，但具强有力之反证。……唯云伯止言范荧"以科场事，为人牵累谪戍"，而绝口不提及云贞寄外之书及诗以作材料，可知其始终不承认云贞与端生为一人也。[2]

这显然是针对郭沫若再三强调的"陈云贞就是陈端生"的结论的。

> 至莲姐之诗，尤为伪中之伪。……伪作之云贞《寄外

---

[1]　[新加补注]此注以下一段文字，系2014年7月添入。

[2]　陈寅恪：《寒柳堂集》，第78页。

书》及莲姐《寄外诗》,皆受当时此社会阶层之习俗影响所致,殊不足怪也。[1]

这更是针对郭沫若《再谈〈再生缘〉的作者陈端生》四、五部分与《陈云贞〈寄外书〉之谜》的。

又,郭沫若的第一篇文章《〈再生缘〉前十七卷和它的作者陈端生》驳陈寅恪:

> 梁(楚生)续在道光元年确已脱稿,并不如陈寅恪所揣想,"元"字是"九"字之讹。道光元年,梁楚生已五十一岁,故她在所续《再生缘》第二十卷中说:"嗟我年将近花甲,二十年来未抱孙。"五十晋一,说为"将近花甲"也并不矛盾。

陈寅恪在《论再生缘校补记》中更正道:

> 三益堂《再生缘》原本刻于道光元年。是"元"字非"九"字之误,应据以改正。但"花甲"即六十岁。五十一岁可言"开六秩",而梁德绳以"近花甲"为言,未免有语病。若易"嗟我年将近花甲"为"嗟我今年开六秩",则更妥适,不至令人疑惑耳。[2]

郭沫若论《再生缘》的最后一篇文章(《羊城晚报》1962年1月)中有这样的看法:

> 焦循是比较谨严的人,他的《云贞行》中有"郎戍伊犁

---

[1] 陈寅恪:《寒柳堂集》,第79页。
[2] 陈寅恪:《寒柳堂集》,第95页。

城,妾住仙游县"句,与陈文述《云贞曲》中的句子完全相同。剽袭、雷同,是前人所最忌避的。……我倾向于相信:不是焦循先看到陈文述的《云贞曲》,然后撰成《云贞行》,而是陈文述先看到《云贞行》,然后撰成《云贞曲》。

所以,在《论再生缘校补记》中,陈寅恪写下这样的驳论:

> 至于里堂之《云贞行》及云伯之《云贞曲》中俱有"郎戍伊犁城,妾住仙游县"之句,盖由二人同用一材料,自然符会,不必出于抄袭。[1]

陈寅恪在《论再生缘校补记》中坚持的另一基本观点,即范菼是浙江秀水范璨之子,虽然所引材料自谓"疑窦百端",但仍然"举其可疑之点,然后作假定之解释"。同时,对范菼科场获罪一案,亦表示"尚有可疑者"。这也是与郭沫若的一项重要分歧。

如果事情按照这种学术讨论的方式进行下去,我们或许在60年代可以看到陈寅恪《论再生缘》(包括《论再生缘校补记》)的正式出版,这将成为两位大师交往中最为融洽的一幕。然而,事情并未如人愿。由于《再生缘》中有的地方写到"东征",当时唯恐赞赏《再生缘》会影响与朝鲜的关系,于是《再生缘》不允许出版。这何止禁住了陈寅恪的《论再生缘》,就连郭沫若投入那么大精力核校的《再生缘》前十七卷校订本也连带着不能出版了。[2]

---

[1] 陈寅恪:《寒柳堂集》,第78页。

[2] [新加补注] 1961年11月15日金灿然致函齐燕铭:"一个月以前,接到包之静同志的电话,转达伯达同志的意见说,《再生缘》内涉及中朝关系的地方甚多,如何处理,要我们认真加以研究。我们当即写了个该书有关朝鲜的内容提要送到中宣部。最近,许力以同志又转达康生同志的意见说,此书即令加以修改,也不能出版发行;是否要印很少一部分供少数同志看,还要研究一下。" 1962年2月21日包之静复函金灿然再次提到:"前些日子同你谈过,不要印《再生缘》。"据中华书局1982年5月11日致李一氓函(中华办字第140号):"决定不再出版,并于1962年11月10日通知了郭沫若同志。此书打成了纸型,保存至今,不曾复印。"

郭沫若曾经表示过要为陈寅恪的"敢于说话而拍掌",也直接引录过陈寅恪《论再生缘》中最末的一首旧体诗"彤管声名终寂寂,……怅望千秋泪湿巾。"而这首诗中"青秋金鼓又振振"句下原注为"《再生缘》叙朝鲜战争"。在当时的"政治形势"面前,郭沫若也无能为力使《再生缘》再生了。

出版无期,陈寅恪只感受到这一事实,却不知其背后的真相,1964年冬为已经"写定之《论再生缘校补记》作序"[1],最后一段文字为:"噫!所南心史,固非吴井之藏。孙盛阳秋,同是辽东之本。点佛弟之额粉,久已先干。裹王娘之脚条,长则更臭。知我罪我,请俟来世。"余英时说:"知我"指海外,"罪我"指海内。那个年代,即1960—1964年,海外有过"议论纷纭"的情况吗?所谓"知"陈寅恪者,有过什么表示吗?倒是国内确实"议论纷纭",陈寅恪基本上都了解,有得新证"自应更正"者,也有坚持己见进行反驳者。在当时,国内"知"陈寅恪而响应者,恐怕就要数郭沫若其人了。而"罪"陈寅恪者,非但"罪"了陈寅恪,在某种意义上也"罪及"了郭沫若。[2]

两位大师在世时,尚且自视其"龙虎斗"为"马牛风";两位大师去世后,他人为何总想炒作这"龙虎斗"?!

郭沫若1967年为未能出版的《再生缘》前十七卷校订本所写题记

---

[1] 蒋天枢:《陈寅恪先生编年事辑》,第165页。

[2] [初版补注] 1967年10月23日在未能出版的《再生缘》前十七卷校订本前,郭沫若写下一则题记:"观此书人物选姓颇有用意。书中三位主要人物,皇甫少华切黄字,梁素华切梁字,孟丽君切梦字,盖取《黄梁梦》为其主题也。此断非偶然。"[新加补注] 直至2002年郭沫若去世后24年,《再生缘》前十七卷校订本才由北京古籍出版社根据郭沫若纪念馆藏郭沫若手订校样排印出版,笔者为其"再生"写了后记。

五、李白族属起辩争

围绕李白的族属问题,两位大师之间也曾有过"笔墨官司"。

1935 年 1 月,陈寅恪发表《李太白氏族之疑问》,认为李白先世于隋末"谪居条支""被窜于碎叶"的说法,"其为依托,不待详辨"。又认为"太白生于西域,不生于中国","其人之本为西域胡人"。[1]

1940 年,李长之著书肯定唐人李阳冰、范传正的说法,论证李白生于碎叶。其书中特别写有这样一段文字:

> 我们就现在所知道的事实论,倘若像从前人所认为的李白是纯粹受本国文化教养而生长起来的,固然是粗疏,然而像现代人所猜想他是外国人的,也不免武断,我们现在对他只有一个最近事实的看法,便是认为他是"华侨"。[2]

1943 年,詹锳发表《李白家世考异》,赞同陈寅恪的观点,认为李白家世"或本胡商,入蜀之后,以多资渐成豪族","及游长安,为欲攀附宗枝,诡称凉后"。[3]

1950 年 7 月,陈寅恪发表《书唐才子传康洽传后》,既坚持《李太白氏族之疑问》中的观点,又进一步驳斥了李白先人为西凉后裔的说法。[4]

下面,着重看郭沫若对陈寅恪的驳论。

陈寅恪根据《新唐书》卷 40《地理志四》安西大都护府下提

---

[1]《清华学报》第 10 卷第 1 期(1935 年 1 月),陈寅恪:《金明馆丛稿初编》,第 272—280 页。

[2] 李长之:《道教徒的诗人李白及其痛苦》,香港商务印书馆,1940 年,第 8 页。

[3] 詹锳:《李白家世考异》,《国文月刊》第 24 期,1943 年。

[4] 陈寅恪:《金明馆丛稿初编》,第 281—284 页。[新加补注] 此下删去郭沫若《李白与杜甫》中驳论詹锳的一段文字。

到"有保大军,屯碎叶城",卷43《地理志七下》羁縻州焉耆都督府(有碎叶城)、条支都督府等隶安西都护府,便认为:

> 是碎叶、条支在唐太宗贞观十八年即西历六四四年平焉耆,高宗显庆二年即西历六五七年平贺鲁,隶属中国政治势力范围之后,始可成为窜谪罪人之地。若太白先人于杨隋末世即窜谪如斯之远地,断非当日情势所能有之事实。其为伪托,不待详辨。

郭沫若根据羁縻州焉耆都督府下"有碎叶城,调露元年,都护王方翼筑",提出驳论:

> 焉耆碎叶筑于高宗调露元年(六七九),不仅太宗贞观十八年(六四四)平焉耆时还没有,即高宗显庆二年(六五七)平贺鲁时也还没有。陈氏对于条支的地望,也置而未论。前提非常含混,而结论却十分武断。

除了碎叶筑城时间和条支地望陈寅恪置而未论外,郭沫若认为陈寅恪"武断"的地方主要是:不论李阳冰所说"中叶非罪,谪居条支",还是范传正所说"一房被窜于碎叶",都没有"因罪窜谪之意"。所以,他特别强调:

> 中央亚细亚在隋末即使尚未内附(其实在汉代,康居、月氏等地早已和汉室相通了),商旅往来有"丝绸之路"畅通,李白的先人要移居碎叶,有何不可能?而且在唐代也并不曾把伊犁附近作为"窜谪罪人之地",唐代的窜谪之地主要是岭南或者贵州、四川,把伊犁作为窜谪地是清朝的事。陈氏不加深考,以讹传讹,肯定为因罪窜谪,他的疏忽和武

断,真是惊人。[1]

另一重要分歧,陈寅恪根据《太白集》卷26《为宋中丞自荐表》所叙李白的年龄,推其诞生之岁,进一步推论"太白生于西域,不生于中国","是太白至中国后方改姓李也",由此得出结论:

> 夫以一元非汉姓之家,忽来从西域,自称其先世于隋末由中国谪居于西突厥旧疆之内,实为一必不可能之事。则其人之本为西域胡人,绝无疑义矣。

郭沫若反驳说:

> 陈寅恪认为当时西域和内地毫无关系,因而把西域和中国对立,……
> 陈氏为了证成其说,他举出了三两个例子,表明"六朝隋唐时代蜀汉亦为西胡行贾区域"。但这和李白的先人或李白自己之必为"西域胡人",有何逻辑上的必然性呢?

接着,郭沫若从李白的文化修养、对胡族的态度、其人相貌等方面反驳李白是"西域胡人"说。最后总结道:

> 因此,我们可以断言:陈寅恪关于李白"本为西域胡人"的说法,是毫无根据的。[2]

---

[1] [新加补注] 作为隋唐史研究大家,把中亚说成是唐代的贬谪之地,的确是不应该有的"疏忽和武断",所以让郭沫若感到"真是惊人"。

[2] 郭沫若:《李白与杜甫》,《郭沫若全集·历史编》第4卷,人民出版社,1982年,第213—218页。

这中间，郭、陈二人也有认识相通之处，即陈寅恪认为"太白既诡托陇西李氏"，"以文饰其为凉武昭王后裔"，郭沫若也表示"李白所传授的家世传说，有的地方也不可尽信。例如，凉武昭王李暠九世孙之说便很成问题。首先是唐代的宗正寺不承认，其次是他自己也把握不定，往往自相矛盾"。

这样的辩论，在那缺乏学术气氛的年代，实可算得是一次真正的学术讨论了。然而，有一种说法，认为书中"毫不留情地""多次反复使用""陈氏不加深考，以讹传讹"，"疏忽和武断，真是惊人"的句式，仍然"烙下不可能磨平的'龙虎斗'痕迹"。其实，使用类似句式者，并非郭沫若的专利，只要稍多看几篇早一点的学术争鸣文章，便不会少见多怪了。请看：

陈寅恪1935年3月所写《李德裕贬死年月及归葬传说辨证》一文，也是在开篇便指责"清代学者检书之疏忽"，随即便说"若王氏（按：指王鸣盛）之臆改二年作三年，三年作四年，六十三作六十四，则诚可谓武断已甚耳"。[1]

又，上文所引李长之的论述，甚至没有直接的论争对象，也有"粗疏""武断"的用语。

再看郭沫若的一些争鸣文章。1950年3月所写《读了〈记殷周殉人之史实〉》，说郭宝钧"在这项判断上虽然过分的谨慎，但在作别的判断上却一点也不谨慎"，"宝钧先生对于社会发展史虽然有了初步的接触，但从旧史学的束缚中并未得到充分的解脱"。[2]

又，《评〈离骚底作者〉》说朱东润"责备司马迁'疏忽'，那是不恰当的。倒是朱先生的考证实在是'疏忽'得有些惊人"，"如何竟'疏忽'到把这样的证据都看掉了"。《评离骚以外的屈赋》说朱东润该文"全篇充满着勇敢的独断……这样的考证是很成问题的，

---

[1] 陈寅恪：《金明馆丛稿二编》，第8、10页。

[2] 《郭沫若全集·历史编》第3卷，第81、83页。

但也是有它的渊源。它的渊源是什么呢？就是胡适！"[1]

尽管郭沫若的上述论辩显得"毫不留情"，但从未被人们认为是什么"龙虎斗"性质的事情。

郭沫若在学术论争的文章中，有时用语未必恰当，他的意见也未必一定正确。但专门挑他和陈寅恪讨论中的用语，认为是"不可能磨平的'龙虎斗'痕迹"，这恐怕连陈寅恪本人也未必会同意。论争的表达方式、语言口气等固然要注意，但首先还是要看争论双方的观点、论据以及论证的内容。只看形式而不谈内容，是有意回避内容的是与否，还是根本看不懂两位大师所写学术文章？

* * *

陈寅恪1953年拒绝出任历史研究二所所长，而且在给友人的诗中流露了对共产党的隔阂，这些情况是人所共知的。周恩来在政务院的一次会议上讲，像陈寅恪这样的老一辈知识分子不了解共产党是正常的。他愿意留在大陆，不去台湾，是一位爱国主义者，我们要团结。[2]郭沫若和陈寅恪两人的出身、经历、思想和性格有很大不同，当然谈不上是莫逆之交。即便陈寅恪自比韩愈，把郭沫若当作段文昌，若因此就把他们之间的关系说成是积怨很深，也不符合历史事实。陈寅恪是一位心地坦荡、性格耿直的学者，那种挖空心思要在陈寅恪的诗文中发掘什么反对共产党的"密码电报"的做法，实际上是对陈寅恪形象的歪曲和糟蹋。我们应该用实事求是的态度来还历史的本来面目，认认真真地阐释陈寅恪的学术思想。研究郭沫若者，应了解陈寅恪；知陈寅恪者，亦当了解郭沫若。

1997年10月17日

---

[1] 两篇文章均收《奴隶制时代》，人民出版社，1954年，第149—150、154页。

[2] 据刘大年回忆，参见前引《郭沫若致陈寅恪》注释[1]（二），《刘大年来往书信选》（上），第99页。

《文坛史林风雨路——郭沫若交往的文化圈》第十二章，浙江人民出版社，1999年。1997年11月12日《中华读书报》以《郭沫若与陈寅恪晚年的"龙虎斗"》为题提前选刊第四部分文字，1999年7月14日《人民政协报》以《郭沫若与陈寅恪关于〈再生缘〉的讨论》为题提前刊载第四部分全文。编入《公正评价郭沫若》（中共中央党校出版社，1999年）时编选者改题为《郭沫若与陈寅恪关系考》。收入本书初版时添加过［补注］，2014年7月、2019年11月略作删改，新加［补注］和［补记］。

［补记一］《陈寅恪之"恪"字读音的演变》

从现存韵书考察，唐、宋、元、明四代，"恪"字只有一个读音，即《广韵》作"苦各切"，《集韵》《韵会》《正韵》作"克各切"，再无其他读音。清代亦同，所以《康熙字典·卯集上·心部》释"恪"："《广韵》苦各切，《集韵》《韵会》《正韵》克各切，丛音愙。"

陈寅恪生在清代，取名遵照清代"官韵"，读"恪"作"苦各切"或"克各切"。进入民国，新颁国语，"恪"字有了另一读音，即《国语大词典》"音却"，拼为chiueh。因此，民国年间多以陈寅恪之"恪"字读"却"，陈寅恪夫妇平时或从俗或从方言读"恪"作"却"，但正式文字表述用的是Koh或ke，这在《陈寅恪集·书信集》（生活·读书·新知三联书店，2001年）中有两处证据：

一、致傅斯年七十六（第119页）

1946年2月19日由夫人唐筼所写，所留通信地址为：

Prof. Chen Yin Ke（陈寅恪）c/o Prof. H. C. Shao（邵循正）Balliol College, Oxford, England

二、致牛津大学二（第222—223页）

1940年5月陈寅恪用英文所写亲笔信，署名Tschen Yin Koh

两封信的署名表明：陈寅恪夫妇正式文字表述"恪"读Ke或Koh，并不读"却"。迄今，尚未见陈寅恪文字表述中有自称"Chen

（Tschen）Yin Que"的证明。

恪字，唐、宋、元、明、清读"苦各切"或"克各切"，民国另读"却"，现今规范读音读 kè，语音演变。

2001 年夏

[补记二]

20世纪三四十年代，历史研究大都关注文化形态。《隋唐制度渊源略论稿》作为陈寅恪的代表作之一，叙论、礼仪两章反复论证下述的观点：

> （北）魏、（北）齐之源其中亦有河西之一支派，斯则前人所未深措意，而今日不可不详论者也。
>
> ……
>
> 兹所论者，惟此偏隅之地，保存汉代中原之文化学术，经历东汉末、西晋之大乱及北朝扰攘之长期，能不失坠，卒得辗转灌输，加入隋唐统一混合之文化，蔚然为独立之一源，继前启后，实吾国文化史之一大业。昔人未曾涉及，故不揣愚陋，试为考释之……
>
> ……
>
> 秦凉诸州西北一隅之地，其文化上续汉魏西晋之学风，下开（北）魏（北）齐隋唐之制度，承前启后，继绝扶衰，五百年间延绵一脉，然后始知北朝文化系统之中，其由江左发展变迁输入者之外，尚别有汉魏西晋之河西遗传。但其本身性质及后来影响，昔贤多未措念，寅恪不自揣谫陋，草此短篇，藉以唤起今世学者之注意也。[1]

---

[1] 陈寅恪：《隋唐制度渊源略论稿》，商务印书馆，1946年，第1、14、29页。

差不多同一年代，陈垣有"宗教三书"，《明季滇黔佛教考》关注"实为畿辅"的滇黔，《南宋初河北新道教考》关注沦陷的河北，《清初僧诤记》关注"东南各省"。此前，有讲"文化哲学"者表示"贡献一生来从事南方文化之建设运动"[1]。随后，又有以"抗战的重心在南方"[2]者。因此，有论著比喻说，所论南明之"畿辅"的滇黔"即抗战时期的大后方"，所论北宋亡后沦于金统治的河北"亦即抗战之时日伪统治区"，所论南方"实指汪伪势力所在"，可见"其意义不言而喻"。陈寅恪要"唤起今世学者"注意"西北一隅之地"，喜好在陈寅恪文中寻找"密码电报"的人，真应该对陈寅恪特别强调的这一论点解读解读！

再有，陈寅恪作有《哀金源》的长诗，署"己丑夏作"，即1949年夏作：

> 赵庄金圆如山堆，路人指目为湿柴（粤俗呼物之无用者曰湿柴）。湿柴待干尚可爨，金圆弃掷头不回。盲翁击鼓聚村众，为说近事金圆哀。

开篇六句之后，借用盲翁之口说出："金圆条例手自订，新令颁布若震雷。……金圆数月便废罢，可恨可叹还可哈。党家专政二十载，大厦一旦梁栋摧。乱源虽多主因一，民怨所致非兵灾。……"[3] 喜好在陈寅恪诗中寻找"密码电报"的人，是否应该认真读一读这首诗呢？

2010 年 3 月 3 日

---

[1] 详见朱谦之：《南方文化运动》，《文化哲学》，商务印书馆，1935 年，第 261—264 页。

[2] 雷海宗：《中国文化与中国的兵》，商务印书馆，1940 年，第 211 页。

[3] 陈寅恪：《寒柳堂集》附《寅恪先生诗存》，第 26—27 页。

郭沫若与容庚：从"未知友"到"文字交"

> 我和郭沫若，……彼此交往最多的乃是书信……五十年来，我一直把郭沫若同志的书信看作友谊的象征，郑重地珍藏起来。……这是郭沫若同志早年在古文字领域里披荆斩棘、勤于探索并且作出重要建树的实录。
>
> ——容　庚

郭沫若早年的古文字、古器物研究能够取得重大成就并为世人瞩目，和两个人有密切关系。一是当时在燕京大学任教并主编《燕京学报》的容庚，一是日本东京文求堂书店主人田中庆太郎。大体上可以说，前期在获得图书资料及新发现甲骨文、金文拓片，研讨文字的考释、器物的辨伪与断代方面，郭沫若从容庚处得到很大的帮助；而后期在出版这些研究成果方面，郭沫若则多得助于文求堂书店主人田中庆太郎的"侠义之心"。这里，仅介绍郭沫若与容庚半个世纪的"文字交"。

一、古文字研究结下新"文字交"

1928年2月，郭沫若流亡日本。7月至8月，他写成《周易的时代背景与精神生产》《诗书时代的社会变革与其思想上的反映》两篇研究古代社会的论文。随即，对于所研究的资料"开始怀疑起来"，便"想要找寻第一手的资料"，如考古发掘所得，"没有经过后世的影响，而确确实实足以代表古代的那种东西"。8月底9月初，郭沫若往东京上野图书馆去查找,得见罗振玉《殷虚书契前编》,却是毫无考释的一些拓片。为了"读破它,利用它,打开它的秘密",经人介绍,郭沫若便开始"跑东洋文库",在一两个月之内"读完了库中所藏的一切甲骨文字和金文的著作,也读完了王国维的《观堂集林》",自谓"对于中国古代的认识算得到了一个比较可以自信的把握了"。同时,凡是关于中国境内的考古学上的发现记载,也"差不多都读了"。到1928年底,郭沫若开始写作《甲骨文字研究》。1929年8月,"勉强把初稿写成",并作了序和后录。然而,求教和出版无门,使郭沫若想起了容庚:

> 我和容庚并无一面之识,还是因为读了王国维的书才知道了他的存在。王国维为商承祚的《殷虚文字类编》作序,他提到四位治古文字学的年青学者,一位是唐兰,一位是容庚,一位是柯昌济,一位是商承祚。我因为敬仰王国维,所以也重视他所称许的这四位青年学者。……我对于容庚,不仅见过他的著作,而且知道他的住址了。我就以仿佛年青人那样的憧憬,也仿佛王国维还活着的那样,对于王国维所称许的四学士之一,谨致我的悃忱,而以我的原稿向他求教。[1]

1929年8月27日,郭沫若写了第一封信:

> 囊读王静安先生《殷虚文字类编·序》,得知足下之名。近复披览大作《金文编》,用力之勤,究学之审,成果之卓荦,实深钦佩。仆因欲探讨中国之古代社会,近亦颇用心于甲骨文字及古金文字之学,读足下书后,有欲请教者数事,不识能见告否?

---

[1] 郭沫若:《海涛集·我是中国人》,《郭沫若全集·文学编》第13卷,第369—370页。

所欲"请教"者，为绅殷、秦公殷铭文中两个疑难字的考释。随后又云：

> 此外欲磋商之事颇多，惟冒昧通函，未经任何人之介绍，不敢过扰清虑。上二事乃仆急欲求解答之问题，如蒙不我遐弃，日后当更有请益。[1]

信末署以"未知友郭沫若上"。很快，容庚便写了回信，并寄给所录绅殷、秦公殷二器铭文。郭沫若收到后"欣喜无似"，9月19日写了给容庚的第二封信，除继续商讨前信中的两个疑难字外，进一步提出"兹复有请者，《殷虚书契》前后编二书"。同时告知容庚：

> 余顷有《甲骨文字十五释》之作，大抵依据罗王二家之成法，惟所见则不免稍左。……属稿屡不易就，且以遁迹海外，无可与谈者，甚苦孤陋，今稿将垂成，欲求先进者审核，足下如乐与相商，当即奉上。

此信所说《甲骨文字十五释》，后又称作《甲骨文释》，皆为《甲骨文字研究》的最初名称。对于郭沫若的这些商请，容庚回信慨然应允。10月3日，郭沫若第三次给容庚写信，一是说明《甲骨文释》"尚在撰述中，而前稿多已不足用，尚未可以见人"，仅捡出其中两篇"稍整饬者奉上，乞哂正之，切勿稍存客气"；二是对容庚代其在北平访求《殷虚书契》前后编的答复，"《殷契后编》虽缺二叶亦可，八金当嘱沪友汇上，乞费神掷下为祷。惟《前编》需二百金则囊涩无法也"。容庚看过郭沫若所寄的两篇考释文字，表示可以在《燕京学报》刊行其《甲骨文释》全稿。月底，郭沫若收到容庚代购

---

[1] 曾宪通编注：《郭沫若书简（致容庚）》，第5—7页。下引该书，写明日期者，不再出注。

的《殷虚书契后编》，复函说"拙著全部二百余叶，大抵于月内即可清书竣事。能得贵校代为刊行，甚善"。同时提出："惟仆拟以清书之手稿影印，不识能办到否？"在11月16日写给容庚的信中，又提出请其在京门代购董作宾《新获卜辞写本》及容庚新著《宝蕴楼彝器图录》。郭沫若还写下这样一段话：

近得与足下订文字交，已足藉慰生平，此外别无奢求也。

收到容庚寄来的《新获卜辞写本》和《宝蕴楼彝器图录》后，郭沫若在复信中称赞"图录甚精美"，希望"拙著《甲骨文释》亦欲仿此格式影印"，并将写定的一卷邮上。附言中，又提出"不情之请"，说"《殷虚书契前编》弟因手中无书，每查一字，必须奔走东京，殊多不便"，希望容庚设法借给一部，以一月为期。20天后，郭沫若收到容庚来信和寄给的《殷虚书契前编》及其他一些所需书籍。

1930年初的春节期间，两人书信往还中谈论的是矢令彝的文字考释，并涉及矢令簋和安阳第二次发掘所获。2月6日（正月初八），郭沫若写信将《甲骨文释》余稿寄出，请容庚"核阅，凡有可商处请即于眉端剔出可也"。前信及书稿刚刚寄出，便又收到容庚来信及所寄王国维《古史新证》。郭沫若回忆："他写信来说中央研究院的傅孟真（斯年）希望把我的书在《集刊》上分期发表，发表完毕后再由研究院出单行本。发表费千字五元，单行本抽版税百分之十五。"[1]但条件是发表时不用郭沫若本名，须得改用化名。当天，郭沫若追寄一信给容庚：

希白吾兄：

《古史新证》昨夜奉到，正欲耑（专）复，顷复奉手教，

---

[1] 郭沫若：《海涛集·我是中国人》，《郭沫若全集·文学编》第13卷，第371页。

拙著蒙为介绍出版处，甚慰。更名事本无足轻重，特仆之别著《中国古代社会研究》一书不日即将出版，该书于《甲骨文释》屡有征引，该书采用本名，此书复事更改，则徒贻世人以掩耳盗铃之诮耳。近日之官家粟亦雅不愿食。谨敬谢兄之至意，兼谢傅君。耑（专）此即颂

春祉

弟　　沫若　再拜
二月六日

尽管在前一信中郭沫若已经写明"无论贵校有意无意（发表），望兄于审阅后赐还"，全稿"须再作一次最后之推敲"，后一信又表示了"耻不食周粟"的态度，但其书稿仍然在北平经历了将近半年时间的旅行。4月6日，郭沫若写给容庚的信中开始催还书稿，说："日来手中稍暇，拟续前业，将《甲骨文释》一书写定。拙稿二册望于便中寄还。"5月29日、6月3日、6月16日，又再三催还，至7月20日才收到容庚寄还的原稿。这一年的8月中旬，郭沫若写信告诉容庚："《甲骨文字研究》一书亦已写就，于《释岁》《释臣宰》《释五十》三篇大有改削，它均无甚更张。"9月上旬，信告容庚，《甲骨文字研究》及《殷周青铜器铭文研究》两稿已寄沪。

1931年5月初，《甲骨文字研究》上、下二册由上海大东书局据手稿影印出版，郭沫若嘱寄容庚一部。围绕这部著作的内容和出版，郭沫若与容庚从"未知友"成为'文字交'。当时，郭沫若记录下容庚在两个方面的帮助。图书方面主要是《殷虚书契前编》，因印数有限，绝版后很难求得，郭沫若曾托容庚代为求购，但因书价高昂，便转而向容庚借阅。1929年12月，郭沫若收到容庚远道所寄该书，表示"期以一月，务必奉还"。随后，信中希望"多假以时日"，"因思留作（《甲骨文字研究》）定稿时以便参考"。待到《甲骨文字研究》手稿寄沪，又表示《殷虚书契前编》"已包就，屡拟付邮，惟以弟之

殷周古文字研究尚在进行中，时感必要"，提出"不知兄能相让乎？由弟按月偿付若干"。就这样，整整一年时间，直到1930年12月才"如嘱奉还"。所以，《一年以后之自跋》中郭沫若有这样一段记录：

> 《殷虚书契前编》闻久已绝版，有之者珍如拱璧，鬻之者倚为奇货，故余始终未得此书也。去岁蒙容君希白远道见假，俾于检索上得无上之便宜，作者甚感其厚意。[1]

另一方面，即容庚对《甲骨文字研究》书稿所提意见。在《一年以后之自跋》中郭沫若这样写道：

> 此书初稿曾寄容君希白商榷，颇蒙有所是正，如《释五十》篇中所引列者是也。然其说亦有未能采纳者，如谓"亥"字二首六身，疑当时书亥作乔，……乔样字形古既无征，则容君之说仅能存疑。

所谓《释五十》篇中所引列者，即前面提及郭沫若1929年10月3日寄容庚的两篇考释文字之一。其中，乔字为十与六之合文，容庚所释为"丁卯□□□兽正□□毕获鹿百六十二，□百十四，豕十，兔一"。郭沫若表示：

> 谓卜辞书获之例均先兽后数，故第二行"二"字之下当缺一兽名。"兔一"以下无缺文之余地。容（庚）释较余前所释者更进一境矣。[2]

---

[1] 郭沫若：《甲骨文字研究》，上海大东书局，1931年初版。下引此跋，不再出注。
[2] 郭沫若：《释五十》，《甲骨文字研究》（初版）上册，第7页。

1929年11月容庚先录示后拓寄的一片卜辞,其"例至奇",为此前"所未见",颇为重要。郭沫若除在《甲骨文字研究》中著录外,还特别写了这样一段考释文字:

> 近蒙燕京大学容庚教授拓寄一片,于王说又得一证。按此例至奇,为卜辞所已著录者之中所未见,其残缺处略以意补足之,当为:甲戌翌上甲,乙亥翌囗,丙(子翌囗,‖丁丑翌)囗,壬午翌示壬。癸未(翌示癸,‖甲申翌大甲,丁亥)翌大丁……申翌……此辞拟于太祖之庙享祀时,甲日则翌祭上甲,乙日则翌祭囗等等。然上甲之次即囗,又其次则当为囗囗,第二行首字之作回者,乃回之缺刻横画者也。其次仍为甲乙丙丁壬癸。[1]

1952年修订本,郭沫若加《追记》:"此骨下截已被发现,第一、二行如所拟,第三行上端当为'乙酉翌大乙',因大丁之下为'甲午翌'三字,且第四行上端亦当为'大甲,丁酉翌沃丁,庚子',因第四行翌字下为'大庚'。(详《殷契萃编》——三片)。"这样,由殷墟卜辞所揭示的殷先公先王世系便大体确定下来。

二、建立彝铭著录体系的交往

郭沫若与容庚"订文字交"的另一重要内容是关于彝器、金文的研讨,他们的交往主要是围绕郭沫若的《殷周青铜器铭文研究》《两周金文辞大系》和容庚的《武英殿彝器图录》等三部著述展开的。

1929年12月13日,郭沫若致容庚信中有一段关于器物定名的文字:

---

[1] 郭沫若:《甲骨文字研究》(初版)下册,第20页。

> 近审尊说敦彝为簋，甚确，今后为文拟改从。

我们现在可以看到，在此前后郭沫若信中都是将"殷（簋）"称作"敦"。如"绅敦""秦公敦""周公敦""召伯虎敦""矢敦""免敦""颂敦""作且戊宝敦""矢令敦"，等等。原来，自宋代以来，便误释殷为敦，称盨为簋。容庚1927年6月在《燕京学报》第1期发表《商周礼乐器考略》，重申清人钱坫之说，确定殷之为簋而非敦，又据有铭自称为须或盨者，另立盨的器名。自此，簋、盨才又得正名。所以，郭沫若信中说，"近审尊说敦彝为簋，甚确"。

紧接着，殷周青铜器铭文研究就开始了。12月24日信中，郭沫若认为容庚《宝蕴楼彝器图录》"谓象陈牲体于尸下而祭，恐亦未然"，提出：

> 凡殷彝中图形文字，余疑均系当时之国族，犹西方学者所称之图腾。尚有他证，暇将为文以明之也。

《殷周青铜器铭文研究》卷一第一篇《殷彝中图形文字之一解》，就是由此萌生，至1930年7月初写成的。

1930年春节期间，两人书信往还，大谈矢彝、矢令簋。2月1日（正月初三），郭沫若写信说："矢彝之出，有益于古史者颇大，余极欲重作一番考释。惟同出土之矢令敦弟尚未见，想此敦与彝必饶有相互发明之处。"9日，容庚将矢令簋原铭及作册翻彝铭语寄出。16日，郭沫若收到，喜不自禁，便将自己的最新想法和研究成果告诉容庚：

> 得此新器，于明保之为人名，可云又得一证。
> 弟以为此数器：矢彝，矢殷、明公尊、作册翻彝（？），大有可作综合研究之价值，于周初之古史上必有可发明之处。罗（振玉）释矢彝误处甚多，⋯⋯弟已于拙著《中国

古代社会研究》附录中论及[1]，但尚未尽。今既有矢彝之出，则更须有补苴处。[2]

4月初，郭沫若致函对容庚即将整理《武英殿彝器图录》一事表示了极大的关注。

> 武英殿古器复将由兄整理成书，甚欣慰。体例依《宝蕴楼》亦甚善。惟弟意于影片之下似宜注"原大几分之几"，使读者一览即可仿佛原器之大小，不必一一依所记度量推算始明，似较利便。又器物时代颇不易定，历来大抵依据款识以为唯一之标准，然此标准亦往往不可靠。……余意花纹形式之研究最为切要，近世考古学即注意于此。……如将时代已定之器作为标准，就其器之花纹形式比汇而统系之，以按其余之时代不明者，余意必大有创获也。

这可以说是郭沫若后来"条理金文成大系"的"诀窍"所在，为助容庚编录《武英殿彝器图录》，毫无保留地全盘托出。

1930年7月20日，在致容庚函中第一次提到："近撰《殷周青铜器铭文研究》一书，行将草成。"8月18日进一步告知："弟费月余之力，已写成《殷周青铜器铭文研究》上下二册，约七八万字，已与沪上书店约定，可于年内出版。"又说："书太长，录登《学报》恐非所宜。又贵校衮衮诸公，意见似颇复杂，弟亦雅不愿以个人交谊重累吾兄也。"同时，再次提到器物著录的问题：

> 器物著年颇不易，《宝蕴》中即有数器可商，此事非花

---

[1] 指《中国古代社会研究》附录《追论及补遗》二、四两篇考释。

[2] 即据作册𪒠彝所作《明保之又一证》，为《中国古代社会研究》附录《追论及补遗》五。

纹器制之学大有进展之后，即商周秦汉均不易确定。弟意于题名上暂勿著年代，于说明中著之，似较有可伸缩之余地也。

我们从1929年12月24日至1930年9月8日郭沫若致容庚的16封信件中可以清楚看到，讨论涉及《殷周青铜器铭文研究》书中卷一《殷彝中图形文字之一解》《大丰敦韵读》《令彝令毁与其它诸器物之综合研究》《公伐邻钟之鉴别与其时代》[1]，卷二《新郑古器之一二考核》《者㵣钟韵读》《晋邦𧊒韵读》《秦公毁韵读》等8种考释的内容。

在撰成《殷周青铜器铭文研究》到开始编纂《两周金文辞大系》之间的几个月，郭沫若写了一些零星考释文章，这就是1930年9月6日信中所说"弟拟草《两周金文韵读补遗》一文，以备《学报》补白"者。但大部分被日本朋友借去，刊登在《支那学》杂志。小部分寄容庚，1930年9月19日作《臣辰盉铭考释》与1931年2月15日作《汤盘孔鼎之扬榷》，均以郭鼎堂之名在1931年6月发表于《燕京学报》第9期。

1931年2月16日，郭沫若在投寄《汤盘孔鼎之扬榷》的信中向容庚透露："近撰《两周金文辞通纂》一书，已略有眉目。"同时，求教《金文编》中数器拓墨及新器铭之成辞者。3月20日收到容庚来信和所录示各器，郭沫若"快喜莫名"，当即回信写道：

> 《金文辞通纂》大体已就，分上下二编：上编录西周文，以列王为顺；下编录东周文，以列国为顺。上编仿《尚书》，在求历史系统；下编仿《周诗》，在求文化范围。辞加标点，字加解释，末附以杂纂及殷文——全书之大体如

---

[1] 因公伐邻钟铭文系伪刻，1954年修订本剔去有关论述，改题为《杂说林钟、句鑃、钲、铎》。

是。上编颇难，亦颇有创获处，惟所见有限，待兄援手之处甚多。

谈到毛公鼎时，说："弟所见列王之器，与吴其昌君所见者几于全异，如毛公鼎，弟谓乃宣王时器，别有详考。"6月下旬，容庚将所作《毛公鼎集释》寄给郭沫若，郭沫若细读之后回信说："弟有《毛公鼎之年代》论之甚详，前已寄沪，闻将于《东方杂志》七月份内登出"，"弟之见解与诸家迥异，器乃宣王时器，决非成王"。同时，将考释"所得之数字"摘述于信中，约占全信三分之二篇幅。此后，容庚《毛公鼎集释》未再刊行。

据容庚《颂斋自订年谱》记载，1931年2月编《武英殿彝器图录》，7月编成[1]。郭沫若《两周金文辞大系》初成之日，亦正是容庚《武英殿彝器图录》完稿之时。1931年7月17日，郭沫若致函容庚：

《武英殿彝器图录》请寄来，如有可攻错处，自当竭尽棉薄。花纹定名弟尚未尝试，惟于花纹研究之方针早有腹案，惜无资料耳。定时分类为要，定名次之，分类已成，即名之为甲乙丙丁，或ABCD均无不可。定时乃花纹研究之吃紧事。此与陶瓷研究及古新旧石器之研究同。此事最难，须就铭文之时代性已明者作为标准，逐次以追求之也。花纹之时代性已定，则将来无铭之器物或有铭而不详者，其时代之辨别将有如探囊取物矣。

这实际是郭沫若编录《两周金文辞大系》的经验之谈。8月24日，再致容庚："大稿已阅数遍，拙见略有可贡献者已书之眉端，或别笺附入，乞裁夺之。"

---

[1] 曾宪通编注：《郭沫若书简（致容庚）》，第108页注②。

写到这里，需要说一说容庚《武英殿彝器图录》了。前面已经叙及，自 1930 年 4 月至此，郭沫若三次详细谈论器物著录，都强调"花纹研究"。《武英殿彝器图录》从北平古物陈列所所藏热河行宫商周彝器 851 器中选录 100 器加以考释，图录以抚拓花纹与文字并列，开花纹著录之先。曾宪通认为："郭老之建议于此书之创例有所促成。"[1] 郭沫若关于"题名上暂勿著年代，于说明中著之"的意见，"已为容庚先生所采纳，《武英殿彝器图录》于器物题名上均未著年代，而于说明中著之"[2]。关于"文字画"的问题，殷彝中有许多图形文字，人们多谓其为"文字画"，容庚《宝蕴楼彝器图录》亦称之为"文字画"。《武英殿彝器图录》则采纳了郭沫若之说，将文字画各节加以改作，并写道："此种图形文字，昔人多不得其解，吾友郭沫若谓'乃古代国族之名号……'，其说是也。"[3]

在寄还《武英殿彝器图录》稿本之后，郭沫若开始誊录《两周金文辞大系》。9 月 9 日致容庚信中说："《大系》近已录成，本拟先寄兄一阅，唯出版处催稿颇急，只得待出书后再请教。（以上未经著录诸器即欲插入该书中，务望兄玉成之）"收到容庚寄来器铭拓片，9 月 27 日复信仍然念念不忘花纹形制系统，又写道：

> 尊著《宝蕴楼》于花纹形式确有暗默之系统存在，承示，深感读人书之不易易。……窃意此花纹形制系统学之建设，兄为其最适任者，望能通筹全局而为之。

1932 年 1 月，《两周金文辞大系》由日本东京文求堂书店据手稿影印出版。插图收有新出及未经著录之拓本、摹本 13 种、17 图。

---

[1] 曾宪通编注：《郭沫若书简（致容庚）》，第 55 页注⑤。

[2] 曾宪通编注：《郭沫若书简（致容庚）》，第 66 页注⑩。

[3] 容庚：《武英殿彝器图录》，哈佛燕京学社，1934 年，第 2 页。

《解题》云："本书插图多得自燕京大学教授容庚氏之惠借。"又有关于器物定名的一段说明：

> 器物之名大抵仍旧，然有旧名皎然误者，如敦彝均改称为𣪘（簋），簠改称为𣪘（古器𣪘圆簠方，𣪘形在𣪘簠之间。最近容庚氏发现武英殿藏器有华季𣪘者，器制为𣪘而铭曰𣪘，是𣪘乃𣪘之变种，今则从其通名）。

至此而后，簠、𣪘正名遂为不易之定论。

自郭沫若与容庚第一次通信至1931年9月27日的42封信中，涉及《两周金文辞大系》内容的差不多将近半数。从整个彝器、金文的考释和研究来看，确如郭沫若后来所说：容庚在资料上曾给予过"很大的帮助"，"但他在学问研究上却没有使我得到我所渴望着的那样满足"。[1]

三、互助、友情与文字误会

郭、容二人"订文字交"探讨古文字、古器物，容庚给郭沫若帮助最多、最经常的是提供图书资料和研究信息。在致容庚的信函中，郭沫若多次表示"苦材料缺乏，复无可与谈者，殊闷闷也"（1929年12月13日函）。1930年9月26日，更进一步表示：

> 古文字之学，最是系心事之一，惟惜资料过少，恨无用力之地也。

我们看到，郭沫若在第二封信中便表示："余所居乃乡间，离东

---

[1] 郭沫若：《海涛集·我是中国人》，《郭沫若全集·文学编》第13卷，第370页。

京尚远，为此书之探研，须日日奔走，殊多不便。"因此提出"兹复有请者，《殷虚书契》前后编二书"。随后，听说明义士之《殷虚卜辞》有拓本寄燕京大学，郭沫若在第三封信中便提出向容庚借阅，还说"贵校所购之骨片千余，当亦有拓本，如能赐假，尤不胜渴望者也"。再后，甚至提出"凡国内所有新出彝器铭文，兄能购得者，希同时为弟代购一份。用款当随时由沪寄上也"。（1929年12月4日函）1929年年底提出"欲读"王国维《古史新证》，至1930年2月6日便又催问。甚至在向容庚母亲问病、容母去世致哀函中，郭沫若仍然不忘商借彝铭墨拓。为撰《殷周青铜器铭文研究》，7月20日写信说："急需右列诸器以作参考，兄处如有珍藏，能暂假须臾，是所渴望。"所列诸器为：（1）"佳明保殷成周年"一器之拓片。（2）罗叔言所影印小盂鼎拓片。（3）秦公殷拓片。（4）余冉钲拓片并形。容庚帮助解决了其中的三器。1931年2月，为撰《两周金文辞大系》，郭沫若写信求教《金文编》器目中的6种器铭212字，容庚也是尽量相帮，郭沫若收到容庚回信"并蒙示各器，快喜莫名"。及至后来，两人似乎形成一种默契，即如他们在1931年5月的往返信件中所说。容庚5月19日致郭沫若信自谓：

> 弟鲁钝，考释未必能佳，然传布之责任之甚力，颉刚所谓贪多务得，那有闲时者也，一笑。[1]

郭沫若27日作复云：

> 兄力任传布之责，甚所赞同。弟虽驽弱，亦愿追随骥尾。弟意多在必贪得，尤须务存世，一日未有无闲时者也，

---

[1] 容庚致郭沫若函，系用"燕京学报用笺"所写，原件存郭沫若纪念馆。

望勿退转。有考释事征及鄙意者,勿客气。[1]

可以这样说,大凡郭沫若提出的图书或器铭,容庚总是全力保证提供,或代为购买,或将自己所见、所得录示、拓墨寄郭沫若使用。对于这些,郭沫若在当时大都著于其发表的研究成果中。

在这一借一还当中,也曾出现过遗失的情况。1931年7月、8月间,郭沫若为编纂《两周金文辞大系》,向容庚借得宅毁、沈子毁、舀壶等器拓本。在交文求堂影印时,田中庆太郎将宅毁拓本遗失,便向罗振玉求得一拓作为补偿。为此,郭沫若在写给容庚的信件中特别作出交代"宅毁铭付影印时,为东京文求堂主人田中庆太郎君所遗失,渠由叔言处另求得一张奉偿。此张拓亦精,与兄之物不异,差可告无罪也"。

为郭沫若的投稿默默地作订补工作,亦可见容庚的友情之深厚。《臣辰盉铭考释》寄容庚后,郭沫若在1930年12月24日信中表示:"如果有意选载《学报》时,请足下代为校改。"1931年1月14日又"外附录一则,请补臣辰盉释文后。前有附录改为'附录一'。"《燕京学报》刊出时,容庚均按郭沫若的要求进行了改补。《汤盘孔鼎之扬榷》在《燕京学报》发表前,郭沫若写信去:"《汤盘质疑》说'敬'字处有未圆,请改用别纸所录。《孔鼎》一文末一句亦请稍加改正。"(3月20日函)发表时,容庚都一一照办了。

在向郭沫若提供所需图书资料和器铭拓片时,必然牵涉到费用问题,容庚总是尽可能地解囊相助。在致容庚的第三封信中,郭沫若表示《殷虚书契前编》需二百金则囊涩无法,这才有后来向容庚借《殷虚书契前编》达一年之久的事情。为求购《新获卜辞写本》,1929年11月16日信中说:"董君《新获卜辞写本》未见,京门可购否?当嘱沪友寄上廿元,乞代购一部,如不敷,当续补寄。"为应郭沫若急

---

[1] "一日未有无闲时者也",承容致郭信"那有闲时者也",当为"一日未有闲时者也"或"一日无闲时者也"。

需,容庚便将自己所有《新获卜辞写本》寄给郭沫若使用。当时的郭沫若一方面"苦材料缺乏",凡国内所有新出彝器铭文都希望购得,一方面"要维持一家人的生计",不得不"从事迻译西书以为笔砚资",甚至将《甲骨文字研究》《殷周青铜器铭文研究》的样书打折卖给文求堂书店。1931年6月郭沫若致函容庚:"《泉屋清赏》复印片弟愿得一份(请即掷下,因目前缮写《通纂》,正需此)。款请暂垫,当即嘱沪上内山书店汇寄。"7月10日容庚便写信寄出《泉屋清赏》照片,真可谓有求必应!

1931年4月,正当郭沫若"恨目前为糊口文字百忙",《两周金文辞大系》大体已就之际,发生了一件意外的事情:一位朋友患盲肠炎,须入院手术,但医药费却无着落。为此,郭沫若写信给容庚,说:"弟有友人新由此间缧绁中出,患盲肠炎,须入院行手术,药石之费,苦无着落。曩岁兄曾言孟真有印弟《甲骨文释》意,今欲将近著《两周金文辞通纂》相浼,署名用鼎堂,愿能预支版税日币四五百圆,望兄便为提及。该著大体已就,仅余索引表未成。如前方能同意,弟当即走东京制成之也。拜托拜托。"容庚5月19日复信云:"兄售稿事,俟与孟真一商再复。此时事集,尚未进城。大著考释亦拟交史语所集刊印。"信未寄,便与傅斯年联系,遂于信末附言:"顷打电话与孟真,他对于大著极所欢迎。惟此时款项支绌万分,无从支付,嘱道歉意。"[1]据《郭沫若书简(致容庚)》曾宪通注:

> 容庚先生得信后立即将书款汇与郭老。后出版事被搁置,《大系》遂于一九三二年一月转由东京文求堂书店印行。事隔二十多年后,一九五八年当《大系》在国内重印的时候,郭老即从其稿费中汇人民币五百元还容先生,以践前约。[2]

---

[1] 本篇所引容庚致郭沫若函,原件均存郭沫若纪念馆。
[2] 曾宪通编注:《郭沫若书简(致容庚)》,第98页注⑪。

这成为郭沫若与容庚"订文字交"当中的一段佳话。

1930年2月容庚因母亲患病返回广东东莞家中,并写信给郭沫若。4月6日,郭沫若致函容庚,一开头便说:"自前月初得奉手书以来,迄今已一月有奇矣。尊慈贵恙已脱体否?足下已返北平否?甚念。"在信件往返的过程中,郭沫若接到容母去世的消息,即撰一挽联,托杭州亲戚制成直寄东莞。5月29日,郭沫若再致函容庚:

> 曩奉 世伯母仙逝之耗,不胜哀戚,曾学撰一联,托杭州敝戚制就直寄东莞,想当到达。拜读 世伯母行状,于字里行间,母子骨肉之情感恻恻逼人。如吾兄者,可谓生能尽其养,死能尽其哀者矣。近日行旌不知已北上否?死生事大,孝道多门,兄自达者,度必能夺情节哀,为学自重,不劳碌碌如仆者之喋喋也。

其哀悼之沉痛、劝慰之深切,在郭沫若的同类文字中可谓最至真、至切!6月中旬,在容庚返校途中,郭沫若又分投二函。此后,两人书信往还,大事小事无所不谈。1931年3月,容庚信中提到牙痛。3月20日,郭沫若复信附言问:"齿痛已痊否?"并嘱咐说:"如系龋齿当以拔去为宜。"《颂斋自订年谱》1931年3月,记有容庚"因牙痛拔去一智牙"。曾宪通注云:"容庚先生深知郭老懂医道,接信后即将智齿拔去。"[1]

郭、容二人"订文字交",也曾因"文字"而出现过误会。1933年1月,郭沫若致容庚函流露:

> 久疏笺候,隔阂殊深。拙著本责备贤者之例,对于大作多所指摘,时有太不客气之处,闻足下颇引为憾,死罪

---

[1] 曾宪通编注:《郭沫若书简(致容庚)》,第95页注⑤。

死罪！唯仆亦常读大著，见于拙说或录之而没其源（如"五十""食麦"诸义），或隐之若无睹（如戈戟之别），颇觉尊怀亦有未广。学问之道，是是非非，善固当扬，恶不必隐，由是辩证始能进展。

2月7日容庚写信给郭沫若说："兄不客气指摘弟之过失，无不任受。但兄《金文余释之余》末段、《卜辞通纂·序》末段实与人以难堪。弟守交绝不出恶声之义，惟有于弟之著作上不复提及尊姓名以为'隐之若无睹'，诚如尊言。"并解释说："前次书评，弟适休假半年南归，由颉刚负其责"，"而友人诵兄'殊属不可思议'之言，以为讥诮，急归再阅，自谓此辱不能再受，故复作书评以报负"（"负"当作"复"，原件如此）。最后表示："绝交与否，唯兄命之。在弟自谓于兄尚无恶意也。《武英殿彝器图录》下星期出版，稿写于前年，故仍引兄之言，不复删改。序为最近所作，故不复有谢。兄校阅之语，如吾二人能复交，兄之惠也。若其不能，幸勿引此信中语以为攻击之资。"[1] 2月17日，郭沫若作回复，解释"《卜辞通纂·序》末段因有激而发，请读罗君《古玺文字征·序》，当知其对象为谁也"，接着说："'责人过严'及'不可思议'语亦均有所激，前者因兄匿名，后者因兄乾没。今既知皆有所为，则知妄言之罪矣。尊评多悻刻语，于弟虽无损，似觉有玷大德。如能及，请稍稍改削之；如不能及，亦请释虑，弟决不因此而图报复也。"所谓"前者因兄匿名""尊评多悻刻语"，是指《燕京学报》第9期中"出版界消息"项内对《甲骨文字研究》《殷周青铜器铭文研究》进行评介，作者为余逊、容媛，容媛乃容庚之妹，郭沫若以为是容庚匿名所为，多悻刻语，故有"责人过严"语。所谓"后者因兄乾没"，即上一封信所指"于拙说或录之而没其源，或隐之若无睹"，所以郭沫若认为"不可思议"。

---

[1] 容庚致郭沫若函，原件存郭沫若纪念馆。此件末署"廿三、二、七"，暂从《郭沫若书简（致容庚）》编年，作1933年2月7日。

1934年郭沫若致文容庚4件,1935年5件,俱为明信片,内容简略。自1935年11月28日,郭沫若与容庚11年无书信、文字往还。

1946年,容庚受聘广西大学,自北平途经重庆赴任,才第一次见到郭沫若,"见到了这位神交多年的'未知友'"。这也唤起郭沫若的回忆,1947年,郭沫若在写《我是中国人》时,用了相当的篇幅追忆他同容庚的交往和对容庚的感激:"在研究金文上,确曾给予我以很大的帮助。""他曾经把很可宝贵的《殷虚书契前编》和董作宾的《新获卜辞写本》寄给我使用过。"

四、"文字交情"的延续

新中国成立后,郭沫若与容庚继续着已经确立起的"文字交情"。首先是容庚主动要求对郭沫若的《两周金文辞大系图录》进行核校和补充。1954年8月18日,他致函郭沫若:

> 沫若院长左右:大著多在日本出版,多者五百部,少者三百部,国人得读者少,市估居奇,动辄百万一部。兹闻陆续重印,甚胜事也。
> 　　大著《两周金文辞大系图录》在未出版之前有愿与左右商榷者。
> 　　……
> 　　左右为国勤劳,想无暇及此,可否暂缓出版,庚愿费两三月时间少尽校对之责,未审尊意如何?此致
> 　　敬礼!
> 　　　　　　　　　　　　　　　　　容　庚
> 　　　　　　　　　　　　　　一九五四、八、十八

同年11月1日,郭沫若写信给尹达,谈的第一件事便是此事:

"容庚先生近来和我通了两次信,对于《两周金文辞大系图录》作了仔细校对和补充。该书,人民出版社有意重印,但尚未着手。性质太专门,似以改由科学院出版为宜。您如同意,我想把它作为一所的出版物。该书拟即请容庚核校补充。他的两信及资料附上,请一阅。"[1] 1955 年 10 月 30 日,郭沫若致尹达信,再提此事:"两周金文则拟作相当的添补。容庚前次写给我的备忘录,如尚在,请退还我。要着手添补,须搜集一些书籍和拓片,日前容庚来访(他参加文字改革会议,似尚在京),我曾向他提及,他有意来作短期间的帮忙。"次日,收到尹达回信后郭沫若表示:"关于两周金文辞的增补,容愿帮忙,我欢迎。可以省些力量来做别的事。"

1956 年 2 月 18 日,容庚致函尹达:

> 前上函,想达左右。大系校补工作署告完成,兹寄呈原书图录五册,考释三册,弟之校补四册,请查收。其中缺点尚多,略述如下:
>
> ……
>
> 此书请转呈郭老,有何增改之处请随时示知。[2]

2 月 24 日,尹达致郭沫若:"容希白先生来信,并将两周金文辞大系校补工作的初稿寄来,兹转送上,请审阅。"[3] 8 月,郭沫若在北戴河给陈梦家写信,谈到两件事。一是"《大系》一时难以竣事,离京后诸多不便,余考资料未能尽量带来,大受限制。拟回京后再设法继续进行"。另一件事是关于容庚的:

---

[1] 黄淳浩编:《郭沫若书信集》(下),第 173 页。下引郭沫若致尹达信,均见该书信集,不再出注。

[2] 本篇所引容庚致尹达函,原件均存郭沫若纪念馆。

[3] 本篇所引尹达致郭沫若函,原件均存郭沫若纪念馆。

容希白先生在京，见面时请问候。我写了一信寄广州，恐他见不到。我是问他要《越者沪钟》的拓片的写真，此钟文他据"同人四器"把全文恢复了是一创获。[1]

这里所说"写了一信寄广州"，《郭沫若书简（致容庚）》未见收录，看来容庚确未见到。到这一年10月底，郭沫若将《两周金文辞大系图录考释》"整理好了"，并作《增订序记》，写信送尹达交付出版，附言交代："考释照原印，但本子放大，求其统一。"1957年12月，《两周金文辞大系图录考释》由科学出版社出版。

与此同时，两人"文字交"的另一重要内容便是容庚《金文编》的修订出版。1954年6月，容庚致函郭沫若，提出增订《金文编》的设想。据容庚本人及曾宪通的回忆：在增订中得到郭沫若的"直接支持和帮助，提了很可宝贵的意见。书稿完成后，又蒙他亲自写信给考古研究所和科学出版社，介绍出版"，"作为考古学专刊"。[2]现在所见有关书信，使这一回忆更加具体。

1955年10月30日郭沫若致尹达信中有这样一段文字：

容的《金文编》听说已交科学出版社审查，他拟再费两年工夫来补充，我觉得先照原样印行，两年后再印新版，似乎也可以。

到1956年2月容庚校补《两周金文辞大系图录考释》"署告完成"之际，在给尹达信中提出："金文编稿请即寄还，俾便继续工作。"尹达随即转达郭沫若，并附言："《金文编》稿事，我已告诉梦家，要他复信。""梦家"，即陈梦家，时为考古研究所研究员，正负

---

[1] 黄淳浩编：《郭沫若书信集》（下），第209页。

[2] 曾宪通编注：《郭沫若书简（致容庚）》，第3、141页。

责审阅容庚《金文编》稿。

正当郭沫若《两周金文辞大系图录考释》付印之际，容庚《金文编》增订也告完成。1957年5月2日，容庚致函郭沫若，谈请人作序事，说"郑板桥诗文最不喜求人作叙，求之王公大人以借光为可耻，总不若不叙为好。然板桥诗钞仍有慎郡王题词，则又何说？新进作者不为人所知，求师友作序代为吹嘘，虽不值得题（提）倡，似亦有不得已之苦衷，亦犹求左右题玉名未必便为左右所拒绝也。"紧接着便说到《金文编》序的事情：

> 拙著《金文编》有罗、王、马、邓、沈五序，再版删去罗、邓两序。兹当三版，愚意只留罗、王两序。梦家以为罗序不当留，故取决于左右。《积微居小学述林》尚存曾、廖两序，敢援此例为请。《金文编》一册，另寄呈。阅毕赐还。

5月14日，郭沫若作复云：

> 来函奉悉。《金文编》第一册谨奉还。罗、王二序均已重读一遍，我意均可不必列入。罗序所言已成定谳；王序简略，无关宏恉。
>
> 尊书新加增补，宜于书前补一新序，叙述此学近年进展情况及增补之意，较合时宜。

1959年，《金文编》增订本由科学出版社出版。

郭沫若因《金文编》得识容庚，容庚在资料方面助郭沫若条理金文成大系。《金文编》《两周金文辞大系图录考释》的增订，贯穿两个不同的时代，凝聚着两人超乎寻常的"文字交情"。

1959年，容庚带着助手、研究生到北京参观学习。郭沫若得知后，即安排约见，一面"讨论有关问题"，一面询问助手及研究生的情况,"解答他们提出的问题"。1979年容庚回忆说:"这次会见,虽然时隔二十年,但回忆起来,犹历历在目。"[1]

1961年年底,郭沫若在广州邀请史学界人士座谈,从陈端生《再生缘》谈到甲骨文、金文以及《中国史稿》的编写,容庚、商承祚均在被邀之列。

1962年2月,郭沫若仍在广州,尹达寄来陕西长安县张家坡新出土西周铜器53件,有铭文者23件。为考释其中11种不同铭文,郭沫若到中山大学向容庚借书,当晚便写信给容庚,讨论殷毂盘铭和"盾生皇画内"。随即,写成《长安县张家坡铜器群铭文汇释》。

在此同时,段绍嘉把陕西扶风齐家村发现的39件窖藏铜器写成《简介》,并有插图附释,投寄文物出版社,请转郭沫若审定。文物出版社将段绍嘉所写《简介》寄容庚转交,郭沫若看完《简介》,以段绍嘉所释尚未恰意,因就其《简介》所附12种铭文进行汇释。为此,2月24日致函容庚:"复函及《齐家村铜器简介》一文均接到。'生皇'生字即新鲜之意。古有生栋、生色等熟语。"3日后,写成《扶风齐家村铜器群铭文汇释》。

1962年3月,郭沫若离粤前数日致函容庚:"《金文编》《两周金文辞大系》及其他,已用毕,谨奉还。"这是郭沫若写给容庚的最后一封信。

1978年郭沫若逝世,容庚"殊感痛惜"。郭沫若逝世将届周年之际,广东人民出版社决定出版郭沫若致容庚的书信集,更加引起容庚对这位"文字交"的"深沉的怀念"。面对熟悉的手迹,重温那一封封发人深省的书信,容庚写下了《怀念郭沫若同志》,作为《郭沫若书简(致容庚)》一书的代序。郭沫若书信得以保存下来,是因容庚将其视为"友谊的象征",视为郭沫若探索古文字的"实录",视为对"亡友"的极好的纪念,视为对自己的有力的鞭策:

---

[1] 容庚:《怀念郭沫若同志》,《郭沫若书简(致容庚)》代序,曾宪通编注:《郭沫若书简(致容庚)》,第3页。

我和郭沫若同志虽然有机会会晤，但毕竟不多，彼此交往最多的乃是书信。他前后给我写过六十封信，绝大多数是在日本期间写的。五十年来，我一直把郭沫若同志的书信看作友谊的象征，郑重地珍藏起来，期间历经连连战乱、白色恐怖，加之人事变迁，举家南移，家藏图书器物无不散失，而郭沫若同志的书简得以完好保存，实在值得庆幸。

这部《书简》，是郭沫若同志早年在古文字领域里披荆斩棘、勤于探索并且作出重要建树的实录。它的正式出版，于亡友郭沫若同志是极好的纪念，于我自己则是有力的鞭策，激励我朝着更高的目标努力。

这确实是郭沫若与容庚半个世纪交往的最真实的记录！

1997 年 9 月

《文坛史林风雨路——郭沫若交往的文化圈》第十三章，浙江人民出版社，1999 年。

郭沫若与田中庆太郎："亲若一家人"

郭沫若早年的古文字、古器物研究能够取得重大成就并为世人瞩目，和两个人有密切关系。一是当时在燕京大学任教并主编《燕京学报》的容庚，一是日本东京文求堂书店主人田中庆太郎。前文已述，前期郭沫若从容庚处得到很大的帮助；而后期在出版这些研究成果方面，郭沫若则多得助于文求堂书店主人田中庆太郎的"侠义之心"。

20世纪40年代后期，郭沫若回忆他流亡日本的生活时，曾经写有这样一段文字：

> 店主人姓田中，名叫庆太郎，字叫子祥，把文求堂三字合并起来作为自己的别号，也叫着救堂。（这是有点类似于儿戏，实际上救字并不是"文求"二字的合书）年龄在五十以上。他是连小学都没有毕业的，但他对于中国的版本却有丰富的知识，在这一方面他可远远超过了一些大学教授和专家。他年青时候曾经到过北京，就全靠买卖上的经验，他获得了他的地位和产业。大约在日本人中，但凡研究中国学问的人，没有人不知道这位田中救堂；恰如在上海，但凡研究日本学问的中国人，没有人不知道内山完造的那样。[1]

1955年12月，郭沫若率中国科学代表团访问日本。其时，田中庆太郎已经去世4年，文求堂也闭店1年多了。郭沫若特地到叶山高

---

[1] 郭沫若：《海涛集·我是中国人》，《郭沫若全集·文学编》第13卷，第359—360页。本篇引文，未注出处者，均见此篇。

德寺凭吊田中庆太郎的灵台，又会见了田中庆太郎的遗孀、儿子、女儿、女婿等。郭沫若与田中一家，有着深厚的情谊。

1928年8月底，郭沫若在东京上野图书馆借到罗振玉的《殷虚书契前编》。面对着"差不多是一片墨黑"的甲骨文拓片，便想起"可以问津的第二个门路"——"一家专卖中国古书的书店"——文求堂书店。1914年郭沫若初到日本，在东京本乡第一高等学校读预科，曾经到过这家书店。1923年郭沫若毕业回国后，日本关东大地震使这家书店与全部藏书毁于一旦。1927年，店主人田中庆太郎以当时甚为少见的钢筋混凝土结构重建起了书店。所以，当郭沫若这时找上门来，看到"门面已经完全改观了。在前仿佛只是矮塌的日本式的木造平房，而今却变成黑色大理石的三层楼的西式建筑了"。来到店中，第一次正式与书店主人相见，请教有没有研究"殷虚书契"的入门书。书店主人便从书架上取下两本《殷虚书契考释》，正是郭沫若"所急于需要的东西"。然而，书价12元，郭沫若身上却只有6元多钱。抵押借阅也不成，书店主人告诉他一个"更好的门路"：这一类的书，东洋文库应有尽有，只要有人介绍，可以随时去阅览。于是，郭沫若跑了两个月的东洋文库，读完库中所有甲骨文和金文的著作，写出他的"古代研究三部曲"。《中国古代社会研究》于1930年先行出版，《甲骨文字研究》《殷周青铜器铭文研究》于1931年夏相继出版。当郭沫若收到后两种书的样书各20部后，便每种留下两部，其余送到文求堂。"文求堂老板很客气，打了一个七折，当下便给了现钱。"

大约在这前后，郭沫若与田中庆太郎的交往日渐频繁。现今保存的郭沫若致文求堂书店主人田中庆太郎父子的230封信札，最早的一信写于1931年6月28日，最后的一信写于1937年6月26日。整整6年时间，平均每10天一信。1934年写信最多，差不多每5天即发一信。有时甚至一天两信，或者连日致函。

从最初的10余封信中可以看出，所谈都是关于《两周金文辞大

系》的出版问题。第一信,收到田中庆太郎《舀壶铭》,在铭文之下作出释文。在铭文、释文之前,仅有两行日文:

拜复:《舀壶铭》妥收。谢谢。顺将释文附于左,聊供一粲。

六月廿八日,沫若再拜[1]

第二封信,用中文所写,全文如下:

敬启者,溽暑兼旬,近想安善。日前曾往小名滨滞留数日,昨归得奉大札,甚慰。《沈子毁铭》已领讫。兹别寄《御毁铭》拓本一纸,亦由容希白君处假得者,望付影印。稍暇拟来京畅谈,不一一。
耑此,即颂
暑安

郭沫若 八月十五日 田中仁兄大鉴

待到写第四信时,《两周金文辞大系》一书已接近告成。信乃用日文:

昨日得晤各位,快甚。诸蒙厚待,衷心感谢。归府后料当疲惫也。

《矢彝》铭文拟亦录入《大系》插图。府上有《明公彝》单行本,可仅取其中三种铭文,以为第一图,按 a(盖)、b(器)、c(尊)之顺序。其余插图编号依次顺延即可。

---

[1] 马良春、伊藤虎丸主编:《郭沫若致文求堂书简》,文物出版社,1997年,第249页。本篇所引书简,均出此书,不再注。

目录与插图说明既为手写体，序文与凡例亦当手写方能统一。望饬印刷所将以上两种寄下。

此外，请惠假常用毛笔一枝，仆处所有毫皆秃矣。

改日再会

郭沫若顿首
十月廿六日

田中先生
尊夫人均此问候

到1932年1月2日，郭沫若给田中庆太郎写第八封信，谈出版申请书和版权页事宜，并将两份材料分别盖章寄去，强调出版申请如须填写原籍，即请其代为补入"中华民国四川省乐山县沙湾场"。11天以后，郭沫若收到田中派人送来的《两周金文辞大系》多部，当即作复表示"甚感谢"，同时写道："拙著拜领五部即足（精二、平三），余均璧还。"信封正面书"麈 田中庆太郎样 沫若手奏"，由来人带回。春节一过，转瞬便是正月十五（2月20日），郭沫若与田中庆太郎曾有一聚。因此，2月21日信中提到"日前厚扰，得以畅吐胸膈，为四五年来未曾有之快事"。26日信称："拙稿增足至二十五六叶，竟成了一部专著。如何发表之处，幸斟酌。"一个多月以后，郭沫若收到田中来信，3月31日复函："大示奉悉，原稿亦妥收。当即着手撰写《金文丛考》。"

这里特别提一下，1932年岁末郭沫若收到新拓《大龟四版》，立即告知田中庆太郎：

恭贺新年。

三千年前大龟四片已从北平寄到。请来一游，将奉以龟之佳肴也。

元旦前夜　释空如合掌

这一贺岁明信片见证了《卜辞通纂·述例》六所说"中央研究院历史语言研究所李济之博士及董彦堂氏以新拓之《大龟四版》及《新获卜辞》之拓墨惠假，并蒙特别允许其选录"。

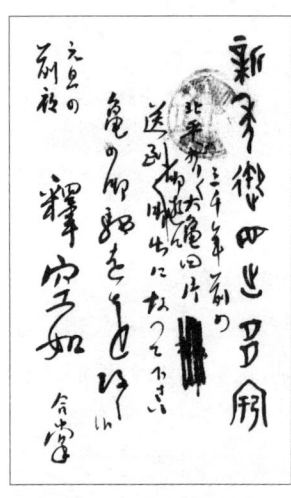

郭沫若1932年12月31日写给田中庆太郎的贺岁明信片

就这样，郭沫若一部接一部地撰述，田中庆太郎一部接一部地为郭沫若出版。现将两人有书信往来的6年间，合作出版的著作依次排列如下：

1932年

《两周金文辞大系》一册，1月10日初版，文求堂以手稿影印。

《金文丛考》四册，8月1日初版，文求堂以手稿影印。

《金文余释之余》一册，11月6日初版，文求堂以手稿影印。

1933年

《卜辞通纂》附考释、索引共四册，5月10日初版，文求堂以手稿影印。

《古代铭刻汇考四种》(《殷契余论》《金文续考》《石鼓文研究》《汉代刻石二种》)三册，12月10日初版，文求堂以手稿影印。

1934年

《古代铭刻汇考续编》一册，5月20日初版，文求堂以手稿影印。

1935年

《两周金文辞大系图录》五册，3月5日初版，文求堂以手稿影印。

《两周金文辞大系考释》三册，8月20日初版，文求堂以手稿影印。

1937年

《殷契粹编》附考释、索引共五册，5月29日初版，文求堂以手稿影印。

正是这一系列的巨著，奠定了郭沫若在中国学术界的崇高地位。同时，也表现出田中庆太郎独具慧眼的超人卓识！

田中庆太郎的女婿、金泽大学名誉教授增井经夫是日本研究中国史学的知名学者，回忆郭沫若与田中家的交往时说：

> 当时，田中家与郭沫若、沫若夫人（佐藤をとみ），包括子女们之间"亲若一家人"。郭先生与夫人频频过访文求堂（不如说就是过访田中家）。郭先生与其说是"客人"，还不如说是一位常常进入文求堂店深处的田中私宅接待室，无拘无束地聊天，议论学问的老朋友，其夫人也经常出入于田中家的便门。[1]

郭沫若与田中家"亲若一家人"的交往，从郭沫若致文求堂书简中完全可以得到生动的证实。

在致田中庆太郎的第六封信中，郭沫若便为其妻弟求职事麻烦田中了。1931年11月10日信中说："妻弟佐藤俊男顷日来京求职，兹特专诚介绍，如有方便，尚乞加以提挈是幸。"两天以后，田中便写了推荐信，郭沫若立即作复表示："日前，妻弟俊男踵府奉扰，诸蒙垂青，幸甚之至。……尊书当即转致。"

1932年1月，在《两周金文辞大系》出版之际，郭沫若第四子志鸿出世，田中屡函问询。在回复出版申请书、版权页的信中，郭沫若又写道："内子尚未分娩，大约在一周以内，承询甚感。"当收到《两周金文辞大系》样书后，在回复中又以玩笑口吻写了一段文字：

> 拙荆承询，深不敢当。腹中之物，大有乃翁之概，尚悠悠然无出世意也。一笑。

---

[1] 伊藤虎丸：《增井经夫先生藏郭沫若致文求堂书简刊印缘起》，马良春、伊藤虎丸主编：《郭沫若致文求堂书简》，第323页。

1932年6月23日的一封日文信中，更让人感到"亲若一家人"的亲情：

> 昨日内子、长男踵府奉扰，蒙厚待，谢甚。于尊处所见现代书局版拙著《中国古代社会研究》，似确有两种，一种纸质较优，一种为普通新闻纸。前种纸质优良者如蒙惠赐一册，则荣幸之至。

又用中文写了以下六句：

> 尊夫人之贵恙，想已日趋佳善。
> 得无有喜事乎，则老兄之罪过。
> 不亚于小生也，臆测之处恕罪。

4日后，郭沫若收到所要的《中国古代社会研究》2册，同时知道前信"臆测"之误，便用中文写了一张明信片寄去，表示：

> 妄诊多罪，左赋一诗，聊请捧腹，以谢诬腹之罪。
> 月华偶被乌云著，误把乌云当成月中兔。
> 幸只打诊未投方，不然已把夫人误。
> 世间正苦竹薮多，从今不敢攀黄而问素。

不仅互相关心对方夫人的健康、怀孕与否，还对对方子女倾注着诸多关怀之情。

在郭沫若致文求堂书简之外，我们知道，由于田中庆太郎对郭沫若的钟情有加，曾经提出愿以长女柳子许配郭沫若，这当然是不可能的事情。田中庆太郎便又以其次子震二师事郭沫若，郭沫若即以田中震二为自己最喜爱的学生、孩子，精心指导。1936年9月，震二不幸早逝。忌辰之日，郭沫若停下手中一切事务，拒绝一切来访，奔赴叶山田中府宅，亲笔为田中震二撰写墓志。在现存的230封书信中，有32封是郭沫若写给田中震二的。内容多是考释文字、有关郭沫若著述方面的话题。仅引1933年2月7日一信，即可见一斑：

> 拜复：五日夜手书奉到。查考迅速周密，感佩无似。此问题务请彻底解决，终究是一种见识。
>
> 另附致原田氏函，乞与令尊商量处置。倘可行，将倩摄影师携去转致；如有不便，毁弃即可，姑用那张模糊不清的照片。
>
> 令堂视我为无忧无虑者，盖认识不足也。然已觉不复能逍遥自在如今日之状矣。

对于柳子，郭沫若亦多次示以关切之情。1934年9月26日，郭沫若闻知柳子将要出嫁，便预先准备好礼物，并写了一函：

> 闻柳子娘不久将出阁，兹以某君所赠礼物转赠，籍表贺意。

当柳子与增井经夫新婚之际，郭沫若在11月26日给田中震二信中又专有一段文字表示：

> 柳子小姐新婚燕尔，同庆之至。

至于在经济上，田中庆太郎对郭沫若的支持，差不多总是以预支版税的方式确保其基本生活有保障。

最初，当《两周金文辞大系》不能在北平出版时，田中庆太郎便以300元买下全稿，解决了郭沫若的燃眉之急。1934年8月，《两周金文辞大系图录》正在紧张的定稿。30日，郭沫若写信给田中庆太郎，说"九月中小学即将开学，子女之学费、月票等开支较多，如方便，请预假印税二百元"。9月1日，郭沫若即收到预支款项。

1936年6月26日以后，郭沫若与田中家的来往中断。然而，田中庆太郎却始终珍藏着两家人6年来结下的深厚情谊。他把郭沫若所写的230封信函分年收放在牛皮纸袋中，按照写信日期或邮戳日期顺序排列。这些信件，一直由增井经夫、柳子夫妇保存着。经中日两国的郭沫若研究学者合作，230封书信连图版带译文，1997年由中国文物出版社正式出版，成为郭沫若与田中庆太郎一家"亲若一家人"的见证，反映现代"中日文化交流的先驱"的贡献。

最后，要指出的是，郭沫若与田中庆太郎虽然交往如此深厚，却没有弄清田中庆太郎的身世。本篇开头引录的郭沫若1947年的回忆，说田中庆太郎"连小学都没有毕业"，"全靠买卖上的经验，他获得了他的地位和产业"，这都是不确的。田中庆太郎1880年生于京都，1899年毕业于东京外国语学校（现在的东京外国语大学）汉学科。文求堂，是他的先辈在日本文久元年（1861）开业时取年号的谐音命名的，1901年由京都迁至东京。1900年以后，田中数次到中国，1908—1911年在中国住了三年，并在北京购置有房产，一面学习汉籍，一面对书画篆刻、金石、版本等进行研究，所以郭沫若在回忆中称"他对于中国的版本却有丰富的知识，在这一方面他可远远超过了一些大学教授和专家"。1951年田中庆太郎逝世，享年71岁，1953年长子乾郎故去，1954年文求堂闭店。

《郭沫若学术思想评传》第十四章二，北京图书馆出版社，1999年。2011年7月、2014年7月做过添改。

尹达学术评传

尹达，姓刘名燿，字照林，又名虚谷；一度用水牛为笔名，曾被称为尹启明。1906年10月17日出生于河南省滑县牛屯，1983年7月1日病逝于北京，骨灰撒向黄河郑州段。半个多世纪来，尹达留下了一条"从考古到史学研究"的足迹，为发展中国的考古学、历史学耗尽心血和精力，作出了重要贡献。

一、家世与生平主要事迹

清朝末年，刘氏家族以贩盐发迹，至刘燿父辈时发达起来。大伯刘绍周，秀才出身，先后在本县、偃师当师爷。父亲刘绍宣，是科举考试最后一次乡试录取的举人，先任县城小学校长，后到开封新成立的中学任职。

"五四运动"之初，13周岁的刘燿开始在牛屯私塾读书。随着"新文化运动"在中华大地不断深入，1920年9月刘燿入滑县县立小学。据兄长赵毅敏回忆，"我弟弟死用功，小时候就整夜看书，家里人叫他'熬干灯'"[1]。第二年，即进滑县第12中学。1925年9月，刘燿考入中州大学（河南大学前身）预科。1926—1927年间，因直奉战争，学校停课，一度休学。1928年9月，升入河南大学本科，先在哲学系，后转国文系。

当此之时，一方面是中国社会正面临着"向何处去"的选择之

---

[1] 刘增杰：《历历人生——赵毅敏》，《河南大学校史》，河南大学出版社，2002年。

中，关于中国社会性质大论战的帷幕刚刚揭起；一方面是数量众多的中国本土古代文化遗存陆续被发现，以史前遗址发现最多：1921年发现"仰韶文化"遗址，1922年发现"河套人"遗址，随后在甘肃、山西等地陆续有新石器时代遗址发掘。1927年发现"北京猿人"遗骸，两年以后古生物学家裴文中发现猿人第一个头盖骨，后又发现8个人类个体，被命名为"山顶洞人"。自1928年起，在河南、山东等地多次发掘，发现"龙山文化"遗址。殷墟甲骨文，自1928年起，中央研究院先后15次进行大规模发掘。同时，有青铜器的大量出土和汉晋简牍、敦煌文书的著录与整理。

社会变革、文化出新两个方面形成的新态势，对于青年学子刘燿产生着巨大的冲击，致使他在两个方面都作出了决定他一生道路的重要抉择。

1930—1931年是刘燿进行两个方面抉择的重要年代。作为青年学生，首先关心的是中国社会的命运，热心阅读郭沫若《中国古代社会研究》，得到的最直接感受是：

> 一九二七年大革命失败之后，白色恐怖笼罩着全国，不少的青年知识分子大都彷徨歧途，无所适从，他们对中国革命的信心是减低了，对中国社会发展的规律和动向存在着一些糊涂观念。这时候，正迫切地要求着这一问题的解答。
>
> （郭沫若《中国古代社会研究》）以锋利的文学手法，把枯燥的中国古代社会写得那样生动，那样富有力量，对当时的青年知识分子，正象打了一针强心剂。[1]

---

[1] 尹达：《郭沫若与古代社会研究》，《中国史学集刊》第1辑，江苏古籍出版社，1987年，第158—159页；《尹达史学论著选集》，人民出版社，1989年，第414页；《尹达集》，中国社会科学出版社，2006年，第382—383页。两本论文集所收此篇，个别文字与最初发表文字稍有不同，这里引用最初发表的文字。下同。

1931年6月，刘燿发表第一篇文章——《关于社会分期问题》。[1]

此间，中央研究院历史语言研究所考古组要在河南进行殷墟发掘和其他古迹调查，与河南省组成"河南古迹研究会"，并签订《解决安阳殷虚发掘办法》，河南大学史学、国文两系学生由校长函送，当妥为训练，代检成绩，以替上课。根据本人函呈、学校查核成绩，1931年3月，刘燿与石璋如作为河南大学"函送学生"参加殷墟发掘团，为实习生。刘燿最初在安阳小屯北地见习，随即赴安阳后冈参加梁思永主持的发掘工作，"揭开了小屯、龙山和仰韶文化的堆积关系"。1932年5月，主持浚县大赍店史前遗址发掘，"发现了和安阳后冈相似的遗址，也发见龙山和仰韶两者的堆积关系"。[2]同年秋，参加浚县辛村卫墓第二次发掘。大学毕业，留在中央研究院历史语言研究所为研究生。1933年春，参加浚县辛村卫墓第三次发掘。随后，主持安阳后冈第三次发掘，又与石璋如一起调查安阳同乐寨遗址。1934年春，主持安阳后冈第四次发掘。

其间，发生了一件意想不到的事情。九一八事变后不久，时任中共满洲省委宣传部长兼奉天市委书记的赵毅敏，被日本宪兵搜捕入狱。正在殷墟参加发掘的刘燿得知兄长入狱的消息后，立即赶往奉天（沈阳）探视，并设法筹款营救。直至1934年溥仪称帝，一纸赦令，赵毅敏才得以提前出狱。据赵毅敏回忆："我被捕以后，他（按：指刘燿）为了安慰父母，过一段时间就以我的名义给家里写封信，告诉父母我又来信了，实际上我一封信也没写过。我的太太凌莎和孩子，那时候也都由他照顾着。"[3]

1934年秋，刘燿研究生毕业，为历史语言研究所助理员，参加

---

[1] 载《飞跃》双周刊（河南开封），署名水牛。

[2] 尹达：《从考古到史学研究的几点体会——一九八二年四月二十二日在母校河南师大的谈话》，原载《河南师大学报》1982年第4期。《尹达史学论著选集》，第373页；《尹达集》，第351页。

[3] 刘增杰：《历历人生——赵毅敏》，《河南大学校史》。

梁思永主持的安阳侯家庄西北冈发掘，负责西区 1001 大墓。1935 年 3 月重写完成《河南浚县大赉店史前遗址》，发表在第二年出版的《田野考古报告》第 1 册。1935 年春，继续安阳侯家庄西北冈西区 1001 大墓发掘，随后进行东区小墓发掘。

1936 年夏初，参加梁思永主持的山东日照两城镇发掘，负责瓦屋村遗址，"进一步探讨新石器时代的龙山文化"。不久，被聘为历史语言研究所助理研究员。9 月，发表第二篇文章，是关于《考古研究法》的书评。[1]

根据梁思永"一个遗址发掘告一段落后，即由领导者编辑报告，在报告未完成之前，不许再到田野工作"的规定，刘燿自 1936 年下半年至 1937 年上半年在南京鸡鸣寺路 1 号历史语言研究所考古组撰写两城镇考古发掘报告。虽然染有肺病，"仍然抱病从事，不肯休息"。由于遗址蕴藏丰富，经复原的陶器数百件，形制精巧，色泽黑光，为其他遗址所少见，经过年余的努力整理，图版及器物草图基本完成。[2]

1937 年 7 月 7 日，《龙山文化与仰韶文化之分析》一文在南京历史语言研究所重写完稿。

抗日战争爆发后，历史语言研究所西迁至长沙圣经学校，刘燿继续两城镇发掘报告的撰写。12 月 6 日，在这未完报告稿最后留下三页纸的话语，其中有这样一段：

> 别了，这相伴七年的考古事业！
> 在参加考古工作的第一年，就是敌人铁蹄踏过东北的时候，内在的矛盾燃烧着愤怒的火焰，使我安心不下去作这样的纯粹学术事业！但是，事实的诉语影响了个人的生活，在

---

[1] 载《出版周刊》第 96 期，署名刘虚谷。
[2] 石璋如：《刘燿先生考古的五大贡献》，原载《新学术之路——中央研究院历史语言研究所七十周年纪念文集》（下），中央研究院历史语言研究所，1998 年。《尹达集》附录二，第 447 页。

极度理智的分析之后，才压抑了这样的矛盾，暂时苟安于"考古生活"之内。

现在敌人的狂暴更加厉害了，国亡家破的悲剧眼看就要在我们的面前排演，同时我们正是一幕悲剧的演员！我们不忍心就这样的让国家亡掉，让故乡的父老化作亡国的奴隶；内在的矛盾一天天的加重，真不能够再埋头写下去了！我爱好考古，醉心考古，如果有半点可能，也不愿意舍弃这相伴七年的老友！但是我更爱国家，更爱世世代代所居住的故乡，我不能够坐视不救！我明知道自己的力量有限，明知道这是一件冒险历危的工作，但是却不能使我有丝毫的恐怖和畏缩！[1]

南京沦陷后，历史语言研究所又拟西迁，但所址尚未确定。12月15日，刘燿毅然离开历史语言研究所，奔赴陕北，两城镇考古发掘报告未能完稿。

与刘燿共事七年的石璋如在《刘燿先生考古的五大贡献》的专篇文章中作有这样的总结和归纳：

> 他的重点工作及主要贡献可以说是一店（大赉店），两冈（后冈、西北冈），两村（浚县辛村、山东日照两城镇瓦屋村）。简言之他有五大贡献，……
> 考古工作凡七年，五大贡献人称赞。[2]

奔赴延安前夕，刘燿与考古组同仁的离别，石璋如更有一段"清

---

[1] 张光直：《二十世纪后半的中国考古学》，原载《古今论衡》1998年10月创刊号，第39页；王汎森：《价值与事实的分离？——民国的新史学及其批评者》，《中国近代思想与学术的系谱》，台湾联经出版事业股份有限公司，2003年，第443页。

[2] 石璋如：《刘燿先生考古的五大贡献》，原载《新学术之路——"中央研究院"历史语言研究所七十周年纪念文集》（下）。《尹达集》附录二，第442、446页。

溪阁醉别"的生动追述:

> 十四日的下午在长沙清溪阁二楼举行离别宴,参加者有李济、董作宾、梁思永、刘燿、李景聃、李光宇、石璋如、王湘、祁延霈、胡福林(胡厚宣)、高去寻、潘悫、杨延宾,还有魏善臣、胡占奎、王文林、李连青等。……酒菜上来后,大家起立,先恭祝研究所人员、文物均能平安的迁移到理想的目的地,一杯;次恭祝三组同人,不论随所或他去,日后均能保持联系和安全,一杯;然后再恭祝小屯一杯;西北冈一杯;瓦屋村一杯;大孤堆一杯;六杯下肚,酒量也差不多了。……第二天十二月十五日,照林、子湘、延宾、霈苍要离职的几位朋友,把早已理清的作业捆好交给公家,醉意尚未完全离身,便忙着上路去开拓另外的新天地了,这是考古组惊天动地的一件大事,国仇组恨终身难忘。[1]

1937年12月底,刘燿到达延安。1938年1月,改用母姓,始称尹达。最初在陕北公学学习,4月加入中国共产党,5月进马克思列宁学院学习。11月,到陕北公学关中分校任教。

1939年2月,尹达调入马克思列宁学院,为历史研究室研究员,兼陕北公学总校教员。其间,曾往河南襄城将撤离前存放老乡家的中外文图书资料运往延安。随即,恢复了中断将近两年的考古研究,开始对原始社会的探索,撰写《中国原始社会》一书,至1943年5月由作者出版社出版。此间,与范文澜、佟冬合撰《民族统一的中央集权的封建国家成立后对外扩张到外族的内征——秦汉至南北朝》,作为《中国通史简编》第二编。

1941年7月,尹达调任中共中央出版局出版科科长。1945年11

---

[1] 石璋如:《照林与侯家庄1001大墓》,俞伟超《附记》,原载《中国历史博物馆馆刊》1995年第1期。《尹达集》附录一,第438—439页。

月，调中共中央宣传部负责出版工作。这一期间，完成《书籍版式汇编》一书。

正当《中国原始社会》出版前后，又发生了一件更为伤痛的事情。尹达的小妹刘涑在山西灵丘黄木沟转移群众时，为抢救一个孩子而壮烈牺牲。刘涑，河南大学附中前身——北仓女中高中生，1936年"西安事变"之后，毅然参加抗日民族先锋队，奔赴抗日前线。先在临汾民族革命大学学兵队受训，后到延安学习。不久，转战晋察冀前线。

抗战即将胜利，为促进国共合作，1945年7月初傅斯年一行六人在王若飞陪同下飞抵延安进行访问，毛泽东、周恩来、朱德亲自到机场迎接。傅斯年向毛泽东索要墨宝，毛泽东慨然应允，以"唐人咏史诗一首书呈"。尹达得与傅斯年一晤，并以《中国原始社会》一书相赠。1946年2月，尹达得知即将调赴北方大学，便捎信给在重庆的傅斯年，告知"日内即赴华北，横过山西，拟便中作考古调查；过去山西虽然发现多处遗址，但大都未能分析清楚，故欲于不妨碍旅行中作此调查耳"，"今后甚愿与诸师友取得联系，以便共同致力于学术事业"，于是才有《龙山文化与仰韶文化之分析》一文1947年3月在国统区《中国考古报告》第2册和解放区《北方杂志》2卷1、2期的同时发表。至于信中表示"未完成之书，仍愿续作；今后交通方便，大局安定，望能捎至北方大学，当设法完成之"[1]的意愿，虽因时局变化未能实现，终成一大憾事，却表现出尹达对两城镇考古发掘报告的牵挂之情。

1946年5月，尹达离开延安到山西晋冀鲁豫边区北方大学任教。1948年7月，北方大学与华北联合大学合并为华北大学，出任教务长。

北平解放初，尹达兼任北平军事管制委员会文化接管委员会文

---

[1] 王汎森、杜正胜编：《傅斯年文物资料选辑》，傅斯年先生百龄纪念筹备会1995年印行，第222页。

物部部长，负责接管古都众多的文物单位。1949年6月，与郭沫若、范文澜、陈垣等50位史学家发起成立中国新史学研究会，并参与筹备工作。以华北大学为基础合并组建中国人民大学以后，自1950年1月至1953年9月，为人民大学研究部副部长。1953年9月，调任北京大学副教务长。

1953年12月，尹达调中国科学院，协助郭沫若筹建历史研究所第一所，郭沫若兼所长，尹达为副所长。1954年2月，协助郭沫若创办《历史研究》杂志，担任主编至1960年。1954年6月，任中国科学院党组成员，兼考古研究所副所长。1955年6月，为中国科学院哲学社会科学部委员、常务委员。1959年至1962年，兼任考古研究所所长。1960年2月，历史研究所第一、二所合并为历史研究所，郭沫若兼所长，尹达为副所长，主持全面工作。1956年至1962年，协助郭沫若组织编写《中国史稿》。此间，同邓拓一道筹建历史博物馆，同吴晗、谭其骧负责组织编绘多卷本《中国历史地图集》，负责郭沫若主编《甲骨文合集》的组织工作等。在从事历史学和考古学组织领导工作的同时，撰写出版了《新石器时代》一书。自1954年起，尹达连选连任第一届、第二届、第三届全国人民代表大会代表。对于这一段往事，长期与之共事的侯外庐深情地回忆说：

> 建国以后，尹达同志接受党的委派，担负起全国历史学科的组织建设任务，做了大量繁重的工作。……他对待组织所赋予的工作任务，总是兢兢业业，全力以赴，负责到底。……他作为历史学科的组织工作者之一，其功不可没。
> 我和尹达同志在历史所长期合作共事，而我于全面工作尽力甚微，主要工作都由他承担了，因而使我得以有时间和精力从事研究工作。我在历史所工作以来所出版的著作中，虽然都没有写上他的名字，但和他的大力支持是分不开的。
> 在十年浩劫中，他所受到的考验尤为严峻。在历史所

的几位领导人当中,他遭受的劫难最多且最大。……然而,尹达同志却胸怀坦然,毫无所惧。他不愧是一个坚贞的共产党员![1]

"文革"结束以后,1977年中国社会科学院建院,尹达继续担任历史研究所副所长。1982年10月,为历史研究所顾问。此间,尹达在历史研究所组建史学史与史学理论研究室,着手对史学理论状况认真进行科学的实事求是的总结,对中国历史学的发展进行全面系统的探索,主持编写《中国史学发展史》。自1978年起,尹达连选连任中国人民政治协商会议第五届、第六届全国委员会委员。

从1931年发表《关于社会分期问题》、参加河南殷墟发掘到1983年病逝,尹达的治学道路大致可以分为这样几个阶段:1931—1937年,步入考古领域,即获重要创见;1939—1943年,把新石器时代考古推进到中国原始社会研究方面,考古与史学研究初步结合;1943—1953年,从事出版与教育组织工作,基本中断考古与史学研究;1954—1966年,肩负全国历史学、考古学学术组织、学科建设重任,从事历史学理论、考古学理论探讨,考古与史学研究紧密结合;此后,为探索中国历史学发展的基本线索、演变规律,进行了长时间的理论思考。

1983年7月尹达逝世后,侯外庐有一段带总结性的评述:

尹达同志是我国著名的马克思主义历史学家、考古学家。半个多世纪以来,他怀着对科学真理的追求的态度,一直在

---

[1] 侯外庐:《深切悼念尹达同志》,《中国史研究》1983年第3期。《尹达史学论著选集》书前侯外庐"序言",与这篇悼念文章文字不尽相同。"序言"是在悼念文章基础上于1984年4月25日修改而成的,减少悼念文章前、后各一段文字,在最后增加了这样一段:"尹达同志离开我们快要一年了。现在编选出版他的史学论集,是对这位马克思主义史学家的最好的纪念。同时,尹达同志的史学遗产,无论从哪个角度看,都应当认真加以总结,这对于研究当代中国史学的发展,是有重要价值的。"这里引用的是《中国史研究》发表的文字。下同。

历史学和考古学的园地里辛勤耕耘着，耗尽了毕生的精力。他是中国考古学的开拓者之一，也是中国原始社会史研究的开拓者之一，建国以后，又是历史学科的组织工作者之一。无论在考古发掘、史学研究和学术组织工作中，他都为中国马克思主义史学的发展做出了重要的、不可磨灭的贡献。[1]

这已成为后人认识尹达学术贡献的历史共识。

二、所受思想与学术影响

尹达的人生道路和学术道路，深深受着两个人的影响：一位是郭沫若，一位是梁思永。

尹达曾明确表示：

> 三十年代，我读了郭沫若同志关于古代社会的著作后，就很自然地吸引着我。从此，我就逐步进入古代社会研究这个阵地了。我之所以学习考古，而且走向革命，都同样是受到了郭老的影响。[2]

从20世纪30年代起，尹达就在郭沫若影响下"逐步走上了用新的史学观点探索古代社会的道路"。1939—1940年9月完成的《从考古学上所见到的中国原始社会》，即《中国原始社会》第一编，集中反映出梁思永、郭沫若的双重影响。其中，第一篇是利用先前的考古研究成果写成，第二篇《中国氏族社会》就是1939年冬在延安蓝家

---

[1] 侯外庐：《深切悼念尹达同志》，《中国史研究》1983年第3期。

[2] 尹达：《郭沫若与古代社会研究》，《中国史学集刊》第1辑，第158页；《尹达史学论著选集》，第413页；《尹达集》，第381—382页。

坪"费力最大"写成、后来单独成篇的《中国新石器时代》。第三篇《在崩溃过程中的中国氏族社会——小屯文化的社会》的篇章结构，几乎与郭沫若《中国古代社会研究》第三篇《卜辞中的古代社会》的篇章结构完全相同：以"经济结构"对应《卜辞中的古代社会》中"社会基础的生产状况"一章，同样分五节，农业、牧畜、狩猎、工艺、贸易与交通；以"社会组织结构"对应"上层建筑的社会组织"一章；第三部分题为"意识形态"，分四节，依次为宗教、历法、文字、艺术，完全是根据郭沫若原本拟写第三章所确定的。郭沫若所拟第三章是"论当时之精神文化"，并明确"此命题内所有事当为文字、艺术、宗教、历数等"。[1]引用基本史料，主要依据郭沫若《卜辞通纂考释》并"借重""彦堂先生的成果"[2]。"校后记"声明：以原始社会崩溃"大约是在殷代后期，这并非自造，而是吸收了郭沫若先生《中国古代社会研究》里的意见，加以研究和补充所得到的"[3]。

1945年，郭沫若的《古代研究的自我批判》在重庆发表，身居延安的尹达在《解放日报》发表《郭沫若先生与中国古代社会研究》，重庆《群众》杂志随即转载。经周恩来往返重庆和延安，转达彼此的著作，尹达同郭沫若建立起了长达30多年的深厚友谊。1949年北平解放，尹达见到郭沫若，自谓"得到了面受教益的机会"，1953年"帮他筹建历史研究所第一所，并筹办《历史研究》。从此，我在郭老的领导下，工作了近二十五年，直到郭老去世"。对于受郭沫若的影响，尹达有这样的自白：

> 在相当时间里，在我虽说是从事具体的考古发掘，但由

---

[1] 郭沫若：《卜辞中的古代社会》篇末［附白一］，《沫若文集》第14卷，第252页。

[2] 尹达：《中国原始社会·跋语》，《中国原始社会》，作者出版社，1943年，第174页；《尹达史学论著选集》，第226页。

[3] 尹达：《中国原始社会》，第172页；《尹达史学论著选集》，第223页。

于郭老的影响我始终尽最大可能读了一些进步的理论书籍。应当说，在治学的精神上，我已成为郭老的私淑弟子了。[1]

梁思永对尹达的影响，史学领域似乎注意不够。1954年4月2日梁思永在北京病逝，4月18日中国科学院举行纪念会，院长郭沫若出席纪念会，副院长陶孟和致悼词，尹达在会上报告了梁思永生平学术活动和成就。报告中追述说：

> 思永先生……一九三〇回国之后，参加了前中央研究院历史语言研究所考古组的工作。发掘过黑龙江昂昂溪的新石器时代遗址，调查过热河境内各地的新石器时代遗存，参加过山东历城城子崖的发掘工作；在河南曾参加过殷虚发掘，主持后冈遗址的发掘，领导安阳西北冈殷陵的大规模的发掘工作。从一九三〇年到一九三五年，思永先生大部分时间和精力都用之于田野的调查和发掘的考古工作。
>
> 一九三一年的春天和秋天，思永先生主持河南安阳的后冈遗址发掘工作，在这里找到了小屯文化、龙山文化和仰韶文化之具体的层位关系，从这样明显的堆积现象上，确定了龙山文化早于小屯文化而晚于仰韶文化；最少也应当说在河南北部这三种文化的时代序列是基本上肯定了。这好像是一把钥匙，有了它，才能打开中国考古学中这样的关键问题；有了它，才把猜不破的谜底戳穿了。这是中国新石器时代考古发展中的一个极其重要的转折点。这功绩应当归之于思永先生。[2]

---

[1] 尹达：《郭沫若与古代社会研究》，《中国史学集刊》第1辑，第167页；《尹达史学论著选集》，第423页；《尹达集》，第392页。

[2] 尹达：《悼念梁思永先生》，《文物参考资料》1954年第4期；《尹达集》，第398、399页。

正是在梁思永"大部分时间和精力都用之于田野的调查和发掘的考古工作"年间，尹达一面系统学习近代考古的理论和方法，一面参加河南、山东等地的考古发掘，而其中许多发掘都是由梁思永主持和领导的。因此，从一开始，尹达就认识到梁思永主持安阳后冈遗址发掘，"找到了小屯文化、龙山文化和仰韶文化之具体的层位关系"的重大意义。他在第一篇发掘报告《河南浚县大赉店史前遗址》"结语"部分一开头就明确写道：

> 后冈在中国史前史上地位的重要，梁思永先生在他的《小屯、龙山与仰韶》和《后冈发掘小记》里曾经详细的加以叙述。它具有小屯、龙山和仰韶三期的文化遗存，错综的分层堆积在地下。我们顺着层位的关系，自下而上的揭开，由小屯而龙山而仰韶便很清楚的一层层的见到了。这发见解决了中国史前史上不少的悬案，给我们一条正确的坦途去探索中国的史前期的社会。在后冈未发见以前，中国新石器时代的材料虽说已有相当的收获；而各遗址之时代的顺序，始终在推想和假设的途程摸索。后冈发见之后，则小屯、龙山与仰韶各期之时代的系列问题，得到了固定的具体的观念。以这遗址各期的文化遗存作基石，精密的去考究中国所发见的其他新石器时代的遗址，则它们的先后系列不难找到。[1]

这是尹达对梁思永贡献的最初的评价，也是尹达长期从事中国新石器时代考古研究的基本依据。至于"山东日照两城镇龙山文化遗址"，发掘报告"已成十分之九，未完稿存历史语言研究所中"[2]。夏鼐当年见到过"报告的底稿"，回忆说："无论就材料而论，或就

---

[1] 尹达：《河南浚县大赉店史前遗址》，原载《田野考古报告》第1册，1936年8月；《尹达集》，第23页。

[2] 尹达：《龙山文化与仰韶文化之分析》，《新石器时代》，第88页注②；《尹达史学论著选集》，第231页注①；《尹达集》，第32页注②。

整理编写方法而论,都远胜大赉店遗址报告","还附有尹达的留言,希望梁思永加以完成",但梁思永自视为"终身大业的侯家庄西北冈殷代陵墓发掘报告也没有写完便病倒了"。[1]不过,梁思永对尹达未写完的报告,仍然给予极高的评价:

> 这报告将成为对于山东沿海区的龙山文化的标准著作,而是研究龙山陶器不可缺少的参考书。[2]

在卢沟桥的枪炮声中重写于南京鸡鸣寺旁历史语言研究所的《龙山文化与仰韶文化之分析》一文,反映出梁思永对尹达的直接影响。这篇研究论文,正是以梁思永参加、主持、领导的一系列新石器时代遗址的考古发掘为坚实基础,准确地运用梁思永关于"小屯文化、龙山文化和仰韶文化之具体的层位关系"这把"钥匙",经过缜密论证得出确论的。尹达关于新石器时代的一系列研究成果,都是以此为"基石"而逐渐深入并理论化的。1939年冬在延安蓝家坪马克思列宁学院写成的《中国原始社会》第一编第二篇《中国氏族社会》(即《中国新石器时代》一文最初稿),同样强调"一九三一年春,梁思永先生在河南安阳的后冈发现了新石器时代的遗址,它对于中国新石器时代文化的研究上有着很重要的贡献"[3];文中论述昂昂溪文化反映"以渔猎为基础的氏族制的社会"所据材料和结论,全部引自梁思永《昂昂溪史前遗址》。

> 尹达去延安后,我在李庄时好几次听到梁思永在怀念

---

[1] 夏鼐:《悼念尹达同志(1906—1983年)》,《考古》1983年第11期。

[2] 梁思永:《龙山文化——中国文明的史前期之一》(英文)"参考目录",《第六届太平洋学术会议会志》第4本,1939年,第69—79页。中文译文"根据原作,忠实地译出",刊于《考古学报》第7册,1954年。

[3] 尹达:《中国原始社会》,第34页;《新石器时代》,第7页;《尹达史学论著选集》,第57页;《尹达集》,第61页。

他,……

1951年我们才在梁思永家中相遇,……他走后,梁思永对我说:如果能把尹达请来担任考古所领导,那是多么好啊!

后来几年,好几次在梁思永家中遇到尹达。[1]

从夏鼐的这些片段的回忆中,不难看出尹达与梁思永之间的深厚情谊。此间,将《中国原始社会》第一编第二篇《中国氏族社会》改写为《中国新石器时代》一文,尹达特意将这部分稿子送给"在病中"的梁思永"仔细看过"。因此,1955年8月,在写《中国新石器时代·后记》时,尹达写进这样一段文字:

《中国新石器时代》这一部分稿子,梁思永先生在病中曾仔细看过,且提出了不少宝贵意见。这次付印时,我曾作了某些修改。《关于赤峰红山后的新石器时代遗址》是《中国新石器时代》一文的补充,就是梁思永先生提出的意见。他本来希望我插在那篇里面,因为那篇写得较早,不便大动,所以就附在后面了。现在梁思永先生已去世一年多了,我谨以这册书的出版永志思永先生的热情。[2]

《中国新石器时代》一书不仅"永志"尹达对梁思永的深厚感情,同时永远记录下尹达在新石器时代考古方面与梁思永的学术渊源。

在社会变革与文化出新的态势下,来自以郭沫若、梁思永为代表的两个方面的影响,决定了尹达必然走出一条"从考古到史学研究"的治学道路。这一道路,又决定了尹达的学术贡献是多方面的,治学方法是注重综合研究的。

---

[1] 夏鼐:《悼念尹达同志(1906—1983年)》,《考古》1983年第11期。

[2] 尹达:《新石器时代》,第245页;《尹达集》,第424页。

三、建立新石器时代体系

突破安特生的错误分期体系,建立中国新石器时代的科学体系,是尹达致力于一生的重要学术贡献,《新石器时代》一书是其代表。

《新石器时代》,生活·读书·新知三联书店 1979 年 2 月出版,为《中国新石器时代》1955 年 10 月第 1 版增订本,收文 6 篇,编次为:

> 前记(1978 年 3 月 20 日)
> 中国新石器时代(1939 年冬)
> 龙山文化与仰韶文化之分析——论安特生在中国新石器时代分期问题中的错误(1937 年 7 月 7 日)
> 论中国新石器时代的分期问题——关于安特生中国新石器时代分期理论的分析(1955 年 4 月 7 日)
> 关于赤峰红山后的新石器时代遗址(1954 年 12 月 2 日)
> 论我国新石器时代的考古研究工作(1954 年 12 月 4 日)
> 新石器时代研究的回顾与展望(1962 年 8 月 23 日)
> 后记(1955 年 8 月 3 日)
> 再版后记(1963 年 10 月 9 日)

每篇文章均有图版,有的文章还有插图,6 篇文章共有图版 34、插图 6,另有《中国新石器时代遗址分布图》1 幅。

在 1955 年 8 月为《中国新石器时代》一书出版所写"后记"中,尹达对自己从事新石器时代考古研究作有这样的小结:

> 这些论文,从写成的时间说,虽然相隔很久,但它们却总是围绕着一个中心:从批判过去的关于我国新石器时代的研究工作中,以建立起我国新石器时代的体系。……在这集子里,我用了不少的篇幅去批判安特生的错误理

论,这是我二十年来始终不曾放弃的一个问题。……

《中国新石器时代》一稿是在一九三九年写的,主要目的是试图突破安特生的体系,建立起中国新石器时代的比较可信的体系。[1]

《新石器时代》一书所收六篇文章,以《龙山文化与仰韶文化之分析》《中国新石器时代》《论中国新石器时代的分期问题》《新石器时代研究的回顾与展望》四篇最具代表性。所论问题分作两个基本方面:一是突破安特生关于中国新石器时代的错误分期体系,二是建立中国新石器时代的科学体系。其中,最有影响的是《中国新石器时代》《新石器时代研究的回顾与展望》两篇。

(一)突破安特生的错误分期体系

这一方面,以《龙山文化与仰韶文化之分析》《中国新石器时代》《论中国新石器时代的分期问题》三篇为代表,而《中国新石器时代》一文兼具"突破"和"建立"两个方面的内容,放在下面谈"建立"时论述。

1. 对安特生错误分期理论的最初批判——《龙山文化与仰韶文化之分析》。

这篇文章虽然是在抗日战争爆发之际重写完成的,但发表却拖了10年之久。1947年3月,历史语言研究所专刊之十三《中国考古学报》(即《田野考古报告》)第2册正式发表,晋冀鲁豫解放区《北方杂志》2卷1、2期同时刊载。详细情况见附篇《从尹达致傅斯年的一封信说起》,此处从略。

其文收1955年《中国新石器时代》及1979年增订版《新石器时代》时,新增副标题"论安特生在中国新石器时代分期问题中的错

---

[1] 尹达:《新石器时代》,第241、242、243页;《尹达集》,第420、422—423页。

误"。本文引用《龙山文化与仰韶文化之分析》，均以《中国考古学报》第2册发表的文字为准，同时注明在《北方杂志》2卷1、2期以及《新石器时代》《尹达史学论著选集》《尹达集》中的页码，以便读者对照。《新石器时代》《尹达史学论著选集》《尹达集》三书文字一致。

文章一开头即明确交待撰写目的，"试从中国新石器时代末期之陶器的各个方面去分析龙山文化与仰韶文化的本质，藉以认识这两种文化在陶器上的特征；进而清理过去研究中国新石器时代陶器的工作，将这两种文化的遗物复归于其各自的陶器群中"[1]。

第一部分，中国新石器时代遗址之考古发掘。简要叙述了1936年以前17年来中国境内关于新石器时代遗址的发掘工作，不仅提供了"很多宝贵的资料"，而且使中国新石器时代研究"发生了不少新的问题，龙山与仰韶两种文化的问题正是其中的一个"。

第二部分，龙山与仰韶两种文化之认识。将前一部分所述各遗址中有两者层位关系的五处（后冈、高井台子、大赉店、刘庄、同乐寨）堆积情形列表对比，分别"加以详细研究"，认为这五个遗址里，龙山文化遗存中的陶器的各个方面都没有特殊的差异；下层的仰韶文化遗存，虽然在时间上有早晚的不同，但其属于同一文化系统，却是很清楚的事实。综合上述的诸多现象，得到如此的信念：

> 龙山文化和仰韶文化是中国新石器时代末期的两种不同系统的文化遗存，它们各有其独立的特性；在时间上是河南所见到的仰韶文化早于龙山文化。[2]

---

[1]《中国考古学报》第2册，第251页；《新石器时代》，第83页；《尹达史学论著选集》，第227页；《尹达集》，第28页。《北方杂志》2卷1、2期，第34页，无"将这两种文化的遗物复归于其各自的陶器群中"一句。

[2]《中国考古学报》第2册，第261页；《北方杂志》2卷1、2期，第38页；《新石器时代》，第94页；《尹达史学论著选集》，第235页；《尹达集》，第36页。

对于十几年来发掘所得遗址，按其内容的不同进行分析，所得结果是：含龙山文化遗存的 11 处，为后冈、高井台子、大赉店、龙山镇、同乐寨、刘庄、辛庄、青台、小屯村、两城镇和鄌县城之造律台；含仰韶文化遗存的 10 处，为仰韶村、后冈、高井台子、大赉店、同乐寨、刘庄、斗鸡台、青台、西阴村和荆村。根据两种文化遗存在陶器各个方面的不同，探究其所独有的特征，认为已经"可以辨认这两种文化遗存在陶器本质上的区分。这许多基本的现象使我们在分析过去研究中国新石器时代陶器的工作上，得到了可以遵循的导线"[1]。

第三部分，安特生先生所谓"仰韶文化"内容之分析。指出安特生所谓"仰韶文化"，"实将两种不同之文化遗存混于一处，而统名之'仰韶文化'"。对安特生《中华远古之文化》一文中指明的不招寨五件陶器——进行分析后指出："这五件陶器的各个方面都合于龙山式陶器的特征。就安特生先生所说的材料推测，不招寨遗址当为纯粹的龙山文化遗存，应于安特生先生所谓'仰韶文化'中除去，而不当混为一谈。"而《中华远古之文化》一文中"指明出自仰韶村之诸多陶器里，我们确认为龙山文化遗存的有八件"，其中第九至第十二版以及第十四版第四图"皆为仰韶村所产之'著色陶器'，其色泽、纹饰、和作风与其所产之龙山式'单色陶器'绝不相同"。通过上述分析，"确知仰韶村遗址中实含有龙山和仰韶两种文化遗存；其本质各不相同，其时代或有先后。安特生先生最初命名之'仰韶文化'实有另下解说之必要"[2]。

---

[1]《中国考古学报》第 2 册，第 265 页；《北方杂志》2 卷 1、2 期，第 39 页，"以此作基础，去分过去中国新石器时代的陶器，我以为还是一条正确的道路"；《新石器时代》，第 98 页，"这些最基本的特征，已经使我们得到了一个比较可靠的线索去分析中国新石器时代陶器了"。《尹达史学论著选集》，第 238 页；《尹达集》，第 39 页。

[2]《中国考古学报》第 2 册，第 273 页；《北方杂志》2 卷 1、2 期，第 42 页，"确知仰韶村遗址中实含有龙山和仰韶两种文化遗存，其本质各不相同。安特生统以'仰韶文化'称之，似有未尽妥善之处。此于此可知，'仰韶文化'似只能概括'着色陶器'及其同出之□□陶器，而'单色'则应用'龙山式陶器'一词以概括之"。《新石器时代》，第 108 页，"确知仰韶村遗址中实含有龙山和仰韶两种文化遗存；其本质各不相同，其时代或有先后。安特生最初命名的'仰韶文化'，实有加以纠正的必要"。《尹达史学论著选集》，第 245 页；《尹达集》，第 47 页。

第四部分，仰韶村遗址堆积之新估计。根据安特生关于仰韶村遗址位置和地势的记述，推测仰韶村遗址的堆积有两种可能：横分布的区分，仰韶遗存与龙山遗存两者相间分布；纵分布的区分，两种文化叠压堆积，仰韶层在下，龙山层在上。但"其中所含的两种文化遗存，并不曾相互影响"，"这证明仰韶村的史前遗址是两种文化的堆积而不是两种文化融和为一之后的遗存"。[1]

第五部分，关于齐家坪遗址。指出安特生在《甘肃考古记》一书中将"甘肃远古时代"分为六期，即"新石器时代之末期，与新石器时代及铜器时代之过渡期：齐家期，仰韶期，马厂期；紫铜器时代及青铜器时代之初期：辛店期，寺洼期，沙井期"，但"其中真正得到层位上之关系的仅有仰韶期和辛店期"。由于安特生的一个较为固定的观念，即"单色陶器早于着色陶器"，齐家坪遗址中既无着色陶器，且单色陶器中一部分又与其所认为较早之河南单色陶器相似，因而将齐家期置于仰韶期之前。但当对齐家坪遗址的内容加以探讨时，却发现陶器全是单色，"且与河南不招寨及仰韶村之龙山式陶器相似，既知河南的龙山式陶器晚于仰韶式，则齐家坪是否可以置于仰韶期之前，似尚有问题"。最后综合五个部分的分析，得出六点结论：

一、龙山文化与仰韶文化同为中国新石器时代末期的两种不同系统之文化遗存；

二、在河南北部确知龙山文化晚于仰韶文化；

三、仰韶村遗址中实含有龙山与仰韶两种文化遗存；

四、安特生先生所谓"仰韶文化"实杂有龙山文化遗物，应加以分别，不得混为一谈；

五、不招寨为龙山文化遗存，不得混入仰韶文化之中；

---

[1]《中国考古学报》第2册，第275页；《北方杂志》2卷1、2期，第43页；《新石器时代》，第110页；《尹达史学论著选集》，第246页；《尹达集》，第48页。

六、齐家坪遗址是否早于仰韶期,其间问题正多,不得遽为定论。[1]

同时对龙山与仰韶两种文化提出"有待于将来之新资料"的问题:早期的龙山文化是否可以早于晚期的仰韶文化?龙山文化是否可能受到仰韶文化之影响而另行产生一种新的文化?两种文化之地域的分布上究竟有什么特别不同?鬲形陶器在这两种文化遗存中究竟有什么意义?

2. 对安特生错误分期理论的再批判——《论中国新石器时代的分期问题》。

如果说尹达最初是抱着以"新的材料里所得的诸观念,重新检讨过去的收获"的态度,一方面肯定安特生"首作中国新石器时代之研究,而能获得如彼之成绩,其拓荒之功,固不可没",另方面又以安特生对于仰韶村和齐家坪两遗址的认识为"当时的材料所局限","就商于安特生先生"的话,那么当17年之后的1954年冬,再看到安特生《中国史前史研究》(1943年)、《朱家寨遗址》(1945年)、《河南史前遗址》(1947年)及其同事比林—阿尔提《甘肃齐家坪与罗汉堂遗址》(1946年)等著述之后,发现"安特生在这些新的报告里,对于分期问题的意见,只是过去的见解之继续发展而已;其基本观点并没有改变;他的旧说在我国的影响尚未清除,其新著却又在我国一部分历史学者中发生了影响。我国部分的历史学者以为安特生是中国新石器时代考古的'权威',因之信而不疑,还在使用着以至传播着他的理论"。于是,尹达写了《论中国新石器时代的分期问题——关于安特生中国新石器时代分期理论的分析》一文初稿,经考古研究所讨论提出意见,与裴文中"谈过两次",1955年4月重新

---

[1]《中国考古学报》第2册,第281页;《北方杂志》2卷1、2期,第70页;《新石器时代》,第117—118页;《尹达史学论著选集》,第252页;《尹达集》,第54页。

写定，又送夏鼐看过。针对安特生新著中的观点，论述重点集中在先前未及深入的不召寨遗存、齐家坪的遗存。

第一部分，引言。简要介绍安特生的新旧著作。

第二部分，安特生的中国新石器时代分期问题的基本观点。简要介绍安特生的新旧基本观点。

第三部分，从不召寨和仰韶村遗址的再分析说到安特生分期的基本论点。以1951年中国科学院考古研究所在河南渑池的考古调查、夏鼐《河南渑池的史前遗址》和梁思永《龙山文化》为基本依据展开论述，所得结论是："不召寨是纯粹的龙山文化遗址；仰韶村遗址里有龙山文化的墓葬。河南西部有龙山文化和仰韶文化两种遗址的存在。大体上仰韶文化早于龙山文化。那末，安特生所假设的'单色陶器'早于'彩色陶器'的基点就站不住了，他为这一错误论点所作的辩护也就不攻自破了。"[1]

第四部分，关于齐家坪遗址及其他。根据夏鼐1945年、1949年先后对齐家坪式的考古调查、对于甘肃寺洼山的考古发掘，作出结论："齐家坪遗址是晚于仰韶文化遗存的另一种不同于仰韶文化系统的文化遗存，为了明确醒目，我们可径名之为'齐家文化'。"

全文结语指出：

> 安特生对于中国新石器时代分期问题的基本论点，建筑在"单色陶器"早于"彩色陶器"之上；从我国考古学的新资料中证明这样的理论是错误的。
>
> 不召寨这个以"单色陶器"为特征的中国新石器时代的遗址，不属于仰韶文化系统，而属于龙山文化系统；它是晚于仰韶文化系统的遗存，不能把它和仰韶文化混为一谈。

---

[1] 尹达：《论中国新石器时代的分期问题——关于安特生中国新石器时代分期理论的分析》，原载《考古学报》1955年第9期。《新石器时代》，第138页；《尹达史学论著选集》，第273页；《尹达集》，第169页。引尹达文，除另有标注者外，均以作者亲自校订的《新石器时代》为据，下同。

……因之，他为甘肃新石器时代的各期所安排的"相对年代"也就错了。

由于安特生对我国新石器时代的相对年代安排错了，所以他关于绝对年代的估计也就必然是错误的，我们必须予以抛弃。

该文最后强调："我们应当用科学的方法，综合大量的关于我国新石器时代的新资料，早日建立起我国新石器时代分期的标准来。"[1]

（二）建立中国新石器时代科学体系，确立起我国新石器时代分期的标准

这方面，以《中国新石器时代》《新石器时代研究的回顾与展望》两篇为代表。

1. 在"突破"中"建立"中国新石器时代体系的最初代表——《中国新石器时代》。

在延安系统学习和掌握马克思主义之后，尹达很快恢复了中断两年多时间的新石器时代研究，把1937年以前发掘所得比较可信的材料进行了整理，审慎地找出各种文化遗存的先后关系，比较全面地分析了各种文化遗存的具体内容，1939年冬在延安蓝家坪写成《中国原始社会》第一编第二篇《中国氏族社会》。经梁思永提出修改意见，1955年改写成为《中国新石器时代》一文。两者在分立标题、文字叙述上不尽相同。这里引用《中国原始社会》文字，同时注明出现在《尹达史学论著选集》中的页码以及经修改收入《新石器时代》《尹达集》中的页码，以便读者对照。

第一部分，中国新石器时代遗址之发见及其分期问题。这部分内

---

[1] 尹达：《新石器时代》，第140—142页；《尹达史学论著选集》，第274—276页；《尹达集》，第170—172页。

容,实即《龙山文化与仰韶文化之分析》一文的缩写。这一部分结尾写着:"关于安特生的错误,我在《龙山文化与仰韶文化之分析》(闻已于《田野考古报告》第二册中发表)一文中曾比较详细地批评过了,这里只是一个简单的缩写而已;若有未尽之处,请参考那篇东西好了。"不过,这部分更加明确地归纳出安特生错误的"基点":

> 他所发掘的仰韶村遗址里,实包含着仰韶文化和龙山文化两种遗存;他不能在纵的或横的分布上将这两种不同的文化遗存之相互关系分析清楚,而竟将两者混为一谈,总称之为一个时期的文化遗存,这正是他的错误的基点。
>
> "单色陶器"早于"彩色陶器",这是安特生所得到的一个基本观念。
>
> 安特生由于不能正确地认识仰韶村和不招寨的遗址,因而得出了错误的基本观点。
>
> 安特生由于不曾仔细分析遗物和堆积的关系,混淆了仰韶文化与龙山文化,所以在分期问题上就犯了相当大的错误。[1]

第二部分,中国氏族社会之诸阶段。[2] 以渔猎为基础的氏族制的社会一节,以梁思永《昂昂溪史前遗址》提供的"可靠的史实"作为"目前研究中国以渔猎为基础的氏族社会之唯一的正确的材料"[3],肯

---

[1] 尹达:《中国原始社会》,第34—35、36页;《尹达史学论著选集》,第58、59、61页;《新石器时代》,第8、10、12页;《尹达集》,第62、63、64、65页。《新石器时代》,第12页;《尹达集》,第65页,最后一句均作"在分期问题上就得出了不符合事实的结论"。

[2] 尹达:《中国原始社会》,第36页;《尹达史学论著选集》,第61页;《新石器时代》,第12页;《尹达集》,第65页,题为"中国新石器时代的发展程序"。

[3] 尹达:《中国原始社会》,第37页;《尹达史学论著选集》,第62页;《新石器时代》,第13页;《尹达集》,第66页,均作"目前研究较原始的中国新石器时代文化的正确材料"。

定昂昂溪文化较仰韶文化更为原始。以农业为基础的氏族制的社会一节，分别考察了仰韶文化和龙山文化所反映的社会。通过对当时发掘的22个仰韶文化遗址的人们、分布区域、发展的迹象、村落、房屋及其他、石器和骨器、陶器、埋葬习惯等方面的"全面检讨"，得出的主要结论是：

> 仰韶文化的居民，是人类学上所说的真正的人类，是现在华北人们的祖先。……
>
> 这种文化发展的线索，从新石器时代晚期一直到紫铜器时代的萌芽。
>
> ……当时的经济生活是以农业为基础。
>
> 牧畜亦相当的发展……
>
> 纺织已经发生了。
>
> ……当时对于人死之后依然在另一世界生存的信念已经存在了。
>
> 交换已经萌芽了……[1]

通过对当时发掘的26个龙山文化的人们、动物群、分布区域、分期问题、村落、房屋及其他、遗址中的板筑围墙、石器、骨器和蚌器、陶器、埋葬习惯以及龙山文化与小屯文化（即殷代文化）的关系等方面的综合考察，得出结论：

> 我们可以知道小屯文化之大部分是继承了龙山文化遗产，并加以发挥，而成为光辉灿烂的殷商文化。……
>
> 龙山文化是中国新石器时代末期的一种遗存，是殷代文

---

[1] 尹达：《中国原始社会》，第52页；《尹达史学论著选集》，第89页。《新石器时代》，第43—44页；《尹达集》，第93页。文字略有不同。

化以前的一种文化,殷代即继承了它的许多文化因素。

它和仰韶文化都是以农业为基础的氏族社会,人们的生活资料主要是依靠着农业。

……当时对于兽类的饲养已经有了相当的技术了。

……当时已经过着巩固的定住生活了。

陶器制作技术之精已经达到了很高的境地了,形状之多,花纹之工整,都给后来殷代铜器以极大的模式。

埋葬的习惯已经有了一个固定的方式,对于方向已经有了相当明确的观念了。[1]

第三部分,中国新石器时代之诸问题。从一些尚未得到相当解决的许多问题中抽出几个和研究氏族制度有关的问题加以叙述。(1)昂昂溪、仰韶和龙山三种文化之绝对年代。[2] 在社会发展行程上,肯定"昂昂溪文化是代表着前于仰韶文化的一种新石器时代的文化遗存","在时间上可能早于仰韶文化,也可能和仰韶文化同时并存",但"还没有更多的材料具体的说明昂昂溪文化的绝对年代"。[3] 讨论仰韶文化与龙山文化的绝对年代,根据最近六七年来所得到的新资料进行考察,指出"应当抛开安特生的错误观点","安阳后冈的发现,使我们很明确的知道了仰韶、龙山和小屯这三种文化的时间先后顺序":仰韶文化遗存——在下层,属于后冈期;龙山文化遗存——在中层,属于辛村期;小屯文化遗存——在上层。以梁思永《小屯、龙山与仰韶》一文的论断推测出龙山文化(两城期、龙山期、辛村期)

---

[1] 尹达:《中国原始社会》,第62—63页;《尹达史学论著选集》,第106—107页。《新石器时代》,第65—66页;《尹达集》,第112页。文字略有不同。

[2] 尹达:《中国原始社会》,第63页;《尹达史学论著选集》,第107页。《新石器时代》第67、69页,《尹达集》,第113、115页,均分作(一)关于昂昂溪与仰韶文化的绝对年代问题,(二)关于仰韶文化与龙山文化的绝对年代的问题。

[3] 尹达:《中国原始社会》,第64—65页;《尹达史学论著选集》,第109页;《尹达集》,第114—115页;《新石器时代》,第69页。文字略有不同。

与仰韶文化（后冈期、仰韶期、辛店期）的绝对年代，虽然"只有其相对的概然的价值"，却可以使人们"对于两种文化有一个比较明确的时间观念"。[1]（2）中国新石器时代中两个急待解决的问题。[2] 指出长城以南新石器时代初期的东西还没有什么收获，"希望将来能将这一页空白补起来"；长城以北的考古工作"真正的科学发掘却非常地少"，细石器文化研究等只是"最初步的工作"；云南、福建、四川、江浙等地的新石器时代遗址发现还不能得到更多的知识，延安、其他地区遗址是否能够归于仰韶、龙山两种文化系统，都需要做进一步的发掘和研究。

2.《中国新石器时代》一文的补充——《关于赤峰红山后的新石器时代遗址》《论我国新石器时代的研究工作》。

根据梁思永提出的意见，在梁思永去世的当年，1954年12月2日尹达写成《关于赤峰红山后的新石器时代遗址》，作为《中国新石器时代》一文的补充。指出红山后第二住地遗址这一新石器时代的遗址"具有突出的特点，对于研究长城以北和以南的新石器时代的文化遗存的相互关系问题有极大的启发和帮助"。分析其陶器特征后认为，这一遗址"实含有某种程度的仰韶文化的因素"，既"含有长城以北新石器时代细石器文化在陶器上的特点，同时，也含有长城以南新石器时代的仰韶文化中的着色陶器的特点"，断言这种文化"为长城南北两种新石器时代文化相互影响之后的新型的文化遗存"，是"含有细石器文化和仰韶文化两种因素的文化遗存"，因而命名为中国新石器时代的"红山文化"。最后强调，这一发现"对于长城南北

---

[1] 尹达：《中国原始社会》，第66、69页；《尹达史学论著选集》，第112、116页；《新石器时代》，第72—73、78页；《尹达集》，第122页。文字略有不同。

[2] 尹达：《中国原始社会》，第69—70页；《尹达史学论著选集》，第116—119页。《新石器时代》，第78、80、81页；《尹达集》，第122、123、124页，均分作（三）关于中国新石器时代早期的文化遗址问题，（四）关于长城以北的考古工作，（五）关于西南、东南的考古工作及其他。

新石器时代文化的相互关系问题,初步找到了解决的钥匙"[1]。

两天以后,12月4日又写出《论我国新石器时代的研究工作》,收《新石器时代》时改题为《论我国新石器时代的考古研究工作》,对于近30年的我国新石器时代研究作以初步总结:

> 目前所可确知的,我国新石器时代大体上已有细石器文化、仰韶文化、龙山文化和东南的硬陶文化四个不同的文化系统……
>
> 长城以北地带的新石器时代遗存基本上自成系统。大部分以打制的细石器为主要的特征,……
>
> 仰韶文化系统的新石器时代的遗存,大体上是以红色表面磨光且著以彩绘的陶器为主要特征……
>
> 龙山文化系统的新石器时代遗存,大体上是以光亮的黑色陶器为主要特征……
>
> 另一新石器时代的文化遗存,以拍印的几何纹的硬陶器为主要特征……[2]

其先后序列,仰韶文化早于龙山文化,东南沿海一带以硬陶器为特征的古代文化遗存大体上晚于龙山文化遗存,长城以北的细石器文化较仰韶文化为原始,早于仰韶文化。长城以北有磨制石器和细石器同时存在,且有彩绘的陶器,"这应当是细石器文化和仰韶文化两者

---

[1] 尹达:《新石器时代》,第144—146页;《尹达集》,第147—148页。

[2] 尹达:《论我国新石器时代的研究工作》,原载《考古通讯》1955年第2期。《新石器时代》,第147—149页;《尹达集》,第149—151页。收《中国新石器时代》一书后不久,发现"'硬陶文化'或'几何印纹硬陶'系统的文化,这样的名称都不够妥当",便写了《关于"硬陶文化"的问题》(《考古通讯》1955年第1期,《尹达集》第173—175页)的短文,声明在没有标准的遗址之前"权且暂时使用",但"决不能说是一种长期的正确的办法"。同时指明《中国新石器时代》一书"所用的两个印纹陶器的图片,就更不足以代表这种文化",特"加印一页更正,以免误人"。

相互影响的结果"，是"解决长城以南古代文化关系问题的关键"。[1]同时，提出在河南中部和南部"似乎存在着仰韶文化与龙山文化合流的因素"的问题。尹达最后指出：

> 我国境内这许多不同地区的新石器时代的文化，由新石器时代到铜器时代，在纵横交织着的繁复错综的关系中向前发展着；这些新石器时代的不同系统的文化，在一定的条件下，就逐渐形成为中国古代史上的不同地区不同部落的文化。如果科学地系统地加以分析和研究，把地下遗存的资料整理出一个眉目来；再结合着我国丰富的古代传说和少数民族的现实资料，作进一步的研究，这将使我国原始社会的研究获得更大成果。[2]

1955年8月，尹达将上述有关新石器时代的文章汇集成书，请郭沫若题名"中国新石器时代"，10月由生活·读书·新知三联书店出版。

3. 为中国新石器时代研究展示"光明而广阔前景"的代表——《新石器时代研究的回顾与展望》。

新中国成立十年来的考古工作取得空前发展，资料极为丰富，由于发掘任务繁忙，没有来得及进行全面的、综合性的系统研究。全国考古工作者以纪念建国十周年为契机，共商编写"十年考古"之事。尹达在座谈会上强调："为了编写好'十年考古'，避免资料上的错误，各地区的考古团体把各种主要资料的发现过程认真作一次科学的检查，是十分必要的。这是提高我国考古研究水平的重要步骤"，"我们所根据的材料一定是经得起考验的、科学的材料，我们的理论

---

[1] 尹达：《新石器时代》，第151页；《尹达集》，第152—153页。

[2] 尹达：《新石器时代》，第152—153页；《尹达集》，第154页。

的建立,一定要经过科学的分析"。[1] 1961年12月,《新中国的考古收获》由文物出版社出版,尹达为之写了"后记"。

1962年6月以后,尹达"重温了搁置已久的新石器时代考古行业",以《新中国的考古收获》一书所"综合起来"的"全国范围内三千多遗址的丰富内容"为基础,"忙里偷闲,深夜捉笔",到1963年4月写成《新石器时代研究的回顾与展望》一文初稿。在中央党校作报告后,对文章的后一部分"现状和展望"又广泛征求考古学界的意见,进行修改,以《新石器时代考古工作的回顾与展望》为题在《新建设》10月号和《考古》11月号正式发表。收《新石器时代》时"又作了一些修改",这里所引以《新石器时代》一书文字为准。

"前言"部分,简略地回顾了中国新石器时代研究约40年的历程:1920年到1927年,我国新石器时代的考古处于萌芽状态;1928年到1937年,中国的学术机构曾经进行了某些调查工作,也发掘了少数遗址;1937年到1949年,由于八年抗日战争和三年解放战争,新石器时代的考古工作大体上已陷于停顿状况。1949年到1954年,考古事业得到相应的发展,由"冷门"变成了"热行"。到1954年底,发现了300多处新的新石器时代遗址,进行了一定的发掘工作,为以后的大发展训练了干部,打下了基础。1955年以后,新石器时代的考古事业迅速发展起来。到1960年底,已经发现了3000多处遗址,经过一定发掘的有200多处。"大量的考古资料,解决了过去所不可能解决的问题,提出了许多闻所未闻的新鲜问题,我国新石器时代的考古事业已经进入一个新的阶段。"[2]

第一部分,新发现和新问题。对黄河流域、长江流域、华南一带、北方草原地带和东北地区的新石器时代考古调查、发掘和研究工作进行了系统的分析。(1)黄河流域一节,提出关于仰韶文化的新

---

[1] 尹达:《组织起来,大家动手,编写"十年考古"》,《考古》1959年第3期。

[2] 尹达:《新石器时代》,第155—156页;《尹达集》,第176—178页。

认识及新问题、关于龙山文化的新认识及新问题、仰韶文化与龙山文化的相互关系的新资料及新问题、研究龙山文化所应当密切注意的新发现、有关龙山文化和商代的关系的新资料及新问题、黄河上游新石器时代的新发现。其中，对于仰韶文化与龙山文化的相互关系，认为："在河南的庙底沟、王湾，陕西的横阵村，有这样的新石器时代晚期的遗址；它继承着仰韶文化的某些因素，却形成为不同于仰韶，而孕育着这一地区的类似于龙山文化的某些因素；它继续发展，就成为带有地区特点的一种龙山类型的文化。在这一带，决不止这三个遗址，由于过去发掘工作的疏忽，把它们弄混了；这三个遗址的发掘，才把它们分辨清楚。这一发现是十分重要的，它证明在陕、豫、晋交汇地带，仰韶文化发展的过程中，很可能逐渐孕育着这一地带的龙山文化，仰韶文化的特征在逐步减退，渐渐形成为不同于仰韶文化的龙山文化。这一发现，不仅把这一地带的仰韶文化和龙山文化的继承揭示出来了，而且也为这一地带的龙山文化本身的分期问题提出了明确的线索。"[1] 在研究龙山文化所应当密切注意的新发现时，认为山东宁阳堡头的一个墓地，是十分值得注意的新发现。"这一墓地的发现，为新石器时代的考古工作者提出了一个新的课题。从墓地的现象上看，已经发现有墓室大小，随葬品多少的现象，已经发现少数合葬的现象，这可能反映着氏族公社开始解体的特征。从陶器形状上看，像陶鬶、陶豆、陶杯等都和日照两城镇的极为相似。但是，从陶器的另外一些图形上和着彩的特点看，又不同于两城镇。这里的大都是手制，而两城镇的大都是轮制的，从这一角度看，似乎是早于两城镇的遗存。着色陶器的特点，又和青莲岗遗址似乎有某些关联。""这类文化遗存晚于两城镇类型的遗存，还是早于两城镇？它和青莲岗的关系究竟怎样？这些问题不仅仅关系着龙山文化本身的分期，而且对解决龙山文化同长江一带文化遗存的相互关系问题，将起着很大的作

---

[1] 尹达：《新石器时代》，第167页；《尹达集》，第185—186页。

用。"[1]考察黄河上游新石器时代的新发现,指出这一地带的原始文化遗存大体归结如次:马家窑文化、齐家文化、辛店文化、寺洼文化和卡窑文化。马家窑文化接受了仰韶文化的某些基本因素,齐家文化是这一地带在马家窑文化之后的一种文化遗存,辛店文化晚于齐家文化。辛店、寺洼和卡窑大体已经进入青铜时期了。(2)长江流域一节,确知在新石器时代曾经存在着三种不同的文化遗存:江汉一带的屈家岭文化,江淮一带的青莲岗文化和浙北苏南的良渚文化。长江流域的四川和湖北交界地带的新石器时代遗存,在四川巫山的大溪镇和湖北宜昌的杨家湾都有所发现。大溪镇遗址的发掘,为这一地区的新石器时代研究揭开了序幕。循此,分别对屈家岭文化、青莲岗文化、良渚文化以及大溪遗址的发现作出考察。(3)华南一带的新石器时代一节,分析了两广地区早期新石器时代遗址的发现,营盘里和金兰寺遗址及其相关的问题,华南新石器时代与几何印纹陶器。强调"江西清江的营盘里遗址的发现,给我们一把钥匙,去解决华南新石器时代长期发展的时间序列问题;这里有上中下三层文化的积压现象,从各层文化陶器的特征上看:上层为几何纹硬陶,中层为几何印纹软陶,下层为夹砂红陶器。广东增城的金兰寺贝丘遗址,也发现了相似的现象"[2]。纵观华南新石器时代发展特点,几何印纹陶器曾经是它发展到一定时期的特征之一,"以几何印纹硬陶为特征的遗址里,有些还发现了青铜器,有些陶器上显然有模仿铜器的某些纹饰;这说明几何印纹硬陶有其长期发展的过程,当它还是华南一带新石器时代一定时期的特征时,那里新石器时代的文化已经受到中原青铜文化的影响"[3]。(4)北方的草原地带一节,指出那里分布着以细石器为共同特征的新石器时代的文化遗存,它们大都使用玛瑙、燧石等石料打制的尖状

---

[1] 尹达:《新石器时代》,第169页;《尹达集》,第186—187页。

[2] 尹达:《新石器时代》,第192页;《尹达集》,第205页。

[3] 尹达:《新石器时代》,第198页;《尹达集》,第210页。

器、刮削器、石叶、石片、石镞和石核,大都以间接打片法或压制法加工制成细小的石器。由于这类遗址分布区域广大,包括东北的北部、内蒙古、宁夏及新疆广阔的地区,除"细石器"这一共同的特点之外,各地区的文化面貌又存在着很多的差别。分别对昭盟地区、河套地区、沙苑地区进行了具体考察。(5)东北地区一节,大体上包括松花江至河北的唐山这一地带,大致可以分为吉长地区和长白地区两种不同类型。"就已知的情况推测,这一地区无疑地包含着极为丰富的内容。如果就现有的线索,进一步展开科学的发掘和研究,当能为我国的新石器时代的研究增加许多的新知。""从已知的资料看,这里的新石器时代具有强烈的地方特点","这一地区和具有'细石器'特征的文化遗存之关系如何?和仰韶文化乃至龙山文化的关系如何?都是急待进一步探讨的问题;如果沿着解放前和解放后所发现的线索,认真追下去,将为我国新石器时代的比较研究,提出一些新的问题来"。[1]

第二部分,现状和展望。提出"一些尚待深入钻研的学术问题",总结说:"我们分析过去研究的状况之后,提出了上面一系列的问题,实际上,这还只是其中的一部分,也只是一些引子而已。认真分析,更多的急待解决的疑难问题,还会一个个出现在我们的面前。这样做,绝非否定成绩,挑剔是非;相反的,我认为这正是科学发展过程中的必然现象。关键在于如何提出问题?如何积极而科学地进一步追索下去,找出逐步地深入解决的途径。自以为'没有问题',浅尝辄止,画地自限,是会使自己的科学研究工作停滞不前的。"[2]进而论述"怎样前进?"的问题,着重阐述了两个方面的关系:(甲)考古学、史学及其相互关系。(乙)综合研究、科学发掘及其相关诸问题。

---

[1] 尹达:《新石器时代》,第208—209页;《尹达集》,第218—219页。

[2] 尹达:《新石器时代》,第218页;《尹达史学论著选集》,第283—284页;《尹达集》,第226页。

关于考古学、史学及其相互关系以及综合研究等内容，将在后面的第五、第六两个部分详述，这里着重新石器时代考古研究方面的内容。文章明确地指出：新石器时代研究工作，必须把三个不同阶段的工作分别开来：大规模的考古调查，有计划的科学发掘，确切的发掘报告，认真的比较研究和综合研究。科学的考古发掘和发掘报告的整理出版，"是最根本的基础工作，也是第一个重要环节"；"全面而系统地科学反映某一遗址的现象"，是其"首要责任"。比较研究和综合研究，是根据科学发掘的资料进一步的深入，是考古学中必不可少的一个步骤，"它将从考古学的理论的高度，分析考古资料中所反映的复杂现象，解决某些学术性、理论性的问题"。在这两个阶段中，"把考古学上所存在的问题基本解决"。第三个阶段，从事氏族制度的研究，"就要以最大的可能把考古学中的术语翻译为历史的社会生活中所习用的语言，使之更加具有人的气氛、生活气氛和社会气氛；在可靠的科学根据上，把残缺的遗物遗迹复原为完整而生动的社会历史的资料"，使氏族制度的历史面貌有可能重现出来。这三个不同阶段的工作，相互渗透，相互作用，不可机械分割。[1]

其他相关问题，包括相对年代与绝对年代、陶器在新石器时代研究的作用、复原工作及其相关的问题、新石器时代研究的下限及命名等。（1）谈相对年代与绝对年代，指出依靠文化遗存堆积的层位关系确定其相对年代，是考古学者在田野考古中的一项经常的基本工作，但"层位关系的确定，确实行之不易"，不仅需要高度的考古技术，更需要高度的学术责任感、严肃认真的工作态度。鉴于"相似或相同的文化遗存，往往分布在一个比较广阔的地带，在这广阔的地带，它们又往往会带有地方性的特点；这种相似或相同的文化遗存，虽然处于不同的地方，但认真探寻，有可能找到两种具有地方特点的相类文化遗存的交汇地点"，认为"有计划地探寻这种交汇地区的遗址，发

---

[1] 尹达:《新石器时代》，第220—224页；《尹达史学论著选集》，第287—288页；《尹达集》，第230页。

见其叠压的地层关系,将为年代的研究开辟一条通畅的道路"。(2)谈陶器在新石器时代研究的作用,指出:"陶器给我们以相当明确的标识,去识别各种不同类型的文化遗存。它具备其他遗物遗迹所不可能有的各方面的优越条件。"研究陶器的目的应当是:通过它了解当时日常生活用具的部分情况,了解手工制作的一个方面,了解它所可能反映的当时部分意识形态方面的现象;通过不同年代、不同地区的陶器的比较研究,确定新石器时代的年代学研究的标准,确认各种不同的文化遗址的地区分布状况。(3)谈复原工作及其相关的问题,认为"个别房子的复原固然十分必要,而整个聚居地点中许多房子的组成情况却更为重要","如果这一指导思想不甚明确,就有可能丢掉复原的机会。我们迫切希望新石器时代考古学者,在今后工作中积极寻找各种不同类型的比较完整的遗址,进行较大规模的发掘,耐心搜集复原聚居地区的数据、论据和根据,力求达到能够复原其基本面貌的程度。从个别房子的复原到整个聚居地的复原,是一件复杂而繁难的工作。我们必须积极总结经验,创造性地开展这一方面的工作"[1]。(4)谈新石器时代研究的下限及命名问题,认为"研究的下限,就应当下达到石器和铜器共处的这类文化遗存,分析铜器逐渐增长的基本过程","迫切希望考古学者根据文献的线索,找到夏都遗址,进行科学的发掘和研究,确切地解决夏代的物质文化遗存的问题。这会把考古学上的新石器时代和铜器时代的关系弄得更清楚些,同时也会把远古的历史传说和考古的物质文化资料结合起来,新石器时代研究的下限也就会更加明确了"。[2] 各类文化遗存的命名,下文另述。

最后的"结语"简要明了,强调"新石器时代的考古研究具有其自身的科学程序、科学规律,包括着大量的实事求是的科学工作",

---

[1] 尹达:《新石器时代》,第233页;《尹达史学论著选集》,第295页;《尹达集》,第238页。

[2] 尹达:《新石器时代》,第235—236页;《尹达史学论著选集》,第296—297页;《尹达集》,第240页。

"考古发掘是综合研究的科学基础,考古发掘的技术的熟练程度又决定着发掘工作的质量;任何忽视考古技术的做法,都会削弱发掘工作的科学性,降低发掘的科学水平。但是,片面强调考古技术,排除学术理论对考古发掘的指导作用,就会使田野考古失却灵魂"。[1]

1963年10月,《新石器时代》书稿虽然编定,但尹达并不满足,在"再版后记"中表示:"《新石器时代研究的回顾与展望》这篇东西,只是在考古学的范畴之内把现成的资料作一次极其初步的探讨,它只是个人进一步研究的预习,或者说是一个跳板;如果工作、精力和时间许可的话,还想从考古学这方面再钻研一番,比较系统的研究一下其中的一些问题。如果工作、精力和时间许可的话,我还想在这一基础上进而钻研我国氏族制度的历史。我将以最大的努力争取新石器时代考古学家的帮助和协作,以实现这个愿望。"[2]

《新石器时代》增订再版清样1964年排印出来,正式出版却拖延到1979年2月。这本论集,以突破安特生的错误分期体系为前提,以建立中国新石器时代的科学体系为旨归,对我国新石器时代研究工作不断全面检视和系统总结,不断根据新发现、新问题提出尚待深入钻研的学术问题,不断论证"怎样前进"的问题,始终为这一学科展示着"光明而广阔的前景"[3]。

4. 归纳、总结命名文化遗存"基本原则"。

前面谈到《论中国新石器时代的分期问题——关于安特生中国新石器时代分期理论的分析》明确提出"齐家坪遗址是晚于仰韶期文化遗存的另一种不同于仰韶文化系统的文化遗存,为了明确醒目,我们可径名之为'齐家文化'"[4],《关于赤峰红山后的新石器时代遗址》

---

[1] 尹达:《新石器时代》,第240页;《尹达集》,第244页。

[2] 尹达:《新石器时代》,第254—255页;《尹达集》,第431—432页。

[3] 尹达:《新石器时代·再版后记》,第254页;《尹达集》,第431页。

[4] 尹达:《新石器时代》,第140页;《尹达史学论著选集》,第274页;《尹达集》,第170页。

断言此种文化"含有细石器文化和仰韶文化两种因素的文化遗存,我们可以名之为中国新石器时代的红山文化"[1]。其后,在《关于"硬陶文化"的问题》中指出"'硬陶文化'或'几何印纹硬陶'系统的文化,这样的名称都不够妥当",主张"用一种标准的地名,作为某一文化的名称,如龙山文化等,这样才可以概括这种文化的最主要特征,而不致引起不必要的混乱"。[2]

《新石器时代研究的回顾与展望》回顾各种类型的文化遗存,认为名称多种多样,内涵极不一致,给研究工作造成了不少人为的困难,如不及早解决,就会成为开展研究的障碍。因此,进一步提出:"新石器时代研究的最终目的既然是恢复一定历史期的社会面貌,那么,各种文化遗存命名的基本原则,应当是:能够反映出一定时期、一定地区的某种文化遗存的基本特征;这就是说,它必须能够反映着一定的时间观念和空间观念,必须能够概括着它各方面的相互关联着的主要内容。如果这样的基本要求是完全必要的话,我们就应当研究各种类型的遗址,分析、比较、观察它们的相同之处何在,互异之处何在,弄清楚它们在时间和空间上的异同;然后审慎地选择典型性的遗址,以遗址所在的地名命名为某某文化。以地名为某种文化遗存的名称,既可以反映相对的时间观念和一定的空间观念,也能够概括文化遗存的主要特征,而不致产生片面性的错觉。所以,我们认为以最先发现之遗址的地名称呼某一类型的文化遗存,是比较科学的办法。"同时,看到某一类型的文化遗存,经过长时间发展,形成某种程度的差异,这固然是"研究某种文化遗存的断代的关键",但"不应当片面强调其部分差异","把它分割为孤立的不相关联的单独形态,名之某某文化、某某文化",这样"就会割裂历史,造成混乱,害及研究工作"。[3]

---

[1] 尹达:《新石器时代》,第143—145页;《尹达集》,第147—148页。

[2] 尹达:《关于"硬陶文化"的问题》,《考古通讯》1956年第1期;《尹达集》,第173—174页。

[3] 尹达:《新石器时代》,第236—237、238页;《尹达史学论著选集》,第298、299页;《尹达集》,第240—241、242页。

尹达在 1978 年 3 月为《新石器时代》出版所写"前记"中表示：

> 我准备抽出时间，到有关地方去看看那些新发现的遗址，对新出现的问题也作些必要的探讨，再写一本《新石器时代》的"续编"。

这是以建立中国新石器时代体系为己任而为之努力一生的著名考古学家尹达的最后的心声！

四、考古中所见原始社会

把新石器时代研究推进到氏族制度在我国发展序列的研究，系统研究中国原始社会，是尹达的又一重要学术贡献，《中国原始社会》是其代表。

在郭沫若《中国古代社会研究》开辟的"草径"上，自觉紧跟其后以唯物史观对史前社会、秦以前的古代社会作出系统的专题研究的有吕振羽、侯外庐。而专论史前社会的则是吕振羽的《史前期中国社会研究》，1940 年 12 月修订改版为《中国原始社会史》。几乎同时，1939—1941 年，尹达依据郭沫若《中国古代社会研究》的基本观点，结合当时"大批新的材料和学术界之新的成果"，写成《中国原始社会》一书，成为新史学阵营中从考古学出发系统研究原始社会的代表作。

1939 年—1940 年 9 月，完成第一编《从考古学上所见到的中国原始社会》、第二编《从古代传说中所见到的中国原始社会》。尽管在校稿时"曾经为一些问题而踟蹰不安"，认为"有些地方还值得我们更进一步的钻研下去"，但尹达还是"有勇气把它付印"，主要在于有新材料和新观点两个方面的原因：一是"国内外关于中国原始社会的著作大都还未能及时吸收大批新的材料和学术界之新的成果，在这里我把新的材料和新的成果献给同好的学人"；二是"我以最大的努力运用科学的方法，把这些材料组织起来，希望从这里看出中国原始社会发展的线索"。[1]简言之，就是运用"科学的方法"即唯物史观审视"大批新的材料"，理出中国原始社会的发展线索。在这中间，为了论证"中华民族和其文化是在中国这块广大的土地上发荣滋长起出（来）的，并不是由他处移植过来的"，批判中华民族及其文化"东来"或"西来"说，1940年1月写出《中华民族及其文化之起源》；鉴于殷商社会性质讨论中有着不同意见的争论，7月写成《关于殷商社会性质争论中的几个重要问题》；针对讨论中史料运用方面的问题，1941年1月写成《关于殷商史料问题》。三篇文章，是将写上述第一、第二两编的基本观点提前发表出来。[2] 1942年8月，三篇文章与第一编、第二编结集付排，作为《中国原始社会》一书的第三编《补编》。10月作"校后记"，1943年4月写"跋语"，5月由作者出版社出版，扉页为《从考古学上所见到的中国原始社会》，以别于其他关于原始社会的论著。

鉴于这一论著仅印500部，已经很难见到，特依照书中篇目详录于下，以便读者了解全书概貌：

导言
中国原始社会之发生发展及其崩溃
（一）氏族制以前的社会
（二）氏族社会

---

[1] 尹达：《中国原始社会·校后记》，第172页；《尹达史学论著选集》，第222页。

[2] 尹达：《中华民族及其文化之起源》最初发表在1940年7月《中国文化》第1卷第5期；《关于殷商社会性质争论中的几个重要问题》最初发表在1940年9月《中国文化》第2卷第1期；《关于殷商史料问题》最初发表在1941年6月《中国文化》第3卷第1期，有副标题"兼论殷商社会性质"。编入《中国原始社会》第三编时，文字有所改动。《尹达史学论著选集》所收，为《中国原始社会》的文字；《尹达集》虽然在三篇篇目下均注明最初发表时间、期刊，但所收文字仍为《中国原始社会》的文字，与单篇发表的文字不尽相同，读者善加注意。

（三）在崩溃过程中的氏族社会

第一编　从考古学上所见到的中国原始社会

 第一篇　氏族制以前的中国社会

  一、中国旧石器时代遗存之发现及其分期问题

   （一）周口店猿人文化

   （二）河套文化

   （三）山顶洞文化

   （四）达赖文化

 第二篇　中国氏族社会

  一、中国新石器时代遗址之发现及其分期问题

  二、中国氏族社会之诸阶段

   （一）以渔猎为基础的氏族社会

   （二）以农业为基础的氏族社会

    甲、仰韶文化的社会

    乙、龙山文化的社会

  三、中国新石器时代之诸问题

   （一）昂昂溪、仰韶和龙山三种文化之绝对年代

   （二）中国新石器时代中两个急待解决的问题

 第三篇　在崩溃过程中的中国氏族社会——小屯文化的社会

  一、经济结构

   （一）农业

   （二）牧畜

   （三）狩猎

   （四）工艺

   （五）贸易与交通

  二、社会组织结构

   （一）氏族组织

（二）战争

　　　（三）阶级和私有财产的发生

　　　（四）国家的初期形态

　三、意识形态

　　　（一）宗教

　　　（二）历法

　　　（三）文字

　　　（四）艺术

第二编　从古代传说中所见到的中国原始社会

　第一篇　中国原始社会发展的迹象

　　一、中国考古学对于中国原始社会研究的贡献及其缺陷

　　二、从古文字学及考古学上证明古代传说的真实性及其缺陷

　　三、从古代传说中所见到的原始社会

　　　（一）氏族制以前的社会

　　　（二）氏族社会

　　　（三）崩溃过程中的氏族社会

　第二篇　中国氏族社会中的图腾崇拜（文末署"1940年9月18日写完"）

　第三编　补编

　中华民族及其文化之起源

　　一、从考古学上所见到的中华民族及其文化发展的过程

　　二、从金文甲骨文中证明的古代传说之真实性

　　三、对于"东来"和"西来"说的批判（篇末署"1940年1月23日写完"）

　关于殷商社会性质争论中的几个重要问题

一、殷商社会的史料问题

二、殷商社会的生产工具是铁器，是青铜器，还是石器？

三、殷代主要的经济基础是牧畜还是农业？

四、奴隶在殷代社会发展过程中的作用

五、殷代社会的组织机构及新的社会的因素之萌芽

六、简短的结语（篇末署"1940年'七七'后二日写成"）

关于殷商史料问题

一、考古学上的材料

二、甲骨文字

三、《商书》和《商颂》（篇末署"1941年1月28日写完"）

追记（尹达补于1941年6月10日夜）

安阳殷虚及其附近考古发掘年表（1941年6月13日重订）

校后记（1942年10月6日）

跋语（1943年4月2日）

附白（1943年4月29日）

导言部分，首先指明"社会发展的规律在马克思主义的方法之下，得到了更清楚地认识，知道在阶级社会之前曾经存在过'共同生产，共同分配'的原始共产社会"，"中国社会的发展可能有其自别于其他社会的个别特点，但是，基本的规律还是一样的"[1]。简要叙述中国原始社会的发生发展及其崩溃过程，分氏族制以前的社会、氏族社会、在崩溃过程中的氏族社会三个阶段。氏族制以前的社会一节，

---

[1] 尹达：《中国原始社会》，第2—3页；《尹达史学论著选集》，第9页。

从中国猿人写起，河套人比中国猿人进步，晚于河套人的是周口店山顶洞人，再后是海拉尔附近的达赉文化遗存。氏族社会一节，简述以农业和牧畜为基础的仰韶文化、龙山文化，为氏族社会"发展鼎盛的时代"。在崩溃过程中的氏族社会一节，简述小屯文化反映的社会性质已经走入了氏族社会的末期。

第一编，从考古学上所见到的中国原始社会（第15—106页），占全书（176页）一半以上篇幅。第一篇，氏族制以前的中国社会，简要追述10多年间旧石器时代遗存发现的情况，将中国旧石器时代划分为四个阶段：

前旧石器时代 —— 周口店猿人文化
后旧石器时代 ┬── 河套文化
　　　　　　 └── 山顶洞文化
尾旧石器时代 —— 达赉文化（包括广西）

依其先后，分别进行叙述。

第二篇，中国氏族社会，是写作《中国原始社会》一书"费力最大"的一部分，亦即前面已经详述的《中国新石器时代》一文的内容。

第三篇，在崩溃过程中的中国氏族社会——小屯文化的社会，"不称之为'殷代文化'而更切近事实的称之为'小屯文化的社会'"，显示与其他原始社会史著述的不同。前面已经谈到，这一篇的结构几乎与郭沫若《中国古代社会研究》第三篇《卜辞中的古代社会》的结构完全相同，引用基本史料也主要是依据郭沫若《卜辞通纂考释》并"借重""彦堂先生的成果"。这里，要特别提出的是一个长期被人们忽略但又非常重要的观点，即将"帝王"遗存与一般居民遗存区分开来的观点：

我们不能将所有的材料等同看待：其中之甲骨文字、精制的铜器、细腻的石雕、伟大的葬地,以及小屯村北的房基遗存等等,我们不得看作一般居民的遗存,不得根据这些材料就直接的肯定的推断小屯文化之一般的社会情况;因为,这些是当时所谓"帝王"们的东西,质的方面高出于一般居民之上。小屯附近的十个遗址,大部分可以代表当时的社会一般的生活。[1]

这一观点贯穿整个第三篇,是一个很值得从事考古工作注意的问题,即如何用考古材料看待古代社会,是以"帝王"的遗物为依据,还是以一般居民的遗物为依据?

经济结构一章,开篇即针对一部分的学者看到"铜器和石器都存在着,因而就等量齐观的,名之曰'金石并用时代'"的观点提出质疑:"这样,固然能够将事实部分的表现出来,但究竟在当时的生产过程里起主导的作用的是铜器呢,还是石器呢?看到这'金石并用'的名字,并不能替我们解答这样的问题;相反的,使我们觉得似乎两者都是主要的东西。这样,模糊了事实的真象,忽视了它们在生产过程中的性质和作用,这是不妥当的。"尹达进而明确表示:

> 我们并不否认青铜器的存在;但是,当时青铜器的所有者是所谓"帝王",并没有普及于一般社会之中,且当时的"帝王"和其辅佐者很明显地已经完全脱离生产了,铜器的制作仅限于兵器和礼器,便是很清楚很有力的凭证。因此,我们以为铜器在当时的生产事业里并不曾起更大的作用,它不是当时的主要的社会性的生产工具;而只是少数脱离生产事业的"帝王"的用品,……我们不能因此就和一般的生

---

[1] 尹达:《中国原始社会》,第72页;《尹达史学论著选集》,第121页。

产工具联系在一起。[1]

农业一节，指出"殷末的'帝王'虽然脱离了生产，但是其生活的基础主要的还是建筑在一般氏族成员的农业生产上"。通过对卜辞等"许多材料的分析"，认为"殷代末期农业已经发展到相当的高度，它是当时社会的主要产业部门，我相信这是正确的结语"[2]；牧畜一节，同样认为"殷末'帝王'对于畜牧没有对于农业那样的关心，可知当时畜牧已经降到次要的地位了"，"帝王"祭典"偶尔用三百家畜作为隆重的祭典的牺牲"，并不能证明"殷代牧畜必为主要产业"[3]；狩猎一节，虽然完全迻录了《卜辞中的古代社会》中甲骨文里形容"猎用的工具"的字，并引用了郭沫若的一段论述，仍然认为："当时的'帝王'很喜欢田猎"，但"这些只是他们行乐的一个部门，和一般的社会生产事业并没有什么直接的关联，所以我们不能根据这些材料去推测当时一般氏族成员的狩猎生活"[4]；工艺一节，将"帝王"用品与一般氏族成员用品区分开的论述，更具有方法论的意义，将在后面的第六部分详述。贸易与交通一节，比较谨慎地表示，在"一般氏族成员居住的遗址，似已有贝；但其数量的多少和其余各遗物的关系，还没有经过相当的研究"，"至少当时的'帝王'与其他部落有着贸易的事情"。[5]

社会组织结构一章，较之《卜辞中的古代社会》第二章"上层建筑的社会组织"，各有侧重。氏族组织一节，仅仅认为有"彭那鲁亚家族的亚血族结婚制的痕迹"，"就殷代后期全部'帝王'的亲属关系

---

[1] 尹达：《中国原始社会》，第73页；《尹达史学论著选集》，第122页。

[2] 尹达：《中国原始社会》，第74—75页；《尹达史学论著选集》，第124、125—126页。

[3] 尹达：《中国原始社会》，第76页；《尹达史学论著选集》，第128页。

[4] 尹达：《中国原始社会》，第78页；《尹达史学论著选集》，第130页。

[5] 尹达：《中国原始社会》，第81页；《尹达史学论著选集》，第135页。

和婚姻关系讲，我们还不能因此就肯定的说这现象是当时的特征"，推测"那时候很可能是从对偶婚向一夫一妻制推移的一个过程"[1]。论述偏重于战争、阶级和私有财产的发生、国家的初期形态三个方面。战争一节，着重指出"最初对外的战争是为了整个氏族联盟的利益"，"联盟的军事领导者，在战争濒（频）繁的过程里，巩固了他的地位，扩大了他的权威，为氏族联盟而举行的战争，变成为'帝王'自身利益和爱好而举行的战争了"，"这现象就是氏族社会行将崩溃的特征"[2]；阶级和私有财产的发生一节，从小屯村附近的墓葬进行考察，分为四类。"从墓室的大小、深浅和遗物多少精粗上可以看出阶级相互的差别；那被杀头殉葬的人们正是当时沦为奴隶的俘虏"[3]。从毫无顾忌的残杀奴隶的现象分析，认为"当时对于奴隶并不过分重视，并没有将他们看作生产工具"，因此说"小屯文化的社会是氏族社会渐趋于崩溃的道路，奴隶的使用在生产过程里并不占重要的地位"[4]。虽然引用了《卜辞通纂》中"奴隶用作耕牧"的三片材料，但认为"仅四事，且辞较含混；于此可知当时驱使奴隶从事生产事业还不是主要的目的，并不曾将奴隶看作重要的生产工具"[5]；国家的初期形态一节，强调小屯文化的社会已经"可以看出一个初期的国家的影子；但我并不是说当时已经产生了健全的国家组织，我只承认国家在氏族社会行将崩溃的母体内已经是胚胎了"，"殷代的灭亡结束了小屯文化的社会里正在发育着的国家形态；这并未发育健全的胎儿，便在外部侵扰的情况下夭折了"[6]。

---

[1] 尹达：《中国原始社会》，第84页；《尹达史学论著选集》，第140页。

[2] 尹达：《中国原始社会》，第87页；《尹达史学论著选集》，第144—145页。

[3] 尹达：《中国原始社会》，第89页；《尹达史学论著选集》，第147页。

[4] 尹达：《中国原始社会》，第91页；《尹达史学论著选集》，第151页。

[5] 尹达：《中国原始社会》，第92页；《尹达史学论著选集》，第152—153页。

[6] 尹达：《中国原始社会》，第94—95页；《尹达史学论著选集》，第157页。

意识形态一章,"依据着考古学和古文字学上的一些材料来研究"当时的文化生活,为郭沫若《卜辞中的古代社会》拟作考察却未作出论述的内容。

第二编,从古代传说中所见到的中国原始社会(第107—135页),分作两篇。虽然书后"跋语"说"这里只是一个初步的提纲",但仍然提出一些值得认真对待的问题。第一篇,中国原始社会发展的迹象,提出两个问题:一、中国考古学对于中国原始社会研究的贡献及其缺陷,指出"从考古学的材料里,使我们很清楚地看到了中国原始社会发展的过程","指出一个正确的骨干,提供给我们一个可靠的提纲,给我们许多丰富的社会生活中的物质基础",旧石器时代大体上相当于氏族制以前的一个阶段,新石器时代大体上相当于氏族社会,但"只依靠着考古学上的材料,还不能够看出中国原始社会的全面",至于当时的社会组织和意识形态等,"受到了相当大的限制,不能够钩稽出更多的材料。这是目前考古学上的缺陷",也是"仅仅根据考古学上的资料去研究中国原始社会史时所遇到的困难"。克服这一缺陷的"比较妥善"的办法是"依据着考古学上所提供的提纲,配备着世界原始社会史上研究的成果,从中国古代传说里钩稽中国原始社会的史料"。[1]二、从古文字学及考古学上证明古代传说的真实性及其缺陷,认为甲骨文金文和考古学上的成果可以印证古代传说中三事:传说中的"五帝""并不是毫无事实素地的谰言";"夏代之存在,想为可能之事";"殷代以前有着东西不同的文化系统,这现象我深信不是偶然的巧合"。同时指出:"中国的传说里固然有我们所需要的史料,但是,因为它受到了时代的限制,其自身还有不少值得我们特别注意的缺陷存在着",以其"形成的过程大约是开始于春秋时代,形成于秦汉之际",因而"含有不少为其阶级利益说话的成分",并"将他们脑子里所凝结的当代社会生活混入古代传说之中",

---

[1] 尹达:《中国原始社会》,第109—110页;《尹达史学论著选集》,第174—176页。

"要特别审慎才能够少出一些不必要的错误",进而对"使用这批材料的方式和态度"作了简要说明。[1]从古代传说中所见到的原始社会一节,以古代传说所见,分氏族制以前的社会、氏族社会、崩溃过程中的氏族社会三个阶段进行论述。五帝以前大约相当于氏族制以前这个阶段,五帝(黄帝、颛顼、帝喾、帝尧和帝舜)大约相当于氏族社会的母系氏族这个阶段,禹以后到夏桀大约相当于氏族社会的父系氏族这一阶段,殷商大约相当于氏族社会逐渐崩溃的阶段。第二篇,中国氏族社会中的图腾崇拜,以世界原始社会的研究证明氏族社会发展过程中都经过图腾崇拜的这一阶段,对中国考古学和传说材料中的相关内容进行了梳理,"推想图腾崇拜的鼎盛时期是在五帝时代,夏殷之际不过还残存着图腾崇拜的遗痕而已"[2]。

第三编,补编(第137—169页)。前面已经交代,是由《中华民族及其文化之起源》《关于殷商社会性质争论中的几个重要问题》《关于殷商史料问题》三篇文章组合而成。

《中华民族及其文化之起源》一篇,以第一编、第二编的基本观点,论述考古学上所见到的中华民族及其文化发展的过程以及金文甲骨文中证明的古代传说的真实性,进而批判中华民族及其文化"东来"和"西来"等说法。结论是:"中国社会发展同样也经过了原始共产主义社会的阶段,从氏族制以前的社会(约当旧石器时代)到氏族社会(约当新石器时代)以至氏族社会的崩溃,发展线索,历历在目,已经不容许我们有丝毫的怀疑了。"但"中华民族及其文化之来源有其独立和自别的特点","并不是由他处移植过来的"。[3]

《关于殷商社会性质争论中的几个重要问题》一篇,针对当时争论的主要问题,将第一编、第二编基本观点提炼出来,明确表示对郭

---

[1] 尹达:《中国原始社会》,第112—113页;《尹达史学论著选集》,第181—183页。

[2] 尹达:《中国原始社会》,第135页;《尹达史学论著选集》,第221页。

[3] 尹达:《中国原始社会》,第147页;《尹达史学论著选集》,第317—318页;《尹达集》,第262页。

沫若、吕振羽、范文澜等人的一些观点的不同意见。在"殷代社会的生产工具是铁器，是青铜器，还是石器？"一节，不同意郭沫若的"商代是金石并用的时代"、吕振羽的"殷代之为青铜器时代"、范文澜以"殷虚发掘只是开始，断定'必无'铁还有些太早"等说法；在"殷代主要的经济基础是牧畜还是农业？"一节，不同意郭沫若"商代的产业是由牧畜进展到农业的时期"，范文澜"首牧畜而次农业"的说法。"简短的结语"的基本点是：

> 殷代后期的生产工具不是铁器，也不是铜器，而是石器；……
> 主要的产业部门不是牧畜而是农业；但牧畜业在社会发展的过程中也起了它应有的作用。
> 社会的本质还是氏族组织；但是，在它的内部胚育着新的社会的胎儿，私有财产和阶级正在逐渐地发展着。
> 殷代后期的社会是在崩溃过程中的氏族社会；是没落的氏族社会走向坟墓里去的前夜。

同时，特别提到：

> 郭沫若先生对于殷代后期社会性质的估计，基本上是正确的；但是，他对于个别问题——如强调牧畜及彭那鲁亚家族等——的解释还不能够令人满意。
> 吕振羽先生把握着殷代社会发展过程中的一面，强调了氏族社会内部孕育着之新的社会的因素，因而认为殷代后期是奴隶社会；这是不合于全面的具体事实的推论。[1]

---

[1] 尹达：《中国原始社会》，第159页；《尹达史学论著选集》，第327—328页；《尹达集》，第282页。

《关于殷商史料问题》一篇，针对吕振羽、谢华以及《中国通史简编》第一编作者运用考古学材料和甲骨文材料出现的问题，指明虽然考古学上所提供的殷商史料"是最可靠最宝贵的"，但"目前所出的报告太少了，它们只是殷代遗址的部分的事实，并不能代表全部的殷代遗址发掘的史料"，"不能以初期发掘的材料和报告为满足，应当注意到所得到的全部史料，辩证地分析它们的相互关系"。就"考古学上所供给我们的史料上看，我们还不能找到铜制的农具，铁的用具一件还没有见到"，因而他们所得的结论"和具体事实有相当出入"。[1]

校后记（第172—173页）声明："虽说在个别问题上我还不能完全同意郭先生的意见，但'殷代已到氏族社会之末期，一方面氏族制度尚绕有存在，而另一方面则阶级制度已逐渐抬头'的说法，我是同意的。"[2]同时表示，"我同意沫若先生过去的——《中国古代社会研究》中的结语，而对于沫若先生一九四二年所改变的说法，还不能够同意"，"我以无限的挚意向沫若先生请益；为了真理，我深信沫若先生能够给我以莫大的教诲！"[3]

《中国原始社会》这一论著，深受梁思永、郭沫若两人影响，成为尹达沟通近代考古与"用新的史学观点探索古代社会"的标志，既是他"正式研究中国原始社会的开始"[4]，又是他"从考古到史学研究"迈出的极为重要的一步。对此，夏鼐作有这样的评述：

> 郭沫若是结合古文字学和古铭刻学的资料运用马克思主义来研究中国古代史的第一人，尹达是结合考古实物资料运用马克思主义来研究中国古代史的第一人。像一切开创性的

---

[1] 尹达：《中国原始社会》，第162、165页；《尹达史学论著选集》，第341、346页；《尹达集》，第285、291页。

[2] 尹达：《中国原始社会》，第172页；《尹达史学论著选集》，第223页。

[3] 尹达：《中国原始社会》，第173页；《尹达史学论著选集》，第224页。

[4] 尹达：《中国原始社会》，第172页；《尹达史学论著选集》，第222页。

著作一样，他们的最初著作中会有一些未成熟的或甚至错误的判断，但他们开辟了一个正确的新路子，为马克思主义占领中国史学阵地打下了基础，立下了影响深远的功劳。[1]

五、史学发展的理论思考

1982年4月，尹达回忆自己"从考古到史学研究"的历程，有这样的追述：

> 我的学术工作经历，可以说就是在处理理论与具体材料的关系的过程中，一步步走过来的。搞考古，那么多遗址，那么多器物，一件件实物，一个个报告，这个文化，那个文化，简直使你眼花缭乱！究竟为什么？从考古进入史学研究领域，面对那么丰富的文化遗产，那么完整的封建史学体系，究竟怎么继承，继承什么？确实存在着许多复杂而繁难的问题。
>
> ……史学领域中的这些重大理论问题的讨论，一步步把我的兴趣引向马克思主义史学理论中去，从五十年代起，我的注意力渐渐转向我国史学理论争论问题的探讨中去了；一九六二年后，精力大都集中在这个方面，试图探索我国史学理论发展所存在的问题。由于十年浩劫，中断了许多年，现在，只有从头作起了。[2]

新中国成立以后，尹达在这方面的论述，自1951年10月至

---

[1] 夏鼐：《悼念尹达同志（1906—1983年）》，《考古》1983年第11期。

[2] 尹达：《从考古到史学研究的几点体会——一九八二年四月二十二日在母校河南师大的谈话》，原载《河南师大学报》1982年第4期。《尹达史学论著选集》，第376—377页；《尹达集》，第354—355页。

1983年去世，发表的文章、报告主要有以下六篇：

怎样学习祖国的历史（1951年10月16日）

改进历史科学的研究工作——为毛泽东同志发表《改造我们的学习》十五周年纪念而作（1956年5月30日）

坚持用马克思主义指导社会科学研究——在河南省社联第二次代表大会上的讲话（1982年4月15日）

关于史学研究中的几个问题——在郑州大学历史系的学术报告（1982年4月20日）

从考古到史学研究的几点体会——一九八二年四月二十二日在母校河南师大的谈话（1982年4月22日）

马克思主义与中国历史学的发展（1983年1月）

20世纪50年代的两篇，主要论述学习祖国历史的目的和意义、态度、基本方法和重点以及学风问题、人才问题等。其中，不少认识迄今仍然具有不可忽视的启迪意义。

关于学习祖国历史的目的与意义，尹达一贯认为："祖国现实的新政治、新经济是从古代的旧政治、旧经济发展而来，现实的新文化也是从古代的旧文化发展而来的，今天的中国正是历史的中国之一发展。这一大民族的数千年的历史，有它的发展法则，有它的民族特点，有它的许多珍贵品质。我们不应割断历史，应当对于祖国的历史遗产用马克思主义的方法给以批判的总结。"[1]

谈到现实感和责任感，尹达强调："只有对现实的社会实践抱着极大的责任感，只有对实现祖国的一切建设事业有无限的热爱，才能够从祖国的历史中摄取伟大的力量，用以推动祖国历史的前进。这正是纠正学院式的历史学习的重要关键。假若以这样的立场和态度去学

---

[1] 尹达：《怎样学习祖国的历史》，原载《学习杂志》第4卷第12期，1951年。《尹达史学论著选集》，第358页；《尹达集》，第302—303页。

习历史,那么,对那些比较遥远而自己尚未掌握更多材料的问题,自然会搁置起来,把精力集中到更生动的具有更大积极意义的问题上去了。"因此,他主张"学习的重点应当是现代史和近代史"。[1]

尹达对于祖国文化遗产充满着深厚情感,明确指出:"历史资料的搜集、保管、整理、编纂和出版,是发展历史科学的重要步骤,我们必须十分重视";"有关我国古代史和中古史的大量文献资料,考古的资料等,也大都还没有经过科学的整理和编纂,这就使得这方面的研究工作,产生极大困难。这些现象是极不正常的,必须及早组织人力,进行工作,拖延下去,就会造成很大的损失。"强调"作为史学工作者,对于历史资料采取漠不关心的态度,是绝不允许的"。[2] 因此,特意组织全历史研究所研究人员进行历史资料基本建设,选摘古籍中有关资料,剪贴在特制的大卡片上,分类编排成断代史资料、专史资料,存放入特制的卡片柜中,以备研究使用。

学风问题,认为主要存在两种倾向:一种是"还没有'详细地占有材料',还不能在辩证唯物主义和历史唯物主义的理论指导下,认真分析大量的客观事实,从而引出正确的结论。相反的,往往是从马克思列宁主义的经典著作中的某些辞句出发,凭自己的主观想象臆造出来某种理论,然后东拼西凑,片面地摘引某些史料,以证实其早已安排好的结论"。另一种是"还存在着'只见树木不见森林'的烦琐作风,这种片面的支离破碎的治学方法,不可能从复杂错综的历史现象中找出客观事实的内在联系,不可能发见历史现象中存在着的客观规律"。同时指出,学术批评"绝不能说已经十分健康了",还存在着将他人提出的看法"看做是对自己的攻击,因而心怀不满,从感情上制造某种人为的隔阂"的情况,甚至"以权威自居,盛气凌人地给

---

[1] 尹达:《怎样学习祖国的历史》,《尹达史学论著选集》,第360—361、363页;《尹达集》,第306、307页。

[2] 尹达:《改进历史科学的研究工作——为毛泽东同志发表〈改造我们的学习〉十五周年纪念而作》,原载1956年5月30日《人民日报》。《尹达史学论著选集》,第371页;《尹达集》,第315页。

提出不同意见的人以打击",强调"学术研究是一件细致的工作,批评任何一种理论或学说,都需要进行认真的科学分析。从理论上以及史实的根据上进行充分的研究,确切地找出其所以不对的关键所在,才能够具有说服力量。简单地一笔抹杀的办法是解决不了问题的","批评是十分必要的,反批评也是同样必要的"。[1]

经过"十年浩劫",尹达逐渐注意"对我们的史学理论状况认真进行科学的实事求是的总结",强调面对新问题,应该"在马克思主义基本原理指导下去探索这些新课题,进而丰富和发展马克思主义的理论体系"。[2]

(一)对历史理论的系统思考

首先,将马克思主义指导历史研究、史学与现实的关系以及研究方法,提升到方向性的高度来认识。

在谈到坚持马克思主义理论指导社会科学研究时,尹达坚信"马克思主义还在继续发展,并且能够解决社会发展中所遇到的新问题"。社会科学工作者应该义不容辞地回答所面临的一系列新问题,不是马克思主义过时不过时的问题,而是"如何运用马克思主义的基本原则去研究和解决新出现的问题"。[3] 同时强调:"承认以马克思主义为指导理论,还仅仅是第一步,紧接着就是,马克思主义指导下的史学研究为了什么?直接说,就是史学研究与现实的关系问题。这也是一个方向性的问题。"认为这并非马克思主义史学独创,而是"中国史学的一个传统","我们不仅要作历史的研究者,更重要的是要成为历史前进的推动者","中国历史上有作为的史学家都不曾把自

---

[1] 尹达:《改进历史科学的研究工作——为毛泽东同志发表〈改造我们的学习〉十五周年纪念而作》,《尹达史学论著选集》,第 366、368 页;《尹达集》,第 310、310—313 页。

[2] 尹达:《从考古到史学研究的几点体会——一九八二年四月二十二日在母校河南师大的谈话》,《尹达史学论著选集》,第 379 页;《尹达集》,第 357 页。

[3] 尹达:《坚持用马克思主义指导社会科学研究——在河南省社联第二次代表大会上的讲话》,原载《中州学刊》1982 年第 3 期。《尹达集》,第 333 页。

己的史学著述仅仅局限于记述往事上,而是有着一种对未来的寄托或向往。我们有马克思主义作指导,应该通过研究历史,树立坚定的信念,引导人们前进,为历史的发展做出应有的贡献"。更进一步指出,"在研究方法上,同样存在着方向性的问题",认为"那些局限于一字之辨、一事之考的史学家,虽然对史学的发展也作出了一定贡献,但就其史学成就、对史学的发展和作用看,不能说不是一种带方向性的问题了"[1]。

其次,提出对唯物史观进行系统考察,包括对唯物史观自身体系的考察、唯物史观对中国历史学产生巨大影响两个基本方面。

20世纪80年代尹达发表的三篇学术报告和论文,在这些方面都提出了比较系统的认识。他明确指出:

> 用唯物史观的观点观察历史,既包括唯物主义,又包括辩证法,还包括发展学说。……马克思主义的唯物史观是一个完整的科学体系,是统一的、有机的整体。某一个时期,或针对问题,强调其中的某些基本理论是可以的,但是要把这样一个完整的科学体系肢解开,各取所需,甚至不惜歪曲、阉割,那是绝对不允许的!否则,我们的研究工作必然迷失方向,走入歧途。……一定要学会完整地掌握和运用马克思主义唯物史观,在自己的实际工作中加以消化,变成自己的思想、方法。这样才能避免左右摇摆,保证我们的史学研究坚持正确的方向,取得科学成果。[2]

进而,看到在我们的史学理论研究中,对于唯物史观的形成、发

---

[1] 尹达:《关于史学研究中的几个问题——在郑州大学历史系的学术报告》,原载《郑州大学学报》1982年第3期。《尹达史学论著选集》,第384、385—386页;《尹达集》,第340、341—343页。

[2] 尹达:《关于史学研究中的几个问题——在郑州大学历史系的学术报告》,《尹达史学论著选集》,第383—384页;《尹达集》,第339—340页。

展及其基本原理尚缺少完整地、系统地探讨和研究的现状，指出"唯物史观作为一种完整的科学体系是'五四'时期开始广泛传入中国的，对于这一科学理论在中国传播的历史，我们几乎没有研究过。现在一谈五种社会形态，就提斯大林《辩证唯物主义和历史唯物主义》那本书的影响，似乎一九三八年以前，中国人还不知道和未曾运用马克思主义的这一学说，这显然不是事实。不研究唯物史观的形成和发展史，不研究唯物史观的传播史，都是我们史学理论工作中的欠缺"。因此，提出我们完全有责任写出一部《唯物史观发展史》，"用以总结一百多年，尤其是近半个世纪以来自然科学和社会科学研究的新成果，使得我们能够比较完整地掌握这一科学理论的形成、发展过程，掌握这一历史理论的完整体系"，从而更好地"运用这一历史观的完整的方法"，"发展这一科学的历史观和方法论"。[1]这是迄今历史理论建设仍然有待完成的使命。

对于以唯物史观为指导推进中国史学发展的基本变化，归纳出"三个比较突出的方面。一个是社会发展的规律性，一个是历史的主体，一个是中国史研究的范围"，即关于社会发展一般规律的理论及其运用，关于如何看待人民群众在历史上的作用，关于民族问题的处理和研究，认为这都是几十年来中国马克思主义历史学发展中"带根本性的问题"，但"就是这三个方面，仍有大量的新问题需要去探讨"。[2]

第三，对于历史理论与史学理论作出明确区分。

在总结中国历史学发展的过程中，尹达注意到历史学科自身的理论问题，将历史学的学科理论与关于客观历史过程的历史理论加以区别，并作出明确的论述：

---

[1] 尹达：《马克思主义与中国历史学的发展》，原载《河南大学学报》1985年第4期。《尹达史学论著选集》，第407—408页；《尹达集》，第375—376页。

[2] 尹达：《马克思主义与中国历史学的发展》，《尹达史学论著选集》，第406页；《尹达集》，第374页。

> 在加强马克思主义历史理论研究的同时,我们还应该对历史这门学科的理论探讨给予充分的重视。我国历史学发展告诉我们,重视史学理论是我国史学的优良传统。刘知幾、章学诚、梁启超在对历史学这门学科的理论总结方面都做出过有重要影响的贡献。我们今天,在马克思主义理论指导下,应该写出超越《史通》《文史通义》《新史学》和《中国历史研究法》等的史学理论论著,在这方面做出更大的贡献。[1]

尽管这方面的论述不多,但从相关论述中还是能够看得很清楚:所谓"历史理论",是指关于社会发展规律的理论、关于社会形态发展的学说、关于人民群众在历史上的作用的认识、关于民族问题的理论以及对唯物史观的系统研究,等等;所谓"史学理论",是指对中国史学传统的认识、对我国史学遗产的认识;等等。

第四,关于考古学与历史学关系的认识,在尹达学术思想中属于一个重要的理论组成部分。

1962年10月发表《新石器时代研究的回顾与展望》,在"怎样前进"部分专门有一节论述"考古学、史学及其相互关系"。1982年4月,两次学术报告都谈到考古与史学的关系。

《新石器时代研究的回顾与展望》谈这方面的关系,开宗明义表示:"考古学是历史科学的有机构成部分之一,它通过实物的历史资料的研究,以了解人类过往的历史","新石器时代遗址的考古调查、发掘和研究的最终目的,应当是为了更具体、更深入地了解祖国原始社会氏族制度的历史,而不是其它。这就为我们新石器时代考古学者规定了明确的科学目的性。"从事氏族制度的研究,"就要以最大的可能把考古学中的术语翻译为历史的社会生活中所习用的语言,使之更

---

[1] 尹达:《马克思主义与中国历史学的发展》,《尹达史学论著选集》,第408页;《尹达集》,第376页。

加具有人的气氛、生活气氛和社会气氛；在可靠的科学根据上，把残缺的遗物遗迹复原为完整而生动的社会历史的资料。这样，我国氏族制度的历史面貌才有可能重现出来"[1]。

《关于史学研究中的几个问题》的学术报告第二个问题是"考古与史学的关系问题"，依然强调"考古作为一门学科，有自己独立的体系"，"但是，考古的最终目的应是为人类历史提供可靠的、生动的实际资料，应该成为历史科学的有机构成部分，通过实际的历史资料的研究，以了解人类以往的历史。考古遗址的调查、发掘、整理、研究并不是最终目的，而是要把遗迹遗物所含蕴着的社会生活的丰富内容，如实地、明白无误地从考古学语言翻译成社会历史的语言，从而进一步探索社会历史发展的规律，为解决我国古代社会历史的某些关键性问题贡献力量"[2]。

在谈"从考古到史学研究的几点体会"时，尹达回忆说："研究社会历史，研究原始社会史，对于我这个搞新石器时代考古的人来讲，复原氏族制度的社会面貌这一观念，就时常在脑海中徘徊着"，"从这些丰富的实际资料中，综合、概括、提炼，去解决复原氏族制度所必须解决的考古方面的关键性问题。突破了这一关，真正占领了这一阵地，进而探索原始社会的氏族制度，就有了巩固的科学基础了。我以田野考古为起点，正是经历了这样一个漫长的过程，深刻体会到，搞考古没有马克思主义的理论指导是会迷失方向的，其结果可能重新成为某种错误理论的俘虏"。随后，几乎是重复1963年的观点：

> 必须在马克思主义的理论指导下，首先作好新石器时代的考古工作，才能够为氏族制度的历史研究打下巩固的科学

---

[1] 尹达：《新石器时代》，第221、224页。

[2] 《尹达史学论著选集》，第387页；《尹达集》，第343—344页。

基础。氏族制度的研究是马克思主义史学的重要阵地之一，是理论战线中不可缺少的课题；因此，新石器时代考古负有严肃的科学责任。忽视这一学术目的，就会使新石器时代考古迷失方向。[1]

（二）对中国史学发展做出系统探索

1978年，尹达决定在中国社会科学院历史研究所创建史学史与史学理论学科研究阵地，组建研究室，招收研究生，逐步对中国历史学的发展进行全面系统的探索。短短几年的时间，研究室形成规模，研究队伍老、中、青年龄搭配适当，研究范围自先秦至20世纪前半段前后衔接。

1982年，在河南多次演讲回京后，尹达与研究室成员讨论制定《中国史学发展史》编写原则，成立编写组，分工编写。经过大约一年时间，初稿基本完成。尽管他没有来得及完成主编工作，但全书是遵循他确定的编写原则和对部分初稿的有关谈话修改定稿的。

这里，要特别提出《马克思主义与中国历史学的发展》一文来加以说明。

第一部分，是对中国史学"自产生以来的发展历程和优良传统"所作的一个简要回顾。

> 在我国，自文字出现之后，就有了历史记载，其后，编纂成书，逐渐产生了史学。经过奴隶社会、封建社会和半殖民地半封建社会，中国历史学走过几千年的历程。[2]

---

[1]《尹达史学论著选集》，第375—376页；《尹达集》，第354页。

[2] 尹达：《马克思主义与中国历史学的发展》，《尹达史学论著选集》，第394—412页；《尹达集》，第361—380页。以下引述此文，不再出注。

这是《中国史学发展史》"划分发展阶段"的总则。全书六编，就是按照这一总则划分阶段的，下限写至20世纪40年代末，对中国历史学的起源、发展，直至成为科学的基本线索和演变规律，进行了一次较系统的探索。

文章"简要总结"的中国史学的"优良传统"，大致包括以下八个方面：

1. 我国的历史学，从其产生之日始，就同现实紧密地联系在一起。"每当社会发生激烈的变动之后，史学总是以不同的形式反映这种变动，或是涌现出具有代表性的巨著，或是在史书编纂上有创新，或是学术思想和理论有突破。总之，史学直接与现实紧密相联系，它根植于社会矛盾之中，紧贴政治斗争的脉搏。"

2. 为总结治乱兴亡，不得不重视人事，虽然主要指帝王的圣明和权臣的贤能，但同时在一定程度上包括人民群众的作用。

3. 一些历史著述在记录社会变迁时，"力求探索这种变化的缘由"，由"通古今之变"到"推寻变通张弛之故"，"比较明确地表述了这种进步的历史思想"。

4. 注意"物质财富对社会政治的影响和作用"，肯定《食货志》中表明的"民众的物质生产活动与政权兴亡的关系"的论述以及以"食货"居首，考察视野愈益重视社会经济生活的进步。

5. "十分注重与四周少数民族政权的关系"，虽然充满"夷夏之辨"的色彩，却记录下数千年来中国境内各少数民族的活动和交往的历程，"成为我国古代史学发展中一个不可少的组成部分"。

6. 形成对史家的严格要求，以"才""学""识""德"为史家必须兼备的条件，史才、史学都离不开"史识"，更需要"史德"，做到"心术"正。

7. 史书形式多样、修史制度完备，"考辨史实、钩沉辑佚、校注补遗、订讹辨伪，以及金石、目录、训诂、名物、校勘，等等，也都是我国文化宝库中的珍贵遗产。它们对后世史学的发展产生过影响。"

8. 注重理论与史书编纂。此前的几篇学术报告，多次强调中国史学的这一传统：

> 理论与资料本来是编写历史中不可或缺的两个方面。在一定的理论指导下，根据史实编写历史，这是中国史学发展进程中长期遵循的路数。……孔子、司马迁、刘知幾、章学诚等注重史学理论是应当充分肯定的，而他们的史学成就也为人们公认。是不是可以说，注重史学理论，是中国史学的一个传统？……理论与史料的问题，通过中国史学的发展，总可以看清楚二者究竟是一种什么样的关系了。[1]

论述鸦片战争后史学发生新的变化，主要归纳为"出现过一批各具特色、颇有成就的名家"，但"没有足够的时间和条件来建设一套完整而成熟的新史学体系"，"三四十年代开始，就逐渐发生了分化"。

第二部分，重点讲述马克思主义传入中国以后推动中国历史学的新变革，即前面已经谈到的唯物史观对于中国史学三个基本方面的改造。

第三部分，谈如何开创历史科学研究新局面，主要谈了四个方面的意见：1. 加强马克思主义史学理论的研究；2. 把研究历史和研究现实紧密地联系起来；3. 改进研究的方法；4. 注意研究人才的培养。提出的若干新问题、新要求，迄今仍是史学史、史学理论研究乃至历史研究需要进一步完成的使命，如前面已谈到的对于唯物史观的形成、发展及其基本原理的完整、系统地探讨和研究，写出一部《唯物史观发展史》；再如改变对于历史理论"出现的冷清和漠视的状况，开辟发展马克思主义历史学理论的新局面"；研究历史"要研究现实，'深入到社会生

---

[1] 尹达：《从考古到史学研究的几点体会——一九八二年四月二十二日在母校河南师大的谈话》，《尹达史论著选集》，第377页；《尹达集》，第355—356页。

活的深处',去发现问题,提出问题";"现在的研究手段还是手工业方式,这与全面开创新局面的形势很不适应";"及早考虑定向培养研究人材的方案,保证质量,把确有研究水平的人材吸收进来";等等。

《中国史学发展史》编写的主要任务这样规定:"以马克思主义、毛泽东思想为指导,对中国历史学的起源、发展,直至逐步形成为一门科学的基本过程和规律予以探索和总结;确切地划分其发展阶段,阐明各阶段史学的特点及其内在联系;运用马克思主义对我国丰富的史学遗产进行批判、总结,重点放在史学理论和史学思想上。"不论从编写任务,还是对照书中具体内容,读者都会发现:《中国史学发展史》一书是基本贯彻着《马克思主义与中国历史学的发展》一文基本观点撰写完成的。《中国史学发展史》编写组在"编者说明"中这样写道:在尹达同志永远地离开我们以后,"我们根据他生前对初稿的意见和有关谈话,又进行了讨论和修改。本书的出版,可以说是对尹达同志史学生涯的一个纪念。同时,也寄托着我们的缅怀之情!"[1]

《中国史学发展史》作为探索中国历史学发展基本线索和演变规律,进行具有创新意义尝试的代表,获1978—1987年全国古籍优秀图书一等奖,同《新石器时代》《中国原始社会》一样,成为尹达治学道路上的一部代表作而留给后人。苏联学者勃·格·多罗宁认为尹达主编《中国史学发展史》这项成果是"当前中国史学中出现的一种新气象","史学研究中出现的许多新的趋势都在这部著作中得到了某种程度的反映"。[2]

惋惜的是,尹达对于新中国成立以来史学状况进行全面了解的意愿,未能得以实现。

---

[1] 尹达主编:《中国史学发展史》,中州古籍出版社,1985年,第1页。

[2] Б·Г·ДОРОНИН, *Современный этап Развития китайской историографии*(《远东问题》1988年第2期)。中文摘译,参见〔苏联〕多罗宁:《现阶段中国史学的发展》,《国外社会科学快报》1988年第9期。

六、研究方法的经验总结

重视多学科、多角度的交叉研究与综合研究，是尹达在"从考古到史学研究"学术道路中形成的极为重要的治学特点，也是他能够沟通考古工作与史学研究，将二者有机结合的重要原因。

早在进行考古发掘的初期，尹达的这一治学特点就为梁思永所赏识。西北冈发掘，梁思永"点将"尹达主持"最复杂""墓室面积也最大"的1001号大墓。据夏鼐回忆：

> 梁思永喜欢尹达，说他的工作认真、细致，说他思想敏锐，善于思考，有综合研究的能力。[1]

1937年7月写作《龙山文化与仰韶文化之分析》，即已显示出这方面的特色。文章将1936年以前17年间"中国境内关于新石器时代遗址发掘工作"作以系统清理，按其内容的不同进行分析，含有龙山文化遗存的有11处，含有仰韶文化遗存的有10处，进而"综合"各遗址中有龙山文化与仰韶文化两者"层位关系"的后冈、高井台子、大赉店、刘庄、同乐寨等五处堆积情况，用"许多方面的材料加以比较和分析"，得出"龙山文化和仰韶文化是中国新石器时代末期的两种不同系统的文化遗存"的重要结论，进而指出安特生所谓"仰韶文化""实将两种不同之文化遗存混于一处，统名之曰'仰韶文化'"，"实杂有龙山文化遗物，应加以分别，不得混为一谈"。[2]

在延安撰写《中国原始社会》期间，不仅运用综合研究的方法进行研究、写作，而且将综合研究的方法提升为一种方法论。

---

[1] 夏鼐：《悼念尹达同志（1906—1983年）》，《考古》1983年第11期。

[2] 《中国考古学报》，第2册，第261、266、281页；《新石器时代》，第94、98、118页；《尹达史学论著选集》，第235、238、252页；《尹达集》，第36、40、54页。

撰写《中国氏族社会》一篇即《中国新石器时代》时，运用综合研究的科学方法更加缜密、更加娴熟。在论述仰韶文化的社会时，是综合分析了当时发掘的 22 个仰韶文化遗址的人们、分布的区域、发展的迹象、村落、房屋及其他、石器和骨器、陶器、埋葬习惯得出结论的；在论述龙山文化的社会时，是综合分析了当时发掘的 26 个龙山文化的人们、动物群、分布区域、分期问题、村落、房屋及其他、遗址中的板筑围墙、石器、骨器和蚌器、陶器、埋葬习惯以及龙山文化与小屯文化（即殷代文化）的关系得出结论的。进而，运用综合研究的科学方法批评安特生"犯了不可宽恕的错误"：

> 安特生在那些"根本不同的文化"的各个地带的遗址中，找到了"那唯一相同之点"，即大加比较。因之，片面的肯定的得出古代东方文化由西方传播而来的结论；更由此点出发，确定了仰韶文化的标年问题。我们研究任何问题，一定要多方的全面的去把握所研究的对象，要从普遍的大量的现象中寻求问题的核心的所在；绝不应强调个别的部分的现象，而忘掉全局。安特生在方法论上正犯着这样的毛病，所以免不了要演出"瞎子摸象"的笑剧。
>
> ……绝不应将一个整体割裂为几个单独的部分，然后将这被割裂的部分孤立的作为这个整体的代表；安特生拿仰韶文化的彩绘花纹和安诺、苏萨作部分的比较，正犯了这样的不可宽恕的错误。[1]

《崩溃过程中的中国氏族社会——小屯文化的社会》一篇，不仅综合研究方法贯注整篇，而且多处将综合研究的方法提升到理论的高度。前面已经多处提到将"帝王"遗存与一般居民遗存区分开来的观

---

[1] 尹达:《中国原始社会》，第 66 页；《尹达史学论著选集》，第 111—112 页；《新石器时代》，第 72 页；《尹达集》，第 177 页。

点，在"经济结构"一章的"工艺"一节，将"帝王"用品与一般氏族成员用品区分开来的论述，更具有方法论的重要意义：

> "帝王"的用品，不是一般氏族成员的用品；它们固然可以说明小屯文化在工艺方面高度发展的现象，但不能够代表一般工艺的情况。小屯村周围的许多遗址里的遗物虽较小屯简单，却足以代表当时一般氏族成员的工艺。我们将这两部分材料配备在一起，分类说明，从各类之一般状况说到其各类特别发展的部分，这样才能够使我们对于当时的社会有更具体的了解。[1]

不能单凭某一方面的遗物来判断社会发展水平，而要将"帝王"用品与一般氏族成员用品"两部分材料配备在一起，分类说明"，从"一般状况说到各类特别发展"的情况，才能对当时社会有最接近事实的了解。这既是针对那种仅凭片面考古材料便下结论的研究方法，更是针对那种只追求有"豪华"出土物的"大发掘"而不愿进行仅有"一般"遗物的"小发掘"的偏向，以致失却考古发掘的目的和意义的做法。

关于殷商社会性质的讨论，仍然从综合研究的角度分析各种观点在运用史料中的问题。十多年的小屯发掘，遗存中存在大量青铜器，也存在大量石器，尹达认为仅这样讲或是称之为"金石并用"还不够，而应当深入分析这许多遗物的本质：铜器出于什么地区，都是些什么东西；石器出于什么地区，又是些什么东西。接着，进行对比考察：

> 铜器只是出土于小屯村（即殷虚）及其附近的许多墓

---

[1] 尹达：《中国原始社会》，第79页；《尹达史学论著选集》，第131页。

葬；在其他许多小的村落遗址里你很少见到它们的踪迹。且它们制作的范围，只限于兵器和礼器以及少数的零星饰物；到现在为止，我们还不曾见到铜制的农耕用具和其他与生产有关的器物。

小屯村附近的许多小屯文化的村落遗址里都存在着不少的石器——石斧、石刀等；但是，铜器和其他比较珍贵的东西却不曾见到。

然后，得出这样的论断：

由于小屯文化之墓地的发掘，我们了解当时已经有了相当显著之阶级分化的现象，各个墓葬之大小丰啬的区别，非常显明；小屯村和其他遗址内容上丰啬的差别也很显明。小屯村存在着丰富的遗物遗迹，大批的甲骨文字、丰富且精致的铜制兵器以及其他珍贵的东西。小屯村附近的小遗址里，却只有一些简单的陶片、骨器及石器等等，却不见有比较精致的物品。因此，我们对这一些材料应当分别的检讨一下，不能够混为一谈；我想当时的氏族社会已经走上崩溃的阶段，阶级的分化是必然的现象，我们将那些围绕着小屯村的许多小屯文化的遗存归之于一般的氏族成员，而将殷虚遗存和其他较大的墓地归之于当时的军长和下级指挥官，我想这是必要的办法。

假若这样的分法没有错误，那末，石器出于小屯村附近的许多遗址之中，足证当时一般的氏族成员在生产过程中所使用的工具，多半还是新石器；铜制的生产工具之不存在和铜器之不存在于小屯附近的许多遗址中，足证当时的青铜器还没有深入于生产领域之中，足证青铜的兵器和礼器并非一般氏族成员的东西。[1]

这种研究方法贯穿整个《中国原始社会》一书，综合研究的方法作为尹达治学的重要特点在这时已经形成。

1954年12月，在20多年来考古学者研究基础上，对许多遗址加以初步分析后，尹达"作一综合性的概括"，完成《论我国新石器时代的考古研究工作》一文，既概述了"考古工作的状况"，又说到"存在的问题"，如关于仰韶文化和龙山文化自身的分期问题，细石器文化和仰韶文化两者相互影响的问题，仰韶文化和龙山文化的交接地区是否有两者合流后的另一种文化遗存，等等。鉴于中国地区广大，自然环境不同，经济生活基础存在某种差异，在新石器时代的漫长时期里，不同地区当然可能发展为不同的文化系统，因此提出："我们研究这些复杂问题时，必须避免比较研究工作中的片面性，我们绝不能以个别的局部的资料为满足，从而妄加推测，得出不着边际的所谓'结论'"，"对于交接地区的发掘工作，应当十分审慎，对于遗址的堆积现象，必须给予细密的观察，对于遗物遗迹都应作全面分析，然后才能够使论据具体可靠，从而得出相当稳定的结论来"。[2]

《中国新石器时代》一书结集出版之际，后记总结正反两方面经验教训说：

> 实事求是的综合研究是十分必要的；没有综合性的研究，就不可能使这种学科的理论逐步提高，也不可能从全面的综合研究中发现问题，从而找出解决问题的钥匙。
>
> 根据片面的个别的材料，就海阔天空的驰谈什么理论，

---

[1] 尹达：《中国原始社会》，第152—153页；《尹达史学论著选集》，第324—325页；《尹达集》，第268—269页。

[2] 尹达：《论我国新石器时代的考古研究工作》，《新石器时代》，第152页；《尹达集》，第153—154页。

除造成某些混乱外，是解决不了任何问题的；但是，以矜慎为名，把精力只是放在个别的孤立的事实上，而不去做全面的综合性的考虑，同样也会阻碍研究工作的迅速发展。[1]

1963年，在系统总结新中国考古收获之后写成的长篇论文《新石器时代研究的回顾与展望》中，谈到新石器时代考古工作"怎样前进"时，着重阐述的两个方面的关系之一就是综合研究、科学发掘及其相关诸问题。

论述综合研究与科学发掘，首先指明两者的关系："科学的综合研究必须在科学的调查和发掘的基础上，才能使自己的比较、分析综合所得的结论有结实而稳定的论据；科学的发掘工作必须以综合研究所得的知识和理论为基础，并从其所提出的问题出发，才能使发掘工作具有更明确的学术目的。"紧接着，写下这样一段带总结性的论述：

> 综合研究和发掘工作之间应当是互相渗透、互相作用、互相推动的关系。不在科学发掘的资料基础上进行综合研究，就不可能得出可靠的学术成果；不在科学的综合研究指导下进行发掘工作，往往会处于盲目状态，忽略其应当注意的重要现象，从而失却其可能解决某些学术问题的机会。这是新石器时代研究工作中的极为重要的经验，不重视这一点，就会造成学术上某些不可弥补的损失。[2]

这是尹达"从考古到史学研究"学术道路中积累的最为重要的经验，既是个人的经验总结，又是整个新石器时代研究取得重大突破的经验积累！

---

[1] 尹达：《新石器时代》，第243—244页；《尹达集》，第423页。

[2] 尹达：《新石器时代》，第225页；《尹达史学论著选集》，第288—289页；《尹达集》，第231页。

从以上考察可以知道，这一经验或方法，不仅仅限于新石器时代研究领域，实在是诸多学术研究领域不可或缺的重要方法，既包含理论与史料的关系问题，又包含个别与整体、局部与全局、现象与本质的关系等诸多方面的问题。

当谈到多学科协作时，尹达主张将多学科交叉研究纳入综合研究之中：

> 新石器时代考古学，需要其他学科的辅持和协作，才能够全面而健康的发展起来。它迫切需要史学、民族学、体质人类学、动物学、植物学以及物理、化学等等学科的大力支援，从这些学科中吸取必要的营养资料。[1]

直至晚年，尹达依然不忘"把史前考古、民族学、历史学以及各个有关学科的学者们密切地联结起来"，以"推进史前社会历史这一领域的研究工作"。[2]

这一愿望，已经成为今天学术研究的一种趋势。

七、论文著作的整理出版

尹达生前发表文章、讲话，详见《尹达简谱》。尹达病逝后其友发表其遗作3篇，依次为：

《郭沫若》，编入《中国史学家评传》下册，1985年4月中州古籍出版社出版。此文系根据尹达在郭沫若诞辰90周年纪念会上的书面发言由谢保成、刘隆有修改而成。

---

[1] 尹达：《新石器时代》，第239页；《尹达史学论著选集》，第300页；《尹达集》，第243页。

[2] 尹达：《衷心的愿望——为〈史前研究〉的创刊而作》，原载《史前研究》1983年创刊号。《尹达史学论著选集》，第450页；《尹达集》，第6页。

《马克思主义与中国历史学的发展》，由谢保成根据尹达讲课笔记、1982年4月在河南几篇演讲稿内容于1983年1月写出，送尹达审阅并经有关部门审定，作为全国"纪念马克思逝世一百周年学术报告会论文"印发。因写作时间仓促，尹达让修改好再正式发表，或作为《中国史学发展史》的书序。当年7月1日尹达病逝，文稿成为一篇未完成的遗稿，因而没有能够成为《中国史学发展史》的书序。《河南师大学报》改版为《河南大学学报》，再三希望将这篇文稿交由他们正式发表。在征得历史研究所领导同意后，根据尹达对《中国史学发展史》部分初稿的意见和有关谈话，又作了一次修订，篇前加按："尹达同志这篇遗作，曾作为全国'纪念马克思逝世一百周年学术报告会论文'印发过。此后，又作过修改。现按照修改稿发表。"文末附言："此稿由中国社会科学院历史研究所谢保成同志整理惠寄"，发表在《河南大学学报》1985年第4期。这篇文章基本反映尹达晚年关于中国史学基本问题的思考和认识，至于系统性、个别观点、文字表述等，则未必完全符合尹达的本意和风格。收入《尹达史学论著选集》《尹达集》时，由于编辑方面的原因，篇前按语、文末附言均未保留。

《郭沫若与古代社会研究》，编入《中国史学集刊》第1辑，江苏古籍出版社1987年版。1945年3月在延安《解放日报》发表的《郭沫若先生与中国古代社会研究》，作为"前编"；1980年11月30日补写的1949年以后在郭沫若领导到下工作了近25年，"成为郭沫若私淑弟子"的内容，作为"续编"。

尹达生前出版的著作，第一本是在1943年5月延安作者出版社出版的《中国原始社会》，第二本是1945年在延安出版的《书籍版式汇编》，第三本是1955年10月生活·读书·新知三联书店出版的《中国新石器时代》，第四本是《中国新石器时代》的增订版《新石器时代》，1979年2月由生活·读书·新知三联书店出版。《中国原始社会》《新石器时代》分别在前面的第三、四部分作了详细介绍。

尹达病逝后，出版一本主编书和两本论文集，依次为：

《中国史学发展史》，尹达主编、《中国史学发展史》编写组编写，1985年7月中州古籍出版社出版，前面的第五部分已详述。

《尹达史学论著选集》，中国社会科学院历史研究所中国史学史研究室编选，1989年9月人民出版社出版。共分五个部分：（1）学术专著1种（《中国原始社会》第一、二编）。（2）考古论文4篇。（3）古代社会论文3篇（《中国原始社会》第三编）。（4）史论5篇。（5）其他文字4篇。篇目如下：

 序言（侯外庐）
 中国原始社会（专著）
  导言　中国原始社会之发生发展及其崩溃
  第一编　从考古学上所见到的中国原始社会
   第一篇　氏族制以前的中国社会
   第二篇　中国氏族社会
   第三篇　在崩溃过程中的中国氏族社会——小屯文化的社会
  第二编　从古代传说中所见到的中国原始社会
   第一篇　中国原始社会发展的迹象
   第二篇　中国氏族社会中的图腾崇拜
 龙山文化与仰韶文化之分析（考古论文）
  ——论安特生在中国新石器时代分期问题中的错误
 论我国的新石器时代的考古研究工作（考古论文）
 论中国新石器时代的分期问题（考古论文）
  ——关于安特生中国新石器时代分期理论的分析
 新石器时代研究的回顾与展望（考古论文，非全文，仅为后一部分）
 中华民族及其文化之起源（古代社会论文）

关于殷商社会性质争论中的几个重要问题（古代社会论文）

关于殷商史料问题（古代社会论文）

怎样学习祖国的历史（史论）

改进历史科学的研究工作（史论）

——为毛泽东同志发表《改造我们的学习》十五周年纪念而作

从考古到史学研究的几点体会（史论）

——一九八二年四月二十二日在母校河南师大的谈话

关于史学研究中的几个问题（史论）

——在郑州大学历史系的学术报告

马克思主义与中国历史学的发展（史论）

郭沫若与古代社会研究（其他）

中缅文化的交流（其他）

《甲骨文合集》前言（其他）

衷心的愿望（其他）

——为《史前研究》的创刊而作

附录

尹达评传（林甘泉、叶桂生）

尹达著作目录（翟清福）

编后记（叶桂生、曲英杰）

《尹达史学论著选集》较为完整地反映了尹达治学道路的基本特征，揭示出尹达在建立中国新石器时代科学体系方面的贡献，沟通近代考古与"用新的史学观点探索古代社会"联系方面的贡献，作为新中国历史学、考古学的重要组织者的贡献。但《中国原始社会》作为一部完整的著作，共三编，编选者却将第一编、第二编置于《尹达史学论著选集》

考古论文之前,将第三编"补编"所收3篇论文置于考古论文之后,作为研究古代社会的单篇,这样的编排,使《中国原始社会》一书支离开来,失其原貌。在编辑处理方面,所选各篇原文后面有写作日期者,编选者照录无误;原文后面无写作日期者,由编选者署以发表日期,二者既不划一,又由此引出失误,将个别文章发表日期搞错,如《关于史学研究中的几个问题》一文所署日期即有误。《郭沫若与古代社会研究》一文与在《中国史学集刊》第一辑发表的文字小有差异,是因为文稿同时抄录给两处发表和出版,在编辑过程中造成的。《关于史学研究中的几个问题》《从考古到史学研究的几点体会》《马克思主义与中国历史学的发展》三篇文章,正式发表时或有"按语",或有"附言",说明写作、修改、发表情况,不可删掉,应当原样保留。

《尹达集》,中国社会科学院科研局组织编选,2006年6月中国社会科学出版社出版。以《新石器时代》一书为基础,并选录散见于各报刊的重要文章,共28篇,分四个部分:考古11篇、史学10篇、悼念4篇、序跋3篇。篇目如下:

> 衷心的愿望(考古,代序)
> ——为《史前研究》的创刊而作
> 河南浚县大赉店史前遗址(考古)
> 龙山文化与仰韶文化之分析(考古)
> ——论安特生在中国新石器时代分期问题中的错误
> 中国新石器时代(考古)
> 关于开展考古工作的建议(考古)
> 四年来中国考古工作的新收获(考古)
> 关于赤峰红山后的新石器时代遗址(考古)
> 论我国新石器时代的考古研究工作(考古)
> 论中国新石器时代的分期问题(考古)
> ——关于安特生中国新石器时代分期理论的分析

关于"硬陶文化"的问题（考古）

新石器时代研究的回顾与展望（考古，为全文）

中华民族及其文化之起源（史学）

关于殷商社会性质争论中的几个重要问题（史学）

关于殷商史料问题（史学）

怎样学习祖国的历史（史学）

改进历史科学的研究工作（史学）
　　——为毛泽东同志发表《改造我们的学习》十五周年纪念而作

中缅文化的交流（史学）

坚持用马克思主义指导社会科学研究（史学）
　　——在河南省社联第二次代表大会上的讲话

关于史学研究中的几个问题（史学）
　　——在郑州大学历史系的学术报告

从考古到史学研究的几点体会（史学）
　　——一九八二年四月二十二日在母校河南师大的谈话

马克思主义与中国历史学的发展（史学）

郭沫若与古代社会研究（悼念）

悼念梁思永先生（悼念）

悼嵇文甫同志（悼念）

深切怀念马克思主义史学家尚钺同志（悼念）

《甲骨文合集》前言（序跋）

《中国新石器时代》后记（序跋）

《新石器时代》再版后记（序跋）

附录一　照林与侯家庄1001大墓（石璋如）

附录二　刘燿先生考古的五大贡献（石璋如）

作者论著目录

作者生平年表

编后记（曲英杰、翟清福）

在编辑方面，每篇文章题目下均加"编者"说明，交代最初刊载及修改发表情况，较比《尹达史学论著选集》更加规范，但其中既有新出现的疏忽，又有《尹达史学论著选集》遗留的问题。新的疏忽是，《郭沫若与古代社会研究》一文篇题下的"编者"说明"刊载于《中国史学集刊》第一辑"，而全文文字实际是沿用的《尹达史学论著选集》的文字，与《中国史学集刊》第一辑发表的文字的差异仍被保留下来。《尹达史学论著选集》遗留的问题，还是写作时间与发表时间混乱的问题。《从考古到史学研究的几点体会》一文，副标题明明写着"1982年4月22日在母校河南师大的谈话"，"编者"注明"刊载于《河南师大学报》（社会科学版）1982年第4期"，篇末却署"1982年7月"，让人不知究竟以哪个时间为准。《关于史学研究中的几个问题》一文，存在同样情况。两篇文章篇末所署时间，应当删除。河南四家刊物1982年至1985年发表的文章，篇末均有"附言"说明写作、修改以及发表情况，应当保留。此外，副标题问题有缺漏处，如《关于殷商史料问题》单篇发表时有副标题"兼论殷商社会性质"，因为是选自《中国原始社会》第三编"补编"，因而没有了副标题。

书后所附《作者生平年表》，1982年11月10日"出席纪念郭沫若诞辰九十周年纪念会"一条，与实际情况有出入。尹达当时住院，未出席纪念会，是由谢保成代为到会宣读纪念文章的。

《尹达史学论著选集》《尹达集》的编选真实地反映了尹达的治学道路和学术特点，为研究尹达的学术贡献，为研究当代中国史学的发展，提供了极大的方便。

热望"山东日照两城镇遗址报告"（未完稿）能够早日整理出版，了却尹达久久期盼的心愿、遗愿，以告慰这位长眠于九泉之下的新石器时代考古元勋!

尹达书信、佚文的搜集整理有待进行。

八、尹达简谱[1]

尹达,姓刘名燿,字照林,又名刘虚谷。一度用水牛为笔名,曾被称为尹启明。

清朝末年,刘氏家族以贩盐发迹,至刘燿父辈时发达起来。大伯刘绍周,秀才出身,先后在本县、偃师当师爷。父亲刘绍宣,科举考试最后一次乡试录取的举人,先任县城小学校长,后到开封新成立的中学任职。

1906 年(丙午,清光绪三十二年)

10 月 17 日,生于河南省滑县牛屯。

1919 年(己未,民国八年) 13 岁

5 月,北京发生"五四"运动,波及全国。

本年,在本村私塾读书。

1920 年(庚申,民国九年) 14 岁

9 月,在滑县县立小学读书。赵毅敏回忆:"我弟弟死用功,小时候就整夜看书,家里人叫他'熬干灯'。"

1921 年(辛酉,民国十年) 15 岁

9 月,进滑县第十二中学读书。

本年,安特生先后在辽宁奉天(沈阳)附近、河南仰韶村发现新

---

[1] 简谱是在《尹达集》附《作者论著目录》《作者生平年表》基础上经过增删修改而成。

石器时代遗存，命名为"仰韶文化"，写成《中国远古之文化》一文。

1925年（乙丑，民国十四年） 19岁

9月，考入中州大学（河南大学前身）预科读书。

本年，安特生以其前一年在甘肃一带考古调查和小规模采掘的材料，著成《甘肃考古记》一书出版。

1926年（丙寅，民国十五年） 20岁

因直奉战争，学校停课，一度休学。

李济在山西夏县西阴村史前遗址发见与仰韶相同的文化遗存。

1928年（戊辰，民国十七年） 22岁

6月，中央研究院成立，蔡元培任院长。

9月，入河南大学本科，先在哲学系，后转国文系。

10月，历史语言研究所在广州成立，傅斯年任所长。

11月，董作宾回母校河南大学作"安阳小屯发掘之经过"的专题演讲。

1929年（己巳，民国十八年） 23岁

3月，历史语言研究所迁往北平。

12月，傅斯年到河南大学作"现代考古之重要性""武虚谷与汉学和徐旭生先生与西北考古""古史问题"等专题演讲。

1930年（庚午，民国十九年） 24岁

3月，郭沫若《中国古代社会研究》出版。

夏，梁思永回国，不久即赴黑龙江发掘昂昂溪遗址。

秋，吴金鼎在山东历城龙山镇发掘城子崖遗址，以"黑陶文化"标准遗址地址在龙山镇而命名"龙山文化"。

本年，在殷墟小屯期（殷代遗存）堆积下发现"龙山文化"遗存。

1931年（辛未，民国二十年） 25岁

3月，根据本人函呈、学校查核成绩，与石璋如作为河南大学"函送学生"参加殷墟发掘团，为实习生。最初在安阳小屯北地见习，随即赴安阳后冈参加梁思永主持的发掘工作，"得小屯、龙山和仰韶文化的堆积关系"。

6月，发表《关于社会分期问题》，署名水牛，载《飞跃》双周刊（河南开封）。

11月，时任中共满洲省委宣传部长兼奉天（沈阳）市委书记的赵毅敏，被日本宪兵搜捕入狱。得知兄长入狱的消息后，立即赶往奉天探视，并设法筹款营救。为了安慰父母，过一段时间就以赵毅敏的名义给家里写封信，并担负照顾嫂嫂凌莎和侄子的责任，直至1934年赵毅敏出狱。

12月，梁思永、董作宾代表史语所联名写"证明书"给河南大学介绍其"工作成绩"："河南大学实习生刘燿、石璋如二君，参加工作，始终其事。于遗物之搜捡，遗迹之观察，均能勤慎详密，记载绘图，亦极明晰。较之前次工作，大有进益，裨助本团不少。成绩优良，特为证明。"

1932年（壬申，民国二十一年） 26岁

5月5日—22日，主持浚县大赉店史前遗址发掘，"知道这遗址经过了彩陶时期、黑陶时期和灰陶时期才堆积成功"，即"发现了和安阳后冈相似的遗址，也发现龙山和仰韶两者的堆积关系"。

参加浚县辛村卫墓第二次发掘，发现了墓五，确定为贵妇人墓。

7月13日，根据中央研究院历史语言研究所5月28日所务会议议决，函告准其与石璋如为中央研究院历史语言研究所研究生，"由中华教育文化基金补助费项下每月津贴五十元，自本年度七月份起"。

7月22日，与石璋如联名复函表示："捧读之余，无任欣忭，日昨复接第三组来函，嘱在汴整理浚中材料，以俟整理就绪，当即赴北平工作也。"

1933 年（癸酉，民国二十二年） 27 岁

春，参加浚县辛村卫墓第三次发掘，发现墓十七，为男女合葬又分穴的葬俗，与《礼记·檀弓下》记载相符，是卫人的习惯。

秋，主持安阳后冈第三次发掘，除增加龙山、仰韶文化资料，东区出土一个完整的铜甗，"就大而完整的铜器说，它是发掘安阳以来第一次的发现"。

与石璋如一起调查安阳同乐寨遗址。

1934 年（甲戌，民国二十三年） 28 岁

春，主持安阳后冈第四次发掘，除增加龙山、仰韶文化资料，西区殷代大墓，"墓形及南墓道的车器以及用人头殉葬等，均为从前所不知"。

秋，研究生毕业，为历史语言研究所助理员，参加梁思永主持的安阳侯家庄西北冈发掘，负责西区 1001 大墓。

10月，历史语言研究所迁往南京，在北极阁鸡鸣寺路 1 号。

本年，安特生《黄土底女儿》一书出版。

1935 年（乙亥，民国二十四年） 29 岁

3月3日，《河南浚县大赉店史前遗址》重写完成，评价后冈在中国史前史上的重要地位，"解决了中国史前史上不少的悬案，给我们一条正确的坦途去探索中国的史前期的社会"。发表于《田野考古报告》）第 1 册（1936 年），署名刘燿，收《尹达集》。

3月10日—6月15日，继续侯家庄西北冈西区 1001 大墓发掘。"不论墓形，不论时代，不论蕴藏，都居第一。"

进行侯家庄西北冈东区小墓发掘，发掘小墓234处，已接近小墓总数的五分之一。

1936年（丙子，民国二十五年） 30岁

4月，发表《情诗译丛引端》，载《河南教育月刊》第4卷第6期，署名刘燿。

夏初，参加梁思永主持的山东日照两城镇发掘，负责瓦屋村遗址，"得龙山文化遗存及同期的葬地，陶器收获最多"。

被聘为历史语言研究所助理研究员。

根据梁思永"一个遗址发掘告一段落后，即由领导者编辑报告，在报告未完成之前，不许再到田野工作"的规定，开始在南京历史语言研究所考古组撰写日照两城镇发掘报告。

9月，发表《考古研究法》（书评），载《出版周刊》第96期，署名刘虚谷。

1937年（丁丑，民国二十六年） 31岁

上半年，继续撰写日照两城镇发掘报告，图版及器物草图多已完成。

夏，安特生重来中国，在南京地质调查所讲演，参观山东日照两城镇发掘所得遗物，"曾以仰韶村和齐家坪两遗址为局，安特生先生似亦未能充分变更其过去的见解"。

7月7日，《龙山文化与仰韶文化之分析》在南京历史语言研究所重写完成，论证龙山文化与仰韶文化是中国新石器时代两种不同系统的文化遗存，安特生所谓的"仰韶文化"实杂有龙山文化遗物，应当加以区分。

7月—8月，随历史语言研究所西迁至长沙圣经学校。

12月6日在"日照两城镇报告"最后写下："别了，这相伴七年的考古事业！/在参加考古工作的第一年，就是敌人铁蹄踏过东北的

时候，内在的矛盾燃烧著（着）愤怒的火焰，使我安心不下去作这样的纯粹学术事业！但是，事实的诉语影响了个人的生活，在极度理智的分析之后，才压抑了这样的矛盾，暂时苟安于'考古生活'之内。/现在敌人的狂暴更加厉害了，国亡家破的悲剧眼看就要在我们的面前排演，同时我们正是一幕悲剧的演员！我们不忍心就这样的让国家亡掉，让故乡的父老化作亡国的奴隶；内在的矛盾一天天的加重，真不能够再埋头写下去了！我爱好考古，醉心考古，如果有半点可能，也不愿意舍弃这相伴七年的老友！但是我更爱国家，更爱世世代代所居住的故乡，我不能够坐视不救！我明知道自己的力量有限，明知道这是一件冒险历危的工作，但是却不能使我有丝毫的恐怖和畏缩！"

山东日照两城镇龙山文化遗址发掘报告"已成十分之九"，"无论就材料而论，或就整理编写方法而论，都远胜大赉店遗址报告"，附有留言，"希望梁思永加以完成"。梁思永认为"这报告将成为对于山东沿海区的龙山文化的标准著作，而是研究龙山陶器不可缺少的参考书"。

12月14日，考古组同仁下午在长沙清溪阁二楼举行离别宴，参加者有李济、董作宾、梁思永、刘燿、李景聃、李光宇、石璋如、王湘、祁延霈、胡厚宣、高去寻、潘悫、杨延宾，还有魏喜臣、胡占奎、王文林、李连青等。酒菜上来后，大家起立，先恭祝研究所人员和文物均能平安地迁移到理想的目的地，一杯；次恭祝三组同人，不论随所或他去，日后均能保持联系和安全，一杯；然后再恭祝小屯一杯；西北冈一杯；瓦屋村一杯；大孤堆一杯。

12月15日，为抗日救国，奔赴陕北。石璋如回忆："第二天十二月十五日，照林、子湘、延宾、霈苍要离职的几位朋友，把早已理清的作业捆好交给公家，醉意尚未完全离身，便忙着上路去开拓另外的新天地了，这是考古组惊天动地的一件大事，国仇组恨终身难忘。"

年底，到达延安。

1938年（戊寅，民国二十七年） 32岁

1月，入短训班学习后，进陕北公学学习，改用母姓，始称尹达。

4月，加入中国共产党。

5月，进马克思列宁学院学习。

11月，任陕北公学关中分校教员。

1939年（己卯，民国二十八年） 33岁

2月，任马克思列宁学院历史研究室研究员，兼陕北公学总校教员。

春，往河南襄城县一老乡家，将撤离前存放的中外文图书资料运往延安。

本年，始撰《中国原始社会》。

冬，撰成《中国原始社会》第一编第二篇《中国氏族社会》，"费力最大"，把1937年以前发掘所得比较可信的材料进行了整理，审慎地找出各种文化遗存的先后关系，比较全面地分析了各种文化遗存的具体内容。简要介绍中国新石器时代遗址的发现及其分期问题，指出安特生混淆了仰韶文化和龙山文化，"在分期问题上就犯了相当大的错误"。着重考察氏族社会的发展阶段：以渔猎为基础的氏族社会，肯定昂昂溪文化较仰韶文化为原始；以农业为基础的氏族社会，为仰韶文化和龙山文化所反映的社会。最后，从一些尚未得到相当解决的许多问题中抽出几个和研究氏族制度有关的问题加以叙述。

1940年（庚辰，民国二十九年） 34岁

1月23日，撰成《中华民族及其文化之起源》，论述考古学上所见到的中华民族及其文化发展的过程以及金文甲骨文中证明的古代传说的真实性，进而批判中华民族及其文化"东来"和"西来"等说法，发表于7月《中国文化》第1卷第5期，为《中国原始社会》

"补编"。收《尹达史学论著选集》《尹达集》。

7月9日，撰成《关于殷商社会性质争论中的几个重要问题》，针对当时争论的主要问题，明确表示"殷代后期的生产工具不是铁器，也不是铜器，而是石器"，"主要的产业部门不是牧畜而是农业"，"殷代后期的社会是在崩溃过程中的氏族社会"，发表于9月《中国文化》第2卷第1期，为《中国原始社会》"补编"，文字有改动。收《尹达史学论著选集》《尹达集》。

9月，撰成《中国原始社会》第一编《从考古学上所见到的中国原始社会》、第二编《从古代传说中所见到的中国原始社会》，一是把关于中国原始社会的大批新的材料和学术界之新的成果献给同好的学人，二是运用科学的方法把这些材料组织起来，希望从这里看出中国原始社会发展的线索。收《尹达史学论著选集》。

本年，与范文澜、佟冬合撰《民族统一的中央集权的封建国家成立后对外扩张到外族的内征——秦汉至南北朝》，作为《中国通史简编》第二编，1941年新华出版社出版，1947年上海新知书店出版，1949年长春新知书店出版。

1941年（辛巳，民国三十年） 35岁

1月28日，撰成《关于殷商史料问题——兼论殷商社会性质》，针对吕振羽、谢华以及《中国通史简编》第一编作者运用考古学材料和甲骨文材料出现的问题，指出"不能以初期发掘的材料和报告为满足，应当注意到所得到的全部史料，辩证地分析它们的相互关系"，发表于6月《中国文化》第3卷第1期，为《中国原始社会》"补编"，文字有改动，去掉副标题。收《尹达史学论著选集》《尹达集》。

7月，调任中共中央出版局出版科科长。

1943年（癸未，民国三十二年） 37岁

5月，《中国原始社会》由作者出版社出版。扉页作《从考古学

上所见到的中国原始社会》，以别于其他关于原始社会的论著。分三编：第一编，从考古学上所见到的中国原始社会；第二编，从古代传说中所见到的中国原始社会；第三编，补编（包括《中华民族及其文化之起源》《关于殷商社会性质争论中的几个重要问题》《关于殷商史料问题》三篇）。收《尹达史学论著选集》。

本年，小妹刘涑在山西灵丘黄木沟转移群众时，为抢救一个孩子而壮烈牺牲。刘涑，河南大学附中前身——北仓女中高中生，1936年"西安事变"之后，毅然参加抗日民族先锋队，奔赴抗日前线。先在临汾民族革命大学学兵队受训，后到延安学习。不久，转战晋察冀前线。

1945年（乙酉，民国三十四年） 39岁

3月13日，《郭沫若先生与中国古代社会研究》发表于延安《解放日报》，评述郭沫若的《中国古代社会研究》与《古代研究的自我批判》的历史功绩、学术观点以及郭沫若的治学精神。

4月，《郭沫若先生与中国古代社会研究》在重庆《群众》周刊第10卷第7、8期转载。作为《郭沫若与古代社会研究》"前篇"，收《尹达史学论著选集》《尹达集》。

此后，通过周恩来与郭沫若互赠学术著作，建立起通讯联系。

7月，傅斯年访问延安，彼此一晤，以《中国原始社会》一书相赠。

11月，调任中共中央宣传部，负责出版工作。

本年，《书籍版式汇编》在延安出版。

1946年（丙戌，民国三十五年） 40岁

2月，写信捎给在重庆的傅斯年，全文如下："孟真先生：/安延一晤，至以为快；知诸师友均在努力写作，自愧于学术工作尽力甚微，思之怅怅。/日内即赴华北，横过山西，拟便中作考古调查；过去山西虽然发见多处遗址，但大都未能分析清楚，故欲于不妨碍旅

行中作此调查耳。/今后甚愿与诸师友取得联系，以便共同致力于学术事业，未审所中师友愿否？/所中所出有关考古之书，可否致送一份？盼甚。/愚未完成之书，仍愿续作；今后交通方便，大局安定，望能捎至北方大学，当设法完成之。/学安！/后学尹达二月十五日。"

5月，到山西晋冀鲁豫边区任北方大学教员兼图书馆馆长。

10月21日，为《龙山文化与仰韶文化之分析》在《北方杂志》发表作篇头语，全文如下："算起来这篇文章已经整整写成十年了。写成那天，正是全国开始抗战的'七七'；后来我决心离开那一学术机关，想到敌后尽一点抗战的义务。在解放区当时经过领导者督促，使我重检旧业，写了一本《中国原始社会》；在写那册书时，曾因为材料的关系，托友人把这篇文章检抄一份，并承这位友人的好意把插图及图版复照的照片寄来。这篇文章曾由考古组编入《田野考古报告》第二册中，在香港付印时底稿及图版全部散失了；我曾据友人所抄副稿再抄一份，并照片六张，由一位朋友寄往上海，据说要这篇文章的杂志短命夭折，副稿及照片均不知流落何所！现在我仅存友人抄给的一份副稿，图版及插图也一时无法补足了。这次所发表的稿子，我只更动了个别的字句，所有的意见和布局都不曾变动。这篇文章的意见，我在写《中国原始社会》时曾用过（该书三三至三六页），现在索性发表出来，以求同好者的是正！"

1947年（丁亥，民国三十六年） 41岁

3月，《龙山文化与仰韶文化之分析》发表于《中国考古学报》第2册，署名刘耀；发表于《北方杂志》2卷1、2期，署名伊达。《北方杂志》所刊，有副标题"中国原始社会资料研究之一"。收《中国新石器时代》时，改副标题为"论安特生在中国新石器时代分期问题中的错误"。收《新石器时代》《尹达史学论著选集》《尹达集》。

1948年（戊子，民国三十七年） 42岁

7月，北方大学与华北联合大学合并，成立华北大学，任教务处长。

1949年 43岁

1月，北平和平解放，随华北大学迁至北平。

2月，任北平军事管制委员会文化委员会文物部部长，负责接收故宫等文物单位。

3月6日，在接管故宫大会上宣布："正式接管故宫，马衡院长还是院长，全体工作人员原职原薪。从今天起，故宫新生了。"

6月，与郭沫若、范文澜、陈垣等50位史学家发起成立中国新史学研究会，并参与筹备工作。

1950年 44岁

年初，中国人民大学成立，任研究部副部长，一度兼中国历史教研室主任，讲授中国近代史。

1951年 45岁

7月，参加中国史学会成立大会，当选为常务理事。

9月10日，拜访梁思永，与夏鼐见面。梁思永对夏鼐说，希望把尹达请来担任考古所领导。

10月16日，撰成《怎样学习祖国的历史》，论述学习祖国历史的目的和意义、态度、基本方法和重点。发表于10月《学习杂志》第4卷第12期，收《尹达史学论著选集》《尹达集》。

1953年 47岁

9月，调任北京大学副教务长。

12月，接受中国科学院第四十一次院务常务会议任命，为历史

研究所第一所副所长，协助所长郭沫若筹建上古史所、组建《历史研究》编辑部。

为将《中国原始社会》第一编第二篇《中国氏族社会》改写为《中新石器时代》一文，多次拜访梁思永，梁思永"在病中仔细看过，且提出了不少宝贵意见"。

1954 年　48 岁

2 月，兼任《历史研究》主编、《史学译丛》主编。

3 月，撰成《关于开展考古工作的建议》，指出考古事业和经济建设密切的交织在一起，又不得不步趋着经济建设程序及时完成任务，急待解决的问题是大力编写与出版考古学基本知识的书籍，培养与提高现有的考古工作干部、吸收业余考古工作干部，开展宣传教育，推进群众性的文物保护工作。发表于《文物参考资料》第 3 期，收《尹达集》。

4 月 2 日，梁思永在北京病逝。

4 月 13 日，撰成《悼念梁思永先生》，发表于《文物参考资料》第 4 期，收《尹达集》。

4 月下旬，与裴文中赴莫斯科参加苏联科学院历史学部考古学和民俗学科学大会。

4 月 18 日，在中国科学院举行的纪念会上，报告梁思永的生平学术活动和成就。院长郭沫若出席，副院长陶孟和致悼词。

4 月 26 日，在莫斯科撰成《四年来中国考古工作中的新收获》，分四个方面简要介绍新中国建立四年来比较突出的某些新发现：新石器时代的发现及其综合研究、关于殷代遗址的新发现、战国时代遗存的新发现、关于汉代遗存的重要发见。发表于 10 月《文物参考资料》第 10 期，收《尹达集》。

6 月，任中国科学院党组成员，兼中国科学院编译出版委员会副主任委员，兼任考古研究所研究员、副所长。

9月15日—28日，作为代表，出席第一届全国人民代表大会第一次会议。

12月2日，根据梁思永提出的意见，撰成《关于赤峰红山后的新石器时代遗址》，作为《中国新石器时代》一文的补充，指出这一新石器时代的遗址"为长城南北两种新石器时代文化相互影响之后的新型的文化遗存"，是"含有细石器文化和仰韶文化两种因素的文化遗存"，命名为中国新石器时代的"红山文化"，并强调这一发现"对于长城南北新石器时代文化的相互关系问题，初步找到了解决的钥匙"。收《中国新石器时代》《新石器时代》《尹达集》。

12月4日，撰成《论我国新石器时代的研究工作》，对于近30年的我国新石器时代研究作以初步总结，明确我国新石器时代大体上已有细石器文化、仰韶文化、龙山文化和东南的硬陶文化四个不同的文化系统，各有其主要特征，并对四个不同的文化系统先后序列加以分析。最后强调：把地下遗存的资料整理出一个眉目来，再结合着我国丰富的古代传说和少数民族的现实资料作进一步的研究，将使我国原始社会的研究获得更大成果。发表于1955年2月《考古通讯》第2期，收《中国新石器时代》。收《新石器时代》时改题为《论我国新石器时代的考古研究工作》。收《尹达史学论著选集》《尹达集》。

本年年底，发现安特生在新的报告里，对于分期问题的意见只是过去的见解之继续发展，基本观点并没有改变，而他的旧说在我国的影响尚未清除，新著又在我国一部分历史学者中发生了影响，开始撰写《论中国新石器时代的分期问题——关于安特生中国新石器时代分期理论的分析》初稿，经考古研究所讨论提出意见，与裴文中"谈过两次"。

1955年　49岁

4月7日，重新写定《论中国新石器时代的分期问题——关于安特生中国新石器时代分期理论的分析》，送夏鼐看过。针对安特生新著中的观点，论述重点集中在先前未及深入的不召寨遗存、齐家坪的遗存。指出不召寨是纯粹的龙山文化遗址，齐家坪遗址是晚于仰韶文化遗存的另一种不同于仰韶文化系统的文化遗存。安特生对于中国新石器时代分期问题的基本论点建筑在"单色陶器"早于"彩色陶器"之上，我国考古学的新资料证明这样的理论是错误的，他为甘肃新石器时代的各期所安排的"相对年代"也错了。最后强调："我们应当用科学的方法，综合大量的关于我国新石器时代的新资料，早日建立起我国新石器时代分期的标准来。"该文发表于 9 月《考古学报》第 9 期，收《中国新石器时代》《新石器时代》《尹达史学论著选集》《尹达集》。

4 月—6 月，将《中国原始社会》第一编及第二篇《中国氏族社会》改写为了《中国新石器时代》，试图突破安特生的错误体系，建立起中国新石器时代的比较可信的体系。收《中国新石器时代》《新石器时代》《尹达集》。（按：据《中国新石器时代·后记》"这次付印时，我曾作了某些修改"，故编于此。）

6 月，任中国科学院哲学社会科学部常务委员，出席中国科学院学部成立大会。

7 月 5 日—30 日，出席第一届全国人民代表大会第二次会议。

8 月 3 日，作《中国新石器时代·后记》，归纳 20 年来所写这些论文，"围绕着一个中心：从批判过去的关于我国新石器时代的研究工作中，以建立起我国新石器时代的体系"。特别提到《中国新石器时代》《论中国新石器时代的分期问题》两篇文章的写作情况。收《中国新石器时代》《新石器时代》《尹达集》

10 月 5 日，为聘请北京大学张政烺、四川大学徐仲舒、山东大学杨向奎、武汉大学唐长孺为历史研究所兼职研究员，致函中国科学院张副院长转郭沫若院长。

10 月，《中国新石器时代》由生活·读书·新知三联书店出版，收文五篇：《中国新石器时代》（1939 年冬）、《龙山文化与仰韶文化之分析——论安特生在中国新石器时代分期问题中的错误》(1937年7月7日)、《论中国新石器时代的分期问题——关于安特生中国新石器时代分期理论的分析》(1955年4月7日)、《关于赤峰红山后的新石器时代遗址》(1954年12月2日)、《论我国的新石器时代的考古研究工作》(1954年12月4日)。《龙山文化与仰韶文化之分析》一文新增加副标题——"论安特生在中国新石器时代分期问题中的错误"。

10月31日，写成《关于历史科学工作的现况和改进的意见（初稿）》，后又作有修改。

11月5日，撰成《关于"硬陶文化"的问题》。由于《论我国新石器时代的考古研究工作》收入《中国新石器时代》一书后不久，发现"'硬陶文化'或'几何印纹硬陶'系统的文化，这样的名称都不够妥当"，写此短文声明，在没有标准的遗址之前"权且暂时使用"，但"决不能说是一种长期的正确的办法"。同时指明《中国新石器时代》一书"所用的两个印纹陶器的图片，就更不足以代表这种文化"，特"加印一页更正，以免误人"。发表于1956年1月《考古通讯》第1期，收《尹达集》。

11月27日，应日本学术会议邀请，作为中国访日科学代表团成员，随团长郭沫若一行10人转道香港赴日本。在从香港乘荷兰飞机起飞后不久，飞机发生故障，安全返回香港。

12月1日—12月25日，在日本作学术访问。回答记者提出的关于新中国考古成就等方面的问题，与明治大学考古学研究室等进行座谈、交流。

12月28日，回到上海。

1956年　50岁

年初，参加全国科学技术规划制订工作，拟就《发展历史科学和培养历史科学人才的十二年远景规划纲要草案》（初稿）。

2月8日，拟就《编写中国历史教科书计划草案》。有如下一些设想：1. 中国历史教科书的叙述范围是从旧石器时代到1949年中华人民共和国成立。全书暂定为100万字。2. 由全国史学家36人组成中国历史教科书编辑委员会，以郭沫若为召集人，负责教科书的编写工作。3. 殷周组由尹达负责召集，秦汉组及魏晋南北朝组由翦伯赞负责召集，隋唐组由向达负责召集，宋辽金元组由邵循正负责召集，明清组由吴晗负责召集，近代现代组由范文澜负责召集。教科书中的插图由中国科学院考古研究所负责，地图由谭其骧负责，索引、年表由聂崇岐负责。4. 由郭沫若、陈寅恪、陈垣、范文澜、翦伯赞、尹达、刘大年7人组成中国历史教科书编辑委员会的编审小组，负责组织写稿和审稿的工作，由郭沫若主持。5. 教科书中关于奴隶制和封建制的分期，采用郭沫若的主张，即殷周为奴隶社会，战国以后为封建社会。6. 关于教科书的体例：文字要现代语化，不直接引用原始材料，必要时加注释。最后规定，1957年初完成初稿，"经过征求意见和反复讨论，三年到五年最后定稿付印"。

5月，撰成《改进历史科学的研究工作——为毛泽东同志发表〈改造我们的学习〉十五周年纪念而作》，指出学风存在两种倾向：一种是"还没有'详细地占有材料'，还不能在辩证唯物主义和历史唯物主义的理论指导下，认真分析大量的客观事实，从而引出正确的结论。相反的，往往是从马克思列宁主义的经典著作中的某些辞句出发，凭自己的主观想象臆造出来某种理论，然后东拼西凑，片面地摘引某些史料，以证实其早已安排好的结论"；另一种是"还存在着'只见树木不见森林'的烦琐作风，这种片面的支离破碎的治学方法，不可能从复杂错综的历史现象中找出客观事实的内在联系，不可能发见历史现象中存在着的客观规律。"同时指出，学术批评"绝不能说已经十分健康了"，还存在着将他人提出的看法"看做是对自己的攻击，因而心怀不满，从感情上制造某种人为的隔阂"的情况，甚至"以权威自居，盛气凌人地给提出不同意见的人以打击"，强调"学术研究是一件细致的工作，批评任何一种理论或学说，都需要进行认真的科学分析。从理论上以及史实的根据上进行充分的研究，确切地找出其所以不对的关键所在，才能够具有说服力量。简单地一笔抹杀的办法是解决不了问题的"。"批评是十分必要的，反批评也是同样必要的。"发表于30日《人民日报》，收《尹达史学论著选集》《尹达集》。

6月14日，与参加制定十二年远景规划的科学家一起，受到毛泽东等党和国家领导人的接见并合影留念。

6月15日—30日，参加第一届全国人民代表大会第三次会议。

7月1日，出席郭沫若邀请50多位史学家和哲学家召开的编写中国历史和中国哲学史教科书座谈会。中共中央宣传部部长陆定一以及范文澜、吴晗、翦伯赞等先后发言。郭沫若表示同意在集体编写完成后由他"做整个书的校对工作"。会上确定：编写中国历史教科书作为高教部的任务委托科学院负责。

1957年　51岁

4月—5月，接待以原田淑人为团长的日本考古学访华考察团，与日本学者座谈，安排日本学者赴各地参观、考察。

5月23日—30日，出席中国科学院学部委员会第二次会议。

6月26日—7月15日，出席第一届全国人民代表大会第四次会议。

1958年　52岁

2月1日—11日，出席第一届全国人民代表大会第五次会议。

夏，组织历史研究所第一所研究人员编辑《马克思主义经典作家论资本主义以前社会诸形态》一书。组织全所研究人员进行历史资料基本建设，选摘古籍中有关资料，剪贴在特制的大卡片上，分类编排成断代史资料、专史资料，存放入特制的卡片柜中。

8月8日，受郭沫若委托，与侯外庐、刘大年等三个历史研究所的实际负责人和负责现代史部分的田家英、科委的刘列夫等研究编写中国历史的计划与分工。

8月中旬，赴大连草拟成《编写中国历史的指导思想》《关于历史理论的处理》《编写中国历史的体例》等。

10月15日，与范文澜、侯外庐、刘大年、田家英、白寿彝等14位编写组负责人及专家对《编写中国历史的指导思想》进行会商。

10月，《考古工作中两条道路的斗争》发表于《考古通讯》第10期、10月16日《人民日报》。

本年，《红旗》杂志创刊，任编辑委员。

本年，与吴晗负责组织、由谭其骧主编改绘杨守敬《历代舆地图》（即《中国历史地图集》）的工作。

1959年 53岁

1月，出席编写《十年考古》座谈会，组织编写《十年考古》（即《新中国的考古收获》）。

年初，所拟《中国历史编写提纲及说明》经郭沫若同意，印发全国各高等院校历史系、历史研究机构和史学工作者征求意见。

3月5日—13日，与陈垣、范文澜、吴晗、翦伯赞、侯外庐等历史学家60余人参加郭沫若召开的中国历史提纲草案座谈会，主要讨论奴隶社会和封建社会部分的提纲草案以及《〈中国历史图谱〉计划》《中国历史博物馆陈列说明》，中共中央宣传部副部长周扬到会讲话。

3月，发表《组织起来，大家动手，编写〈十年考古〉——在编写〈十年考古〉座谈会上的发言》，强调"为了编写好'十年考古'，避免资料上的错误，各地区的考古团体把各种主要资料的发现过程认真作一次科学的检查，是十分必要的。这是提高我国考古研究水平的重要步骤"，"我们所根据的材料一定是经得起考验的、科学的材料，我们的理论的建立，一定要经过科学的分析"。载《考古》

第3期。

4月18日—28日,出席第二届全国人民代表大会第一次会议。

11月底,与编写组人员一起开始编写中国历史。

本年,任《甲骨文合集》编辑委员。任中国历史博物馆筹建组副组长,兼任中国科学院考古研究所所长。

1960年　54岁

2月26日,经中央批准,历史研究所第一、二所合并,任历史研究所副所长。

3月30日—4月10日,出席第二届全国人民代表大会第二次会议。

6月,中国历史古代部分编写初稿完成,印发部分史学工作者和有关单位讨论,收到许多宝贵意见,经认真研究,组织编写组作修改,形成二改二印稿,即《中国历史初稿》。

12月,在中国科学院哲学社会科学部第三次扩大会议上,代表编辑小组向郭沫若和学部委员、有关专家作《〈中国历史初稿〉的编写情况、体会和存在问题》的汇报。

本年,辞去《历史研究》主编等50多个兼职。

1961年　55岁

2月,收到郭沫若看了《中国历史初稿》"奴隶社会"这一册后就"所发现的错误和可疑的地方"提出的41条具体意见。

3月21日,与郭沫若一道,在北京饭店听取范文澜、翦伯赞、黎澍等对《中国历史初稿》的意见。

3月,兼任高教部文科教材历史教材编审组副组长、全国历史指导委员会委员、国务院哲学社会科学历史组副组长。

4—6月,《中国历史初稿》(古代部分)印成七册,分发全国各高等院校历史系和有关历史研究机构进行讨论。在各单位分别讨论的基础上,六大区又各自采取不同的方式组织进一步讨论。组织编写组对收集的近 7000 条意见进行分类、归纳，逐条研讨，提出处理意见。

8月22日，作《新中国的考古收获·后记》，简要叙述编写经过，强调"这样一本概括我国十几年考古方面重要成就的书，没有各地区、各单位的积极支持是很难编写出来的"。收《新中国的考古收获》，12 月文物出版社出版。

12月21日，致函郭沫若，以中国历史的编写进入"一个新的阶段"，将四个编写组情况"综合起来写一草稿"送审阅。"向领导汇报，是否先用我们四位的名义（外庐、大年、家英和我）？等三改三印时，用郭老的名义向领导上汇报？"次日，郭沫若在天头批复："同意就用四位的名义。"

1962 年　56 岁

年初，与郭沫若商定，中国历史书名定为《中国史稿》。

3月3日，看过经周扬作出修改的"前言"打印稿后，转送郭沫若。经郭沫若定稿，正式作为《中国史稿》"前言"。

3月6日，与田昌五、林甘泉、杨向奎、郦家驹对《中国史稿》第一、二、三册最后进行统一加工完毕，分别于当年 6 月、1963 年 12 月由人民出版社出版第一册、第二册。

3月27日—4月16日，出席第二届全国人民代表大会第三次会议。

6月，《从〈在延安文艺座谈会上的讲话〉最早的版本谈起》发表于《图书馆》第 2 期。

6月—7月，因病休养，"重温了搁置已久的新石器时代考古行业"，以《新中国的考古收获》一书所"综合起来"的"全国范围内三千多遗址的丰富内容"为基础，"忙里偷闲，深夜捉笔"，完成《新石器时代研究的回顾与展望》初稿的四分之三。

本年，辞去中国科学院考古研究所所长之职。

1963 年　57 岁

4 月，间断地撰写《新石器时代研究的回顾与展望》。

5 月，开始考虑"史学遗产与史学革命"问题。

5 月 20 日—6 月 13 日，作为中国科学院代表团成员，随团长张劲夫访问朝鲜。重点放在考古和史学方面，了解朝鲜考古学、史学的主要成就以及理论动向。先后在考古及民俗研究所座谈 5 次，在历史研究所座谈 1 次。

8 月，撰成《新石器时代研究的回顾与展望》，简略地回顾了中国新石器时代研究约 40 年的历程，对黄河流域、长江流域、华南一带、北方草原地带和东北地区的新石器时代考古调查、发掘和研究工作进行了系统的分析，提出"一些尚待深入钻研的学术问题"后，进而论述"怎样前进"，着重阐述了两个方面的问题：考古学、史学及其相互关系；综合研究、科学发掘及其相关诸问题。第二部分以《新石器时代考古工作的回顾和展望》为题发表于当年《新建设》10 月号、《考古》第 11 期，收《尹达史学论著选集》。同时，中央党校印行单行本。全文收《新石器时代》《尹达集》。

10 月 9 日，作《新石器时代·再版后记》，追述《中国新石器时代》结集出版以来的新发现、新问题以及撰写《新石器时代研究的回顾与展望》一文的经过和需要说明的问题，强调史学与考古学的关系和综合研究、交叉研究等问题。收《新石器时代》《尹达集》。

11 月 5 日，撰成《悼嵇文甫同志》，发表于 11 月《历史研究》第 5 期，收《尹达集》。

11 月 17 日—12 月 3 日，出席第二届全国人民代表大会第四次会议。

1964 年　58 岁

8 月 25 日，草成《史学遗产与史学革命》（草稿，内部文稿，请勿外传）。四个部分：一、必须重新研究全部的历史。二、批判者必须掌握批判的武器。三、必须重新学习马克思主义。四、结语。

8月26日,作《史学遗产与史学革命·前记》,表示:这篇文稿"只是个人初步思考这个问题的笔录","时作时辍","随手记录下来",本着"对事不对人的态度,一概不指名道姓",而是作为历史学科学中"所反映的社会现象,综合概括写出来的","从史学遗产问题考虑起,进而分析了史学队伍的现状,分析了当前史学理论中的倾向性,探索了史学前进的道路。因此,这可以说是个人对当前史学的一些考虑和看法"。

10月,赴山东省海阳县下院口村参加"四清",任分队长。

12月20日—次年1月4日,回京出席第三届全国人民代表大会第一次会议。

1965年　59岁

9月26日—10月17日,率社会科学家代表团一行三人赴缅甸进行友好访问。先后访问了仰光、曼德勒、蒲甘、石阶等地,了解社会情况、结识学界朋友,为进一步学术交流积累资料、创造条件。访问期间,作《中缅文化的交流》的学术报告。

1966年　60岁

2月,《必须把史学革命进行到底》发表于《红旗》第3期,为《史学遗产与史学革命》的缩写。"前记"依然强调:"只是作为一种社会现象来考察的,没有指名道姓地进行批判。"三个部分:一、必须重新研究全部历史。二、史学战线上的阶级斗争。三、必须重新学习马克思列宁主义、毛泽东思想。

3月2日,《人民日报》转载《必须把史学革命进行到底》。

4月,《中缅文化的交流》定稿,分三部分叙述中国史籍记载的中缅友好往来、长期的频繁的经济往来以及文化艺术上的交往。发表于18日《人民日报》,收《尹达史学论著选集》《尹达集》。

5月，赴越南作学术访问。[1]

进"中央文革小组"不久，因保侯外庐被陈伯达赶出，勒令回历史研究所接受"审查"。[2]

1972年　66岁

1月，在河南信阳明港"五七"干校写信给郭沫若，提议恢复《中国史稿》编写，郭沫若请示周恩来总理获得批准，回京重组编写组，与林甘泉等在郭沫若住所听取关于编写工作的意见。

1976年　70岁

7月，郭沫若主编、尹达与田昌五、李学勤负责编写和修改的《中国史稿》第1册新1版，由人民出版社出版。

1977年　71岁

中国社会科学院成立，任历史研究所研究员、副所长。

9月15日，《在史学工作中发扬党的优良学风》发表于《光明日报》，编选入《历史理论研究》，重庆出版社1984年8月出版。

1978年　72岁

2月24日—3月8日，作为政协委员，出席中国人民政治协商会议第五届全国委员会第一次会议。

3月20日，作《新石器时代·前记》，一方面表示"精力移到史

---

[1] 中越两国科学合作协议1965年执行计划越方新提四个项目，其中一项是"邀请我方史学研究工作者一人，访问越南史学研究院并讲授史学发展史（从古代起）问题（各发展阶段、各阶段的特点；代表的史学家、代表的著作），为期两个月"。中国科学院哲学社会科学部根据当时具体情况，于1965年4月5日向对外文委报请："派人赴越讲授史学史项目，因派不出适当人选，拟婉辞推掉。如果越方同意，可考虑派二三人赴越作学术访问，同越南朋友座谈几次这方面的问题，不讲学。"此项计划1965年未能执行，改在1966年执行，但因"文化大革命"期间有关文档一时查找不出，出访准确时间尚待进一步确定。

[2] 侯外庐：《深切悼念尹达同志》，《中国史研究》1983年第3期。

学理论方面",不可能抽出时间探索考古方面的问题;另一方面又表示"准备抽出时间"到新发现的遗址看看,对新出现的问题作些必要的探讨,"再写一本《新石器时代》的'续编'"。

6月24日,《革命精神永世长存》发表于《光明日报》。

9月,招收史学史硕士研究生5人(古代4人、近代1人)。

12月19日,给研究生讲中国史学遗产的批判和继承问题。

1979年　73岁

2月,《新石器时代》(《中国新石器时代》增订本)由生活·读书·新知三联书店出版,包括前记(1978年3月20日)、中国新石器时代(1939年冬)、龙山文化与仰韶文化之分析——论安特生在中国新石器时代分期问题中的错误(1937年7月7日)、论中国新石器时代的分期问题——关于安特生中国新石器时代分期理论的分析(1955年4月7日)、关于赤峰红山后的新石器时代遗址(1954年12月2日)、论我国的新石器时代的考古研究工作(1954年12月4日)、新石器时代研究的回顾与展望(1962年8月23日)、后记(1955年8月3日)、再版后记(1963年10月9日)。

郭沫若主编、尹达负责组织编写的《中国史稿》第2册新1版,由人民出版社出版。

4月,当选为中国考古学会第一届理事会副理事长。

6月7日,给研究生讲民族问题。

6月15日—7月2日,出席中国人民政治协商会议第五届全国委员会第二次会议。

7月,发表《郭老与中国古代社会研究》,载《中国史研究》第2期。

9月,招收先秦史硕士研究生1人。

12月,《中国史稿地图集·前言》收《中国史稿地图集》,地图出版社出版。

1980 年　74 岁

4月，当选中国史学会第二届理事会常务理事。

8月28日—9月22日，出席中国人民政治协商会议第五届全国委员会第三次会议。

10月，郭沫若主编、尹达负责组织编写的《中国史稿》第3册第1版，由人民出版社出版。

11月30日，撰成《郭沫若与古代社会研究》，将1945年所写《郭沫若先生与中国古代社会研究》作为"前编"，"基本上就不作修改了"；将1949年以后与郭沫若长期接触的感受、体会和认识补写出来，作为"续编"。追述自己学习考古、走向革命，逐步用新的史学观点探索古代社会，都是受郭沫若的影响，在治学精神上已成为郭沫若的私淑弟子。编入吴泽主编《中国史学集刊》第1辑，江苏古籍出版社1987年4月出版。收《尹达史学论著选集》《尹达集》。

1981 年　75 岁

9月，招收先秦史硕士研究生3人。

11月28日—12月14日，出席中国人民政治协商会议第五届全国委员会第四次会议。

12月，任郭沫若著作编辑出版委员会委员，负责历史编八卷的编辑出版工作。

1982 年　76 岁

2月1日，撰成《甲骨文合集·前言》，作为重要组织者，对"十二年远景规划"中的这一大型项目的"工作进行的过程作必要的说明"。收《甲骨文合集》第1册，中华书局1982年出版。收《尹达史学论著选集》《尹达集》。

2月，负责组织编写的《中国史稿》第4册第1版，由人民出版社出版。

3月7日，撰成《深切怀念马克思主义史学家尚钺同志》，发表于《中国史研究》第 2 期，作为《尚钺史学论文选集》代序收《尚钺史学论文选集》，人民出版社 1984 年 5 月出版。收《尹达集》。

4月13日，出席河南省社联第二次代表大会开幕大会。

4月14日，上午参加河南省社联第二次代表大会历史学会代表团的讨论，下午参加河南省社联第二次代表大会考古学会代表团的讨论。

4月15日，在河南省社联第二次代表大会上作演讲，论述社会科学带根本性的共同问题——坚持以马克思主义理论为指导思想的问题，社会科学研究与现实、与政治的关系问题，坚持社会主义方向和党的领导的问题。发表于 6 月《中州学刊》第 3 期，题为《坚持用马克思主义指导社会科学研究——在河南省社联第二次代表大会上的讲话》，篇末附言："这是在尹达同志讲话记录稿的基础上作了一些增删整理而成的。"收《尹达集》，无篇末附言。

4月16日，参观河南博物馆、文物研究所。

4月17日，上午，出席河南省社联第二次代表大会，合影留念。陆续接待新华社河南分社、《河南日报》记者和《河南画报》《河南青年》以及河南四家哲学社会科学刊物——《中州学刊》《郑州大学学报》《河南师大学报》《史学月刊》的主编或编辑。下午，与历史学会代表团合影。

4月18日，上午，出席河南省社联第二次代表大会闭幕式。

4月19日，下午，参加郑州大学历史系组织的座谈会。

4月20日，上午，参加河南省社科院历史所组织的座谈会。下午，在郑州大学历史系作学术报告，把前一天座谈会提出的题目"归纳为三个问题，作一次综合性的答辩。第一是史学研究的方向问题。第二是史学与考古的问题。第三是学风问题"。指出"用唯物史观的观点观察历史，既包括唯物主义，又包括辩证法，还包括发展学说"。强调"史学研究与现实的关系问题，这也是一个方向性的问题"。"在研究方法上，同样存在着方向性的问题。"发表于 9 月《郑州大学学报》第3期,题为《关于史学研究中的几个问题——在郑州大学历史系的学术报告》,篇末附言:"根据尹达同志报告记录整理。"收《尹达史学论著选集》《尹达集》,均无篇末附言。

4月21日,赴开封。午后,往母校河南师大(今河南大学)参加座谈会。

4月22日,上午,参观潘家湖宋城遗址发掘工地。午后,往母校作演讲,汇报自己半个世纪所经历的道路、感受以及从事学术工作的体会。谈理论与史料的关系,说自己的"学术工作经历,可以说就是在处理理论与具体材料的关系的过程中,一步步地走过来的","理论与资料本来是编写历史中不可或缺的两个方面。在一定的理论指导下,根据史实编写历史,这是中国史学发展进程中长期遵循的路数"。最后谈到继承祖国文化遗产的问题。发表于7月《河南师大学报》第4期,题为《从考古到史学研究的几点体会——一九八二年四月二十二日在母校河南师大的谈话》,篇末有"本刊附记:这篇文章是我们特请中国社会科学院历史研究所史学史研究组的谢保成同志在尹达同志讲话的基础上经过增删整理而成的"。收《尹达史学论著选集》《尹达集》,均无篇末附言。

4月23日,下午,返程郑州。

4月24日,上午,河南省委书记张树德、宣传部副部长冯登紫等来谈关于《史学月刊》是否从开封拿到郑州办的各种议论,表示个人意见,以尊重历史为好。

4月26日,结束半个月的河南行,回到北京。

7月,任中国社会科学院历史研究所顾问。

9月,《甲骨探史录·前言》收《甲骨探史录》,生活·读书·新知三联书店出版;发表《尹达同志谈考古学研究》,载《中原文物》第3期。

11月10日,指派谢保成代为出席纪念郭沫若诞辰九十周年纪念会并宣读纪念文稿。

11月16日，指派谢保成代为出席郭沫若故居揭幕仪式。

12月2日，撰成《衷心的愿望——为〈史前研究〉的创刊而作》，"深信它一定能够把考古、民族学、历史学以及各个有关学科的学者们密切地联结起来"，"推进史前社会历史这一领域的研究工作，使我国的没有文字记载下来的这段历史成为用现代语言写出的'中国古代社会'的科学著作来"。发表于1983年3月《史前研究》创刊号，收《尹达史学论著选集》《尹达集》。

1983年　77岁

1月1日，撰成《贺昌群史学论著选·序》，收《贺昌群史学论著选》，中国社会科学出版社1985年2月出版。

1月，审阅谢保成根据讲课笔记整理的《马克思主义与中国历史学的发展》一文，同意作为全国"纪念马克思逝世一百周年学术报告会论文"印发。因写作时间仓促，让修改好再正式发表。分三部分，一、"简要回顾和总结我国史学自产生以来的发展历程和优良传统"；二、马克思主义传入中国以后推动中国历史学的新变革，归纳出"三个比较突出的方面。一个是社会发展的规律性，一个是历史的主体，一个是中国史研究的范围"，即关于社会发展一般规律的理论及其运用，关于如何看待人民群众在历史上的作用，关于民族问题的处理和研究，认为这都是几十年来中国马克思主义历史学发展中"带根本性的问题"；三、如何开创历史科学研究新局面，对于历史理论与史学理论作出明确区分。

3月，发表《郭沫若所走的道路及其杰出的学术贡献》，载《史学月刊》第2期（篇末附言："此稿是根据尹达同志在郭沫若诞辰90周年纪念会上的书面发言由谢保成同志修改而成"）。

5月，当选中国考古学会第二届理事会副理事长。

6月，当选中国人民政治协商会议第六届全国委员会委员，因病未能出席第一次会议。

兼任国家文物委员会委员、国家大地图集历史地图集编纂委员会委员和《中国大百科全书》考古分卷编辑委员会委员。

负责主持编写的《中国史稿》第5册第1版，由人民出版社出版。

负责主持编写的《中国史稿》第6册、第7册，分别于1987年6月、1995年4月出版，遗愿最终完成。

7月1日午，病逝于首都医院（今协和医院）。

7月11日，在北京八宝山革命公墓举行遗体告别仪式，赵毅敏、李伯颙、穆青、刘导生、关山复、夏鼐、梁寒冰、熊德基、东光、吴友文、杨向奎、胡厚宣、张政烺等各界人士及亲属、学生470余人参加。张劲夫派代表到场向遗体作别。

7月16日，在河南郑州黄河花园口岸堤举行骨灰祭洒仪式，河南省委书记、省人大常委会副主任张树德致辞。参加祭洒仪式的有中国社会科学院历史研究所代表，河南省委宣传部、省社联、省社科院、河南大学等单位负责人及代表。随即，由其子女将骨灰撒入黄河。

《从考古到史学研究之路——尹达先生百年诞辰纪念文集（1906—2006）》第二部分，云南人民出版社，2007年。

附：

从尹达致傅斯年的一封信说起

1995年12月，傅斯年先生百龄纪念筹备会印行《傅斯年文物资料选辑》，第222页收有一封尹达1946年2月写给傅斯年的信的影印件，全文如下：

孟真先生：

　　安延一晤，至以为快；知诸师友均在努力写作，自愧于学术工作尽力甚微，思之怅怅。

　　日内即赴华北，横过山西，拟便中作考古调查；过去山西虽然发见多处遗址，但大都未能分析清楚，故欲于不妨碍旅行中作此调查耳。

　　今后甚愿与诸师友取得联系，以便共同致力于学术事业，未审所中师友愿否？

　　所中所出有关考古之书，可否致送一份？盼甚。

　　愚未完成之书，仍愿续作；今后交通方便，大局安定，望能捎至北方大学，当设法完成之。

学安！

后学尹达　二月十五日

《傅斯年文物资料选辑》所收尹达1946年2月写给傅斯年的信

这封信曾经引起一部分读者对尹达的某种误解，现就所知情况作一点说明。

为促进国共合作，1945年6月2日褚辅成、黄炎培、冷遹、王云五、傅斯年、左舜生、章伯钧联名致电毛泽东、周恩来，提出访问延安："团结问题之政治解决，久为国人所渴望。自商谈停顿，参政会同人深为焦虑。月前经辅成等一度集商，一直希望继续商谈。先请王若飞先生电闻,计达左右。现同人鉴于国际国内一般情形,惟有从速完成团结,俾抗战胜利早临,即建国新奠实基。于此敬掬公意,听候明教!"[1] 6月18日毛泽东、周恩来等复电对其以民族利益为怀表示钦佩和欢迎。7月1日傅斯年一行在王若飞陪同下飞抵延安,毛泽东、周恩来、朱德等到机场迎接。傅斯年是毛泽东在北京大学时的旧识,谈到"五四"运动,毛泽东称赞傅斯年对新文化运动的贡献,傅斯年则说"我们不过陈胜、吴广,你们才是项羽、刘邦",向毛泽东索要墨宝,毛泽东慨然应允,题写条幅:

竹帛烟销帝业虚,关河空锁祖龙居。坑灰未烬山东乱,刘项原来不读书。
唐人咏史诗一首书呈
孟真先生

毛泽东

同时,附信一封由交际处王世英转交:

孟真先生:
遵嘱写了数字,不像样子,聊作纪念。今日闻陈胜吴广之说,未免过谦,故述唐人诗以广之。
敬颂
旅安!

毛泽东
七月五日

---

[1] 原载1945年6月30日《解放日报》,收《傅斯年全集》第7卷《书信》,湖南教育出版社,2003年,第285页。

这封短信和写给傅斯年的条幅，也收录入《傅斯年文物资料选辑》，在第 115 页。

所谓"唐人咏史诗"，系指晚唐诗人章碣所作《焚书坑》。"刘项原来不读书"句，是毛泽东的自谦之词，表示没有傅斯年学问大。

在这样的氛围中，尹达与傅斯年一晤，话题自然少不了史语所考古组的往事。1929 年 12 月，傅斯年以中央研究院历史语言研究所所长身份到开封，与河南省协商殷墟发掘事宜，晚间住在河南大学，并在六号楼作学术演讲，有五、六次之多。第一次演讲题目是"现代考古之重要性"，已是国文系二年级学生的刘燿（尹达）自然是听众之一。在傅斯年的演讲中，有一个题目是"武虚谷与汉学和徐旭生先生与西北考古"，这不能不让人联想到刘燿（尹达）后来发表《考古研究法》的书评时使用过"刘虚谷"的署名。[1] 刘燿（尹达）与石璋如作为河南大学校长"函送"的学生参加殷墟发掘，校长许心武与史语所公函往来，每每提到二人。刘燿（尹达）后来被录取为历史语言研究所研究生，聘为助理员、助理研究员，均通过史语所。信中自称"后学"，反映的正是这一时段的实际，无可非议。

傅斯年告知史语所后来的情况，使尹达"知诸师友均在努力写作"。尹达谈来到延安的研究情况，以 1943 年 5 月新出版的《中国原始社会》一书相赠，表示仍在"致力于学术事业"，这没有什么值得议论之处。毛泽东面对傅斯年尚且自谦"刘项原来不读书"，尹达面对傅斯年说一句"自愧于学术工作尽力甚微，思之怅怅"，可谓正是一种呼应。

两人的话题一定谈到《龙山文化与仰韶文化之分析》一文以及未完成的"山东日照两城镇遗址发掘报告"。

很少有人知道，《龙山文化与仰韶文化之分析》一文 1947 年 3 月

---

[1] 石璋如在回忆"刘燿先生考古的五大贡献"时说，刘燿因"崇敬武亿（字虚谷）的金石学、考据学，遂又字虚谷"。而刘燿最初知道"虚谷"在金石、考古方面卓有成就，不能说与傅斯年此次演讲"武虚谷与汉学"没有丝毫关系。

在国统区发表的同时还在解放区发表过。在国统区,历史语言研究所专刊之十三《中国考古学报》(即《田野考古报告》)第2册刊载此文,署名"刘燿";在晋冀鲁豫解放区,《北方杂志》2卷1、2期发表此文,署名"伊达"。《中国考古学报》刊载此文,无副标题;《北方杂志》发表此文,增加副标题"中国原始社会资料研究之一"。《中国考古学报》刊载此文,前列五个部分的标题;《北方杂志》发表此文,前有篇头语,全文如下:

> 算起来这篇文章已经整整写成十年了。写成那天,正是全国开始抗战的"七七";后来我决心离开那一学术机关,想到敌后尽一点抗战的义务。在解放区当时经过领导者督促,使我重检旧业,写了一本《中国原始社会》;在写那册书时,曾因为材料的关系,托友人把这篇文章检抄一份,并承这位友人的好意把插图及图版复照的照片寄来。这篇文章曾由考古组编入《田野考古报告》第二册中,在香港付印时底稿及图版全部散失了;我曾据友人所抄副稿再抄一份,并照片六张,由一位朋友寄往上海,据说要这篇文章的杂志短命夭折,副稿及照片均不知流落何所!现在我仅存友人抄给的一份副稿,图版及插图也一时无法补足了。这次所发表的稿子,我只更动了个别的字句,所有的意见和布局都不曾变动。这篇文章的意见,我在写《中国原始社会》时曾用过(该书三三至三六页),现在索性发表出来,以求同好者的是正!
>
> 一九四六年十月二十一日

从这段文字可以看出尹达当时"与诸师友取得联系"的几种情况:一是1939—1941年写《中国原始社会》一书时"曾因为材料的关系,托友人把这篇文章检抄一份,并承这位友人的好意把插图及图版复照的照片寄来"。二是得知"这篇文章曾由考古组编入《田野考古报告》第二册中，在香港付印时底稿及图版全部散失了"。三是"我曾据友人所抄副稿再抄一份，并照片六张，由一位朋友寄往上海，据说要这篇文章的杂志短命夭折，副稿及照片均不知流落何所"。这三种情况，都是围绕《龙山文化与仰韶文化之分析》一文，所谓"诸师友"中当然不能排除梁思永、石璋如，但不能说均与傅斯年毫无关系，尤其是确知《田野考古报告》第 2 册在 1947 年 3 月出版，信息来源恐怕只有傅斯年！

至于"山东日照两城镇遗址发掘报告"，限于延安的图书资料条件以及尹达当时的工作性质（任中共中央出版局出版科科长），是不可能"续作"的。但当得知即将调往北方大学时，才表示"仍愿续作"，不过须得"所中所出有关考古之书"，待"今后交通方便，大局安定"时，"两城镇遗址发掘报告"稿"望能捎至北方大学，当设法完成之"。这是完全符合实际的表达，怎么会产生误解呢？

然而，不到数月时间，国共合作彻底破裂，傅斯年、梁思永、尹达等多少考古学家殷切盼望的"两城镇遗址发掘报告"最终未能完成，成为中国新石器时代考古进程中的一件至今仍以为憾的事情！

最后，有一点须加注意，尹达致傅斯年，信封竖写，自右至左三行：重庆／傅孟真先生／尹达。没有写傅斯年在重庆的具体地址，倒留有一些辗转查找的痕迹，显然是经由延安转送重庆，最后交到傅斯年手的。在那个年代，这封信送出延安，必定通过"组织"无疑，因此对尹达不应产生任何误解！

2007 年 1 月 8 日

《中华读书报》2007 年 1 月 24 日，收拙著《尹达学术评传》，《从考古到史学研究之路——尹达先生百年诞辰纪念文集》，云南人民出版社，2007 年。

第三编　论辩篇

◎《李白与杜甫》和兰亭论,在郭沫若的著作中争议较大,往往被曲解、遭诬蔑。本编各篇,或剖析社会现象,追寻历史原因;或探究写作『苦心孤诣』,揭其内心纠结;或批驳不实之词,澄清事实真相;或提出新的认识,深化研究思路,还本来面目,『付之风马牛』。

"李杜并称"与"扬杜抑李"
　　——兼论郭沫若的李杜研究
郭沫若写《李白与杜甫》的"苦心孤诣"
《李白出生于中亚碎叶》文中的资料并非从冯家昇那里得来
对"兰亭论辩"的认识与思考

"李杜并称"与"扬杜抑李"

——兼论郭沫若的李杜研究

如果从个人爱好和文学主张方面考察，确实存在"李杜并称""扬杜抑李"与"扬李抑杜"三种情况。如果从文化现象和社会思潮方面审视，则只存在"李杜并称"与"扬杜抑李"两种情况。本文的写作重点，放在这后一方面。

一、盛唐至晚唐：从"白也诗无敌"到"杜诗谓诗史"

盛唐诗人追求风骨、兴象、自然美，与此时诗人的强烈入世思想，对建功立业的热烈向往，充足的自信心等分不开。李白诗最突出的个性特征是想象力极为丰富，用近代以来的文学创作方法衡量，具有极其鲜明的浪漫主义特色。李白的诗风纯然盛唐的写照，因而成为时代的象征，杜甫不得不叹服地表示："白也诗无敌，飘然思不群。"（《春日忆李白》）直至李白晚年，杜甫仍然盛赞李白诗可以惊天地、泣鬼神："昔年有狂客，号尔谪仙人。笔落惊风雨，诗成泣鬼神。"（《寄李十二白二十韵》）杜甫虽然也生当盛唐，但他面对的现实却不再是繁荣的盛唐，而是灾难的时局。

"安史之乱"是唐朝由盛而衰的转折，社会的重大变化必然反映到诗歌创作中。战乱生活，颠沛流离，诗人很难再唱出充满理想主义的欢歌快语。杜甫把反映生民疾苦与自我抒情完美结合，眼光转向广阔的社会，以"时事"入诗，因而被称为"诗史"。

"诗到元和体变新",一变盛唐诗歌那种风骨远韵、多层意境以及理想化的倾向,转而为尚实、尚俗、务尽。作诗的目的十分明确,被概括为:"唯歌生民病,愿得天子知。"

在这种诗歌创作背景下,元稹回顾诗的发展历程,总结唐代诗歌,在《唐故工部员外郎杜君墓系铭》中分别对李白、杜甫诗歌作出评论:

> 至于子美,……尽得古今之体势,而兼昔人之所独专矣。……时山东人李白,亦以奇文取称,时人谓之李杜。予观其壮浪纵姿,摆去拘束,模写物象,及乐府歌诗,诚亦差肩于子美矣。至若铺陈终始,排比声韵,大或千言,次犹数百,词气豪迈,而风调清深,属对律切,而脱弃凡近,则李尚不能历其藩翰,况堂奥乎![1]

论杜诗取其"尽得古今之体势,而兼昔人之所独专",论其胜于李白处,着眼点则只取其"铺陈终始,排比声韵",取其词气、风调。

白居易更将讽喻诗理论系统化,把诗歌引导到教化上来:"文章合为时而著,诗歌合为事而作。"同时对唐代诗歌发展作以总结:

> 诗之豪者,世称李杜。李之作,才矣、奇矣,人不逮矣。索其风雅比兴,十无一焉。杜诗最多,可传者千余篇。至于贯穿古今,觇缕格律,尽工尽善,又过于李。[2]

这就是元、白的"抑李扬杜"。

与元、白同时代的韩愈,始终推重李杜,以李杜并称:

---

[1]《元氏长庆集》卷56。

[2]《白居易集》卷45《与元九书》。

> 国朝盛文章，子昂始高蹈。勃兴得李杜，万类困陵暴。（《荐士》）
> 近怜李杜无检束，烂漫长醉多文辞。（《感春四首》之二）
> 少陵无人谪仙死，才薄将奈石鼓何。（《石鼓歌》）

特别是那首《调张籍》，虽然不一定专为驳元、白，但所谓"群儿"很难说不包括元、白。

杜甫写时事的创作特色，在晚唐已为人们所认识，孟启提到：

> 杜逢禄山之难，流离陇蜀，毕陈于诗，推见至隐，殆无遗事，故当时号为诗史。[1]

二、宋至清："千家注杜，一家注李"

在唐代爱好杜诗只是相互传抄，即所谓"集无定卷，人自编摭"。北宋前中期的杜集很零乱，既有各种各样的古本，又有当时各家自行编辑的《别集》《外集》《后集》等，而且都是靠彼此传抄流布。

北宋仁宗君臣非常向往唐朝"为国长久"，希望效法唐朝的典制、故事。代表当时最高统治集团认识的《新唐书》，对杜甫作了这样的评价：

> 少与李白齐名，时号"李杜"。……数尝寇乱，挺节无所污。……情不忘君，人怜其忠云。
>
> 甫又善陈时事，律切精深，至千言不少衰，世号"诗史"。[2]

---

[1]《本事诗·高逸篇》"李白"附。
[2]《新唐书》卷201《杜甫传》及"赞曰"。

在追述李杜并称的同时，特别看重杜甫"数尝寇乱，挺节无所污"。思想意识方面，肯定其"情不忘君，人怜其忠"；诗歌创作方面，肯定其排律；诗歌内容方面，肯定其为"诗史"。

差不多同时，王琪就王洙本重新编定，又增补王安石所得，使"子美之诗，仅为完备"，在苏州镂版刊行，成为杜集第一个定本。数年后，又经裴煜补遗、镂版流布，便成为此后一切杜集的祖本，即所谓"自后补遗、增校、注释、评点、集注、分类、编辑之作，无不出于二王之所辑梓"[1]。

自北宋仁宗以后，杜诗的编集和流布越来越盛。南渡以后，纵然处在兵火戎马之间，但与杜甫所处环境更接近，整理和刊行非但没有削弱，反倒盛而不衰。南宋高宗绍兴年间，有5种杜集出现。黄伯思《校定杜工部集》22卷，把王洙以来古、近体分编的体例打破，以编年为主，读起来更加方便。同时，对杜诗又进行了一次搜集，更接近今天的传本，李纲为之序云：

> 盖自开元、天宝太平全盛之时，迄于至德、大历干戈乱离之际，子美之诗，凡千四百四十余篇，其忠义气节、羁旅艰难、悲愤无聊，一寓于此。句法理致，老而益精。时平读之，未见其工。迨亲更兵火丧乱，诵其词如出乎其时，犁然有当于人心，然后知为古今绝唱也。[2]

西蜀赵次公有《注杜诗》59卷，在《杜工部草堂记》中写道：

> 李杜号诗人之雄，而白之诗多在于风月草木之间，神仙虚无之说，亦何补于教化哉！惟杜陵野老，负王佐之才，有

---

[1] 张元济：《宋本杜工部集跋》(《续古逸丛书》本)。

[2] 李纲：《校定杜工部集序》，收黄伯思《东观余论》。

意当世，而肮脏不偶，胸中所蕴，一切写之于诗。

这些序、记等文字，向后人展示了南宋时重视杜诗的社会原因。

随着读杜诗的兴趣越来越浓，杜诗注释本应运而生。郭知达集九家注成《杜工部诗集注》，又称《九家集注杜诗》。同时，坊间出现《分门集注杜工部诗》。此时集注杜诗，大体形成两个系统：一是以徐居仁门类本为基础，黄希、黄鹤父子补注《补千家注杜工部诗史》36卷形成高峰，所列宋代注家姓氏150余人。一以鲁訔编年本做底本，蔡梦弼《杜工部草堂诗笺》50卷成为最后的总结。书"识"中蔡梦弼写有这样一段话：

> 况我国家，祖宗肇造以来，设科取士，词赋之余，继之以诗。诗之命题，主司多取是诗。惜乎世本讹舛，训释纰缪，有识恨焉。梦弼因博求唐宋诸本杜诗十门，聚而阅之，三复参校，仍用嘉兴鲁氏编次先生用舍之行藏、作诗岁月之先后，以为定本。[1]

曾噩重为校刻郭知达《杜工部诗集注》（即《九家集注杜诗》），在序文中更加强调：

> 以诗名家，惟唐为盛，著录传后，固非一种。独少陵巨编，至今数百年，乡校家塾，齠龀之童，琅琅成诵，殆与《孝经》《论语》《孟子》并行。况其遭时多难，瘦妻饥子，短褐不全，流离苦困，崎岖堙厄，一饭一啜，犹不忘君，忠肝义胆，发为词章，嫉恶愤世，比兴深远。读者未能猝解，

---

[1] 蔡梦弼"识"，附《杜工部草堂诗笺·碑铭序》（《丛书集成》初编本）。

是故不可无注也。[1]

杜诗自宋代"为诗学之宗师，家传而人诵之"，一个原因是设科取士，诗之命题，多取杜诗。但更重要的原因则是杜甫"每饭不忘君"的"忠肝义胆"，如果不作注读者就不能领悟。

元明以来，对于杜集的整理没有更大的成就，但注释训解本却日益发达。

元代注释本少说也有12种，较著名者有虞集、赵汸、元好问、俞浙等的各种不同注本。虞集《杜律虞注》2卷，《四库全书存目丛书》有著录。俞浙《杜诗举隅》，到明初刊刻时宋濂曾为之序，特别强调俞浙编书的目的：

> 其意以为忠君之言，随寓而发者，唯子美之诗则然，于是假之以泄其胸中之耿耿，久而成编，名之曰《杜诗举隅》。观其书，则其志之悲，从可知矣。

注释者瞩目之处是杜诗的"忠君之言，随寓而发"，并以此来发泄自己"胸中之耿耿"。

明代刻唐集好分体，因此杜集在明代也有分体本。注释本，《四库全书存目丛书》著录9种，《千顷堂书目》著录11种。注释本中最著名者，当数钱谦益《杜工部集笺注》（又名《钱注杜诗》）20卷。[2]

在社会原因之外，当然也不应忘记杜诗艺术方面的特点。经过盛唐40余年的发展，诗歌创作走向全面成熟。杜甫不仅在理论上提出

---

[1] 曾噩：《九家集注杜诗序》，华文轩编：《古典文学研究资料汇编·杜甫卷》，中华书局，1964年。

[2] ［新加补注］得见中华书局李爽寄赠的新著《钱注杜诗研究》（上海古籍出版社，2016年），对《钱注杜诗》有了完整了解。《钱注杜诗》原刻本为康熙六年静思堂刻印，收《续修四库全书》《四库禁毁书丛刊》。另有"钱牧斋杜注写本"，藏台北历史语言研究所傅斯年图书善本室。

"别裁伪体""转益多师",更以诗歌创作来体现他兼备众体而融会为一,自成独特诗风。

清代的杜诗注释本更多,几乎不能知道一个准确的数字。《四库全书存目丛书》著录 6 种、《清史稿·艺文志》著录 11 种、《八千卷楼书目》著录 4 种、《贩书偶记》著录 15 种、《北京图书馆善本书目》著录 5 种。在众多的注释本中,比较通行的首推康熙年间仇兆鳌《杜诗详注》25 卷附 2 卷,其次是雍正年间浦起龙《读杜心解》6 卷和乾隆末杨伦《杜诗镜铨》20 卷。

自宋以来,关注杜诗的着眼点在不断变化,仇兆鳌《杜诗详注·原序》作有简要总结:

> 宋人之论诗者,称杜为诗史,谓得其诗可以论世知人也。明人之论诗者,推杜为诗圣,谓其立言忠厚,可以垂教万世也。

杨伦在《杜诗镜铨》自序中也说:

> 自昔称诗者,无不服膺少陵,以其原本忠孝,有志士仁人之大节,而又千汇万状,茹古涵今。

经过上千年的编辑、整理、注释、训解、校勘、疏证,杜诗蔚然成为一专门之学。

以上,就是所谓的"千家注杜"。下面,再来看一看"一家注李"。

李白在世时,曾"命(魏)颢为集",为最早的《李白集》,魏颢作有《李翰林集序》。李白临终前,将"手集"托付李阳冰,遂有《草堂集》20 卷。李白过世后半个世纪左右,范传正《李白新墓碑》云:"文集二十卷,或得之于当时之文士,或得之于宗族,编辑断简,以行于世。"这是在唐代流布的 20 卷本。但魏颢、李阳冰、范传正三个本子，今皆不传。

宋人重辑本，一为乐史增订本，前20卷为诗歌，后10卷为杂著；一为宋敏求增订、曾巩编年排次、神宗元丰三年（1080）镂版，第1卷为序碑，第2—24卷为诗歌，后6卷为杂著，这是《李白集》的第一个刻本。

注本，首先是杨齐贤集注《李白诗》25卷，但单行本极为少见。到了元代，才有杨齐贤集注、萧士赟补注《分类补注李白诗》25卷刊本。明嘉靖年间，出现《分类补注李太白诗集》30卷刊本，题杨齐贤集注、萧士赟补注、郭云鹏校刻，前25卷为古赋、乐府、歌诗，后5卷为杂文，《四部丛刊》本就是用这个本子为底本影印的。《四库全书总目》这样著录：

> 《分类补注李太白诗集》三十卷（通行本）
> 宋杨齐贤集注，而元萧士赟所删补也。杜甫集自北宋以来注者不下数十家，李白集注宋元人所撰辑者，今惟此本行世而已。

自杨齐贤集注、萧士赟补注之后，明代尚有林兆珂《李诗钞述注》16卷，因"简陋殊甚"，胡震亨驳正旧注，作《李诗通》21卷。清代王琦以其"尚多遗漏，乃重为编次、笺释"，"参合诸本，益以逸篇，釐为三十卷"，又"别以序志、碑传、赠答、题咏、诗文、评语、年谱、外纪为附录六卷"，乾隆年间刻版为《李太白诗集注》36卷。

这就是所谓的"一家注李"，就连《四库全书总目》的著录者也不能不感慨地写道：

> 自宋以来注杜诗者林立，而注李诗者寥寥，仅二三本。录而存之，亦足以资考证，是固物少见珍之义也。[1]

---

[1] 以上两则引文，均见《四库全书总目》卷149《别集类二》。

三、新文化运动以来的半个世纪：离唐愈远，扬杜愈甚

20世纪的李杜研究，出现在新文化运动开始之后。1922年5月，梁启超在《晨报副刊》发表《情圣杜甫》。1923年12月，陆渊在《学灯》发表《情圣李白》。至郭沫若《李白与杜甫》出版前，差不多半个世纪。

进行比较研究，最早是胡小石在《国学季刊》2卷3期（1924年9月）发表的《李杜诗之比较》。傅东华著《李白与杜甫》（商务印书馆1927年出版），是第一部比较研究性的专著，从10个方面进行比较后认为：

> 李杜大半是方法上的分别。李白的诗里没有一首没有"我"；杜甫的诗里没有一首没有"物"。……
> 李白是复古的，摹拟的，所以集中多用古乐府的题目，……
> 杜甫是创新的，从今的，所以集中绝少拟古的作品，而他的律诗之瞻富天然，遂成千古绝唱了。

1928年，汪静之著《李杜研究》（商务印书馆出版）从思想、作品、性格、境遇、行为、嗜好、身体等方面进行比较，所得结论是：

> 李杜的诗所以好，因为都是苦闷的象征，都是人间苦，社会苦，世界苦的结晶……
> 我们从纯艺术的见地看来，李白的诗比杜甫的诗更其是诗的；从为人生为社会的见地看来，杜甫的诗有益社会人生，李白的诗不但没有这些功效，甚至还有伤风化。

间隔了40多年，郭沫若著《李白与杜甫》才问世。

半个世纪的时间，发表比较研究文章不少于16篇，1949年10月以后仅5篇。

关于杜甫与杜诗，半个世纪中出版书23部，1949年10月以后为15部；发表论文286篇，1949年10月以后为181篇。[1]

1962年杜甫诞生1250周年，出现了一次前所未有的研究热潮，一直延续到1963年。全国各主要报刊纷纷发表纪念文章和研究论文，总数多达120余篇。为了汇总研究成果，中华书局特意编选了《杜甫研究论文集》3辑，第1辑为1949年10月以前发表的有代表性论文，第2、3辑为当时发表的纪念文章和研究论文。文章突出强调的主要有三：一杜甫是人民诗人，二杜甫是现实主义诗人，三杜甫排律的成就。下面的说法颇能表达当时"扬杜"的程度：

> 杜甫的最伟大之处在于他在"忠君"思想支配之下，他"取笑同学翁，浩歌弥激烈"，综其一生没有安心做地主的倾向。……
>
> "愿分竹实及蝼蚁，尽使鸱枭相怒号"，不很像鲁迅的"横眉冷对千夫指，俯首甘为孺子牛"吗？杜甫虽然自比凤凰，但他一点没有知识分子的骄傲，只显得他一个有良心的剥削阶级知识分子的处境艰难。杜甫和鲁迅，都是憎恶本阶级的感情极重，自己愿站在"蝼蚁"的一边，愿站在"孺子"的一边。[2]

关于李白与李白诗，半个世纪中出版书17部，1949年10月以后为12部；发表论文126篇，1949年10月以后为76篇。在论述李

---

[1] 统计资料，依据中国社会科学院历史研究所魏晋隋唐史研究室编《隋唐五代史论著目录》(1900—1981)，江苏古籍出版社，1985年。统计不包括《目录》中海外发表、出版的论著，不包括各种文学史著作中的研究。

[2] 冯文炳：《杜甫的价值和杜诗的成就》，《人民日报》1962年3月28日，收《杜甫研究论文集》第3辑，中华书局，1963年。

白现实主义精神的同时,有少量文章谈论其积极的浪漫主义。1962年也是李白逝世1200周年,除了郭沫若在《诗歌中的双子星座》提到而外,专题纪念李白逝世的文章仅寥寥数篇。半个世纪中发表的120多篇论文中,有代表性的论文收在《李白研究论文集》,中华书局1964年4月出版。最有争议的是李白的氏族与籍贯,自1926年李宜琛发表《李白的籍贯与生地》以来,陈寅恪、詹锳、俞平伯,直至郭沫若,专题发表意见者10余家,论文不下15篇。

四、郭沫若的一贯思想:喜欢李白,不甚喜欢杜甫

生当19世纪、20世纪之交的郭沫若,9岁读诗时就出现了"有点奇怪的现象",比较高古的唐诗给他以"莫大的兴会",并明确表示:

> 唐诗中我喜欢王维、孟浩然,喜欢李白、柳宗元,而不甚喜欢杜甫,更有点痛恨韩退之。[1]

现今发现的郭沫若最早的诗作,是《郭沫若少年诗稿》搜集到的他的6首作品。[2]《九月九日赏菊咏怀》有"逸性怀陶隐,狂歌贺狗屠"句,《夜泊嘉州作》则是步苏东坡"载酒时作凌云游"韵,不难看出郭沫若对于陶渊明、苏东坡的追慕和仿效。至于《晨发嘉州返乡舟中赋此》,简直就是在仿效李白诗了。

20世纪30年代中后期,郭沫若越来越明确地谈论浪漫主义,40年代一再流露:

---

[1] 郭沫若:《我的童年》,《郭沫若全集·文学编》第11卷,人民文学出版社,1992年,第41页。

[2] [新加补注]郭沫若《敝帚集与游学家书》(中国社会科学出版社,2012年)对《郭沫若少年诗稿》中的诗作及诗作时间均有订正。

> 中国从前也发生过公式主义的偏向，大家无批判地鄙视浪漫主义。我便是被指为浪漫主义者而加以歧视的。……本来文艺上的各种主义并无优劣之分，要看你的内容如何，而且各人的气质也不尽相同。……可惜中国从前许多朋友不是如此看法，甚至现在还有许多朋友一听到浪漫主义都还要骂人。[1]
>
> 在国内听见人说自己是"浪漫派"的时候，感觉着是在挨骂……[2]

进入50年代，面对当时文艺创作的大气候，郭沫若更加感叹道：

> 人们在无形中却把浪漫主义压在一边，只注意现实主义。有浪漫主义气质的作品也常常被认为是不现实的。这样，一方面把带有夸大和想象性质的热情澎湃的作品看成是杂草；另一方面，对现实的看法也被局限了。[3]

在这种气氛中，"浪漫主义成分多"的李白被"压在一边"，人们"只注意现实主义成分多"的杜甫。毛泽东诗词公开发表，"把浪漫主义精神高度地鼓舞了起来，使浪漫主义恢复了名誉"，郭沫若才"敢于坦白地承认：我是一个浪漫主义者了"，并一再表示"这是三十多年从事文艺工作以来所没有的心情"。这哪里是郭沫若"迎合毛泽东"，分明是毛泽东诗词的发表替郭沫若说出了早就想说而又不

---

[1] 郭沫若：《再谈中苏文化之交流》，《郭沫若全集·文学编》第19卷，人民文学出版社，1992年，第208页。

[2] 郭沫若：《苏联纪行》，《郭沫若全集·文学编》第14卷，人民文学出版社，1992年，第445页。

[3] 郭沫若：《就目前创作中的几个问题答〈人民文学〉编者问》，《人民文学》1959年第1期。《文史论集》，人民出版社，1961年，第59页。

敢说的心里话，因此他"个人特别感着心情舒畅"[1]。

1962年，面对纪念杜甫诞生1250周年和李白逝世1200周年的研究状况，郭沫若发表《诗歌史中的双子星座》，作如下论述：

> 杜甫是生在一千多年前的人，他不能不受到历史的局限。例如他的忠君思想，他的"每饭不忘君"，便是无可掩饰的时代残疾。他经常把救国救民的大业，寄托在人君身上，而结果是完全落空。封建时代的文人，大抵是这样，不限于杜甫。这种时代残疾，我们不必深责，也不必为他隐讳，更不必为他藻饰。例如有人说杜甫所忠的君是代表祖国，那是有意为杜甫搽粉，但可惜是违背历史真实的。……
>
> 我们今天在纪念杜甫，但我们相信，一提到杜甫谁也会连想到李白。……我们希望在纪念杜甫的同时，在我们的心中也能纪念着李白。我们要向杜甫学习，也要向李白学习，最好把李白与杜甫结合起来。李白和杜甫的结合，换一句话说：也就是浪漫主义和现实主义的结合。[2]

这是纪念会的开幕词，自然不可能充分发挥。在此之前，3月7日《羊城晚报》编辑部召开座谈会，郭沫若明确表示：

> 有人把杜甫说得这么好，我就不同意。他是"每饭不忘君"，是站在皇帝最尖端的立场来写诗的。如果他生活在今天而不说今天的话，那就是花岗岩脑袋了。当然我这么说，并不是取消杜甫。把他同李白比较，我更喜欢李白。……

---

[1] 郭沫若：《浪漫主义和现实主义》，《红旗》1958年第3期。《沫若文集》第17卷，第189页。

[2] 郭沫若：《诗歌史中的双子星座》，《光明日报》1962年6月9日。

> 至于唐代的几个诗人，我比较喜欢李白。这是我的口味，不能拿别人的嘴巴来代替我的嘴巴，"如水到口，冷暖自知"，这是佛家名言，颇有道理。人说马雅科夫斯基的诗好，有人没有经过研究，也就跟着喊好。对杜甫我就不大喜欢，特别讨厌韩愈；喜欢李白、王维。柳宗元也胜于韩愈。他们更接近于诗的本质。[1]

纪念会之后，6月28日郭沫若在即将出版的《读〈随园诗话〉札记》的后记中写道：

> 其实，我也是尊敬杜甫的一个人，九年前我替成都工部草堂写的一副对联可以为证："世上疮痍，诗中圣哲；民间疾苦，笔底波澜。"我也同样在称杜甫为"诗圣"。不过这种因袭的称谓是有些近于夸大的。实事求是地评价杜甫，我们倒不如更确切地说：杜甫是封建时代的一位杰出的诗人。时代不同了。前人之所以圣视杜甫，主要是因为他"每饭不忘君"。我们今天之认识杜甫杰出，是因为他能同情人民。至于他所发展和擅长的排律，所谓"铺陈终始，排比声韵，大或千言，次犹数百"（元稹《杜甫墓志铭》），那在封建时代虽然是试帖诗的楷模，但在今天却没有多么高的价值了。
>
> 这样评价杜甫，并不是贬低了杜甫。指责了杜甫的错误，也并不是抹杀了杜甫的一切。……把杜甫看成人，觉得更亲切一些。如果一定要把他看成"神"，看成"圣"，那倒是把杜甫疏远了。[2]

---

[1]《郭老谈诗》，《羊城晚报》1962年3月15日，《文汇报》1962年3月29日。

[2]《郭沫若全集·文学编》第16卷，第399页。

五、《李白与杜甫》：性情、理智交融的产物

尽管毛泽东诗词的发表把浪漫主义精神"鼓舞了起来"，郭沫若也接二连三地发表讲话，但并不能改变"离唐愈远，扬杜愈甚"的状况。到 60 年代末 70 年代初，郭沫若便有了《李白与杜甫》一书的问世。书中清清楚楚地写道：

> 抑李而扬杜，差不多成为封建时代士大夫阶层的定论。……解放以来的某些研究者却依然为元稹的见解所束缚，抑李而扬杜，作出不公平的判断。[1]

显然是想翻"抑李而扬杜"的旧案，恢复"李杜并称"。《关于李白》的这一部分，论述主要集中在长期存有争论的问题上，诸如李白的出生、家室、两次入长安，等等。《关于杜甫》的这一部分，主要是对新、旧研究家历来回避的各主要问题进行系统清理。当展开具体分析时，一进入诗的意境，诗人郭沫若时不时地又淹没着学者郭沫若。诗人、学者兼而为之，性情、理智交相融会，这样的"混合"物造成多数读者的难以理解，便有人去"揣摩"郭沫若是如何"揣摩领导意志"。然而，这终究无助于李杜研究的深入。下面，围绕《李白与杜甫》一书的写作和内容作一考察。

（一）成书经过[2]

《李白与杜甫》的写作，始于 1967 年年初。1967 年 3 月草成《杜

---

[1] 郭沫若：《李白与杜甫》，人民文学出版社，1971 年，第 115 页。下引该书，不再出注。

[2] [新加补注] 原题名"写作心境"，摘录 1992 年刘纳《重读〈李白与杜甫〉》一文分析郭沫若所说"活天冤枉""映照出郭沫若内心"的片段以揭示郭沫若"当时的真实心境"。笔者既已发表《郭沫若写〈李白与杜甫〉的"苦心孤诣"》，这里则改题名"成书经过"，提供写作的具体情况，并将后文郭沫若为反驳詹鍈 4 条"旁证"所写 2400 余字的考辨，提至此处。

甫嗜酒终身》《杜甫的门阀观念》,4月草成《杜甫与严武》《杜甫的阶级意识》《杜甫与岑参》《杜甫与苏涣》《李白与杜甫在诗歌上的交往》《李白在政治活动中的第二次大失败》。1968年2月所作《水调歌头·登采石矶太白楼》,抄录在了《李白的家室索隐》结尾,表明此篇写成于1968年2月或稍后。[1] 1969年10月8日《人民日报》发表《中华人民共和国外交部文件——驳苏联政府一九六九年六月十三日声明》,有"八世纪,中国唐朝的大诗人李白就出生在巴尔喀什湖南的碎叶河上的碎叶",表明《李白出生于中亚碎叶》已经完成。11月6日在回复黄烈的信中表示"您抄来的储光羲的诗,收到"之问后:"'服食求神仙,多为药所误',这两句诗的出处,您知道吗?"[2] "服食求神仙,多为药所误",在《李白的道教迷信及其觉醒》中注明了出处——《古诗十九首·驱车上东门》。由此可证,至1969年11月全书尚未最后定稿。就所知的写作顺序而言,先写杜甫,后写李白,以《李白的道教迷信及其觉悟》最后完成。目前暂不知《李白在政治活动中的第一次大失败》《李白在长流夜郎前后》以及《李白杜甫年表》何时写作和完成。

由于李白出生地的考证在当时外交方面的意义,中国科学院印刷厂影印了《李白与杜甫》手稿,并排印成16开大字本。在《关于李白》的这一部分,有两段文字在正式出版时删除了。一段是为证明李白不是"西域胡人"而是对汉族"极端的爱",所表现的"大汉族主义倒是十分惊人的",郭沫若引用了李白《胡无人》《于阗采花人》诗中的诗句进行论述,共331字(手稿第16—17页)。一段是从陈寅恪以李白为"西域胡人",联系到詹锳《李白诗论丛》中《李白家世考异》"完全肯定陈说,而且还为它找出了'旁证数则'"进行反驳

---

[1] 郭沫若抄录《水调歌头》入《李白的家室索隐》时所写"一九六四年五月,我曾经去过采石矶","当时做了一首《水调歌头》以纪行",当属记忆有误。1964年5月访马鞍山采石矶所作为五言诗,非《水调歌头》,手迹尚存马鞍山采石矶公园。

[2] 黄淳浩编:《郭沫若书信集》(下),第255页。

的 2400 来字，驳李白用"西域文字"书写《答蕃书》、李白的豪侠之风"不类"中华之传统文人、李白何以"习此夷礼"以及李白相貌"极特异"的说法（手稿 20—29 页）。结果，被认为是用李白描述汉族杀害少数民族的作品来证李白不是少数民族，书稿被搁置起来。

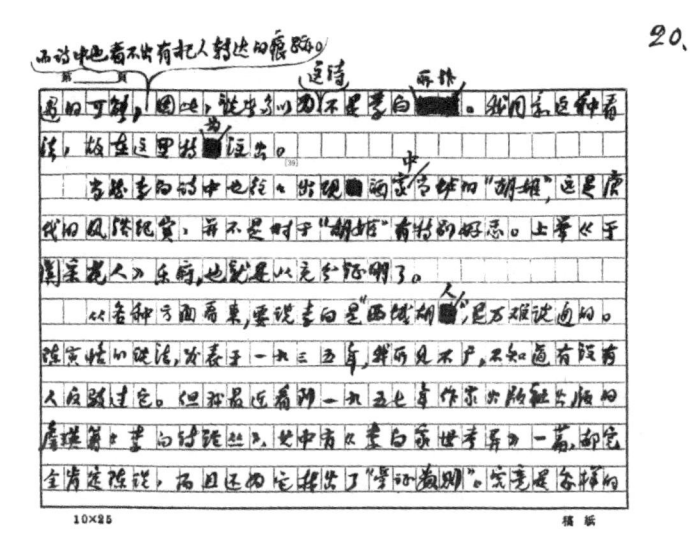

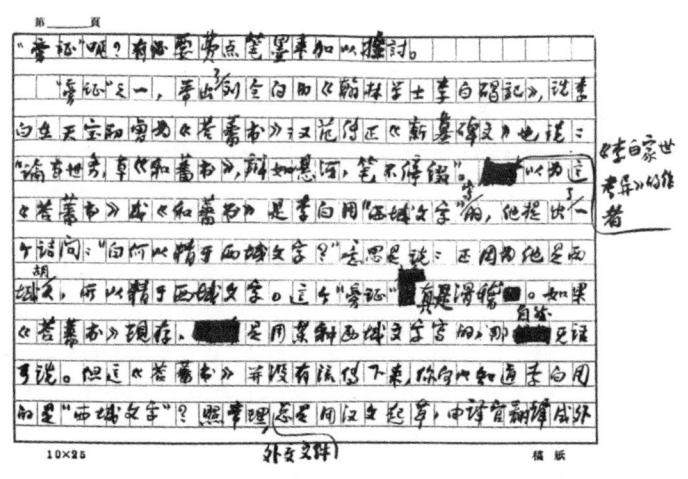

《李白与杜甫》稿本第 16、17、20、21 页

直至 1971 年 9 月 5 日，郭沫若才就书的出版复函人民文学出版社：

1. 谢谢您们的校改，大体上都照改了，只有极少数例外。无暇再核对原本,请您们酌定。

2. 封面设计六种都觉太新鲜,请朴素老道一点;建议用绛紫色或芝麻酱色之类,外用透明薄膜套皮,如何?

3. 不题字,不签名,请用铅印。《李白与杜甫》横排,"与"字可用小号字。用金色或其他颜色,请酌。

4. 遵嘱送上两册"未定稿"本,备用。

10月大字精装本出版,11月平装本出版,驳詹锳的2400来字和论证李白对汉族"极端的爱"的331字均被略去,仅保留了反驳陈寅恪关于李白"本为西域胡人"说法的文字。

从郭沫若看到大字本样书,11月15日、17日写给人民文学出版社的另两封信可知,出版社是改动过手稿文字的,所以郭沫若才希望"再版时,照我原稿的旧样"[1]。除了郭沫若信中所举被改动出了问题的地方,其他文字如何被改动,截至目前,尚不知晓。

(二)学术价值

认真读一遍《李白与杜甫》,从学术研究的视角来审察这一著作,还是会发现其在以下几个方面是超越前人的。

其一,透过李白与杜甫的经历和遭遇,生动地展现了唐代社会在开元天宝年间如何由盛转衰的历史画卷。

在《关于李白》这一部分,用了两个标题——"待诏翰林和赐金还山""安禄山叛变与永王璘东巡",点出李白政治活动中的两次"大失败"。仅此两个标题,就足以使读者联想到"开元盛世"的歌舞升平和天宝后期的战乱流离。第三部分《李白杜甫年表》,历来讨论此书都不怎么提起。郭沫若一生中为历史人物作年表很有限,

---

[1] 上引给人民文学出版社的三信,均据郭沫若手迹,见《光荣与梦想——人民文学出版社60年》,人民文学出版社,2011年。

此表最为不同，即在李白、杜甫生平之外单独开列"史事札记"一栏，自李白生至杜甫死，即武则天长安元年（701）至代宗大历五年（770），逐年记述主要史事，显然是想通过李白与杜甫的经历反映唐玄宗前后整整70年间的社会变动。

郭沫若不仅仅写社会历史的变动，还很注意诗歌史中的问题。"李白与杜甫在诗歌上的交往""杜甫与岑参"等，明显地是在考察唐代社会转折阶段诗歌是如何通过这些代表人物发生变化的。这些，在以往的李杜研究中都是未曾注意或注意不够的。

其二，以诗文证史，把李白身世、李杜宗教生活等项研究推进到一个新的层次。

关于李白的身世，特别是出生地问题，20世纪20年代至40年代曾发表过一些论文。1926年，李宜琛在《李白底籍贯与生地》一文中"考定太白生在碎叶"[1]。1935年，陈寅恪在《李太白氏族之疑问》一文中提出李太白"本为西域胡人"[2]的说法。1943年，詹锳写了《李白家世考异》一文，赞同陈寅恪的见解，以"（李）白之家世，或本胡商，入蜀之后，以多资渐成豪族，而白幼年所受教育，则唐蕃语文兼而有之"[3]。此间，以李长之著《道教徒的诗人李白及其痛苦》一书论证李白生于"苏俄属的"碎叶为最详。[4] 1957年，俞平伯在《李白的姓氏籍贯种族的问题》一文中，只说李白"家久住在西域（怎么去的也不知道），大概在碎叶附近，若确切指出恐亦难信"[5]。

郭沫若论证"李白出生于中亚碎叶"，也是从所有讨论李白身世的人都要引用的基本材料——范传正《唐左拾遗翰林学士李公新墓

---

[1] 李宜琛：《李白底籍贯与生地》，《晨报》副刊1926年5月10日。

[2] 陈寅恪：《李太白氏族之疑问》，《清华学报》第10卷第1期。陈寅恪：《金明馆丛稿初编》，第272—280页。

[3] 詹锳：《李白家世考异》，《国文月报》第24期，1943年1月。

[4] 李长之：《道教徒的诗人李白及其痛苦》，商务印书馆，1940年，第7—8页。

[5] 俞平伯：《李白的姓氏籍贯种族的问题》，《文学研究》1957年第2期。

碑文》入手，兼及李阳冰《草堂集序》。比较李宜琛、李长之的论证，郭沫若受王国维《西辽都城虎思斡耳朵考》一文的启发，引用了《大唐西域记》《大清一统志》《大慈恩寺三藏法师传》三部书中的材料。更进一步，深入到李白的诗文里面去寻找"内证"，成为反驳李白"本为西域胡人"说法的出发点。

陈寅恪根据《新唐书》卷40《地理志四》安西大都护府下提到"有保大军，屯碎叶城"，卷43《地理志七下》羁縻州焉耆都督府（有碎叶城）、条支都督府等隶安西都护府，便认为：碎叶、条支在唐太宗平焉耆、高宗平贺鲁，隶属中国政治势力范围之后"始可成为窜谪罪人之地"，而李白先人在隋末即"窜谪如斯之远地，断非当日情势所能有之事实。其为伪托，不待详辨"。郭沫若根据羁縻州焉耆都督府下"有碎叶城，调露元年，都护王方翼筑"提出驳论：焉耆碎叶筑于高宗调露元年（679），不仅太宗平焉耆时还没有，即高宗显庆二年（657）平贺鲁时也还没有。"陈氏对于条支的地望，也置而未论。前提非常含混，而结论却十分武断。"除了碎叶筑城时间和条支地望而外，郭沫若认为陈寅恪"武断"的地方主要是：不论李阳冰所说"中叶非罪，谪居条支"，还是范传正所说"一房被窜于碎叶"，都没有"因罪窜谪之意"，特别强调"唐代的窜谪之地主要是岭南或者贵州、四川"，"伊犁作为窜谪地是清朝的事"：

> 在唐代也并不曾把伊犁附近作为"窜谪罪人之地"，唐代的窜谪之地主要是岭南或者贵州、四川，把伊犁作为窜谪地是清朝的事。陈氏不加深考，以讹传讹，肯定为因罪窜谪，他的疏忽和武断，真是惊人。

另一重要分歧，陈寅恪根据《太白集》卷26《为宋中丞自荐表》所叙李白的年龄，推其诞生之岁，进一步推论"太白生于西域，不生于中国"，"是太白至中国后方改姓李也"，由此得出结论：以一原非汉姓之家，忽来西域，自称其先世于隋末由中国谪居于西突厥旧疆之内，"实为一必不可能之事。则其人之本为西域胡人，绝无疑义矣"。郭沫若反驳说，陈寅恪认为当时西域和内地毫无关系，"因而把西域和中国对立"，陈氏所举出的三两个例子表明"六朝隋唐时代蜀汉亦为西胡行贾区域"，但这和李白的先人或李白自己之必为"西域胡人"有何逻辑上的必然性呢？

关于李杜宗教生活问题，李长之曾经专题考察过"李白求仙学道的生活之轮廓""道教思想之体系与李白"，但忽视了儒学、佛教对李白的影响。郭沫若对唐代思想发展的基本趋向有一个总体性的认识，注意到儒、释、道三教合一是其时代特征，在不同的文人身上有不同的表现。关于李白宗教思想的考察，一开始便是站在时代的高度发论的：

> 李白思想，受着他的阶级的限制和唐代思潮的影响，基本上是儒、释、道三家的混合物。

对于杜甫的宗教信仰，书中是这样点出的：

> 杜甫曾经以"儒家"自命。……其实杜甫对于道教和佛教的信仰很深，在道教方面他虽然不曾象李白那样成为真正的"道士"，但在佛教方面他却是禅宗信徒，他的信仰是老而愈笃，一直到他的辞世之年。

不同的是："杜甫是禅宗的信徒，而李白却是道教的方士。"对于"新旧研究家们抹杀"杜甫的佛教思想，郭沫若进行了反驳，依照时间顺序举其14首诗，证明"杜甫是一位禅宗信徒"。

其他，诸如李白两次入长安，第一次在开元十八年（730）的考证，也为问题的解决找到一些新的内证。

不单单在考察李白、杜甫的两个部分注意"唐代思潮"对他们的影响，在年表部分同样表现出对三教转移的留意。其"史事札记"一栏，开元二年（714）有姚崇禁佛的进谏，四年（716）、八年（720）有印度"三大师"来华，二十七年（739）有追谥孔子为文宣王，二十九年（741）有京城及各地置玄元皇帝庙崇祀老子。三教在开元年间的微妙关系，透过年表一目了然。其中，天宝八载（749）"史事札记"有"不空和尚归自印度，携回《密藏经·论》五百余部，是为密宗之始"。通常都是以肃宗、代宗两朝密宗方始盛行，郭沫若以不空归唐为"密宗之始"，显然不是单指教派的形成，而注意的是从不空开始，密宗即对唐代社会发生了重大的影响。

其三，突破杜诗研究的旧框子，推动杜诗研究的新进展。

由于杜甫戴有"诗圣"或"人民诗人"的桂冠，新、旧研究家大都回避杜诗中的一些问题。《关于杜甫》这一部分，比较系统地清理了历来回避的主要问题，并逐一作出剖析。

《喜雨》《夔府书怀四十韵》诗的内容，是"解放以来"的研究家们都回避的。郭沫若分析了这两首诗的内容后指出：

> 生在封建统治鼎盛的唐代，要怀抱着那样的意识、采取着那样的立场，是不足为怪的。旧时封建时代的士大夫们要赞扬那样的意识和立场，也是不足为怪的。可怪的是解放前后的一些研究家们，沿袭着旧有的立场，对于杜甫不是采取批判的态度，而是依然全面颂扬，换上了一套新的辞令。

郭沫若分析杜甫集中最长的一首五言排律《秋日夔府咏怀一百韵》，针对元稹的说法这样写道：

> 封建时代的士大夫们大抵以为定论，这是由于封建时代以诗文取士，诗重排律的缘故。但这种东西，在今天看来，

和南北朝时代的四六骈文，明清时代的八股文，其实是难兄难弟。

紧接着的一段文字，明显地是指向前引傅东华关于"李白是复古的""杜甫是创新的"说法的：

> 杜甫做诗十分讲究规律，所谓"律中鬼神惊"……杜甫以尽力合乎规律为得意，李白则满不在乎，有时更有意在打破规律。两人的风格的确有些不同，在封建时代抑李扬杜的人却说杜甫是创新派、革命派，李白是复古派、保守派。这颠倒了的评价，不应该再颠倒过来吗？

《李白在政治活动中的第一次大失败》一节开头指出："李白虽然号称为'谪仙人'，其实他的功名欲望是非常强烈的。"同样，《杜甫的功名欲望》一节也认为"杜甫是功名很强的人"。在分析杜甫通过有权者推荐这一门径时，所举《奉赠鲜于京兆二十韵》诗过去也是回避的。鲜于京兆即鲜于仲通，与杨国忠勾结，先把杨国忠捧上台，再由杨国忠来提拔他。为剑南节度使，逼反南诏，被南诏打败，杨国忠不仅掩其败状，还叙其战功，调任京兆尹。天宝十载（751）鲜于仲通在南诏兵败，李白讽刺"渡泸及五月，将赴云南征"，"千去不一回，投躯岂全生。如何舞干戚，一使有苗平！"（《古风》五十九首之三十四）天宝十一载（752），杜甫却以《奉赠鲜于京兆二十韵》求其向杨国忠推荐。由此，郭沫若发问道：

> 请看杜甫为了求取功名，是多么不择对象！这岂不是有忝"诗圣"或者"人民诗人"的称号吗？

新、旧研究者，无一不强调杜甫的"遭时多难，瘦妻饥子，短褐不全,流离苦困"。郭沫若认为,就连杜甫本人也"爱诉述自己的贫困,但往往过分夸大,和实际情况核对起来有很大的悬隔",因而指出:

> 在成都有草堂,在夔州有果园,这些杜甫自己并不想隐讳。他也说过"穷冬客江、剑,随事有园田"(《建都十二韵》),研究家们却偏偏要替他隐讳,有意无意地是"诗圣"或"人民诗人"的观念在作怪。

在杜甫的嗜酒和是否死于牛肉白酒胀饫,新、旧研究家也都在"为其尊者讳",不相信两部《唐书·杜甫传》的记载,却偏信假托韩愈的《题杜子美坟》和假托李观的《杜拾遗补传》。这假托的一诗一传,都极力替杜甫"为牛肉白酒胀饫而死"辩解。《杜甫嗜酒终身》一节以杜甫的"大量诗篇"作证,证明"杜甫的嗜酒并不亚于李白",主要是"新旧研究家们的眼睛里面有了白内障——'诗圣'或'人民诗人',因而视若无睹,一千多年来都使杜甫呈现出一个道貌岸然的样子"。同时仔细分析了这假托的一诗一传的内容,指出"诗为韩愈集中所不载,风格也不类","断然不是韩愈做的"。传文就更加"可笑","连唐玄宗死在杜甫之前都贸然无所知,《补传》也是假托是毫无疑问的"。然后,更进一步指出:

> 为了美化杜甫之死,人们还煞费苦心地从杜甫诗作中造内证。一般编年体的《杜甫诗集》,大率在耒阳一诗之后还有所收辑,多至五六首,表明杜甫不是死于耒阳,亦即不是死于牛酒。

接下来,便以仇兆鳌的《杜诗详注》(亦名《杜少陵集详注》)为例,举耒阳之后还收有的6首诗,逐一"仔细研究",认为5首"是作于耒阳诗之前","《过洞庭湖》一首非杜甫作品"。

不管郭沫若是否从"抑杜扬李"出发,书中提出的上述问题,都是杜甫研究再也不能回避的问题。支持郭沫若的观点也罢,反驳郭沫若的观点也好,开展认真的研讨,必将推动杜诗研究进入更深的层次。

(三) 存在问题

写完《十批判书》之后,郭沫若在后记中曾经说过:"在我认为答复歪曲就只有平正一途。我们不能因为世间上有一种歪曲流行,而另外还他一个相反的歪曲。矫枉不宜过正,矫枉而过正,那便有悖于实事求是的精神。"然而,《李白与杜甫》一书恰恰犯有这样的毛病,这是必须指出的。

为了说明李白比杜甫更具有"人民性",郭沫若举出李白的《秋浦歌十六首》之十四首,说什么"这好象是近代的一幅油画,而且是以工人为题材"。又说李白"歌颂工农生活的诗,虽然不是'挚鲸碧海中',但也不是'翡翠兰苕上',而是一片真情流露的平民性的结晶"。

为着证明杜甫的阶级意识,对杜甫的代表作《三吏》《三别》和《茅屋为秋风所破歌》作了"新"的解读,强调"诗里面是赤裸裸地表示着诗人的阶级立场和阶级感情的",尤其"使人吃惊"的是对《茅屋为秋风所破歌》的解读近乎于在曲解了。

剖析杜甫的"功名欲望",举出《官定后戏赠》一诗,解释为杜甫是在"挑肥拣瘦",想做大官而不愿意做小官,留恋都门生活而不愿意去穷乡僻壤与民接近。这里的分析,一是未免过于牵强,二是将河西县的地理位置弄错了。诗中所说"河西县",既不属于云南,也不属于四川,而属于陕西。《元和郡县图志》、新旧《唐书·地理志》都非常清楚地在关内道同州夏阳县下注道:武德三年于此置河西县,乾元三年(760)更河西为夏阳。杜甫被任河西尉在天宝十四载(755),正当县名为河西之时。

说"杜甫讨厌四川的情绪有时到了相当惊人的程度,连'青山''白水'都是看不惯的",就更夹杂了个人情感在内。分析杜甫讨厌四川的"更重要的原因是心理作用,他是以地主贵族的眼光在看当时的四川。他向往长江下游的吴越,尤其向往三秦"。三秦是"朝廷"所在之地,吴越则是地主生活的典范。

这类文字写入书中,丝毫不能产生翻"抑李而扬杜"旧案的效应,反而使更多的读者误解著作者"为了达到扬李抑杜的目的采取了'爱之欲其生,恨之欲其死'的绝对化做法",甚至认为郭沫若"非把杜甫打倒不可"。[1]在郭沫若逝世的前一年,一位读者写信批评《李白与杜甫》扬李抑杜太过苛刻,并新译了《石壕吏》寄给郭沫若,郭沫若回信如下:

> 您的信和《石壕吏》译释,都拜读了。我基本上同意您的见解。杜甫应该肯定,我不反对,我所反对的是把杜甫当为"圣人",当为"它布"(图腾),神圣不可侵犯。千家注杜,太求甚解。李白,我肯定了他,但也不是全面肯定。一家注李,太不求甚解。草草奉复,不能多写。乞谅。祝健康。[2]

郭沫若一生的学术研究,都在不断开拓,不断更新,而翻"抑李而扬杜"的旧案,则差不多是他终身致力的一大课题,绝非人云亦云就能够一笔勾销得掉。

六、余论:"李杜文章在,光焰万丈长"

中国文化积淀厚重的传统之一就是"褒贬"人物,而且渗透到思

---

[1]《关于〈李白与杜甫〉中对杜甫批评的商榷》,《花城》1980年第3期。

[2]《郭沫若同志就〈李白与杜甫〉一书给胡曾伟同志的复信》,《东岳论丛》1981年第6期。

想文化领域的方方面面，形成对文化成就相当而风格各异的文化人物的或扬或抑。

比较研究，大有裨益。褒贬扬抑，大可不必。

李白与杜甫，都属于封建时代的士大夫，如果一定要进行"阶级分析"的话，他们的阶级立场和思想意识不可能存在实质性的差异。他们的差异，是由他们面向的时代、个性、经历等所决定的他们的文化倾向、创作方法和艺术风格以及社会影响。

李白面向盛唐的繁荣，富强、自信、外向；杜甫面对盛唐的灾难、战乱、贫弱、迷茫。

李白豪放任侠，向往功名，喜欢纵横；杜甫深沉内向，追求仕途，留意人生。

唐代儒、释、道"三教"并存，对于盛唐的三位最著名诗人，以"诗佛"称王维，"诗仙"称李白，"诗圣"称杜甫，已经明显地道出他们的文化取向：李白近道，杜甫近儒。

李白的诗歌创作想象丰富，"摆去拘束"，具有极其鲜明的浪漫主义风格；杜甫的诗歌创作真实深刻，"沉郁顿挫"，具有极为鲜明的现实主义风格。

李白面向盛唐的繁荣，虽然王维享名于其前，杜甫驰名在其后，但王维、杜甫二人在盛唐的影响都不及李白耀眼夺目。杜甫面对的是盛唐的灾难，自宋至清始终没有能够再现"大唐盛世"的那种辉煌，而是积贫积弱、社会矛盾加剧、专制集权加强、日趋闭关锁国，士人不得不转向现实，留意人生，视角便集中在杜甫的"诗史"上了。

李白近道，杜甫近儒，在儒学、理学占思想文化统治地位的宋、元、明、清，"扬杜抑李"是历史的必然。更何况，李白的"摆去拘束"难以把握，杜甫的"属对律切"有章可循，统治思想日趋变僵化，科举考试日益程式化，必然形成"千家注杜"的局面。

李白诗以浪漫色彩为主调，杜甫诗以现实色彩为基调，在现实主义创作思潮占主流的社会中，扬杜抑李也是必然会发生的事情。

社会变化影响士人心态，士人心态影响诗歌创作。同样，社会变化影响人们审美观的变化，审美观的变化影响读诗情趣的变化。20世纪最后的20年来，经济繁荣，生活安定，思想开放，摆去拘束，人们在注重实效的同时，又多了几许浪漫成分，李杜研究不再像前80年那种样子了。从发表论著目录看，数量大体平衡，视角新颖，议题宽泛，说教趋少。[1] 随着开放的深入，思想进一步解放，"扬杜抑李"倾向将会渐渐退出历史舞台，迎来的必然是李杜并称的新局面。

最后，借用韩愈《调张籍》的前六句诗作为本文的结语：

> 李杜文章在，光焰万丈长。
> 不知群儿愚，那用故谤伤。
> 蚍蜉撼大树，可笑不自量。

2000 年 7 月 29 日

《郭沫若与二十世纪中国文化》，福建人民出版社，2002 年，题为《从社会历史的发展演变审视"李杜并称"与"扬杜抑李"两种文化思潮——兼论郭沫若的李杜研究》。第四、五、六部分以《论郭沫若的李杜研究》为题发表在《郭沫若学刊》2001 年第 2 期。2016 年 12 月做过订正，添加 [补注]，录入影印稿本 4 页。

---

[1] 参见陕西师范大学历史系编：《隋唐五代史论著目录》(1982—1995)、(1996—1999)，陕西师范大学出版社，1997 年、2000 年。

郭沫若写《李白与杜甫》的"苦心孤诣"

1971年郭沫若《李白与杜甫》出版，40年来对其写作动机始终存在不同认识。10年前我发表过一篇《从社会历史的发展演变，审视"李杜并称"与"扬杜抑李"两种文化思潮——兼论郭沫若的李杜研究》的文章，认为《李白与杜甫》是郭沫若"性情、理智交融的产物"，应从三方面认识其学术价值，并以郭沫若对李杜的一贯态度指出"揣摩领导意志"说即"迎合"说不能成立。[1]近年来，在系统阅读陈寅恪论著时想到，陈寅恪研究唐诗有《元白诗笺证稿》一书，研究历史和历史人物有颇受推崇的"真了解"之法：

> 所谓真了解者，必神游冥想，与立说之古人，处于同一境界，而对于其持论所以不得不如是之苦心孤诣，表一种之同情，始能批评其学说之是非得失，而无隔阂肤廓之论。[2]

郭沫若研究唐诗有《李白与杜甫》一书，特别注意李白的"政治活动"，谓其"了然识所在"，只是"把今时的人物换为了古时，在现实的描绘上，加盖了一层薄薄的纱幕而已"[3]，不也在与李白"处于同一境界"考论李白诗作的"苦心孤诣"吗？两位大师的不谋而合，使我决定遵循这一方法，"神游"《李白与杜甫》的写作年代，"进入"

---

[1] 中国郭沫若研究会编：《郭沫若与二十世纪中国文化》，福建人民出版社，2002年。

[2] 陈寅恪：《金明馆丛稿二编》，第247页。

[3] 郭沫若：《李白与杜甫》，第53页。

郭沫若所处"境界",设身处地"冥想"一回,寻其"不得不如是之苦心孤诣",求出不存"隔阂"、又非"肤廓"而更近事实的认识。

《李白与杜甫》书中清楚地写道:

> 抑李而扬杜,差不多成为封建时代士大夫阶层的定论。……其实无论李也好,杜也好,他们的"光焰"在今天都不那么灿烂了。……然而出乎意外的是解放以来的某些研究者却依然为元稹的见解所束缚,抑李而扬杜,作出不公平的判断。[1]

这显然是在说写作动机——要翻"解放以来"的"抑李而扬杜"的案。但就全书三大部分而言,《关于李白》这部分主要不在"扬"李,《关于杜甫》这部分倒是存心"抑""被人民化"的杜,《李白杜甫年表》逐年记述李、杜70年的社会变动,不存在抑扬问题。[2]

《关于李白》这部分,七个题目,主要写两方面内容,一是长期有争论的问题,李白的出生、家室、两次入长安以及道教思想等,四个题目;二是李白的政治活动,三个题目。最扎眼的是李白政治活动的两次"大失败",而且都加有副标题。"长流夜郎前后"一题是紧接第二次"大失败"的续篇。为什么在政治风云诡谲的20世纪60年代末、70年代初,郭沫若要醒目地写李白的"政治活动",还要突出两次"大失败"呢?

写李白的第一次"大失败",从现存1000多首李白诗中挑选出一首不起眼的五言古诗《答高山人兼呈权顾二侯》中"谗惑英主心,恩疏佞臣计"两句和李白《为宋中丞自荐表》所说"为贱臣诈诡,逐

---

[1] 郭沫若:《李白与杜甫》,第114—115页。
[2] [新加补注]《关于李白》与《关于杜甫》两部分写法不一,《关于李白》基本是按照生平传写李白,《关于杜甫》基本是按照专题来写杜甫,同样反映郭沫若的"苦心孤诣"。

放归山"作为依据,认为朝臣张垍虽"佞"不"贱",而"所谓'贱臣'必然另有所指",除"宦官头子高力士"之外,"杨玉环不用说也参加了进谗者的行列"。[1]副标题"待诏翰林"四字足以提醒读者,郭沫若确曾有过"同一境界":新中国建立前夕,参与协商建国大计、参与起草各项重大历史文件。新中国成立后,被委以政务院副总理兼文化教育委员会主任,主政新中国文化、教育两大事业。作为书法家为《武训画传》题写书名并题词,原本很正常的事。可不到一年时间,毛泽东为《人民日报》撰写社论《应当重视电影〈武训传〉的讨论》,强调"文化界和教育界"的"一些号称学得了马克思主义的共产党员","一遇到具体的历史事件,具体的历史人物(如象武训),具体的反历史的思想(如象电影《武训传》及其他关于武训的著作),就丧失了批判的能力,有些人则竟甚至向这种反动思想投降"。接着,派江青率调查团到山东调查,炮制出《武训历史调查记》在《人民日报》发表,定性武训为大地主、大债主、大流氓。《武训画传》的作者李士钊锒铛入狱,电影《武训传》的导演孙瑜、武训的扮演者赵丹纷纷作出深刻检查。作为"文化界和教育界"的最高负责人,郭沫若只能一次又一次地检讨。1951年6月1日在《人民日报》发表《联系〈武训传〉批判的自我检讨》,检讨给《武训画传》题词。8月4日在《人民日报》发表《读〈武训历史调查记〉》,为"附和过"歌颂武训"重新再检讨一次",说《武训历史调查记》"在澄清文化界和教育界的思想混乱上是有很大的贡献的"。步入文坛数十年,无不"挥笔动风雷",何曾一而再地作过如此检讨,这在郭沫若的整个生涯中,不仅是"大失败",而且是头一次。如果说"待诏翰林"前后对"贵妃"的"谗惑英主心"还带有几许推测的成分,那么随着历史的推移,在写作《李白与杜甫》的年代,"贵妃""贱臣""谗惑英主心"的情况,以郭沫若所在"境界"是会感受很深的。

---

[1] 郭沫若:《李白与杜甫》,第38—39页。

写李白政治活动的第二次"大失败",副标题为"安禄山叛变与永王璘东巡",表明事发"文革"之初。联想1966年《五一六通知》中毛泽东明确提出:"高举无产阶级文化大革命的大旗,彻底揭露那批反党反社会主义的所谓'学术权威'的资产阶级反动立场,彻底批判学术界、教育界、新闻界、文艺界、出版界的资产阶级反动思想,夺取在这些文化领域中的领导权。"同时,新的文化"旗手"已经浮出,正跃跃欲试地要打倒一切"文艺黑线人物"。既要批判所谓"学术权威"的"反动思想",郭沫若便宣布烧书,烧掉"以前所写的东西",表示与"资产阶级反动思想"彻底决裂;既要"夺取文化领域中的领导权",郭沫若便赶忙打辞职报告,辞去"一切职务",表示立即交权。虽然书没真烧,职未让辞,但1967年5月《人民日报》重新发表1944年1月毛泽东《看了〈逼上梁山〉以后写给延安平剧院的信》时,"郭沫若在历史话剧方面做了很好的工作"的这一"最高指示"被删掉了。这在普通群众眼里只不过是一个要揪郭沫若的信号,而作为鲁迅之后新文化运动一面旗帜的郭沫若会如何想?当年毛泽东鼓励说"你的史论、史剧大有益于中国人民,只嫌其少,不嫌其多,精神不会白费的,希望继续努力"的"最高指示"虽然记忆犹新,但上面一段语录的改动,岂不等于宣告近20多年来的"精神"是"白费"了?书中写李白"长流夜郎"有这样几段文字,"本来是出于一片报国忧民的诚意,谁想到竟落得成为一个叛逆的大罪人";"朝廷里面认为李白该杀的一批人的任意栽诬",使其"长流夜郎","这在李白真是活天冤枉"。[1]一心要想创造民族新文化,代表新文化的全部成绩竟被一笔抹煞,甚至成了被革命的对象,这在郭沫若的整个人生,难道不是一次"大失败"?而且是被"任意栽诬"的,所以书中连连喊出"活天冤枉"来。说李白"异常悲愤而伤痛",无异于说此时郭沫若自己!由此,难免不生出"一枕黄粱"的感慨。10月,

---

[1] 郭沫若:《李白与杜甫》,第68、76页。

面对曾经因陈寅恪高度评价而整理的《再生缘》前十七卷校订本，郭沫若写下一则题记：

> 观此书人物选姓颇有用意。书中三位主要人物，皇甫少华切黄字，梁素华切梁字，孟丽君切梦字，盖取《黄梁梦》为其主题也。此断非偶然。[1]

虽曾说过"凤凰再生"，看着"无缘再生"的《再生缘》，巧妙地传达出"再生无缘，恍如一梦"的心境，也"断非偶然"。这正是书中写"李白高度激昂的心境很快地转而为极端的灰心，不是没有来由的"[2]最恰当的注脚。

当年得罪过"贵妃"的人没有一个逃脱"旗手"的掌心，轻者住牛棚、遭流放，重者置之死地。郭沫若深知自己虽在保护之列，但毕竟有"把柄"攥在"旗手"那里。既已全盘否定自我，准备被替换掉，向新"旗手"致敬就不能走过场，必须"识时务"，与时俱进、紧跟潮流。而且这样做，还可以为提出保护名单的周恩来减少一些让"旗手"找茬的麻烦。

写李白的道教迷信与觉醒，认为《下途归石门旧居》是"李白最好的诗之一，是他六十二年生活的总结"，强调两点：一是"'如今了然识所在'，是这首诗的核心句子"；二是"'云游雨散从此辞'是'最后告别了'"，不单是对吴筠的诀别，"更可以说是对于尔虞我诈、勾心斗角的整个市侩社会的诀别"。[3]"李白真像是'了然识所在'了"，"现在的自己却是湛然清醒，明白了自己所处的地位"这两句，

---

[1] 郭沫若校订《再生缘》卷首，北京古籍出版社，2002年。手迹又见《郭沫若与陈寅恪：龙虎斗与马牛风》。

[2] 郭沫若：《李白与杜甫》，第64页。

[3] 郭沫若：《李白与杜甫》，第97、98页。

更是点睛之笔，表明郭沫若非常清醒地知道自己"所处"是怎样的一个"尔虞我诈、勾心斗角"的"境界"。

因为中苏边界起冲突，乔冠华、余湛根据周恩来的指示走访郭沫若，郭沫若告知李白出生中亚碎叶的论证，于是《中华人民共和国外交部文件——驳苏联政府以一九六九年六月十三日声明》中便有了"八世纪，中国唐朝的大诗人李白就出生在巴尔喀什湖南的碎叶河上的碎叶"一段文字。1971年9月林彪折戟沉沙，使极左思潮横行、"旗手"跋扈的状况有所抑制，《李白与杜甫》这本书才得以出版。周恩来或许知郭沫若的"苦心"，但只讲考证李白出生地的政治意义。这在当时是为了保护郭沫若，也在一定程度上给后来的读者造成某种误解，以为这本书的价值仅仅如此。书虽出版，由于"明白了自己所处的地位"，郭沫若没有李白的"遇赦"之感，更没有像李白那样"天真"地生出"今年赦放巫山阳，蛟龙笔翰生辉光。圣主还听《子虚赋》，相如却欲论文章"的"幻想"，而是清醒地指出：尽管"这时仍然是雄心勃勃的"，但"幻想毕竟只好幻灭"。[1]

《关于杜甫》这部分，九个题目，主要是"抑杜"——抑"被人民化"的杜，并对新旧研究家历来回避的一些问题进行了一次清理。

对于郭沫若"抑杜"的理解，人们往往没有仔细区分。郭沫若的"抑杜"包含两层用意，一是抑"每饭不忘君"的杜，这是其一贯态度。1962年为纪念杜甫诞辰1250周年发表《诗歌史中的双子星座》，指出"他的忠君思想，他的'每饭不忘君'，便是无可掩饰的时代残疾。……这种时代残疾，我们不必深责，也不必为他隐讳，更不必为他藻饰。例如有人说杜甫所忠的君是代表祖国，那是有意为杜甫搽粉，但可惜是违背历史真实的"[2]。经历过20世纪60—70年代的人们，都不会忘记"早请示晚汇报""每饭"诵读"最高指示"、大跳

---

[1] 郭沫若：《李白与杜甫》，第78—79页。

[2] 郭沫若：《诗歌史中的双子星座》，《光明日报》1962年6月9日。

"忠字舞"等现象。处在那样"境界"中的郭沫若,敢于抑"每饭不忘君"的杜,非但与"迎合领导意志"扯不上关系,反倒像是在表达对"表忠心"一类现象的反感。

另一方面,郭沫若"抑杜",主要是抑"被人民化"的杜,这在书中说得非常清楚明白。《关于杜甫》这部分开头即点出:

> 以前的专家们称杜甫为"诗圣",近时的专家们称杜甫为"人民诗人"。被称为"诗圣"时,人民没有过问过;被称为"人民诗人"时,人民恐怕就要追问个所以然了。[1]

这是《李白与杜甫》一书"抑杜"的关键所在!凡说杜甫"代表人民"的地方,书中就举出无数例证证明杜甫不代表人民。为揭示杜甫的功名欲望,先举杜甫天宝年间三次献赋,"低心下首,卑躬屈节",奉承"靠着和'从兄妹'杨玉环有些暧昧的裙带关系"的"权贵"杨国忠。又举出杜甫七首"恳求有权威者举荐"的长诗,"恳求"者中有"谗毁过李白的人"张垍,有利用杨国忠和贵妃的关系把杨国忠捧上台,再由杨国忠提拔的鲜于仲通。鲜于仲通在剑南逼反南诏,被南诏打败,杨国忠掩其败状,叙其战功,调其为京兆尹。李白曾以《古风》讽刺鲜于仲通,"渡泸及五月,将赴云南征","千去不一回,投躯岂全生",杜甫却以"奉赠鲜于京兆"求其向杨国忠推荐自己。郭沫若问道:

> 请看杜甫为了求取功名,是多么不择对象!这岂不是有忝"诗圣"或者"人民诗人"的称号吗?[2]

---

[1] 郭沫若:《李白与杜甫》,第125页。
[2] 郭沫若:《李白与杜甫》,第158页。

为了论证杜甫不"代表人民",不是"为了人民",书中用了阶级意识、门阀观念、功名欲望、地主生活、嗜酒终身五个题目,甚至在"宗教信仰"一题也不忘指向"新研究家"的"特别强调杜甫的同情人民","把他描绘为'人民诗人'"。其实,这六方面的问题在《关于李白》那部分都说过,如说李白的"日忆明光宫","这忠心耿耿的程度是不亚于'每饭不忘君'的杜甫的"。[1]只是为了突出杜甫不"代表人民",在《关于杜甫》这部分六个问题连在一起,难免使读者误以为郭沫若"非要把杜甫打倒不可"。表面看的确如此,但当"与立说之古人,处于同一境界"时,一边是"大有益于中国人民"的人几乎统统被打倒,一边是被祸国殃民者们捧为"人民化"的"旗手"正干着"大不益于中国人民"的事,就不难理解郭沫若"不得不如是"之"抑""被人民化"的"杜"的"苦心孤诣"了。不过,无论"解放以来"的"扬杜"者所说"人民性",还是郭沫若所抑"被人民化"的杜,都带有太重的时代烙印,今天的"人民"未必同意。

最后要特别指出,郭沫若的写作是隐于大量考证之中的,《李白与杜甫》的学术价值在前面提到的拙文中已有论述,希望读者继续深入发掘。

2011 年 5 月

《郭沫若学刊》2012 年第 2 期,收入《郭沫若研究年鉴》2012 卷,人民出版社,2013 年。

[追记]

2001 年《郭沫若学刊》第 2 期发表了一篇《如今了然识所在》,认为"《李白与杜甫》基本上不是一部学术研究之作,也不是为了给

---

[1] 郭沫若:《李白与杜甫》,第 45 页。

李白鸣不平，更不是为了投毛泽东之所好，而是一部借历史的亡灵，进行自我解剖、自我总结的文人与政治关系的沉思录，是20世纪中国文化的沉痛反思"。

除了"《李白与杜甫》基本上不是一部学术研究之作"我不同意外，其他几点我基本赞同，主要是我在"从著作本身进一步求证"时，发现"李白是'如今了然识所在'了，郭老也是'如今了然识所在'了"。但该文仅从当时社会大背景、郭沫若的其他一些诗文进行推测分析，没有深入到李杜的诗作中去考察郭沫若如何解读李、杜。这是郭沫若研究迄今仍然普遍存在的一大问题——谈郭沫若的学术，往往只谈其社会意义和影响，不能深入到著作之中谈其深邃的学术内涵，结果掩盖了对其巨大成就的充分认识。其实，郭沫若的诸多论著既有广泛的社会影响和深刻的历史意义，又包含深邃的学术内涵。我们讲《中国古代社会研究》只从社会层面笼统地说开拓了中国的马克思主义历史学，对郭沫若作为"甲骨四堂"、条理金文成大系等方面的成就几乎没有深入研究和介绍，反倒让只重学问、不问史观的傅斯年以其甲骨、金文的成就推荐为院士，由"不甚"赞同唯物史观的董作宾对《中国古代社会研究》做出最符合学术规范的评价。如果说《替曹操翻案》或许有某种"政治色彩"，但紧接着的六篇谈蔡文姬与《胡笳十八拍》文章中的学术性的考论，有谁统计过郭沫若涉猎了多少相关史料？与陈寅恪辩陈端生与《再生缘》、一年之中四次阅读《再生缘》的不同版本、整理《再生缘》前十七卷，又有谁知道郭沫若涉猎了多少从来不熟悉的明清史料？同样，考察《李白与杜甫》总应从李、杜的诗作出发来发论。现存李白1000多首诗作，郭沫若为什么挑出一首不起眼的五言古诗《答高山人兼呈权顾二侯》中"逸惑英主心，恩疏佞臣计"两句来分析？喜欢李白诗不乏其人，有谁喜欢过《下途归石门旧居》这首诗？郭沫若为什么认为这是"李白最好的诗之一，是他六十二年生活的总结"，而且强调"'如今了然识所在'，是这首诗的核心句子"；"'云游雨散从此辞'是'最后告别了'",这不单是对吴筠的诀别,"更可以说是对于尔虞我诈、勾心斗角的整个市侩社会的诀别"?用李、杜的诗作,用郭沫若读李、杜诗作的感受来做解读,方能更有说服力。如果这样深入进去,不仅会发现郭沫若对于李、杜的诗作有多么熟悉,还会"真了解"《李白与杜甫》一书既含有深邃的学术积淀,又融入了时代的心理,是郭沫若"性情、理智交融的产物"。我不止一次提出过,希望关心郭沫若的年轻学子能够系统总结郭沫若的治学方法和做学问的功力,对其代表作分别做一"引书书目",让人们看看郭沫若的学问究竟有多广博。莫让带有偏差的研究倾向掩盖了郭沫若的真学问,更莫让炒作郭沫若的人钻普遍不懂学问的空子。

2012 年 5 月

《李白出生于中亚碎叶》文中的资料并非从冯家昇那里得来

最近看到几篇汇集在一起辩论"谜团"的短文,先说冯家昇"写过一篇研究李白身世的论文,后来,院长要看,派人取走之后,却署上自己的大名发表了"。炒了一阵,没有证据,便说《李白与杜甫》中"关于'碎叶'与'条支'的资料是从冯家昇等人那里得来的",最后变成"细考郭沫若的《李白出生于中亚碎叶》一文,引用了《大唐西域记》《大清一统志》《唐书·地理志》等典籍,恰恰都是冯家昇先生的本行,而郭沫若不熟悉这些浩繁的史料。这正是郭沫若此文中包含冯家昇研究成果的又一内证"[1]。冯家昇先生的"研究成果",出版的专著不下五六种,发表的有关唐代的论文至少也有五篇。请再作一点"细考",摘出几段来给读者看看,究竟哪些成果"包含"在郭沫若的《李白出生于中亚碎叶》中了。

我可以先写一点给读者,不仅证明《李白出生于中亚碎叶》没有采用冯家昇的"研究成果",而且能够证明即便真的有过所谓"冯家昇很可能后来交给郭沫若一篇有关李白出生地考证的论文",郭沫若也没有拿来当成自己的东西用,更何况谁也没有见到那篇假设的文字!不信就请慢慢往下看。

《李白出生于中亚碎叶》是《李白与杜甫》第一部分《关于李白》的第一节,其中关于中亚碎叶的论述,在《郭沫若全集·历史编》第4卷中只占3页半篇幅,然后是反驳陈寅恪《李太白氏族之疑问》一文(包括詹锳《李白家世考异》)关于李白"为西域胡人"的说法。

---

[1] 丁东编:《反思郭沫若》,作家出版社,1998年,第311、320、324页。

后者都是援引李白的诗文，非冯家昇的研究领域。前 3 页半，则是"细考"的重点。

开头引范传正《唐左拾遗翰林学士李公新墓碑》，这是所有讨论李白身世的人都要引用的基本材料，陈寅恪的文章中也是这样引用的，此项史料不出于冯家昇。接下来的一段，郭沫若指出"碎叶在唐代有两处：其一即中亚碎叶；又其一为焉耆碎叶"。这与陈寅恪、谭其骧的看法不同，他们二人都认为碎叶只有一处。郭沫若的根据是《新唐书》卷 40《地理四》和卷 43 下《地理七下》分别有碎叶城，而且建城时间不一。陈寅恪的文章引用了这两段记载，郭沫若反驳陈寅恪论李白"以罪窜谪"的观点时，还进一步解释了这些材料，这由陈寅恪的文章就可以引出来，无须得自冯家昇。

关键在下面这段中亚碎叶的论述。郭沫若写道：

> 中亚碎叶，玄奘《大唐西域记》中译作"素叶"。《记》云："（自凌山）山行四百余里至大清池（原注："或名热海，又谓咸海。"案即今之伊塞克湖。）……清池西北行五百余里至素叶水城，城周六七里，诸国商胡杂居也。"素叶水城即碎叶城为无疑。素叶水即碎叶水，《大清一统志》译作"吹河"，今译作"楚河"。城在碎叶水南岸，说者谓即托克马克，在现在的苏联吉尔吉斯境内。隋唐时代为西突厥建牙之所，玄奘以贞观三年（629）见西突厥叶护可汗于此处（见《大慈恩寺三藏法师传》卷二）。可见中亚碎叶实为当时之一重镇。[1]

这一段内容，的确不是郭沫若所熟悉的范围。但是，稍有历史常识的人都懂得，要想深入了解唐代中亚地区的山川地理、风土人情，是必须要看《大唐西域记》的；要想知道历史地理的变迁，离不

---

[1] 郭沫若：《李白与杜甫》，第 3—4 页。

开"二十四史"中的《地理志》和《大清一统志》的。这里，姑且把郭沫若与毫无历史知识的人等同看待，看看他是如何知道《大唐西域记》《大清一统志》《大慈恩寺三藏法师传》中有关于中亚碎叶的记载的？究竟是从冯家昇那里来，还是另有出处？

经过"细考"证明：郭沫若上面所用资料另有来源，而且来头比冯家昇更有权威性。此人并非别人，正是郭沫若一向非常推崇的王国维。

人所共知，早在1928年流亡日本的时候，郭沫若在东洋文库中就已经"读完了王国维的《观堂集林》"。郭沫若熟悉和了解王国维的著作，总不至于又有疑义吧。

《观堂集林》卷14有一篇《西辽都城虎思斡耳朵考》[1]，为了给没有读过王国维著作而又在"细考"郭沫若文章的人提供方便，特将有关中亚碎叶的论述加标点转录在下面：

> 《唐书·地理志》载贾耽《皇华四达记》云："至热海后百八十里，出谷至碎叶川口，八十里至裴罗将军城。又西四十里至碎叶城，北有碎叶水，北四十里有羯丹山，十姓可汗每立君长于此。"案热海者，今之特穆尔图泊。碎叶水者，今之吹河。
>
> 《唐志》自裴罗将军城至呾罗斯之距离，凡三百五十里。据《大唐西域记》及《慈恩法师传》，则五百八十九里（两书无裴罗将军城，今以自素叶水城至呾逻私之里数加裴罗至素叶之里数计之）。大抵贾耽所书里数，率较玄奘所书为短，当由计里之单位或方法不同。
>
> 考隋唐以来热海以西诸城，碎叶为大。西突厥盛时，已为一大都会。《慈恩传》言至素叶水城，逢突厥可汗方事畋游，军马甚盛。及唐高宗既灭贺鲁，移安西都护府于龟兹，

---

[1]《王国维遗书》第二册，上海古籍书店1983年据商务印书馆1940年版影印。

以碎叶备四镇之一(《唐书·西域传》)。调露中,都护王方翼筑碎叶城,四面十二门为屈曲隐伏之状(《唐书·地理志》及《王方翼传》)。

王国维的这几段考证,除了《新唐书·地理志》(即《唐书·地理志》或《唐志》)外,还明确提到《大唐西域记》《大慈恩寺三藏法师传》(即《慈恩法师传》《慈恩传》)。虽然未提《大清一统志》书名,但王国维有两句话"热海者,今之特穆尔图泊。碎叶水者,今之吹河"。都有"今之"的说法。王国维始终以清朝遗臣自居,文中的"今"指清朝,他所说的"今"地名也是指清朝的地名。要查找清代地名,再无知的人都懂得用清朝官修的《大清一统志》,所以郭沫若用《大清一统志》是常识中事。

对照两人的文字后可以清楚地看到:1. 郭沫若受王国维的启发,查看了《大唐西域记》《大清一统志》《大慈恩寺三藏法师传》三部书。内中,如果有王国维没有涉及的材料,可以认为郭沫若是从冯家昇或别人"那里得来";如果王国维提到的材料郭沫若没有采用,也可以说郭沫若此次忘了王国维。然而实事却是,郭沫若所用材料正是王国维提到的材料,不多也不少。让我们作一假想,郭沫若面前放着两篇文章,一边是王国维的《西辽都城虎思斡耳朵考》,一边是"冯家昇很可能后来交给郭沫若一篇有关李白出生地考证的论文",郭沫若如何取舍?只要没有偏见,任何人都不相信郭沫若会舍王国维而用冯家昇,更何况冯家昇"交给郭沫若一篇有关李白出生地考证的论文"还处在"很可能"的假想中。2. 郭沫若受王国维的启发,却又没有直接照抄王国维。查看《大唐西域记》,引用了王国维没有引用的文字:"(自凌山)山行四百余里至大清池(原注:'或名热海,又谓咸海。'案即今之伊塞克湖。)……清池西北行五百余里至素叶水城,城周六七里,诸国商胡杂居也。"查看《大清一统志》,弄清"素叶水"译作"吹河"。翻检《大慈恩寺三藏法师传》,知道在该书卷二有玄奘于贞观三年(629)在此处见西突厥叶护可汗的记载。这都是王国维的文章中没有提到的。

由此还可以看出，那种认为只要"把《郭沫若全集》找来，看看哪篇文章属于冯先生多年研究的领域，不就清楚了么"的说法也未必能"清楚"。关键要看那"多年研究的领域"是否仅此一家，别无分号，在其前后有没有超过其成就者。同时，也不应该忘记每位学者都有自己的学术渊源。王国维的《西辽都城虎思斡耳朵考》虽然不是专题考证中亚碎叶，而只涉及这一问题，但它却不失为20世纪关于中亚碎叶最早的详细考证。郭沫若以王国维的研究为出发点，并非从此时才开始，早在20年代末就已经形成为他本人的一个治学特点。从最早但又未有人超越的王国维的研究为起点，正是治学严谨的学者应该遵循的学术规范！

由于谭其骧及多数人都认为碎叶只有一处，即托克马克，在当时苏联吉尔吉斯境内，所以郭沫若又向冯家昇作进一步了解，始终是想弄清两处的地理位置。哪知冯家昇与谭其骧等多数人的看法相同，郭沫若只好在上面的那段文字中留下"说者谓即托克马克，在现在的苏联吉尔吉斯境内"这样一句话，表示有保留。所谓"说者"，应该包括冯家昇，但又不止冯家昇一人。

希望能够见到对比郭沫若与冯家昇研究成果的文章，不要捕风捉影弄"谜团"，更不要被"谜团"自迷而不悟。

1999年4月15日

《科学时报》1999年5月19日社会科学版，署名：文思博。编者改标题为《"谜团"应该清楚了》，无注释。

对"兰亭论辩"的认识与思考

庚子年处暑后一日,钟作英发给我一则微信,是用《张暐妻许日光墓志》来"打脸郭沫若"的,举出40个与"神龙本"《兰亭序》"如出一辙"的单字,认为"是对《兰亭序》存世的强力佐证"。我看了一下墓志的时间,是开元二十三年(735)十一月十日,比"神龙"年晚30来年,不仅不能"打脸郭沫若",反倒证明郭沫若所说这是唐前期流行的一种书体。不久,蔡震打电话说,60年代讨论《兰亭序》,有"拥护"郭沫若观点的作者后来改变观点了,想召开一次小型研讨会,我表示如果开会一定参加。随后,查找许夫人墓志、重读《兰亭论辩》、比对传世摹本,逐渐形成对"兰亭论辩"的认识和思考。重阳节的一个会上与蔡震见面,又议及此事,便开始撰写。不久白内障手术,闭目"冥思"形成初稿,直至辛丑年端午方成定稿。

一、从许夫人墓志说起

查找许夫人墓志,经两位研究隋唐史的朋友帮助,在《秦晋豫新出墓志搜佚》(国家图书馆出版社,2012年)第2册第574页见到《唐张君妻许日光墓志》(编号450)。这是一块正方形的墓志,610厘米×610厘米×145厘米,共25行,满行27字,2007年冬在河南省洛阳市伊川县万安山出土。坊间所传,多为复制。

许夫人墓志　　　　　　　　　　墓志局部

墓志主人是唐玄宗时张暐的夫人许日光，通称许夫人墓志。《旧唐书》卷106记载张暐身世，李隆基为潞州别驾时，张暐"潜识英姿，倾身事之，日奉游处"。李隆基在张暐家与乐人赵元礼之女私下生了一子，取名瑛，开元三年（715）被立为皇太子。在李隆基与太平公主的政治较量中，张暐提醒李隆基"先为备"。李隆基当皇帝（唐玄宗）后，对张暐一直委以重任，封邓国公，为开元年间第一任京兆尹（京城长官），"入侍宴私，出主都政，以为荣宠之极"。开元二十年（732），张暐年高退休，加特进，享受正二品待遇，活到天宝五载，年九十余。这样一位与皇家有着亲密关系的高官的夫人许日光，也是"名重当代"的"著姓"之后，开元二十三年九月十二日去世，十一月十日葬于万安山之原，墓志由朝散大夫行起居郎张楚撰写。或许因为许夫人喜好，墓志采用了与"神龙本"相仿的字体刻成，这至少说明以下三点。

其一，传世的《兰亭序》摹本，最早流传的是"神龙本"。目前一般认为，唐太宗在世时，《兰亭序》有虞世南、欧阳询、褚遂良三位书法家的摹本，有经宫廷拓书手摹写赐给重臣的摹本。赐给重臣的摹本中，有一本后来钤"神龙"二字的长方形半印，世称其为"神龙本"。"神龙"是中宗的年号之一，有人认为"神龙"半印是否中宗时所钤"值得怀疑"。如果许夫人墓志是摹仿的"神龙本"，或可证明"神龙"半印为中宗时所钤。如果不是摹仿的"神龙本"，表明这种字体在开元前期已经十分流行，恰如郭沫若所说"《兰亭序》的书法，在唐初已经享受着十分崇高的称誉"，武则天时"已经在民间传遍了"，"故在开元、天宝年间所流传"。

其二，许夫人墓志摹仿"神龙本"摹仿得再像、相似字再多，也证明不了东晋南朝是否有这种书体！如果这一墓志的时间是在一百六七十年前的梁、陈交替之际，不用别人说，郭沫若自己就会放弃他的全部观点，包括"依托于智永"说。

其三，想"打脸郭沫若"者把贞观二十三年与开元二十三年混为一谈，说"此（墓）志书写于盛唐开元二十三年，其年亦是唐太宗将《兰亭序》陪葬昭陵之年"，墓志刻写人应该能够看到随葬的《兰亭序》，所以墓志有几十字"极为相似"。唐太宗下葬在贞观二十三年，是公元 649 年，开元是唐玄宗的年号，开元二十三年为公元 735 年。两个"二十三年"相差 86 年。唐太宗下葬时，许夫人墓志的刻碑人还没出生，怎么会看到随葬的《兰亭序》！不知贞观、神龙、开元三个年号的先后顺序，甚至分不清贞观、开元两个年号，倒是应该"打脸"自己！

二、1965 年的"兰亭论辩"

想"打脸郭沫若"的人，喜欢用高二适来说事，却又未认真读过高二适的文章，不知高文并非"素不乐随人俯仰作计"，而是有大段"殊想拍合"郭沫若的论述，更没有分析过毛泽东写给章士钊的信的内容和意图。

（一）论辩缘起与几点澄清

1958—1965年，在南京、镇江等地陆续发掘出东晋明帝太宁元年（323）至穆帝升平元年（357）35年间的五种墓志，除《颜刘氏墓志》中"有些字有后来的楷书笔意"，其余墓志"基本上还是隶书的体段"。据此，郭沫若提出："这对于传世东晋字帖，特别是王羲之所书《兰亭序》，提出了一个很大的疑问。"1965年3月末写成《由王谢墓志的出土论到兰亭序的真伪》（以下简称《真伪》），5月13日写了"书后"、22日写了"再书后"，发表在《文物》第6期。7月7日夜高二适写成《〈兰亭序〉的真伪驳议》（以下简称《驳议》），致函章士钊。章士钊7月16日写信将高二适的文章"推荐"给毛泽东。毛泽东18日复函章士钊，并写信给郭沫若。《驳议》铅印稿23日在《光明日报》发表，手写稿在《文物》第7期发表。8月7日郭沫若写成《〈兰亭序〉与老庄思想》，发表在24日《光明日报》、《文物》第9期。12日写成《〈驳议〉的商讨》反驳高二适，发表在21日《光明日报》、《文物》第9期。郭沫若用于硕的笔名又发表了《〈兰亭序〉并非铁案》（《文物》第10期）、《东吴已有"暮"字》（《文物》第11期），未见高二适回应。

粗知上述情况，坊间便有说"高二适先将文章寄给报刊，但未被刊用。他又将文章寄给章士钊，希望得到章士钊的支持和帮助"，"有个硬骨头却偏不怕死，冒着杀头的危险，对郭逐一反驳"，还有说"由于郭沫若本人的学术权威身份和政治权威身份，才会在文化界造成很大的影响，从而形成'论辩'。但是，本来是学术问题，但却被上升到了'唯物史观同唯心史观的争论'的政治立场的高度（详见《兰亭论辩》一书），郭沫若以'唯物史观'的身份出现，论辩一开始就是不公平的。对于不同观点，郭沫若却把'唐宗宋祖，稍逊风骚'拿来作为搪塞之言，是不合适的。这不能不说是郭沫若先生的'以势压人'"，等等。

这些说法，只知有写信之事，不详知信的内容，或有意回避信的内容。

7月16日章士钊写给毛泽东的信,全文如下:

润公主席座右:兹有读者江南高生二适,巍然一硕书也。专攻章草,颇有发明,自作草亦见功力,兴酣时并窥得我公笔意,想公将自浏览而喜。此钊三十年前论文小友,入此岁来已白发盈颠、年逾甲子矣。然犹笃志不渝,可望大就。乃者郭沫若同志主帖学革命,该生翼翼著文驳之。钊两度细核,觉论据都有来历,非同随言涂抹。郭公扛此大旗,想乐得天下劲敌而周旋之。(此论学也,百花齐放,知者皆应有言,郭公雅怀,定会体会国家政策。)文中亦涉及康生同志,惺惺相惜,此于章草内为同道。该生来书,欲得我公评鉴,得以公表,自承报国之具在此,其望虽奢,求却非妄。鄙意此人民政权文治昌明之效,钊乃敢冒严威,遽行推荐。我公弘奖为怀,惟酌量赐予处理,感逾身受。此籍叩

政绥

章士钊 谨状
七月十六日

该生致钊书附呈,不需赐还。

18日毛泽东复函章士钊:

行严先生:

各信及《指要》下部,都已收到,已经读过一遍,还想读一遍。上部也还想再读一遍。另有友人也想读。大问题是唯物史观问题,即主要是阶级斗争问题。但此事不能求之于世界观已经固定之老先生们,故不必改动。嗣后历史学者可

能批评你这一点，请你要有精神准备，不怕人家批评。又高先生评郭文已读过，他的论点是地下不可能发掘出真、行、草墓石。草书不会书碑，可以断言。至于真、行是否曾经书碑，尚待地下发掘作证实。但争论是应该有的，我当劝说郭老、康生、伯达诸同志赞成高二适一文公诸于世。《柳文》上部，盼即寄来。敬颂康吉！

毛泽东
一九六五年七月十八日

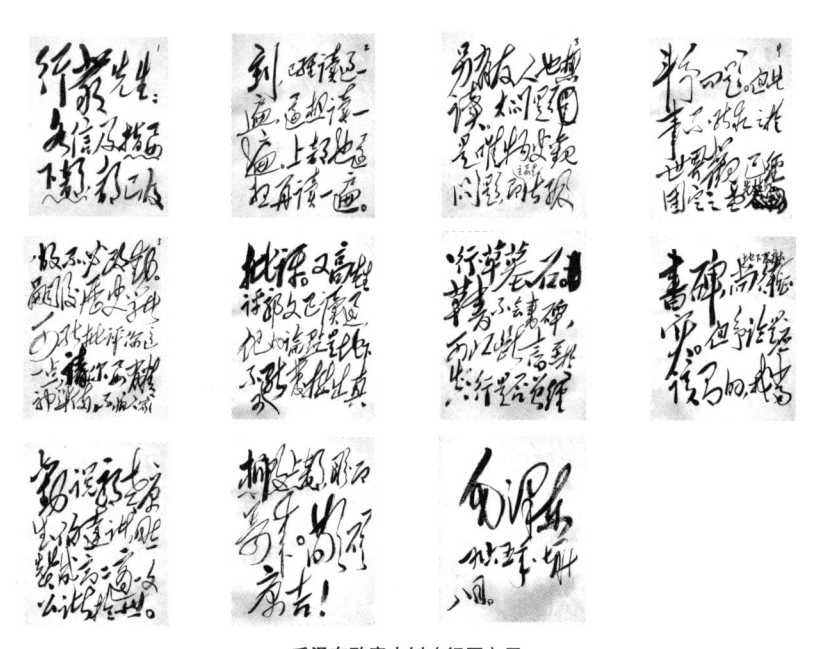

毛泽东致章士钊（行严）函

随即写信给郭沫若：

郭老：

　　章行严先生一信，高二适先生一文均寄上，请研究酌处。我复章先生信亦先寄你一阅。笔墨官司，有比无好，未知尊意如何？敬颂安吉！并问力（立）群同志好。

毛泽东

一九六五年七月十八日

章信、高文留你处。我复章信，请阅后退回。

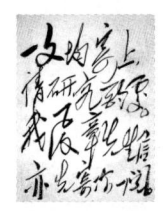

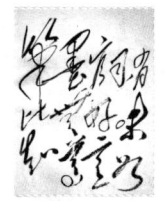

毛泽东致郭沫若函

从这三封信可以看出，上述说法，或属无知，或是偏见，应该澄清。

首先，"寄给报刊，未被刊用"，时间上根本没有可能。高二适《驳论》"七月七日夜中南京"脱稿，7月16日章士钊给毛泽东写信，中间总共间隔8整天时间。仅三次邮寄（寄稿、退稿、再寄章士钊）时间，按照今天快递的速度就需要6天，当时并无快递。更何况报刊接到投稿、安排编辑审稿、编辑看稿、决定退稿、章士钊"两度细核"，绝非短短几天时间能够办完。8天时间，在当时只够从南京寄挂号信至北京和章士钊"两度细核"的时间。迄今为止，并未见有退稿的真凭实据。如果真能找出退稿通知单，想必所写退稿原因一定如近年有文章指出的那样，"较为杂乱，算不上严谨的学术文章"，而且"标点不规范、有错字"。希望认真读一读《驳议》，看看是不是如此。

其次，章士钊给毛泽东信中明明说"该生来书，欲得我公评鉴，得以公表，自承报国之具在此，其望虽奢，求却非妄"，是高二适想通过毛泽东的"评鉴，得以公（开发）表"，怎么被演绎成"冒着杀头的危险"了？更何况高二适并不全是"对郭逐一反驳"，至少有大约七分之一的篇幅是"殊想拍合郭先生继康生先生后",亦希望仔细读一读高的文章。

第三,毛泽东读罢《指要》下部,特别是其中《柳子厚之于兰亭》,又读过"高先生评郭文",以其睿智不难发现:高文表达的实际是章想说又不便直说的意思,所以章才"敢冒严威,遽行推荐"高文。希望"评鉴"高文,实际希望"评鉴"《指要》。毛泽东做出的"评鉴"是:1.章、高属于"世界观已经固定之老先生",其著作"大问题是唯物史观问题,即主要是阶级斗争问题",要有接受批评的"精神准备","不怕人家批评";2.赞成高文"公诸于世",却不同意高的"地下不可能发掘出真、行墓石"的论点,强调"真、行是否书碑,尚待地下发掘作证实",表明应重视碑学,不要偏袒帖学;3."争论是应该有的",让与论辩无关却是党内主管宣传的陈伯达介入,安排"高二适一文公诸于世",进行论辩,怎么变成了"由于郭沫若本人的学术权威身份,才会在文化界造成很大的影响,从而形成'论辩'"?

第四,信"先寄"郭"一阅",实际是提醒郭,你是"历史学者",应该进行批评。郭接读信后,并没有以"批评者"身份自居,反驳文章题目用的是"商讨"二字,内容是学术性的论述。但又不能无视毛泽东的信的内容,才在最后一部分写了唐太宗如果生在今天,"肯学习辩证唯物主义与历史唯物主义,他的'玄鉴'和'睿赏'无疑是会深入一层的"。为了表明唐太宗的"玄鉴"并不一定可信,借用了毛泽东的"唐宗宋祖,稍逊风骚"的诗句。如果说"不公平""以势压人"的话,无视通过关系走高层路线、回避毛泽东给章士钊信的内容的做法,是不是更有此之嫌呢?

第五,至于说"本来是学术问题,但却被上升到了'唯物史观与唯心史观的争论'的政治立场的高度",这恰恰是通过关系走高层路线带来的结果!在此之前,由郭沫若引发的学术论辩,有古史分期、替曹操翻案、蔡文姬与《胡笳十八拍》、武则天出生地、《再生缘》及作者陈端生等的论辩,均未见其"以势压人",也未见上升为"政治"问题。郭沫若发表《替曹操翻案》引发关于曹操的论辩,发表论辩文章上百篇,不乏直指郭沫若者,如《不能把曹操抬得太高——对郭沫若〈替曹操翻案〉一文的意见》,特别是《〈蔡文姬〉是个好剧本吗?》直指郭沫若把曹操美化为"一个人民的领袖,说他是'太阳'"。这在当时的背景下,不比否定王羲之《兰亭序》更有"杀头的危险"吗?但这些"敢辩驳"的学人并没有谁因为驳议郭沫若而感到"有杀头的危险",也没有谁被说成"硬骨头却偏不怕死"。这都是没有通过关系走高层路线的正常学术论辩,因而也就没有什么"不公平",没有什么"以势压人"。到兰亭论辩情况却变了,高不同意郭的观点,走关系找章,章写信给毛泽东,毛泽东回信裁定:高文"公诸于世",是高、章所希望;指出《指要》"大问题是唯物史观问题",要有接受批评的"精神准备",学术分歧上升到"政治"层面,却是高、章所始料未及。只渲染前一点,无视或有意回避后一点,显然是偏见在作怪!

最后,还应注意,论辩发生在1965年7月至1966年1月,除高二适之外,另有严北溟、唐风、商承祚分别在《学术月刊》《文汇报》《中山大学学报》发表不同意郭沫若意见的论文,并未被视为"唯物史观与唯心史观的斗争"。事过七年多之后,郭沫若在1972年新发表的《新疆新出土的晋人写本〈三国志〉残卷》一文中"又联想"到"七八年前曾经热烈地辩论过"的问题,"翻阅到章士钊先生的《柳文指要》",对其中《柳子厚之于兰亭》的观点进行驳论。1973年3月文物出版社编辑内部发行的《兰亭论辩》,上编收文15篇,是郭沫若发表的文章和与郭"观点一致的文章",下编收文3篇,是与郭沫若等"观点相对立的具有代表性的文章",即章士钊《柳子厚之于兰亭》、高二适文、商承祚文,并在"出版说明"中写下"这种争论反映了唯物史观与唯心史观的斗争。只要我们认真贯彻党的'百花齐放、百家争鸣'的方针,学术上的是非问题,就会越辩越明。这无疑会有助于学术研究的开展和社会主义文化的繁荣"的一段话。但自 1972 年 12 月以来，特别是 1973 年，正是毛泽东多次谈话说郭沫若的《十批判书》是"尊儒反法"的时期（参见《毛泽东年谱》（1949—1976）第 6 卷），直至 1977 年 10 月 2 日郭沫若在给林默涵的复信中还表示"《十批判书》，殊多谬误，望您不吝指正，以俾减少罪愆"。在这"罪愆"期间，郭沫若还怎么"以'唯物史观'的身份出现"？所以，《兰亭论辩》虽已排版，却又搁置了四年多没出版，直至 1977 年 10 月才第 1 版第 1 次印刷，离最初论辩已经 12 年了。

（二）郭沫若与高二适的论辩

郭沫若《真伪》一文七个部分，前三部分谈东晋王谢墓志，由墓志说到书法。第四部分全文抄录即"整抄"李文田跋文和比李文田早 100 多年的赵魏的论述，认为"赵只是从书法上立论，而疑是'唐人临本'，或'传摹失真'。李则根本否定了《兰亭序》这篇文章，真正是如他所说的'文尚难信，何有于字'了"。第五部分发挥李文田对《兰亭序》"三疑"的观点，比较《临河序》与《兰亭序》的文字，认为"《兰亭序》所增添的'夫人之相与'以下一大段，一百六十七字，实在是大有问题"，引王羲之的两首诗和《世说新语·言语篇》中王羲之与谢安的一段故事，证明"王羲之的性格，就是这样倔强自负，他决不至于象传世《兰亭序》中所说那样，为了'修短随化，终期于尽'，而'悲夫''痛哉'起来"。这显然是对李文田跋文中"刘孝标注引王右军此文称曰《临河序》，今无其题目，则唐以后所见之《兰亭》，非梁以前《兰亭》，可疑一也"，"今考《金谷序》文甚短，与《世说》注所引《临河序》篇幅相应，而《定武本》自'夫人之相与'以下多无数字。此必隋唐间人知晋人喜述老庄而妄增之，不知与《金谷序》不相合也，可疑二也"等观点的发挥和进一步论述。（另外发表的《〈兰亭序〉与老庄思想》，从题目即可看出是在发挥李文田跋文第二疑的观点。）第六部分提出"依托于智永"说，是郭沫若的独特见解。第七部分探讨王羲之的笔迹，引述康生"没有脱离隶书笔意"的说法,表示"很欣赏上举李文田的推测"。同时,将这种笔意具体化:"使用方笔,逆入平出,下笔藏锋而落笔不收锋,形成所谓'蚕头'或'燕尾'。"以《王兴之夫妇墓志》字迹与《爨宝子》"极相类似",《谢鲲墓志》字迹与《爨龙颜》"相近",认为"李文田的预言可以说已经实现了一半"。统观《真伪》全文,郭沫若非常"相信"李文田跋文的观点,并极力证明李文田的观点,甚至用"很相信""李的预言能得到全面的实现"来作文章的结语。实际上,前三部分也与李文田跋文所说"《定武石刻》未必晋人书,以今所见晋碑,皆未能有此一种笔意,此乃南朝梁陈以后之迹也",是完全相通的。

高二适《驳议》一文,确如近年有文章指出的那样,"较为杂乱,算不上严谨的学术文章,既无条理,也没有严密的逻辑,更象是一篇会议发言稿,想到哪说到哪",而且有错字和标点不规范的情况,所以很少有读者通读,多是人云亦云。《驳议》针对郭沫若的基本观点,一开始就明确指出"郭先生的立论要旨","原文尤其是席清季顺德李文田题满人端方收得吾乡汪容甫先生旧藏'定武禊帖不损本'的跋语之势"(凡引高文,标点、文字,一律照原文),表示"今吾为驳议行文计。请先把清光绪十五年顺德人李文田跋端方的帖语所存的诸疑义,橐括起来",然后"节节驳难李文田诸可疑之点"。全篇指出"李文田之误"有五,显然是要动摇郭沫若据以立论的基本依据,同时反复引述同乡汪中(容甫)为《定武兰亭》所作题跋,说"不见定武真本,终不可与论右军之书也",希望"郭康二先生一顾"。说其"杂乱","想到哪说到哪",最明显处是在指出"李文田之三误也"后,突然写道:"吾行文至此,不禁心情鼓荡,猛忆郭先生原文(七)'王羲之笔迹,应当是怎样'的小标题下。有云:'关于这个问题,康生同志,就文献中作了仔细探索。'以及康生先生列举了五个例证。结语'是王羲之的字迹,具体的说来,应当是没有脱离隶书的笔意'等语。旨哉言乎! 王右军《定武兰亭》佳本,即是没有脱离过隶书笔意的。……今《定武兰亭》,确示吾人以自隶草变而为楷,(此意未经人道过,为吾苦思而得之。)故帖字多带隶法也。……今欲证吾言,明帖意,特摸出如干字如次。"在举出"带隶法"的字之后,强调"凡欧摸宋拓佳本,皆未脱离此种隶式。《定武兰亭》,余所见以'元人吴柄藏本',最为不失笔意"。随后另起一行写道:"又余今为此驳议,在他一方面言之。亦殊想拍合郭先生继康生先生后,'找到了的一些补充证据。'……今特根据汪容甫自跋其'修禊序'语甄录少许。"在"甄录"汪容甫"第一跋曰""又曰"以及"赵(魏)云"之后写道:"汪容甫题跋到此,吾意必为郭康两先生所叹服。"在指出"李文田之三误也"之后,突然插入以上近七分之一篇幅的文字,用"鼓荡"的"心情"论"隶书笔意",表现出的并不完全如其本人所说"吾素不乐随人俯仰作计",而是有着明显的"殊想拍合"郭沫若之意。在这之后,又才又继续议"李文田之误四矣""李文田之误五矣"。"五误"之后议"神龙本",却对"神龙本"一无所知,以为是"褚遂良摸者"。经与启功"谈《神龙本》兰亭一文"比照,才知道与郭沫若所说"原是一个东西"。在"郭先生拟《神龙》于智永,不识别有何种秘义"的情况下,立马强调"寻《神龙本》亦只逊于《定武》一筹。……吾见《神龙》除改字(改笔的率)外,既无一隶笔可寻。意者青琐瑶台,其不逮《定武》乃在自运之合耶",足见其对"定武本"的偏爱!

郭沫若反驳高二适,写了《〈驳议〉的商讨》,还是七个部分。第一、二、三部分,针对《驳议》中"李文田之误二"进行驳论,重申"注家引文能减不能增""《临河序》文并无蛇足""《兰亭序》大申石崇之志"。第四部分从《兰亭序帖》的时代性谈到对碑与帖"无偏袒",感到"意外"的是"世间重视帖学的人,却藐视碑刻,甚至视如寇仇。同样是祖国的文物,为什么要发生这样的差别呢?"显然是对章士钊给毛泽东信中所说"郭沫若同志主帖学革命"、高文所说李文田等"均服膺北碑,或于帖学褊见"的回应。第五部分"隶书笔意的伸述",是对高二适希望郭、康"叹服"汪中论述的回答:"汪中的《定武兰亭跋》,我们早就看过,但我们却相信赵魏与李文田,这就表明我们不同意汪中的矫辩","坦率地说一句,我并不'叹服'。就我所知,康生同志也是不会'叹服'的"。对于高二适的"拍合",郭沫若这样的回应:"我在拙文中引用了康生同志的话:'王羲之的字迹,具体地说来,应当是没有脱离隶书笔意。这和传世《兰亭序》和羲之的某些字帖,是大有径庭的。'这是从历史观点来看羲之字帖的正确结论。高先生虽然把结论的后半切去了,但并未能改变康生同志对于《兰亭序帖》的实际看法。他的实际看法是:《兰亭序帖》没有隶书笔意。"第六部分,"附带"讨论《驳议》没有提到的"僧"字和"察"字,所论"僧"不是徐僧权,是针对章士钊《柳文指要》下卷《柳子厚之于兰亭》中"僧字,非原文所有,乃梁舍人徐僧权于其旁署名,谓之压缝,梁御府中法书率如此。果尔,此似可破齐梁间人见不到兰亭之说"的。第七部分"唐太宗如果在今天",针对《驳议》所说"总之《兰亭》而有真赝,绝不能逃唐文皇之睿赏矣"。

简要归纳郭、高的论辩,郭沫若"相信李文田","不同意汪中",高二适"驳难"李文田,"叹服"汪中;郭沫若论"神龙本",高二适论"定武本"。这一"笔墨官司",实际是光绪年间李文田、汪中论争在20世纪50年代的延续和扩展。但有一点很清楚,高二适"为《定武兰亭》护法",想用高二适"打脸郭沫若"者竟无一人提及《定武兰亭》,无一人将许夫人墓志与《定武兰亭》比对,反倒用郭沫若认为是"智永所写"的"神龙本"来进行比对,表明他们根本没有读过高二适的文章,以为"神龙本"是最好的摹本,这恰恰不是高二适的观点!

附带订正两个说法,一是于硕《〈兰亭序〉并非铁案》中一则所谓"合理的猜测":欧阳询"不愿意自己欺骗自己","知道《兰亭序》是依托,但又不敢采录《临河序》,故只采录与《临河序》相近的《兰亭序》的前小半段,以事搪塞。这样可以不触犯秦王的逆鳞,也可以满足自己的良心"。欧阳询在高祖时为给事中,尽管《兰亭序》已"入秦府",但太宗尚是秦王,欧阳询为朝廷命官,奉诏参与编纂《艺文类聚》,部分采录《兰亭序》,谈不上什么"触犯秦王的逆鳞"。且不说秦王无权对朝官进行处罚,仅就实际情况而言,欧阳询因编纂《艺文类聚》得到高祖嘉奖,"赐帛二百段"。秦王做皇帝(太宗)后,以欧阳询为太子率更令、弘文馆学士,官品由正五品上升为从四品上,并封给爵位——渤海县男,表明欧阳询没有"触犯的秦王逆鳞"。编纂《艺文类聚》在高祖时,摹《兰亭序》在太宗时,说高祖时编纂《艺文类聚》只采录《兰亭序》前小半段是"以事搪塞","可以满足自己的良心",贞观年间摹《兰亭序》全文是为了"不触犯秦王的逆鳞",恰恰颠倒了时间先后,这样的"猜想"不存在丝毫的"合理"性!二是一篇论辩说"《兰亭序》文章最早见于唐太宗亲撰的《王羲之传》,势必要造出一份《兰亭帖》,以证明《兰亭序》不是杜撰",同样是颠倒了时间先后。《晋书》是贞观二十年唐太宗下诏编纂,二十二年完成,由房玄龄、褚遂良、许敬宗"监领其事"。《王羲之传》在《晋书》卷80,卷末有唐太宗所写"制曰",认为"钟、王以降"的书家,"尽善尽美,其惟王逸少","其余区区之类,何足论哉!"褚遂良作为监修,已编有《晋右军王羲之书目》,修撰官写好《王羲之传》必定报送褚遂良审阅,褚遂良修改润色后呈送唐太宗。在这一过程中,王羲之的重要奏议、文章俱都入传,褚遂良列为"草书"第一的"永和九年(二十八行,兰亭序)"必然入传。是先有《兰亭序帖》,后将帖文照抄入《王羲之传》的。虞世南、欧阳询分别卒于贞观十二年、十五年,他二人的摹本均摹写在编纂《晋书·王羲之传》之前,同样证明先有《兰亭序帖》,并非迎合唐太宗亲撰《王羲之传》而"造出"的。

三、比较传世摹本辨真伪

1965年的兰亭论辩只持续了半年时间,却激发了部分学人对

《兰亭序》的关注,甚至在紧接着的动乱年代仍然不忘考察《兰亭序》的真伪。世纪之交,在苏州举办过一次《兰亭序》国际学术研讨会,苏州大学出版社出版了《兰亭论集》,上编收文物出版社《兰亭论辩》未收文章29篇,下编收研讨会论文19篇,总计48篇。附录2篇,《中国现代〈兰亭序〉研究论文索引》《日本近现代"兰亭学"论著目录》。1972年高二适所写《〈兰亭序〉真伪的再驳议》,1982年发表在《书法研究》,却未收入《兰亭论集》。唐兰"文化大革命"中写成的《"神龙兰亭"辨伪》,被作为"遗作"收在了《兰亭论集》。

新世纪以来,不断有关于《兰亭序》的学术文章发表,未见有编辑唐宋以来关于《兰亭序》著录、题跋、鉴赏、考证等的目录索引或文献汇编,不能说不是《兰亭序》研究的一大憾事。

在上述《兰亭序》学术研讨中,虽不完全涉及真伪问题,但真伪仍是重要议题。近些年来,有强调"鉴定学理"者,认为先前的论辩"没有从鉴定的关键问题立论"。然而,这些论述大都忽略了1965年论辩给人们的一个重要启示:对于《兰亭序帖》传世摹本的认识,分歧很大,争论不休,充分表明谁都没有见过《兰亭序帖》原件,仅仅根据前人的鉴赏、题跋、评论以及本人对传世摹本的喜欢程度,发表个人见解,因而不可能得出确定性的结论。这一部分,围绕这个方面提出一些未曾注意或注意不够的问题,供进一步探讨参考。

首先,谈真伪问题,只"鉴赏"某一二摹本而舍其他,难免掺杂个人色彩,甚至掩饰某些真相,导致以偏概全。

唐太宗在世时,见过《兰亭序帖》真迹并摹写者,只有虞世南、褚遂良、欧阳询和几名宫廷拓书人。褚遂良死后,再没有人见过《兰亭序帖》原件。因此,传世的唐初《兰亭序帖》摹本便成为探讨《兰亭序》的重要实物。墨迹本,有虞世南摹本、褚遂良摹本(一本为白麻纸本,一本为黄绢本)以及"神龙本"。拓本,仅有欧阳询摹本,即"定武本",原石久佚。这些传世摹本字迹有差异,如何确认哪一个摹本摹写接近原貌,仅仅靠"鉴定"或"鉴赏"是不能解决问题的，还应当从摹写人及摹写情况入手进行考察。

虞世南、褚遂良、欧阳询是唐初著名书法家，看看史书对他们的记载。

《旧唐书·虞世南传》记虞世南"与同郡沙门智永善王羲之书，世南师焉，妙得其体"。唐太宗称虞世南"有五绝：一曰德行，二曰忠直，三曰博学，四曰文辞，五曰书翰（法）"。贞观十二年（638）虞世南卒，唐太宗对魏徵说："虞世南死后，无人可以论书（法）。"虞世南得到唐太宗如此称赞，显然是因其书法最接近王羲之。据此，虞世南摹本应当是传世摹本中最接近真迹的摹本。

《旧唐书·褚遂良传》以褚遂良"博涉文史，尤工隶书，父友欧阳询甚重之"，魏徵以褚遂良"下笔遒劲，甚得王逸少体"推荐给唐太宗，"即日召令侍书"，显庆三年（658）卒。褚遂良是虞世南之后，最得王羲之书体的书法家。褚遂良摹本有二，可以解释为：太宗健在时摹写一本，大约与虞世南、欧阳询同时摹写；太宗下葬前最后摹写一本，既表明对太宗的忠心，又可提高其摹本的身价（此时虞世南、欧阳询均已不在世了）。据此，褚遂良摹本应是传世摹本中很接近真迹的摹本。

《旧唐书·欧阳询传》记载，欧阳询在高祖时累迁给事中，"初学王羲之书，后更渐变其体，笔力险劲，为一时之绝，人得其尺牍文字，咸以为楷范焉"，贞观十五年（641）卒。虽学王羲之书，高祖时已"渐变其体"，自成一家为"欧体"。欧阳询摹本，即"定武本"，既是拓本，又因"变体"，不如虞世南摹本、褚遂良摹本接近真迹，是符合实际的，在情理之中。

虞世南摹本和褚遂良摹本列为"兰亭八柱"第一和第二，可谓名实相符。但论辩兰亭，却无人认为这两件摹本最接近真迹，反而去争执"定武本""神龙本"谁接近原貌。喜欢"定武本"就强调《定武》胜"神龙"一筹，喜欢"神龙本"就推崇"神龙"最接近真迹，能说没有掺杂个人偏爱？

在没有见过《兰亭序帖》原件的前提下，无视虞世南、褚遂良是唐初两位最得王羲之书体的书法家，无视虞、褚二人的摹本，甚或弃虞摹本、褚摹本而不论，这样的论辩能说不带有极大的缺陷？

其次，见不到《兰亭序帖》原件，试图用王羲之其他字帖来作参照，但世间并无王羲之真迹流传，就提出王羲之的笔迹问题，引发关于"隶书笔意"的争论。争论不出结果，又用传世的王羲之其他字帖摹本，诸如《丧乱帖》《孔侍中帖》《姨母帖》等来作参照物。尽管启功放弃了《兰亭的迷信应该破除》一文，但文中的这一观点却是讨论《兰亭序帖》想回避也回避不了的，即"回来再看今传的《兰亭帖》，无论神龙本或定武本，一律纯然是唐代风姿，不用拿《二爨碑》来衡量比较，即用《丧乱帖》《姨母帖》《奉桔帖》等等唐摹简札墨迹来看，风格也不相同……《兰亭》既与《丧乱》《姨母》等帖不同，而《丧乱》《姨母》等帖既保存了一定分量的王羲之风格，那么写《兰亭》的必定不是写《丧乱》《姨母》等帖的人，也就是必定不出于王羲之之手，可以说是毫无疑问"。

几乎所有谈论《兰亭序帖》的文章都承认：传世摹本与"可靠的王羲之唐摹善本书法，在用笔、形态以及整体风格上存在着明显的差异"。虽然承认这是"不可回避的事实"，但又都不愿意接受这一事实，把造成"明显的差异"的原因归结为两个方面：一是《兰亭序帖》的唐初摹本"皆属唐人辗转叠摹钩填，由于辗转钩摹者'间用我法'，笔法神韵与原迹逐渐失真而相去日远"；二是传世的王羲之其他字帖的"祖本与王羲之的书法作品存在差异"。

承认传世的王羲之字帖与王羲之真迹有"差异"，却只说虞世南、褚遂良、欧阳询摹本"间用我法"而不怀疑"神龙本"；认为王羲之其他字帖摹写祖本有问题，却不想想"神龙本"的祖本有无问题。其实，"神龙本"最有值得怀疑之处。

第三，"神龙本"的主要疑点，一是不确知来路，二是不确知摹写人，三是不确知摹写底本。

1. 所见唐代关于《兰亭序帖》的记载，没有一字提到"神龙本"。

论辩兰亭，人们只引《法书要录》卷3所收何延之《兰亭记》，却不见同卷所收武平一《徐氏法书记》，以致遗漏不少关于《兰亭序帖》的信息。武平一，武则天叔伯弟弟。《新唐书》本传记载，武则天当政时，武平一远离政坛。中宗景龙二年（708），与薛稷同为修文馆直学士，玄宗开元末（约741）卒。《徐氏法书记》记有太宗至玄宗初宫廷收藏王羲之书的情况，先摘录中宗至玄宗初的有关记述："至中宗神龙中，贵戚宠盛，宫禁不严，御府之珍，多入私室。先尽金璧，次及书法，嫔主之家，因此擅出。……徒闻二王之迹，强学宝重，乃呼薛稷、郑愔及平一评其善恶……时有太宗御笔于后题之，叹其雄逸。太平公主闻之，遽于内取数函及《乐毅》等小函以归。延秀之死，侧闻睿宗命薛稷择而进之，薛窃留佳者十数轴。薛之败也，为簿录官所盗。"其中提到的薛稷，是虞世南、欧阳询、褚遂良之后书法领域一位重要人物。《旧唐书·薛稷传》记载，薛稷"尤工隶书。自贞观、永徽之际，虞世南、褚遂良时人宗其书迹，自后罕能继者。稷外祖魏徵家富图籍，多有虞、褚旧迹，稷锐精模仿，笔态遒丽，当时无及之者"。据此，薛稷可能见过虞世南、褚遂良的《兰亭序帖》摹本，并可能收藏太宗赐给魏徵的《兰亭序帖》摹本。中宗即位至玄宗登基的七年间，宫廷政变不断，所藏"二王之迹"多入私家，出现"徒闻二王之迹，强学宝重，乃呼薛稷、郑愔及平一评其善恶"的情况。如果"神龙"年是治世，薛稷将家藏太宗赐给魏徵的摹本进献朝廷，那么"神龙本"便是非常"宝重"的至宝。可惜"神龙"年是乱世，薛稷不仅没有进献自家的收藏，反而将经其鉴定的佳品"窃留"十数轴，最终因参与太平公主的密谋被玄宗赐死，家中所藏为"簿录官所盗"。此时出现一件钤"神龙"印的摹本，恐怕谁都会打一个问号，可信吗？

2. "神龙本"摹写人问题，一说摹写人是冯承素，一说摹写人为褚遂良。

冯承素，正史无传，唐代关于冯承素的记载，所见有四：最早见于褚遂良《拓本〈乐毅〉记》（收《法书要录》卷3）："贞观十三年四月九日，奉敕内出《乐毅论》，是王右军真迹，令将仕郎、直弘文馆冯承素模写，赐司空、赵国公长孙无忌，开府仪同三司、尚书左仆射、梁国公房玄龄，特进、尚书左仆射、申国公高士廉，吏部尚书、陈国公侯君集，特进、郑国公魏徵，侍中、护军、安德郡开国公杨师道等六人，于是在外乃有六本，并笔势精妙，备尽楷则。褚遂良记。"其次见于何延之《兰亭记》（收《法书要录》卷3），太宗得《兰亭序》后，"帝命供奉拓书人赵模、韩道政、冯承素、诸葛贞等四人，各拓数本，以赐皇太子、诸王近臣"。再后见于前面提到的武平一《徐氏法书记》，"太宗于右军之书，特留睿赏。贞观初，下诏购求，殆尽遗逸。万机之暇，备加执玩。《兰亭》《乐毅》，尤闻宝重。尝令拓书人汤普彻等拓《兰亭》，赐梁公房玄龄已下八人。普彻窃拓以出，故在外传之。及太宗晏驾，本入玄宫。至高宗，又敕冯承素、诸葛贞拓《乐毅论》及《杂帖》数本，赐长孙无忌等六人，在外方有"。最晚见于张彦远所写《拓本乐毅论记》（《全唐文》卷790）："彦远家有冯承素《兰亭》，元和十三年诏取书画，遂进入内。今有承素《乐毅论》在，并有太宗手批其后。张彦远记。"四则记载，说法不一。褚遂良、武平一说冯承素摹写《乐毅论》，武平一说"汤普彻等拓《兰亭》"，何延之、张彦远说冯承素《兰亭》。究竟是冯承素等拓《兰亭》，还是汤普彻等拓《兰亭》？褚遂良记，是当时人记当时事，最为可信，但未涉及《兰亭》。何延之记，是武则天晚年江湖间的转述，辩才弟子玄素如何知道半个世纪前太宗宫廷拓书手有四人和四人名姓，最为可疑。武平一记，或为宫中所闻，或为亲见亲历，应该可信。何延之记，冯承素是四拓书人之一，拓本不止一本，如何能确定"神龙本"是冯承素所摹。张彦远记，明确提到收藏"冯承素《兰亭》"实物，但没有说钤"神龙"印，不能确定是否"神龙本"。

至于说褚遂良摹，更缺乏根据，而且还有与褚遂良另外两个传世摹本（"白麻纸本""黄绢本"）比对的问题。

不能确定"神龙本"为褚遂良或贞观年间宫廷拓书人直接摹写，就等于说"神龙本"所摹未必是随葬昭陵的《兰亭序帖》，还谈什么接近不接近原貌或真迹！

3."神龙本"虽然有写本说与摹本、临本、仿本说的不同认识，本应该涉及底本问题，却未见言及，不能说不是一个漏洞。

说"神龙本"是写本，实际已否定其为王羲之真迹；说"神龙本"是临本或仿本，等于否定了所临、所仿的底本是随葬的《兰亭序帖》，均可不必细论。说是其摹本，仅以"双钩廓填"就断言是"贞观年间唐太宗命拓书手摹拓的"，未免失于疏忽。从上引武平一的记载知道，唐太宗在世时，赐给重臣的摹本之外，另有拓书人"窃拓以出，故在外传之"者。赐给重臣的摹本供奉重臣家中，不会流向社会。流向社会的只能是"窃拓以出"的私拓。"窃拓"，或是没有摹写好的次品、废品被私下藏起来，或是偷着摹写的，都是为了拿出宫私售高价。这些经拓书手的"窃拓"，同样是"双钩廓填"，但不如赐给重臣的摹本"接近原貌"或真迹，是完全可以肯定的。高宗、武则天至玄宗即位，朝局变动，太宗赐给重臣的摹本逐渐流向社会，与"窃拓以出"的摹本混杂，真假莫辨。出现一件《兰亭序帖》摹本，钤以"神龙"印，究竟是赐给重臣的摹本中的一本，还是"窃拓以出，故在外传之"的摹本中的一本？尽管"细部特征"表明为"双钩廓填"，却证明不了摹写底本就是随葬昭陵的《兰亭序帖》。

《兰亭序帖》有不少涂改处，虞摹本、褚摹本、"神龙本"在这些涂改处的"细部特征"是否完全一致？这本应是探研"神龙本"、考察其底本不该漏掉的一个方面，但迄今未见有这方面的研究或比较。

研究"神龙本"，只考证其为"唐摹善本"远远不够，必须弄清来路，确定摹写底本是不是随葬昭陵的《兰亭序帖》。这一问题说不清，就算不上把"神龙本"的问题"讲清楚"了！

综而言之，不比较传世的《兰亭序帖》摹本，只谈其中的一两个摹本，算不上对《兰亭序帖》的全面研究，质疑《兰亭序帖》真伪就必然会一直存在下去！

＊　＊　＊

　　唐太宗之后，未见有王羲之真迹传世。传世的《兰亭序帖》摹本均非王羲之真迹。"神龙本"是摹本，并非王羲之真迹。

　　《兰亭序》"神龙本"是王羲之写，为天下行书第一；由无名小辈写，也动摇不了其天下行书第一的地位，这是由其自身艺术水平决定的，而非靠傍"书圣"傍来的！

　　"神龙本"的底本问题不解决，缺乏对《兰亭序帖》传世摹本的综合研究，兰亭论辩将会一直持续下去。

辛丑端午

附 录
另一个版本的郭沫若

饶淑荣

"壬水庚金龙虎斗,郭聋陈瞽马牛风",这是1961年11月郭沫若第二次到广州看望陈寅恪时作成的一副对联。郭沫若1892年出生,属龙,干支纪年为壬辰年,故"壬""龙",暗指郭沫若。陈寅恪1890年出生,属虎,干支纪年为庚寅年,故"庚""虎",暗指陈寅恪。"郭聋",指早年因病双耳失聪的郭沫若。"陈瞽",指40年代中期双目失明的陈寅恪。在谢保成先生看来,这是郭的一种巧妙回应:外界盛传我二人代表资产阶级史学和马克思主义史学,学术交往上的恩恩怨怨是龙虎相斗,实际一瞽(视而不见)一聋(充耳不闻),所谓龙虎斗与马牛风罢了。

这正是谢先生新书《龙虎斗与马牛风——论中国现代史学与史家》的意旨所在。谢先生师承陈寅恪的弟子汪篯和郭沫若的私淑弟子尹达,与20世纪两大史学主干——马克思主义史学和以保存史料、研究史料为旨趣的历史语言研究所皆有一定的"渊缘",因此和探讨20世纪史学的其他论著不同,关注的不是对立,而是关联,通过发掘"不为人知,或未注意,甚至回避"的新旧材料,探幽发微,建构起两大史学与史家之间学术交往的别样图景。

仍以陈郭二人为例。1959年陈寅恪的《论再生缘》先在香港印出来,书前加了一篇序,说像这样的书在大陆是不可能出版的,一时议论纷纷。1960年郭沫若读到该书，1961年一连发表九篇文章。余英时等研究者多认为郭的主要意图是和陈一争高下，这种"争斗"乃是"负有特定的政治使命"，试图揭出郭对《论再生缘》产生兴趣的深层背景。

一个被称为"资产阶级史学的重镇"，一个是"马克思主义史学阵营的代表人物"，陈寅恪与郭沫若之间的关系确实容易让人联想到"龙虎斗"。尤其是基于对知识分子独立精神的反思，二人似乎被建构成两个截然对立的形象。两人之间即使不是势同水火，也不可能在基本的治学取向上有相通之处，更不可能有惺惺相惜之感。

但是谢先生依循陈寅恪"神游冥想，与立说之古人，处于同一境界"的治学思路，通过对陈文、郭文及相关材料的阅读、比照，指出郭对《再生缘》的基本认识上与陈非常接近，二人在某种程度上都认同《再生缘》中所体现的"自由与独立之精神"，郭反复读了4遍，"每读一遍都感觉到津津有味，证明了陈寅恪的评价是正确的"，甚至表示要为陈的"敢于说话而拍掌"。而在陈这一边，谢先生根据研究者通常忽视的陈写就的《论再生缘校补记》，推断陈对《论再生缘》的某些校正实是受到郭的启发。虽然陈的《论再生缘》与郭校订的《再生缘》最终因当局担心《再生缘》语涉东征影响中朝关系而被禁止出版，但谢先生认为："知果事情按照学术讨论的方式进行下去，我们或许在60年代可以看到陈寅恪《论再生缘》(包括《校补记》)的正式出版，这将成为两位大师交往中最为融洽的一幕。"在谢先生看来，郭可谓"知"陈者，在这方面二人其实心意相通。

这种"心意相通"还体现在用文艺作品曲折表达对时局的批判上，例如郭在1971年出版《李白与杜甫》的"扬李抑杜"倾向，通常被人解读为是迎合，但谢先生认为此书对时局也有隐晦地嘲讽。郭之所以抑杜的含意，在苦心孤诣地讽刺当时被"人民化"的"旗手"。若此说成立，这简直就是另一个版本的郭沫若！按谢先生的理解，郭也未必是纯粹基于学术兴趣来从事创作，文艺作品成为其在当时严苛的政治环境下表达心声的隐秘方式。这岂不是对陈郭二人心意相通的再次证明？

作为陈与郭的再传弟子，谢先生对于双方的学术脉络和生命历程有更亲近的理解，应能获得较为平衡的判断。当然，我们也可能会有这样的疑问：作者的独特身份和同情式的写作方式是否也会影响其观点的客观性？陈郭二人的"龙虎斗"果真只是"马牛风"？在当时泛政治化的时代背景下，"纯粹学术探讨"是否可能？而"另一个版本的郭沫若"的发现是否还需要更充分的证据支持？在这些问题上，学界还可能继续争论下去。而在喜从学术之外炒"学术"的倾向中，通过认真读书、仔细考察实际内容来弄清事实真相，这应是谢书的另一种意义。

书中其他篇章同样具有这样的性质，关于20世纪前期两次"国学"的论辩，对于社会史论战的考察，王国维对马克思主义史学代表人物郭沫若、侯外庐的影响，历史语言研究所的历史功绩，郭沫若与历史语言研究所的交往，尹达写给傅斯年的信等，也多存"探幽发微"之意，值得细读。

原载《中华读书报》2012年10月31日9版"书评周刊"

后 记

这本论集收录的20个篇章和2个附篇,大都是在撰写《民国史学述论稿》过程中系统读书的一些心得之作,有充足的理由将这些个篇章独立为一书。一是这些篇章较为集中地反映20世纪前半纪史学的一大走势,二是不少篇章都提供有一些不为人知,或未注意,甚至回避的材料,足以澄清某些人云亦云的不确说法,三则可以反映个人承学的足迹和治学的特点。

王国维、梁启超先后去世,标志着20世纪初兴起的"新史学"谢幕。他二人所代表的"新史学"两大基本路向,以更新的方式取得长足发展。王国维所代表的路向,以史学与新史料相结合,在其去世一年后中央研究院历史语言研究所创立,集中体现了这一路向的实际,推动着中国史的基础研究向纵深发展。梁启超所代表的路向,以史学与现实相结合,在其去世一年后马克思主义历史学"开辟草径"之作——郭沫若《中国古代社会研究》出版,在某种程度上体现了这一路向的实际,推动着中国史学观念的转变、部分分支学科的形成。自此而后,形成20世纪前半纪史学的两大主干:以保存史料、研究史料为宗旨的历史语言研究所团队,以唯物史观指导研究中国历史的马克思主义历史学群体。

新石器时代、甲骨学、敦煌学,作为20世纪的"显学",与历史语言研究所"要科学的东方学之正统在中国"的旨趣紧紧相连,而且证明了王国维的预见:"此等发现物,合世界学者之全力研究之,其所阐发尚未及其半,况后此之发见,亦正自无穷,此不能不有待少年之努力也。""动手动脚找材料"的考古组,发掘河南、山东、甘肃等地新石器时代遗址，发掘殷墟遗址，证明了中国新石器时代、甲骨学之"正统在中国"。"以敦煌材料及其他中央亚细亚近年出现之材料为研究中古史的对象，以明清档案为研究近代史的对象"的历史组，整理敦煌文物、整理明清档案，使敦煌学之"正统"逐渐回归中国。语言组也有开"风气之先"的西夏研究。

20个篇章分作三编，第一编6篇，以"史学"为主，属综合性论述。《谈20世纪前半纪史学的几个问题》一篇，是《民国史学述论稿》一书的叙论，略述20世纪前半纪史学基本线索、"最纠纷"的古史问题、"历史哲学"问题以及应注意的问题。《20世纪前期两次关于"国学"与"国粹""国故"的论辩》一篇，针对谈"国学"者有"三不知"的盲目，将清末、民国年间的两次论辩作一清理，间接反映我本人对这一流风的认识。《学术史视野下的社会史论战》《历史语言研究所与"科学的东方学之正统在中国"》两篇，分别考述两大史学主干，前者着重弄清马克思主义历史学"开辟草径"时的实际情况，后者着重述说历史语言研究所"要科学的东方学之正统在中国"的具体成就，都是此前讲马克思主义历史学、说历史语言研究所旨趣，未曾深涉或规避的内容。新增《关于古史"层累说"的几点认识》《民国年间的几种"历史哲学"与历史观》二篇，前者提出个人独特见解，后者几乎是在填补研究空白。

第二编10篇2附篇，以"史家"为主，关注史家交往，而且与我的承学经历有太多的"渊缘"。这里用"渊缘"不是用错字，而是想强调这个"缘"字，并稍作赘述。

引我入史学之门的两位先师——汪篯、尹达，不仅与陈寅恪、郭沫若有着不解之缘，而且尹达、陈寅恪、郭沫若都与历史语言研究所关系密切，恰恰是他们在新石器时代、甲骨学、敦煌学三大"显学"领域证明了"科学的东方学之正统在中国"。

我1961年考入北京大学历史系，分专业时自报现代史却被分在古代史，分专门化被分在汪篯先生名下学隋唐史，并在海淀书店买了陈寅恪的两本书，一本《隋唐制度渊源略论稿》，一本《元白诗笺证稿》（目录后一页"附记"开头一句是"此稿得以写成实赖汪篯王永兴程曦三君之助"）。其间，听到流传的一则陈寅恪与郭沫若的对联——"壬水庚金龙虎斗，郭聋陈瞽马牛风"。1978年恢复研究生招生制度之初，只有中国社会科学院历史研究所招收历史学研究生，我报考的是隋唐史专业，尹达先生从初试合格者中挑选我学史学史专业。就这样，我便因"缘"承学于隋唐史、史学史两个专业。

汪篯先生领我到隋唐史大门前便离去了，使我在隋唐史"门槛边缘"，一脚槛里一脚槛外。但自大学确定这一专业方向以来，隋唐史始终是我从事史学研究的一个主要领域。攻读史学史学位期间，购买了上海古籍出版社出版的《陈寅恪文集》一、二、三册，即《寒柳堂集》《金明馆丛稿初编》《金明馆丛稿二编》，与先前购买的陈寅恪的两本书作为案头必读书。1982—1983年尹达先生主编《中国史学发展史》，我执笔的章节主要在唐代。1995年我的第一本代表作《隋唐五代史学》出版，成为我研治隋唐史、史学史"两结合"的一项成果。

读陈寅恪《元白诗笺证稿》第五章"新乐府·七德舞"关于《贞观政要》版本的论述，尤其"纵得日本传写政要之全本，恐亦不能悉复吴氏原书之旧观"，使我对日本所谓的《贞观政要定本》产生了兴趣，经20年搜求海内外钞本、刊本进行集校，证明日本现存各本均不可能是"定本"，《贞观政要集校》（2003年初版、2021年修订）成为我在古籍整理方面的代表作。

读陈寅恪为陈垣所写三篇序而读陈垣《敦煌劫余录》《元西域人华化考》《明季滇黔佛教考》三部著述，逐渐认识敦煌写本的重要价值以及"二陈"成为"敦煌学之预流"的成就。"二陈"的佛教史研究使我对佛教史籍产生了兴趣，又知《中国佛教史籍概论》一书书名是陈垣登门请郭沫若题写，便作为读佛教史籍的入门书。由此，我在1998年提出"佛教史学"的概念，并在《隋唐五代史学》《中国史学史》中写有佛教史籍或佛教史学的章节。《援庵先生学术三题》《陈垣、陈寅恪学术比较》即是在这一承学、读书过程中产生出来的。

尹达先生自谓郭沫若的"私淑弟子",1982年11月郭沫若90周年诞辰之际代尹达先生起草两篇关于郭沫若的文稿,使我对郭沫若其人、郭沫若著述渐生兴趣。1999年出版的《郭沫若学术思想评传》和即将出版的《郭沫若学术述论》,既是我研究郭沫若的代表作,也算是继承尹达先生的一项未竟之业。

郭沫若视王国维为"新史学的开山",视1940年版《王静安先生遗书》为现代文化史上"虽与日月争光可也"的"金字塔",1983年上海古籍书店据1940年版影印的《王国维遗书》16册也成为我案头必备书。《王国维的杰出贡献与学术影响》一篇,即是读《王国维遗书》(主要是《观堂集林》)的心得,在认识其卓著成就、杰出贡献的同时,指出其学术思想和科学方法的精髓以及对历史语言研究所、对马克思主义历史学骨干成员的重要影响。

两大史学主干形成之初,郭沫若构筑的唯物史观历史学体系与历史语言研究所有着密不可分的关联。社会史论战中他遭攻击,中央研究院评选第一届院士他名列其中。郭沫若在社会史论战中是什么角色,他的甲骨文、金文成就如何取得,评选院士怎样被认可?《从"神交"到"握手言欢":郭沫若与历史语言研究所二十年》《郭沫若与容庚:从"未知友"到"文字交"》《郭沫若与田中庆太郎:"亲若一家人"》,从不同侧面追寻出这一踪迹:郭沫若基本无心社会性质问题论战,在与容庚从"未知友"发展为"文字交"当中,同董作宾有了"十载神交,握手言欢"的交往,并与傅斯年、李济有过"好像遇见了亲人的一样"的面晤,随后傅斯年以其甲骨、金文研究的三部成果力推其为中央研究院第一届院士。

作为两大史学代表人物的再传弟子,自然会关注两位师祖的学术异同、人事纠葛。《郭沫若与陈寅恪:"龙虎斗"与"马牛风"》一篇写成于 1997 年 10 月，对两位师祖的交往进行了系统考察，弄清"壬水庚金龙虎斗，郭聋陈瞽马牛风"那副对联的原委，澄清某些人云亦云的说法，被多家刊物全文转载或部分转载。

尹达先生作为历史语言研究所考古组成员，时名刘燿，在梁思永"找到了小屯文化、龙山文化和仰韶文化之具体的层位关系"的基础上，经与夏鼐等共同努力，使安特生关于中国新石器时代分期体系的错误得以纠正，将中国新石器时代的话语权夺回到国人手中。以《尹达学术评传》替换《尹达先生的治学道路——"从考古到史学研究"》，完整反映对尹达先生兼具两大史学主干特点，走"从考古到史学研究"之路的总体认识。

新增《梁启超的学术史与历史研究法》《郭沫若与胡适：由认识东西文化的差异，到走那条道路的敌对》，是谈 20 世纪史学和史家交往不可缺少的内容。这一编，既反映我的承学"渊缘"，又展示我以郭沫若为"联络站"考察 20 世纪学术文化的研究思路和研究特点。

第三编 4 篇，是对争议论著的考辨。《李白与杜甫》议论颇多，收文 3 篇，《"李杜并称"与"扬杜抑李"》从社会历史发展的角度审视自中唐以来形成的两种文化思潮考论郭沫若的李杜研究，《郭沫若写〈李白与杜甫〉的"苦心孤诣"》以陈寅恪"神游冥想，与立说之古人，处于同一境界"的方法分析郭沫若的写作心理，《〈李白出生于中亚碎叶〉文中的资料并非从冯家昇那里得来》是一篇辨诬文字。增《对"兰亭论辩"的认识与思考》1 篇，为最新写定的文章。撤去 2011 年初版中关于郭沫若历史剧和美学的 2 篇。

三编之外，附入本书初版责任编辑饶淑荣所写书评。饶是初版稿本的第一位读者，见面三四次、往返邮件 10 余通，不仅议定书名、调整篇目、订正文字，而且写了书评《另一个版本的郭沫若》，2012 年 10 月 31 日《中华读书报》以头版通栏推介。值此改版之际，收入这篇书评，以表真诚的致意和恒久的纪念。

此次增订，订正初版错字、更换少数引书版本的同时，少数篇章新加［补注］［追记］说明某些新的情况。

2011 年 8 月 12 日初版
2021 年 10 月 21 日修订